동학·천도교와
기독교의
갈등과 연대,
1893~1919

동학·천도교와
기독교의
갈등과 연대,
1893~1919

이영호 지음

푸른역사

머리말

　동학이 기독교와 무슨 관계가 있을까? 동학이 서학에 대한 학문·종교·사상적 대안으로서 1860년 창도되었다는 점은 모두 잘 알고 있는 사실이다. 동학이 배척한 그 서학은 100여 년 동안 조선 정부의 탄압을 받던 천주교다. 동학이 서학=천주교와 적대적인 관계를 형성했을 것이라는 점은 당연한 일로 받아들일 수 있다. 그런데 1885년 조선에 처음 들어온 기독교가 동학과 무슨 관련이 있을까? 서학의 범주를 천주교뿐 아니라 기독교로까지 확장해서 본다면 기독교와 동학도 적대적일 수밖에 없을 듯하다.

　그런데 1919년 3·1운동에서 천도교와 기독교 지도자들은 연대했다. 민족대표 33인은 천도교인 15명, 기독교인 16명, 불교인 2명이었다. 평양·선천 등 지역 단위에서도 천도교인과 기독교인은 연대하여 함께 만세시위운동을 벌였다. 오늘날 민주화와 인권보호 등 사회적 의제 해결을 위해 전개되고 있는 각종 종교연합운동의 기원이라 할 만하다. 3·1운동에서 기독교와 연대한 천도교는 1905년 12월 창건했는데, 불법 사교집단으로 탄압받던 동학과 겉으로는 결별하고 안으로는 계승하면서 합법 공간으로 나왔다. 그렇다면 천도교의 모태로서 동학은 기독교와 또 어떤 관계가 있었을까 궁금하지 않을 수 없다.

천도교와 기독교의 뿌리를 소급해보면 적대적이었던 동학과 서학에 맞닿게 되는데, 아무리 민족 독립의 과제가 절대적인 명제라 하더라도 두 종교 사이에 상호 접촉의 경험이 없이 어떻게 하루아침에 목숨을 내놓는 독립운동에서 연대할 수 있었을까? 두 종교 사이에 인적·교리적·문화적 충돌 또는 교류의 축적 없이 갑자기 일어날 수 있는 현상은 아니라고 생각한다. 1893년 동학교도들이 교조신원敎祖伸冤운동을 펼치면서 서울로 진출했을 때부터 1919년 3·1운동에 이르기까지 26년, 근대 전환기의 이 황금 같은 시간에 동학·천도교와 기독교의 충돌과 교류의 경험이 3·1운동 연대의 배경이다. 그 과정을 추적하려는 것이 이 책의 첫 번째 목적이다.

두 번째로 '동학농민혁명'과 3·1운동의 계승관계를 어떻게 볼 것인가 하는 문제가 있다. 2017년 8월 정읍을 중심으로 전라북도 지자체에서 '동학농민혁명정신 헌법 전문 포함 추진위원회'가 구성되어, '동학농민혁명'을 3·1운동, 4·19혁명, 5·18민주화운동, 촛불시민혁명의 모태가 된 최초의 민중혁명이자 민주주의의 효시로 평가하고, 그 숭고한 정신을 헌법 전문의 맨 앞에 포함시키자는 운동을 전개했다. 헌법 전문에 동학농민혁명의 정신을 반영하자는 주장은 이보다 앞서 2006~2007년 헌법 개정 논의 때에 최초로 거론된 바 있다.

　근대 국민국가의 형성에 기여한 사건이나 운동을 헌법 정신에 반영하는 일을 반대할 이유는 없다. 대국적인 견지에서 '동학농민혁명' 이래 자주·근대·평화·민주의 정신을 품은 민주적·민중적 운동이 연속되어왔다고 평가할 수 있다. 그렇지만 노선의 맥락을 세밀하게 살피지 않으면 왜곡될 수 있다. '동학농민혁명'과 3·1운동 사이에 천도교가 문명개화노선으로 전환하면서 '동학농민전쟁'의 역사와 결별한 점을 간과해서는 안 된다. 천도교는 '동학농민혁명'에 적대적이었던 개화파를 대거 간부로 등용했다. 3·1운동의 민족대표에는 천도교의 지도자뿐만 아니라 개화파 출신이 다수 포함되어 있다. 천도교와 기독교의 연대가 가능했던 것은 천도교가 기독교 문명개화노선의 궤도에 올라탔기 때문이라고 평가할 수도 있다. 갑오개혁-독립협회운동-계몽운동으로 이어지는 개화파의 노선은 민중운동노선과는 다르다. 따라서 천도교 및 개화파 계열에서 3·1운동을 내세워 '동학농민혁명'까지 전유하려는 것은 맥락에 맞지 않는 일이다. '동학농민혁명'에서도 북접 교단과 남접의 변혁 세력은 노선을 달리했다. 남접의 변혁 세력은 반체제·반외세의 '동학농민전쟁'을 주도했다. 동학 남접 세력의 변혁운동노선은 천도교 주도의 3·1운동이 아니라 민중 주도의 3·1운동에 합류함으로써 그 결을 달리한다. 변혁 세력의 활동은 종교운동과는 다른 맥락으로 3·1운동에 합류하는데 그 경로에 대한 연구는 부족한 상황이다. 이 책에서는 제1부와 제2부를 구별하여 그 노선의 차별성을 강조했다.

이 책에서 주제로 삼은, 동학·천도교와 기독교의 '관계'에 관심을 둔 연구는 학계에 거의 없다. 한국 역사학계에서는 주로 동학의 창도에서부터 1894년 동학농민전쟁까지를 근대 민중운동사의 핵심 줄기로서 연구해왔다. 동학농민전쟁은 한국 근대사의 분수령을 이루는 사건이며 그 역사적 의의가 매우 크다. 그렇지만 농민전쟁이 종결된 이후에도 동학교단이 조직 재건을 꾀하고 일반교도들이 신앙생활을 유지하는 한편, 동학의 남접 세력은 변혁운동을 계속했다는 점을 주목하지 않으면 안 된다. 근대 민중운동은 동학농민전쟁에서 종식되는 것이 아니라 3·1운동까지 여러 경로로 계속되었던 것이다.

필자는 이전에 출간한 《동학과 농민전쟁》(혜안, 2004)에서, 1894년 동학농민전쟁을 중심에 놓고 그에 이르기까지의 농민과 동학의 관계, 그리고 농민전쟁 이후 동학농민의 동향에 대해 연구한 바 있다. 19세기 농민운동의 흐름과 1860년 창도된 동학운동의 흐름이 1894년 동학농민전쟁에서 결합했지만, 기본 노선에는 차이가 있다고 보았다. 농민전쟁 이후에도 '동학교단'의 동학운동과 '동학농민'의 변혁운동은 각각 다른 노선을 밟아간 것으로 정리했다. 이번에는 농민전쟁 이후 동학여당東學餘黨의 변혁운동과 동학교단의 동학운동이 기독교와 어떤 관계를 맺어 3·1운동에 이르는가를 검토하고자 한다. 2·3·4장은 이미 발표한 논문을 수정 집필한 것이며 나머지는 새로 집필했다. 동학이 창도된 1860년 이후 1919년 3·1운동에 이르는, 60년에 걸친 근대 전환기 종교지형의 변동은 오늘날 사회 구조를 이해하는 데도 매우 중요하다.

　동학은 수운水雲 최제우崔濟愚가 동아시아로 침략해 들어오는 서양 세력의 위력을 인식하고 그 위기를 벗어날 종교적·사상적 대안으로 1860년 창도한, 이른바 민족종교다. 오래전 밖에서 들어와 전통의 한 부분이 된 불교·유교·도교뿐 아니라 우리 고유의 선교仙敎와 민간신앙을 아우르면서 서학, 즉 서양의 과학 및 종교의 침략을 막아낼 수 있는 대안으로서 제시되었다. '서학'은 처음에는 조선사회에 학문과 사상으로서 소개되었지만 18세기 후반 이후에는 '천주교'라는 종교로 전환되었다.

　동학은 서학=천주교를 물리치고자 창도되었으니 태생적으로 상호 '상극'의 관계에 놓여 있었다. 그런데 두 종교 모두 조선 정부와 유학자들로부터 사학邪學으로 지목되어 신자들이 산간에서 피신생활을 했기 때문에 동학의 창도 이후 동학농민전쟁이 일어나기까지 30여 년간 뜻밖에도 물리적인 충돌은 거의 없었다. 1894년 전라도와 충청도에서 봉기한 동학농민군이 처음으로 천주교 신부와 교우촌을 공격하여 큰 피해를 입혔다. 이 책은 동학·천도교와 기독교의 관계를 논의 대상으로 삼지만, 동학과 서학=천주교 사이의 상극과 대립을 전제로 하지 않을 수 없어, 이 주제를 1장에서 다루었다. 동학의 대립에 위치한 서학에는 천주교·기독교 모두 포함되기 때문이다.

 동학이 기독교를 처음 접촉한 이후 3·1운동에 이르기까지 두 종교의 관계는 두 단계로 구분된다. 첫 단계에서는 동학의 '변혁 세력'이 상극의 범주에 속하는 기독교를 만나 대립 갈등하면서 이용해보려 했다. 둘째 단계에서는 동학의 '교단 세력'이 근대종교 천도교로 전환하여 기독교와 경쟁했다. 첫 단계와 둘째 단계 사이에는 앞에서 언급한 것처럼 단절이 존재한다. 동학의 남접 변혁 세력이 해소된 반면 동학의 북접 교단은 문명개화노선으로 전환하여 근대종교 천도교를 창건한 것이다. 3·1운동에서 천도교와 기독교 두 종교가 연대하게 된 것은 근대종교로 차원을 달리하게 된 천도교가 공개적이고 합법적인 공간에서 기독교와 소통하며 경쟁한 경험의 결과다.

 이 책의 제1부, 2~4장에서는 서울, 전라북도, 황해도 등 상이한 지점에서 결이 다른 파편화된 사건 속에서 동학과 기독교가 대립하고 소통하는 모습을 살펴보았다.

2장은 1893년 진보적인 '동학 세력'이 서울에서 반외세운동의 일환으로 기독교 계통 학교와 교회에 붙인 격문을 분석한 것이다. 동학과 기독교가 물리적 접촉 없이 대립한 첫 번째 모습이다. 3장은 1894~1895년 황해도 장연의 동학군 속에서 7개월 동안 생활한 매켄지 선교사가 처음에는 동학군과 대립하다가 나중에는 밀접하게 소통하게 되는 과정을 살펴본 것이다. 2~3장에서는 동학과 기독교가 갈등 대립하면서도 '하나님' 또는 '한울님'이라는 신관神觀에서 소통의 가능성이 열렸다는 점에 주목했다. 4장은 동학 남접 지도자의 한 사람인 손화중의 부하들이 전라북도 일원에서 영학당英學黨을 조직하여 봉기할 때 동학의 변혁이념을 계승하면서도 기독교의 외피를 입고 활동한 양상을 살펴본 것이다.

제2부에서는 천도교가 근대종교로 합법 공간에서 창건된 뒤 서북 지방을 중심으로 기독교와 경쟁하면서 상호 성장을 도모하고, 1919년 3·1운동에서 연대하게까지 되는 과정을 검토했다.

5장에서는 1905년 12월 1일 천도교가 동학과 결별하면서도 그 정통을 계승하여 창건된 과정을 검토했다. 남부 지방에서 동학의 변혁 세력이 해소되고 북부 지방에서 동학교도의 양적 성장을 기반으로 천도교가 창건된 과정, 천도교가 근대종교화를 꾀할 때 기독교를 모델로 참조한 양상을 다뤘다. 6장에서는 교세 성장의 배경으로 천도교의 포덕체계와 기독교의 선교 시스템을 비교하여 그 차이점을 검토하는 한편, 성장 담론을 중심으로 경쟁의 공통점과 유사점을 파악했다. 7장에서는 천도교의 포덕, 기독교의 선교 경쟁의 결과를 통계 분석을 통해 확인하고 비교했다. 특히 평안남북도의 교세 및 평안북도 군단위 교세를 비교하여 이 지방 3·1운동 전개양상을 분석하는 전제로 삼았다.
　8장은 평안도 지방을 중심으로 천도교와 기독교가 민족적 의제를 앞에 두고 연대운동을 전개하게 된 양상을 고찰한 것이다. 평안도 지방의 대표적 사례로 평양, 의주, 선천-정주를 선택하여 교세가 성장한 과정을 살펴본 뒤 연대 만세시위가 전개된 실태를 확인하고 그 의미를 짚어 보았다.

3·1운동에서 이루어진 천도교와 기독교의 연대를 찬양할 것만은 아닙니다. 지역사회 현장에서는 종교적 지도력이 미치지 못한 한계가 분명하다. 3·1운동 이후 두 종교가 유사한 사회 활동을 전개하면서도 더이상의 연대를 실현하지 못한 이유가 3·1운동에서 검증된 셈이다. 3·1운동의 일시적 연대 이후 노선 분화와 갈등의 시간이 길게 이어졌다. 3·1운동에서 이루어진 최초의 종교 간 연대는 상호 관용의 토양과 문화를 형성해내지는 못했다.

2004년 동학농민혁명 참여자의 명예회복을 위한 조사가 시작되고 그 업무를 계승하여 2010년 동학농민혁명기념재단이 설립되었다. 동학농민전쟁 100주년을 계기로 활성화된 동학 및 변혁운동에 대한 연구는 재단의 조직적인 지원을 받아 안정적으로 진행되고 있다. 재단의 탄생과 연구사업의 지원에 산파 역할을 하시고 오랫동안 동학농민운동 연구에 혼신의 힘을 다 바치신 이이화李離和 선생님께서 올봄 우리 곁을 떠나셨다. 선생님의 명복을 빌며, 선생님을 비롯하여 신영우, 송찬섭, 박준성, 배항섭, 조재곤, 김양식, 왕현종, 이병규 등 선후배 동료 연구자들과 동학 및 변혁운동에 대해 함께 연구하며 격려하던 시간들을 추억한다. 한국기독교 역사를 공부하며 조언을 아끼지 않은 조선혜 박사에게 감사를 표한다. 어려운 여건 속에서도 역사 대중화를 선도하는 도서출판 푸른역사에 깊은 감사를 드린다. 좋은 책을 만드는 데 헌신하는 편집진의 정성과 노고에도 감사의 마음을 감출 길 없다.

2020년 7월

이영호

●머리말…5

1

동학 세력의 변혁운동과 기독교와의 갈등

1장 동학과 서학의 대립
동학의 서학 비판 …23
동학 세력의 신원운동과 외세 비판 …31
동학과 천주교의 충돌 …36

2장 동학 세력의 반기독교 격문
격문에 등장한 기독교 …51
격문 발신자의 정체 …67
상호 이해의 가능성 …80

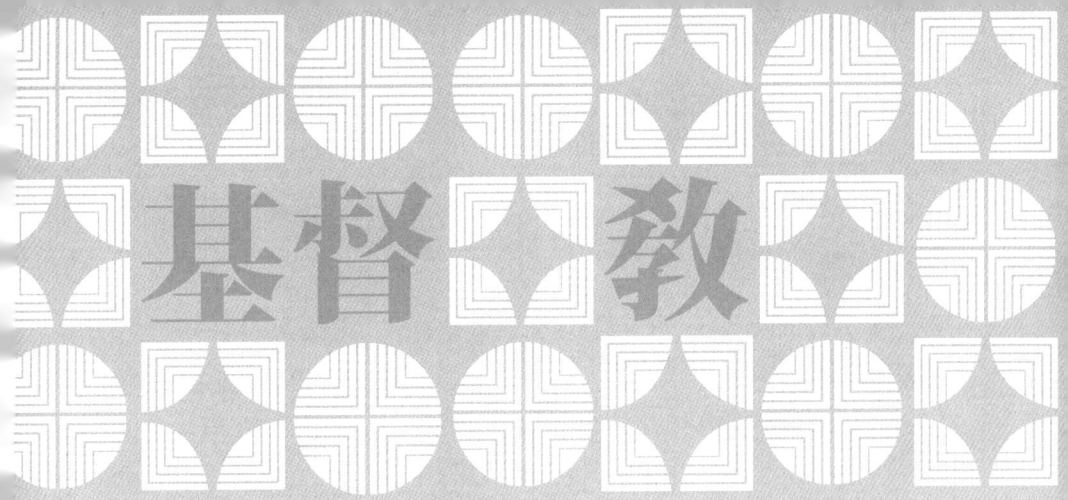

3장 매켄지 선교사와 황해도 동학군

황해도 동학군의 봉기와 기독교 선교사 ··· 95
매켄지의 선교 활동과 동학군 ···104
동학과 기독교의 소통 ···117

4장 영학당의 결성과 기독교

영학당의 봉기와 주도 세력 ···135
종교적 외피로서의 '영학' ···147
영학과 기독교의 관계 ···161

2

근대종교 천도교와
기독교의
경쟁과 연대

5장 천도교의 창건과 기독교 모델
변혁운동의 해소 ···181
서북 지방 포덕과 천도교 창건 ···198
천도교의 근대 종교화와 기독교 모델 ···208

6장 천도교와 기독교의 경쟁
연원제에서 교구제로 ···219
기독교의 선교 시스템 ···227
현장의 경쟁 ···238

7장 천도교와 기독교의 교세 비교
교세의 양적 성장 ···253
평안남북도 지방의 교세 ···267
평안북도 군 단위 지역적 분포 ···278

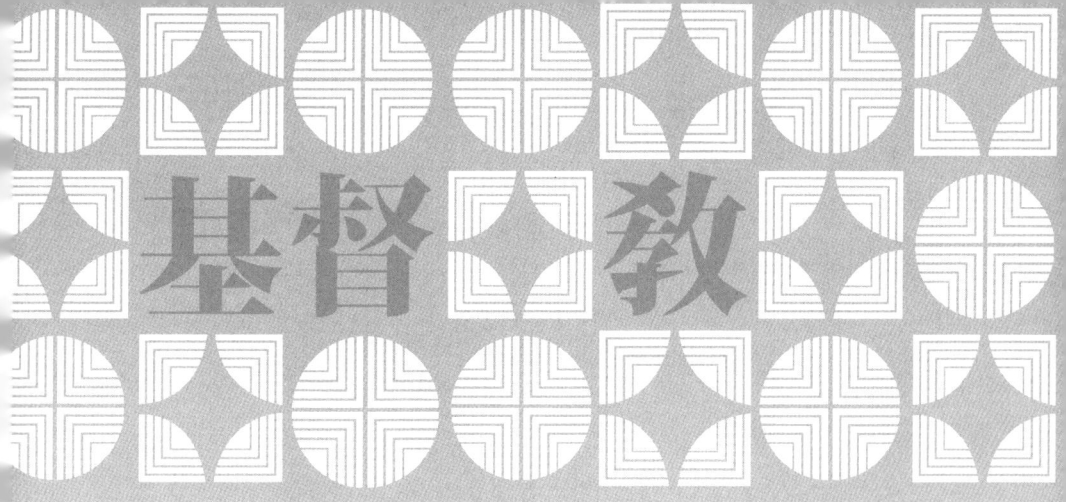

8장 천도교와 기독교의 3·1운동 연대

천도교와 기독교의 연대 ⋯289
중심 지역 평양의 3·1운동과 연대 ⋯305
경쟁 지역 의주의 3·1운동과 연대 ⋯316
경계 지역 선천–정주의 3·1운동과 연대 ⋯334
연대의 한계 ⋯344

◑ 결론 ⋯350
◑ 주석 ⋯361
◑ 찾아보기 ⋯408

1

동학 세력의 변혁운동과 기독교와의 갈등

東學
基督教

1장

동학과 서학의 대립

동학의 서학 비판

종교적 측면

수운水雲 최제우崔濟愚는 중국 중심의 화이華夷체제가 이완되는 틈을 뚫고 동아시아로 침략해 들어오는 서양 세력의 위력을 목격하면서 그 위기를 벗어날 종교적·사상적 대안으로 동학을 창도했다. 동학과 서학의 관계에 대한 최제우의 관점은 동학의 기본경전인 《동경대전東經大全》 '논학문論學文'에 다음과 같이 표현되어 있다.

① 서학에 대해: "도道를 서도西道라 칭하고, 학學은 천주(학)이라 칭하고, 교敎는 성교聖敎이니, 이는 천시天時를 알고 천명天命을 받은 것이 아니겠는가?"
② 동학과 서학의 관계: "도는 비록 천도天道지만, 학은 동학東學이니라. …… 묻기를 그러면 무슨 도라고 이름 합니까? 대답하기를 천도니라. 묻

기를 양도洋道와는 다름이 없는 것입니까? 대답하기를 양학洋學은 이와 비슷하면서도 다름이 있고 비는 듯하면서도 실질이 없은즉, 운運은 한가지요 도는 같지만 이理는 아니니라."[1]

최제우는 서학을 몹시 의식하면서 차별화를 위해 섬세한 노력을 기울였다. 그는 먼저 서학과 동학을 논리적으로 대칭시킨다. ①에서 서학을 [서도－천주학－성교]라고 해석하고 있으므로, 동학은 [(동도)－동학－(성교)]로 대칭되는 셈이다. 서학을 [도－학－교]의[2] 반열에 올려놓은 것은 서학도 천시를 알고 천명을 받은 '천도'로 인정했기 때문이다. 서학이 오늘날 융성하게 된 것은 '천도'의 진리에 도달해 있기 때문이라는 것이고, 서학의 운과 도를 똑같이 받은 동학도 그러한 반열에 있다는 것이다. 최제우는 천도 안에 서학과 동학이 공존하고 있다고 본다. 그래서 서학을 천도에 포함시켜 도의 경지에 도달한 것으로 인정했다.

그렇지만 동학은 서학의 운과 도를 같이 받았어도 이理는 서로 다르다고 했다. 천시와 천명의 운이 같고, 천도의 진리에 도달한 도도 같지만, 서학과 동학의 다른 점은 '이'라는 것이다.

'이'는 무엇을 뜻하는가? 천리天理와 지리地理의 두 가지로 구분할 수 있다. 그 단서는 '논학문'의 첫 문장에 있다. 즉 "대저 천도라는 것은 형체가 없는 것 같으나 자취가 있고, 지리라는 것은 광대한 것 같으나 방위가 있는 것"이라고 하면서 하늘의 이치와 땅의 이치, 하늘과 땅의 호응을 언급하고 있다. 지리와 천리의 측면에서 동학은 서학과는 다른 점을 지니고 있다는 것이다.

지리의 차이에서 동학의 명칭이 나왔다. 최제우는 1860년 4월 득도한 후 서학을 천도로 인정하고 천주의 존재를 언급했는데, 이러한 그의 주장은 서학으로 오인되었다. 그를 따르는 무리 속에서도 의심이 일어났다. 최제우가 1862년 1월 '동학론東學論'(《동경대전》 '논학문' 중)이라고 할 수 있는 논리를 제시하면서, 서학과 구별하여 '동학'이라는 이름을 선포한 것은 자신이 서학으로 오인되는 상황을 불식시키기 위한 것이었다.

그는 "나 또한 동東에서 나서 동에서 받았으니 도는 비록 천도지만 학은 동학이라. 하물며 땅이 동·서로 나뉘었는데 서를 어찌 동이라고 말하며 동을 어찌 서라고 말하겠는가?……우리 도는 여기에서 받아서 여기에서 폈으니 어찌 서라 이름 하겠는가?"라고[3] 하여 조선에서 일어난 천도를 동학이라 칭하는 이유를 설명했다. 화이체제하의 조선에서, 서양에 대비해 조선을 '동'으로 규정한 지리적 동·서 구분의 시각은 중화적 세계관의 탈피[4] 또는 동학의 조선 중심적 성격으로[5] 이해되기도 한다. 그럼에도 불구하고 최제우가 1864년 서학의 혐의를 쓰고 대구감영에서 처형된 것은 역사의 아이러니다.

지리의 차이는 동서로 분명히 구분되는데 천리의 측면에서 동학과 서학의 차이는 무엇인가? 천리는 오늘날 개념으로는 교리라고 볼 수 있겠다. 최제우는 서학을 모방하여 동학의 교리체계를 구축했다는 평가를 받기도 한다. 설법이나 조직뿐 아니라 결정적으로는 '한울님'의 한문 표현으로 서학의 신을 가리키는 '천주天主'를 사용했기 때문이다.[6] 사실 동학의 신관神觀은 천주교의 신관을 염두에 둔 것이지만 천주라는 동일한 용어를 사용함에도 불구하고 그 개념은 상당히 다르다. 동학사상은 "지기금지 원위대강 시천주 조화정 영세불망 만사지至氣今至 願爲大

降 侍天主 造化定 永世不忘 萬事知"의 21자 주문에 축약되어 있고, 최제우는 이를《동경대전》'논학문'에서 자세히 설명했다. 21자 주문에서 동학의 신, 즉 '궁극적 실재'에 해당하는 것은 '지기至氣'와 '천주天主'로 이원화되어 있다.[7] 통설적으로 동학의 신 개념을 '지기'라는 내재적 실재와 '천주'라는 초월적인격적 실재로 구분할 때, 어쩌면 동학의 본질이나 서학과의 차별성은 내재적 실재인 '지기'에 있을 것으로 보이지만 실제 역사의 진행에서는 '천주'라는 개념 때문에 서학의 혐의를 썼다.

동학과 서학은 신관에서 차이를 보일 뿐 아니라 수양과 교리, 의례에서도 차이가 있다. 최제우는《동경대전》'논학문'에서 동학과 서학의 차이를 다음과 같이 설명한다.

> 서양 사람은 말에 차례가 없고 글에 옳고 그름이 없으며, 천주를 위하는 단서가 아주 없고 단지 자기 일신을 위하는 모사만을 축원하며, 몸에는 기화지신氣化之神이 없고 학에는 천주지교天主之敎가 없으니, 형식은 있으나 자취가 없고, 생각하는 것 같으나 주문呪文이 없는지라. 도는 허무에 가깝고 학은 천주를 위함이 아니니 어찌 다름이 없다고 말할 수 있겠는가?[8]

동학의 궁극적 실재인 지기와 천주의 두 가지 차원에서 볼 때 서학에는 지기의 조화가 없고 천주의 가르침도 없다는 것이다. 최제우는 동학의 핵심 사상인 시천주侍天主의 '시侍', 즉 '모신다'는 뜻을 "내유신령 외유기화 일세지인각지불이자야內有神靈 外有氣化 一世之人各知不移者也(안으로 신령이 있고 밖으로 기화가 있어 온 세상 사람들이 각각 알고 옮기지 못하는 것이니라)"라고 해설했다. 서학에는 바로 이 모신다는 것, 즉 '기화지신'이 없다는 것, 다시 말하면 지기의 조화가 없다는 것이다. 또한 천주의 가르침도 없고 천주를 위하는 단서도 없고 주문도 없이 자기 자신만을 위해 축원한다고 서학을 비판했다.

서학의 이러한 교리적 특성에 비교하여 동학은 어떻게 다른가?

우리 도는 무위이화無爲而化라. 그 마음을 지키고 그 기운을 바르게 하고 그 성품을 거느리고 그 가르침을 받아서 자연한 가운데서 되어 나왔느니라.[9]

동학의 도는 "그 마음을 지키고 그 기운을 바르게 하는 것", 즉 '수심정기守心正氣'의 방법을 통해 자연히 한울님의 조화에 의해 '무위이화無爲而化' 되는 것이라고 설명한다. 동학의 도를 수련하는 방법으로 '수심정기'가 제시되고 있고,[10] "조화자 무위이화야造化者 無爲而化也"라고도 하여 '무위이화'는 한울님의 조화라고 한다. [수심정기-무위이화]는 동학의 종교적 수련과 성취의 귀결이며, 동학의 종교적 측면이 가장 명확하게 드러난 부분이다.

사회적 측면

서학은 종교적·사상적 측면에서 조선사회에 자극을 주었을 뿐 아니라 사회적 측면에서도 큰 위협으로 간주되었다. 동학은 서양 세력이 무력으로 동아시아를 침범해 들어오는 위기 속에서 창도되었다. 서양의 침략에 대한 동학의 위기의식은 여러 가지 방식으로 표현되었다. 《동경대전》과 《용담유사》에서 살펴보면 다음과 같다.

*경신년(1860)에 이르러 들으니 서양 사람들은 천주의 뜻이라고 하여 부귀를 취하지 않고 천하를 공격해 취하지도 않을 것이라고 하면서, 그 교당을 세워 그 도를 행한다고 하므로, 나 또한 그렇게 생각하면서도 어찌 그럴까 하는 의문을 가졌다.[11]

*저 경신년 4월에 천하가 분란하고 민심이 어지럽고 각박하여 어떻게 해야 할지 알지 못할 지경인데 또한 괴상하고 이치에 어긋나는 소문이 있어 세간에 떠들썩했다. 서양인이 도를 이루고 덕을 세워 그 조화에 미쳐 이루지 못하는 일이 없고 무기로 공격하되 당할 자가 없으니 중국이 소멸하면 어찌 입술이 없어지는 환란이 없겠는가라는 것이다.[12]

*하원갑下元甲 경신년庚申年에 전해오는 세상世上말이
요망妖妄한 서양적西洋賊이 중국中國을 침범侵犯해서
천주당天主堂 높이 세워 거소위居所謂 간난도䴔難道를
천하天下에 편만遍滿하니 가소절창可笑絶唱 아닐런가[13]

동학 경전에서는 서양이 1860년 북경을 점령하여 중국을 멸망시키려 하기 때문에 그 화가 조선에까지 미칠 것을 우려하고 있다. 일반적으로 중국이나 일본에서는 조선의 위기를 모두 순망치한脣亡齒寒의 처지에서 해석하는데, 동학의 경전은 오히려 조선을 중심에 두고 중국을 입술로 비유했으니 앞에서 언급한 것처럼 중화적 세계관의 탈피, 조선 중심적 사고의 증거라고 볼 수 있을 것이다. 최제우는 서양이 무력적 침략에 그치지 않고 동양의 정신을 파괴하고 있음을 위기로 받아들인다. 서양인이 천주교당을 설립하여 선교하는 데 대해 아주 예민하다. 서양의 침략을 천주교와 동일시하고 그것이 우리의 체제를 무너뜨리는 것으로 이해하고 있다.

동학의 서양 인식은 최제우가 체포되어 심문받을 때, 그리고 함께 체포된 동학교도들의 진술 속에서 다양하게 표현되었다. "양학洋學이 조선을 덮쳤다", "서양인이 먼저 중국을 점령한 뒤 다음에는 조선으로 쳐들어와 장차 변란을 예측하기 어렵다", "근래 바다를 왕래하는 배들은 모두 서양인의 배인데 검무劍舞, 검가劍歌가 아니면 제압할 수 없다", "서양 도둑은 화공을 잘하니 갑병으로 대적할 것이 아니라 오직 동학이라야 그들을 진멸할 것이다", "서양인이 일본에서 천주당을 세운 뒤 우리나라에도 들어와 또 천주당을 세우고자 하므로 마땅히 이를 소멸할 것이다" 등이다.[14] 특히 서양인이 중국이나 일본으로 먼저 침략해 들어와 천주당을 세운 뒤 조선도 침공하여 서양의 학學이 득세하고 천주당이 세워질 것을 크게 걱정했다. 과거 조선을 침략했던 그 일본조차도 서양에는 맥을 못 추고 침공당하고 있음을 우려했다.

그러면 서양의 침략에 대해 어떻게 대처할 것인가? 동학을 통해 '보국안민輔國安民' 해야 한다고 주장한다. 서양 침략에 대한 대응으로서 '보국안민'의 개념이 《동경대전》 '포덕문'과 《용담유사》 '권학가'에 다음과 같이 처음으로 등장한다.

* 서양이 싸워 이기고 공격해 취하여 이루지 못하는 일이 없으니 천하가 다 멸망하면 역시 입술이 없어지는 한탄이 없지 않다. 보국안민輔國安民의 계책은 장차 어디서 나올 것인가[15]

* 함지사지陷之死地 출생出生들아 보국안민輔國安民 어찌할꼬
대저인간大抵人間 초목군생草木群生 사생재천死生在天 아닐런가[16]

   중앙정부의 기록문서에서는 최제우가 체포되어 경상감사 서헌순徐憲淳에게 심문받을 때 처음으로 보국안민의 용어가 등장한다.[17] 보국안민을 사전적으로 해석하면 나라를 돕고 백성을 편안하게 한다는 뜻이다. 동학이 서양 침략의 위기를 극복하기 위해 보국안민의 사회적 행동에 나서지 않을 수 없다는 것으로 된다.
   그렇지만 당장 서양 세력과 물리적 충돌을 하고 있는 상황은 아니었다. 똑같이 불법화되어 정부의 탄압을 받는 상황에서 동학의 무리들이 서학의 무리를 공격할 수 있는 상황도 아니었다. 서양의 침략을 제압하기 위한 대책으로 검무와 검가라는 의례가 등장한 것은 종교적으로 적절한 장치다.[18] 검무와 검가라는 종교의례로 나타난 보국안민 의식은 사회적·민족적 상황의 변화 속에서 동학조직이나 민중의 역량을 동원한다면 물리적 저항의 방향으로 전환될 수 있는 가능성을 내포하고 있다. 그 가능성이 실현된 것은 1892~1893년 교조신원운동과 1894년 동학농민전쟁에서였다.

동학 세력의
신원운동과 외세 비판

동학교단의 교조신원운동과 외세 비판

최제우가 억울하게 사형당한 이후 1870년경 이필제李弼濟가 동학교도들을 모아 경상도 지방에서 종교운동과 사회운동을 결합해 여러 차례 봉기를 꾀했지만, 모두 실패하고 자신도 체포되어 처형당했다. 이를 '이필제 난'이라 한다. 한편 이필제와 노선을 달리하는 해월海月 최시형은 정부의 탄압을 피해 산속으로 피신해 다니면서 신앙생활과 조직 활동에 전념했다. 1880년에는 동학의 경전인 《동경대전》을 간행하고, 점차 포접제包接制 방식으로 교도들을 조직화해나갔다. 이 시기 손병희, 손천민, 김연국, 서장옥, 서병학, 황하일 등이 동학에 귀의하여 지도 그룹을 형성하면서 동학조직이 강고해졌다.

그런데 1886년 조선과 프랑스의 수호통상조약 체결 이후 천주교는 조선 정부의 묵인하에 교회를 세우고 공개적인 선교에 적극 나서기 시작했다. 이러한 상황은 서학과 상극관계인 동학교단을 크게 자극했다. 교조는 서학의 혐의를 뒤집어쓰고 처형당했는데 그 서학은 선교의 자유를 얻었고, 반면 동학은 불법화되어 탄압을 받고 있는 상황에 동학 지도자들은 분노했다. 1892년 여름 서장옥徐璋玉과 서병학徐丙鶴이 충청도 공주에서 최초로 교조의 신원伸冤을 요구하는 운동을 시작했다. 교도들을 모아 집회를 열고 총의를 모아 지방관에 의사를 전달했다. 그들이 작성한 상소문을 보면 교조의 신원을 주장하는 가운데 시대 인식이 드러나는데, 주목되는 것은 반외세 의식이 담겨 있다는 점이다. 충청감사 조병식趙秉式에게 올린 의송단자議送單子에서 외세를 비판한 핵심적인 부분을 찾아보면 다음과 같다.

지금 서양 오랑캐의 학문이 조선 땅에 혼입되고, 왜추倭酋의 독毒이 외진外鎭에 널리 덮여 있어 그 끝이 없고, 흉역凶逆의 싹이 임금의 주변에서 일어나고 있으니, 이것이 곧 우리들이 절치부심하는 바입니다. 또한 일본의 상인이 각 항구에 통하여 무역의 이익을 그들이 독점함으로써 전곡錢穀이 다 없어지고, 백성들이 지탱하고 보전하기 어려운 지경에 이르렀습니다. 중앙 심복心腹의 땅과 인후咽喉의 장소, 관세와 시장세, 산림과 천택의 이익이 오로지 외국 오랑캐에게 돌아가니, 이 또한 우리들이 손을 비비며 눈물을 흘리는 바입니다.[19]

이때에는 더이상 서양 오랑캐의 학문을 공격하지 않고, 당시 현안이었던 일본의 경제적 침략을 거론하여 신랄하게 비판했다. 교조의 신원을 요구하면서 동학의 이념이나 정당성을 주장하는 데 그치지 않고 내외의 국가적 위기를 지적한 점은, 동학의 외세 인식이 이제 종교적 차원에 머물지 않고 정치·사회·경제적 문제로까지 확산되고 있음을 보여준다. 서장옥과 서병학이 올린 이 의송의 반외세 의식에서 특징적인 점은 서양 오랑캐와 일본의 침략을 동일시하고 있는 점, 일본의 침략을 정치·사회·경제적으로 구체적으로 지적한 점이다. 서학에 대한 비판은 일본의 침략에 대한 비판에 비하면 부차적인 문제가 되었다.

최시형도 신원운동에 적극 나서면서 전라도 삼례에서 집회를 열고 전라감사에게 교조신원을 요구하는 의송을 올렸다.[20] 이 의송은 충청감사에게 제출한 의송과 비슷하지만 외세의 침략을 비판하면서도 일본 상인의 침투 등 구체적인 부분을 삭제했다.[21] 교주 최시형은 반외세 의식, 구체적으로 반일의식을 드러내지 않았다고 평가할 수 있다.

남접 세력의 형성과 외세 비판

이때 최시형의 교조신원운동에 불만을 품고, 그와는 결을 달리하여 전라도의 동학 세력이 서장옥과 전봉준全琫準을 중심으로 별도의 남접南接으로 결집되기 시작했다.[22] 이들은 교단의 종교적 입장, 즉 동학을 옹호하면서 서학을 비판하는 수준에 머물지 않고 사회적 실천 의제를 강력하게 제기했다. 그들이 제창한 기치는 바로 '보국안민'이었다. 동학 창도 때 거론된 보국안민 이념이 여기서 사회경제적 구체성을 내포하기 시작했다.

전봉준을 중심으로 한 혁신적인 남접 세력은 1893년 음력 2월 10일

삼례에 다시 모여 전라감사에게 또 다른 의송을 보냈다.[23] 그것은 최시형이 전라감사에게 보냈던 의송과는 전혀 다른 내용이다. 다소 길지만, 중요하므로 그 일부를 보면 다음과 같다.

지금 왜양(倭洋)의 적이 우리의 중앙 한복판에 들어와 대란(大亂)이 극에 달했습니다. 진실로 오늘날의 수도 서울을 보면 마침내 이적(夷狄)의 소굴이 되었습니다. 가만히 생각건대 임진왜란의 원수와 병자호란의 치욕을 어찌 차마 말로 다할 수 있고, 어찌 차마 잊을 수 있겠습니까. 지금 동방의 우리나라 삼천리 강토가 모두 짐승의 자리가 되고 오백년 종사가 망하여 장차 기장밭이 되고 말 지경이니, 인의예지(仁義禮智) 효제충신(孝悌忠信)은 지금 어디에 있습니까. 하물며 왜적(倭賊)이 뉘우치는 마음이 없이 재앙을 일으킬 마음을 품고 바야흐로 그 독을 뿌려 위험이 조석에 달려 있는데도, 이를 대수롭지 않게 여기고 안전하다고 말하니, 지금의 형세가 장작불 위에 있는 것과 무엇이 다르겠습니까.……우리가 비록 보잘것없는 백성이나 선왕의 법을 이어받고 나라의 땅을 경작하여 부모를 봉양해왔으니, 비록 귀천은 다르나 충효가 어찌 다를 것입니까.……우리 수만 명은 힘을 합하여 죽기를 맹세하고 왜양을 물리쳐 대보지의(大報之義)를 본받고자 하오니, 엎드려 원컨대 각하도 뜻을 같이하고 협력하여 충의(忠義)의 사리(士吏)를 모아 함께 보국(輔國)하기를 간절히 바랍니다.

계사(癸巳) 2월 10일 묘시(卯時) 동학창의회소(東學倡義會所)[24]

이것은 이미 1893년 음력 1월 10일경 전봉준이 작성하여 이후 전라도 각지에 게시한 것이고, 이후 3월 보은집회가 열릴 때 보은 관아에도 게시되었던 격문과 내용상 동일한 것이다.[25] 1월부터 3월에 걸쳐 전봉준 등이 작성한 이 격문이 전라도 각지와 보은집회 등에 내걸리고, 전라감사에게 올린 의송에도 반영되었던 것이다. 미국 외교관은 이 문서의 중요성을 인식하고 영어로 번역하여 본국에 보고했다.[26]

이 의송에서는 임진왜란과 병자호란에서 겪은 외세의 침략을 상기시키면서 일본과 서양의 침략을 비판한다. 수도 서울의 한복판이 일본과 서양 오랑캐의 소굴이 되었음을 개탄한다. 서양에 대한 비판은 구체적으로 나와 있지 않다.

충청감영 및 전라감영을 상대로 한 교조신원 상소는 감사가 해결할 수 있는 사안이 아니었다. 최시형은 충청도 보은에 도소都所를 설치하고 이 문제를 계속 논의했다. 동학의 공인 문제는 지방의 수령이 결정할 수 없는, 당시로는 국가안보와 연관된 문제이므로 국왕에게 직접 상소할 수밖에 없다는 결론에 도달했다. 이에 1893년 음력 2월 11일 광화문 앞에서 동학교도의 대표들은 손천민孫天民이 기초한 상소문을 고종에게 올렸다. 동학의 연혁과 교리, 교조의 신원과 구속자 석방을 요구하는 내용이었다. 이는 동학교단의 공인 문제에 초점이 맞추어진 종교운동으로서의 성격을 지녔다. 그런데 동학교단이 교조신원을 요구하는 상소를 올리고 농성하고 있을 즈음 인근의 정동 지역에서 외세를 배격하는 격문선전운동이 일어난다. 이를 주도한 것은 남접의 진보 세력일 것으로 추정된다. 서양에 대한 비판은 여기서 구체화된다.

동학과 천주교의
충돌

천주교 선교의 자유와 지방 주민과의 갈등

동학은 서학의 침투에 대한 경계심에서 창도되었지만 둘 다 유학자들로부터 사학邪學으로 지목받고 배척당했다. 천주교는 1784년 이승훈李承薰이 북경에서 세례를 받은 이후 지속적으로 탄압을 받았다. 1801년, 1839년, 1866년에는 큰 박해를 받았다. 1866년의 경우 12명의 프랑스 신부 가운데 9명이 처형당하고, 가까스로 리델Felix C. Ridel 신부가 탈출하여 중국의 프랑스 함대에 사태를 전함으로써 프랑스 함대가 한강 양화진까지 와서 수로를 측량한 뒤 강화도를 점령한 병인양요가 일어났다. 요행히 프랑스 함대를 물리친 대원군은 척화비를 세워 서양인과 서양 문물을 배척했다. 1868년 오페르트Ernst J. Oppert가 충청도 덕산의 대원군 아버지 남연군 묘를 파헤친 사건이 일어나면서 이에 격노한 대원군의 서학에 대한 탄압은 더욱 극심해졌다.

중국에 머물던 리델 신부는 조선 선교에 대한 사명감으로 재입국을 여러 번 시도했다. 마침내 1876년 5월 블랑Blanc과 드게트Deguette 신부가 먼저 입국하고, 리델 신부는 그 이듬해인 1877년 9월 장산곶으로 입국하는 데 성공했다. 그렇지만 국경을 드나들던 천주교인이 체포되면서 입국한 지 불과 석 달 만에 리델도 붙잡히고 말았다. 그는 약 5개월 동안 서울의 감옥에서 고통을 받다가 1878년 6월 추방당했다.[27]

병인양요 이후 10여 년간 천주교인들은 극심한 탄압을 받았다. 2만 5,000여 명을 헤아리던 천주교인들의 공동체는 완전히 붕괴했다. 조선교구 주교가 된 리델은 1878년, "수많은 신입 교우들이 무시무시한 형벌로 사망하였으며 산이나 숲속으로 피신했던 다른 교우들은 빈곤과 기아로 사망하였다. 그 외 살아남은 교우들은 흩어졌고 그들의 모든 재산은 남아 있지를 않았다. 한때 번창했던 이 선교 지역에 지금 남은 것이라고는 폐허일 뿐이다"라고 보고했다.[28] 일본과의 조약으로 부산항이 열렸지만 서양과는 교섭이 없었고 천주교의 선교는 허용되지 않던 때였다.

밀입국한 블랑 등 프랑스 신부들은 비밀리에 공소公所와 교인 공동체인 교우촌의 재건을 꾀했다. 전국에 산재한 공소를 방문하여 교인들을 되찾아나갔다. 비교인 속으로 흩어진 교우들을 되찾고 교우촌으로 모아들이는 것이 과제였다. 교우촌을 주도해왔던 회장을 공소회장제도로 흡수하여 조직했다.[29] 마침내 1886년 조선이 프랑스와 조약을 체결하자 공소의 복원, 교우촌의 재건은 더욱 탄력을 받았다. 그리하여 1889년경 복원된 공소는 충청도에 42개소, 전라도에 20개소, 황해도 20개소, 경기도 24개소, 경상도 27개소, 평안도 22개소 등 전국에 걸쳐 169

개소에 이르렀다. 프랑스 신부들은 공주·고산·서울·칠곡·평양 등 교인들이 비교적 많은 공소에 배치되었다. 당시 교세를 보면 블랑 주교 등 19명의 신부와 10녕의 순회 교리교사, 6개의 본당, 177개의 교우촌에 1만 6,589명의 신자가 있었다. 각 교우촌의 신자는 대략 50~100여 명이었다고 한다.[30]

그런데 1886년 조선과 프랑스의 수호통상조약은 선교의 자유를 명백하게 규정하지 않았다. 천주교 선교와 관련하여 관건이 된 조항은 9조 2항의 "조선에서 학문을 연구하기 위하여 혹은 어문, 과학, 법학 혹은 예술을 교수[敎授=교회敎誨]하기 위하여 조선으로 가게 되는 불란서인들은 체약국이 절원切願하는 친선의 증거로서 언제든지 원조와 지원을 받아야 한다"라는 것이다.

여행권을 소지한 외국인이 내륙을 통행하는 목적은 '수호통상'의 목적에 부합한 것이어야 하는데, 프랑스의 경우 통상의 범위를 벗어나 수호의 영역에서 일찍이 다른 서양국과는 언급된 적이 없는, 교육을 수행할 자유가 허용되었다. 교육의 자유는 내용적으로 종교의 영역으로 확장될 가능성이 농후하기는 했어도 천주교 선교의 자유를 허용한 것은 아니었다. 그렇지만 오랫동안 박해를 받으면서도 선교했던 천주교 신부들이 여행의 자유를 얻고 프랑스 공사관과 치외법권에 의한 보호를 받게 됨으로써 거리낌 없이 선교에 나설 수 있게 되었다.[31]

이제 천주교인들은 산골에서 평야지대로 거처를 옮기고, 신부들은 외교관의 보호하에 활보하는 상황에 이르렀다. 프랑스 공사는 신부뿐 아니라 조선인 교인들을 보호하기 위해서도 외교적 노력을 다했다.[32]

조선교구장인 뮈텔Gustav C. M. Mütel(閔德孝, 1854~1933) 주교는 1891

년 자유로운 선교 상황을 다음과 같이 표현했다.

> 오늘날은 숨는 곳도 필요 없게 되었고 상복도 필요 없게 되었습니다. 우리는 대명천지에 살고 있으며 얼마 안 가서 자유가 올 것으로 생각합니다. 우리에게 이 변화를 가져다준 조약에는 종교에 대한 말이 없는 것이 사실이지만 우리는 불란서 국민으로서 보호를 받고 있습니다. 신부들은 전국을 돌아다닐 수 있는 통행증을 가지고 있는데 우리는 마지막 장애가 제거되기를 기다리면서 이것을 널리 활용하고 있습니다. 서울과 그 근방에서는 선교사들이 성직자 복장을 하고 다니며 지방에서도 변화가 차차 일어나 몇 해만 지나면 모두가 교회 법규의 이 규정을 지장 없이 지킬 수 있을 것입니다.[33]

천주교가 전래된 이후 프랑스 신부들은 이동할 때면 상복으로 위장했었다. 조약이 체결된 이후 프랑스 공사관의 보호와 치외법권을 누릴 수 있게 되면서 상복을 벗어버리고 자유롭게 활동할 수 있게 되었던 것이다. 로만 칼라로 상징되는 신부 복장인 수단을 공공연히 입고 다녔다.

그렇지만 조약이 체결된 이후에도 정식으로 선교의 자유가 허용된 것은 아니었기 때문에 신부와 교우촌에 대한 지방 관리와 주민의 감정은 좋지 않았다. 1888년 전라도 진안에서 교우촌이 공격을 당했을 때, 라푸르카드Lafourcade 신부는 "많은 예비교우가 성세 받을 준비를 하고 있던 진안에서 방금 박해가 일어났습니다. 포졸들이 한 교우촌을 덮쳐 저항하는 사람들을 때리고 닥치는 대로 약탈을 하고 마침내는 동네에 불을 질렀습니다"라고 보고했다.³⁴ 진안을 비롯한 전라도 동부 산악지대는 박해를 피하기 좋은 산골이었다. 천주교 신부들과 교인들은 이 일대의 산골에 숨어 교우촌을 만들고 박해를 피해왔다. 그런데 종교의 자유가 암묵적으로 허용된 분위기에서 공격을 당하자 프랑스 신부들은 당혹하지 않을 수 없었다.

1891년 말경에도 천주교에 대한 정부의 적대적 정책으로 천주교 신부들이 긴장했다. 의정부에서 각 군의 이장으로 하여금 오가작통법五家作統法에 따라 사교邪敎를 따르는 자들을 조사해서 고발하라는 지시를 내렸다는 소식 때문이었다. 경기도 광주부사는 1891년 12월 오가작통법에 의거해 통내의 사학지류邪學之類를 조사해 15일 이내에 보고하라는 의정부의 지시를 받고, 동임들에게 조사를 지시했다. 천주교인들은 명단 제출을 거부하면서 뮈텔 주교에게 대책을 요청했다. 뮈텔은 천주교를 사학으로 몰아 교도의 명부를 요구하는 관리가 있다면 성명을 보고하라고 강경 대응했다.³⁵

외세를 비판하는 격문도 여러 지방에서 나왔다.³⁶ 경상도 기장에서는 천주교인과 서양인을 고발하라는 격문이 게시된 것을 신부가 입수했고, 강원도에서도 서양인을 양적洋賊, 금수禽獸라고 모욕하는 소책자가 유포되어 신부들이 긴장했다.³⁷

1892년 양력 12월 18일에는 죠조Jozeau 신부가 김산군 김천 장터에서 500여 명의 군중으로부터 공격을 받았다. 수염이 뽑히고 다리가 반쯤 부러지고 눈에 피멍이 들었다. 그의 복사도 머리카락이 뽑혔다. 군중들은 그를 모래밭에 파묻고 짓밟았다.³⁸

동학과 천주교의 상호 인식

이렇게 조선과 프랑스의 조약 체결 이후에도 지방 주민들은 천주교를 비판하고 공격했는데, 서학을 비판하며 창립된 동학의 교도들은 어떤 태도를 취했을까? 동학이 창도되면서는 서학을 모방하기도 했지만 기본적으로 서로 상극의 관계에 있었던 것은 말할 필요도 없다.[39] 그런데도 1860년 동학의 창도 이후 1890년대에 이르는 30여 년 동안 동학교도와 천주교인 사이에 직접적 접촉이나 물리적 충돌은 거의 없었다. 모두 사교로 지목당해 산속에서 피신생활을 했기 때문에 만날 기회가 거의 없었다. 동학교단은 강원도와 충청도의 태백산맥과 소백산맥 산속으로 피신하며 수도생활을 했고, 천주교인들은 소백산맥과 차령산맥 산골에서 박해시대를 견뎌내고 있었다.

  1890년대를 넘어서면서 충청도와 전라도에서 흥기하기 시작한 동학교도들과, 일찍부터 이 지방에서 선교하던 천주교 신부 및 그 교인들이 직접 만날 가능성이 점차 높아졌다. 뮈텔 주교가 1892년경 동학교도들의 흥기에 대해 전해주는 다음과 같은 흥미로운 정보가 있다.

오래전부터 전국에 돌아다니는 소위 예언이라는 것들이 현 왕조가 500년이라는 숙명적인 날짜를 넘기지 못할 것이라고 예고했습니다. 그런데 이 날짜가 1892년으로 기한이 끝났던 것입니다. 이 시기에 예언의 실현을 재촉하기 위해 운명의 수레바퀴를 기꺼이 도와줄, 새로운 것을 좋아하는 자들이 나타날 것으로 예상해야 했었습니다. 게다가 그들의 불만을 다시 일으키는 불평분자들과 새 왕조의 출현을 예측해서 미리 기대를 하는 관직 없는 양반들과 끝으로 혼란을 틈타 쉽게 이득을 취하려는 할 일 없는 사람들은 언제나 있는 것입니다. 그러니까 이런 사람들이 모두 요술에 걸린 것처럼 모였고 또 여기서는 반란자가 되거나 그런 사람으로 간주되는 것이 위험하므로 자기들의 정체를 더 쉽게 감추기 위해 어떤 교의적 간판을 내걸었습니다.[40]

뮈텔은 조선왕조가 500년이 되면 망할 것이라는 《정감록鄭鑑錄》에 대한 이야기를 들었다. 500년 만기는 1892년이었다. 이미 1889년부터 외국인들 사이에 이 이야기가 회자되었다. 1892년까지 3년밖에 남지 않았다고들 했다.[41] 뮈텔은 《정감록》의 참위설을 이용해 새로운 세상이 도래한다고 선전하고, 이를 기회로 삼아 동학교도들이 교조신원운동을 전개하고 그 과정에서 전봉준 등 동학의 혁신파들이 등장하던 1892년의 여러 가지 움직임에 주목했던 것이다.

뮈텔은 동학을 다음과 같이 이해했다. 천주교 프랑스 신부들의 대표가 동학을 이해한 수준을 확인할 수 있다.

이 교파의 두목 중 한 사람은 예전에 천주교인들과 관계를 맺었던 모양입니다. 그 책들 중 하나에서 그가 이야기하는 것을 들으면 1861년에 천주교를 믿어야 할지 어떨지 몰라서 고민을 하고 있는데 꿈을 꾸었답니다. 신령이 그에게 나타나서 진리에 도달하려고 하는 그의 소원을 칭찬하면서 서양에서 온 사람들이 가르치는 대로의 천주교는 취하지 말고 자기가 진리를 직접 가르쳐주겠다고 했답니다. 그리고 그가 받아서 전파할 책임을 진 교리는 동학이라고 부르라고 했다 합니다. 거기에 환상가의 공상 아닌 다른 것이 들어 있다 해도 이 예언자에게 말한 천사가 빛의 천사가 아님은 아주 명백합니다. 천사라는 이름과 천주교에서 빌어 간 몇 가지 단편적인 진리에 대개는 역경에서 끌어온 도무지 알아 들을 수 없는 사상과, 이 책에 대한 제멋대로의 해석들이 섞여 있습니다. 마술의 축문과 몇 가지 짧은 기도문도 들어 있습니다. 하기는 동학을 따르는 사람 대부분이 그들이 주장하는 것으로 간주되는 교리를 절대로 모르고, 다만 그 이름만이 그들의 가담의 표가 됩니다.[42]

뮈텔 주교는 최제우가 득도하여 동학을 창도한 것을 나름대로 이해했다. 천주교를 이용하면서 동학이라 부른 점도 파악했다. 그러나 동학은 진리가 아니고 여러 환상이 혼합되어 마술과 같은, 교리체계가 제대로 서 있지 않은 어떤 집단의 표식일 뿐이라고 폄하했다.

이즈음 전라도의 프랑스 신부들이 서울의 뮈텔 주교에게 동학교도들의 격문을 다수 수집하여 보냈다. 이들 격문에 동학교도와 천주교인의 갈등관계가 잘 나타나 있다. 격문 중 하나를 보면 서학에 들어간 조선인에 대해 다음과 같이 비판한다.

서학에 들어간 사람은 동에서 나고 동에서 자라고 임금의 땅에서 먹고 선왕의 법을 계승하고서도, 이름을 서양 오랑캐의 나라에 넣어 그 나라에 마음을 두고 그 우두머리에게 부림을 당하니 이것은 어떤 마음인가. 심히 애석하고 개탄스럽다. 맹성하여 근본으로 돌아와 뒤늦게 후회하지 말라.[43]

1장. 동학과 서학의 대립

서학에 들어간 조선인을 비판하면서 탈퇴하여 돌아오라고 촉구한다. "동에서 나고 동에서 자라고"라는 표현에서 보면 동학으로 들어오라는 말이 되겠다.

동학교도들의 천주교인 배척에 대해 신부들은 교인 보호를 조선 정부와 지방관에 강력히 요청했다. 1894년 음력 1월 8일 전라감사의 전령을 보면, 천주교인을 핍박하지 말도록 이미 전령이 있었지만 이번에 정부 외아문外衙門의 지시에 따라 서로 화해하도록 4개조의 약조를 세웠으니 준수하라는 내용이 들어 있다. 4개조는 다음과 같다.[44]

1. 교민이 잡혀왔을 경우 평민은 교민을 구타하지 말고 재물의 집류는 관에 고한 이후 집행할 것. 고관하여 평민을 잡아간 죄를 추궁할 것.
1. 평민이 잡혀왔을 경우 교민 역시 평민을 구타하지 말고 재물의 집류는 관에 고한 이후 집행할 것. 고관하여 교민을 잡아간 죄를 추궁할 것.
1. 서로 양보하여 조선인이 서로 존경하는 예의를 한결같이 지키며 폐단을 일으키지 않도록 할 것.
1. 교민도 또한 적자이니 평민이 능멸하고 기만하는 폐를 만들지 않도록 각별히 금단할 것.

천주교인과 일반 평민 사이에 분쟁이 발생하더라도 서로 각 집단에서 잡아다가 구타하거나 재물을 탈취하지 말고 관에 알려 해결하라고 지시한 것이다. 특히 "교민도 적자", 즉 천주교인도 임금의 백성이라는 표현에서 역설적으로 타자로 배척되었던 저간의 고통을 읽을 수 있다. 동학교도가 봉기한 상황 속에서 이렇게 천주교는 사학의 혐의를 확실하게 벗어나고 있다. 전라감사의 이러한 조치 때문인지 제1차 동학농민전쟁 기간 동안에 천주교인들은 큰 위험 없이 일상생활을 영위할 수 있었다.

동학농민군의 천주교 공격

1894년 봄 동학농민군이 무장에서 일어나 정읍·고창·영광·장성을 거쳐 전주성을 점령하기 위해 밀려 올라오자 천주교 신부들과 교인들은 위협을 느끼기 시작했다. 전주의 보두네Baudounet 신부는 농민군이 전주감영을 함락시키기 직전, 산골의 교우촌으로 피신했는데 사제관은 동학농민군에게 점령당했다.[45] 고산 되재본당의 비에모Villemo 신부도 교우집을 거쳐 산골 교우촌으로 피신했다. 농민군에 대항하여 꿋꿋하게 버티던 금구의 죠조 신부는 뒤늦게 서울로 피신하려고 이동하다가 공주 근처에서 청국군에게 붙잡혀 처형당했다.[46] 보두네와 비에모 신부는 죠조 신부의 비보를 듣고 수로와 육로 등 모든 교통수단을 동원하여 구사일생으로 서울로 피신했다.[47] 충청도 덕산 퀴를리에Curlier 신부의 양촌 사제관이 파괴되고, 간양동 파스키에Pasguier 사제관, 공세리의 사제관도 공격받았다.[48]

  신부들이 신변의 위협을 받게 되자 프랑스는 제물포에 함선을 파견했다. 무력시위는 이전부터 조선 정부를 압박하는 수단으로 사용되어 효과를 보고 있었다. 프랑스 공사관에서는 전라도에서 선교하는 신부들의 보호를 조선 정부에 요청하고, 신부들은 교인의 보호를 서울의 뮈

텔 주교에게 요청했다.⁴⁹

천주교 신자들 중 동학농민군에 가담한 자도 없지 않지만 대부분 회피하면서 동학군의 적대 세력이 되었다. 동학농민군이 전라도 각 군에 집강소를 두어 개혁작업을 수행하고자 했을 때, 향촌사회의 천주교인들과 대립 충돌하는 양상이 자주 일어났다. 전라도 천주교인들이 겪은 동학농민전쟁은 다음과 같이 보고되었다.

우리 신자들은 약탈당하고 매를 맞으며 동굴 속에서 살아야 했습니다. 작은 구멍으로 겨우 빛이 들어오는 이러한 오두막에서 남녀노소 전 가족이 온통 뒤범벅이 된 채 대부분 몇 달을 보냈던 것입니다. 언제 끝날지도 모르는 이러한 재난이 그토록 오래 계속되었으니 이들의 괴로움이 오죽하였겠습니까! 점령당한 마을, 불질러진 마을들, 대량 학살된 주민들, 암살된 관리들의 소식과 같은 폭도들의 잔인함을 그들 중 정보를 알아보고 있던 한 신자가 전해주었을 때 이들의 불안은 얼마나 더해졌겠습니까! 그러던 어느 날 신자들을 모두 학살한다는 결정적인 포고가 나붙었습니다. 때때로 몇몇 사람들이 폭도들 손에 걸려들었습니다. 고문을 받거나 몸값으로 돈을 지불한 뒤에야 풀려나오곤 했습니다. 때로는 배교를 강요당하기도 하였습니다.⁵⁰

배교를 거절한 흥덕의 신자는 장작더미에 불이 붙었을 때 온건한 동학군이 끌어내주어 겨우 화형을 면했다. "50여 가구가 살고 있는 어느 마을은 이웃 마을의 이교도들이 때로는 불태우고 때로는 약탈해갔고, 또 다른 마을에서는 모든 소와 농기구까지 가재도구와 함께 잃고 말았

다"고 한다.⁵¹

1894년 9월 18일 전라도와 충청도에 파견된 신부들이 프랑스 공사에게 보낸 편지에 이 지역 천주교인들이 입은 피해가 잘 드러나 있다.

> 지난봄부터 전라도와 충청도 두 지방에서 일어난 위험한 사태로 말미암아 우리 선교사들은 프랑스 공사님께 보호 요청을 올리지 않을 수 없게 되었습니다. 한 선교사가 사망하였고 다른 선교사들은 피신해야 하였으며 200군데의 교우촌이 파괴되었고, 1만 1,000명의 교우들이 양식도 거처도 없이 산속으로 뿔뿔이 흩어져야 하는 절망적인 상황을 초래한 이 사건의 모든 세부사항을 일일이 공사님께 상기시킬 필요는 없을 것입니다.……200개의 교우촌 중에 교우들이 쫓겨나지 않은 교우촌은 단 한 군데도 없습니다. 배교를 강요당하며 고문을 받은 교우들이 여럿이고 또 매질을 당하여 죽은 교우가 여럿이며 다른 교우들은 모두 산속으로 피신하여 굶주림과 헐벗음으로 죽어가고 있으니 그들을 속히 구하지 않으면 이 불행한 사건은 엄청난 사상자들을 초래할 것이 분명합니다. 폭도들은 닥치는 대로 약탈해갔으며 심지어는 교우들에게 마지막으로 남은 금년의 수확물까지 약탈해갔습니다.⁵²

요약해보면, 동학이 창도된 이후 30여 년간 동학과 천주교의 직접적 충돌은 없었다. 모두 사교로 지목당해 산속으로 피신했기 때문이다. 그러나 동학과 천주교가 포교 지역을 확장하여 공간적으로 충돌할 소지가 많아지고, 동학농민군이 봉기하면서 결국 충돌을 피할 수 없었다. 동학농민전쟁이 치성했던 전라도와 충청도 지방에서 천주교 신부와 교우촌이 큰 피해를 입었다.

  그런데 동학농민전쟁이 끝난 뒤 상황은 반전되었다. 동학농민에게는 피난처가 필요했다. 지방 곳곳에 본당과 공소를 가지고 치외법권을 누리던 프랑스 신부들의 보호를 받으면 생명과 재산을 보전할 수 있을 것으로 보였다. 천주교에 투탁할 수 있게 된 동학여당은 이제 그 세력을 빙자하여 개인적인 이득을 취하거나 사회 문제를 야기하기도 하고, 때로는 신앙을 수용하여 신자가 되기도 했다. 천주교 조직을 활용하여 변혁운동을 꾀하는 시도도 없는 것은 아니었지만,[53] 천주교의 엄격한 위계질서와 프랑스 공사관의 통제로 인해 용이하지 않았다.

東學 天道 基督

2장

동학 세력의
반기독교 격문

격문에 등장한 기독교

교조신원운동과 격문

1893년 음력 2월 8일부터 12일까지 동궁의 탄신일을 맞아 서울에서 과거 시험이 열렸다. 8일에는 문무과 시험, 9일에는 응제 시험, 12일에는 갑술생과 시험이 있었다. 이때 동학교도들의 광화문 복합상소가 있었다.

  교조신원教祖伸寃을 청원하는 동학교도들이 11일부터 광화문 앞길에 엎드려 상소를 시작했다. 상소의 본부인 도소都所를 남서南署 남소동에 설치하고 교도들은 낙산 부근과 남대문 밖 이문동 부근에 모였다. 동학교도가 서울에 얼마나 모였는지는 정확하게 알 수 없다. 수만 교도가 서울로 상경했다는 주장부터 수천 명, 수백 명 등 기록마다 상이하다. 과거 응시생과 그 시종들로 서울이 소란스런 상황에서 과거 응시를 가장한 동학교도들이 도성 내외를 소란스럽게 만들었다.

소장訴狀은 손천민이 지었으며 소장을 올린 이는 박광호朴光浩였다. 손병희·박인호·권병덕·김낙철·김낙봉·임규호 등 최소 9명 이상 수십 명이 참여한 것으로 추정된다. 대표들은 도소에서 한울님께 봉고식을 올린 다음 두루마기 예복을 입고 2월 11일 아침 9시경 경복궁의 정문인 광화문에 이르렀다. 광화문 앞 육조六曹 앞길에 자리를 깔고 앉아 한 통의 상소문을 붉은 보자기에 싸서 앞에 놓고 농성을 벌였다.

동학교도들이 염주를 들고 주문을 외우는 생소한 장면에 구경꾼들이 사방에서 운집했다. 대표들은 오후 5시에 물러나 숙소로 돌아갔다가 다음 날 다시 상소하면서 13일 정오까지 자리를 지켰다. 일본 신문은 "결사대 천여 명의 총대인 30여 명이 지난 음력 2월 12일에 상소문을 받들고 비답을 받는다면서 왕궁의 문전에 꿇어앉은 채 마치 죽으려는 듯이 머리를 땅에 늘어뜨리고 배례하고 있었다"고 보도했다. 13일 돌아가 기다리라고 고종이 비답을 내리자 동학교도들은 14일 오후부터 15일까지 서울을 빠져나갔다.[1]

이때 즉 음력 2월 14일 미국 북장로교 선교사 기포드Daniel L. Gifford 학당의 출입문에 기독교 교육을 비난하며 학생들에게 경고하는 격문이 붙었다. 나흘 뒤인 2월 18일 미국 북감리교 선교사 존스George J. Jones(趙元時)의 숙소에도 기독교의 종교 교육을 비난하며 선교사들에게 경고하는 격문이 붙었다.

동학교단은 광화문 육조 앞길에 모였고, 격문은 거기서 조금 떨어진 정동 지역의 미국인 학교와 교회에 붙었다. 광화문 앞길은 왕조국가의 정치가 실현되는 장소성을 지닌 반면, 정동 지역은 외국인 거주지의 특성을 지녀 반외세 세력에게는 타도의 대상, 근대화 세력에게는 모방의 모델이 된 곳이었다. 2월 20일경 프랑스 공사관에도 격문이 붙었다고 하지만² 내용은 불분명하고, 3월 2일 일본 공사관에 붙은 격문은 일본 상인들의 철수를 강요하는 경고문이었다. 이들 격문은 서양의 종교 및 학문의 침투, 일본의 경제적 침투를 문제 삼았다. 광화문에서 철수한 동학교도들이 개최한 보은집회에서 본격적으로 거론되는 '척왜양斥倭洋'의 기치가 이미 서울의 격문에서 나타났던 것이다.

  거슬러 올라가 살펴보자. 1886년 프랑스가 조선과 수호통상조약을 체결함에 따라 100여 년에 이르는 천주교 선교사와 교인에 대한 조선 정부의 통제는 끝이 났다. 조선 정부는 선교의 자유를 사실상 묵인했고, 이에 따라 조선 선교를 담당해온 프랑스 파리외방전교회는 공개적인 활동을 개시했다. 천주교 교인 공동체를 회복하고 교회당도 건립했다. 한편 1885년 조선에 들어온 기독교도 고종으로부터 의료와 교육 활동만 허락받았지만 사실상 선교 활동도 시작했다. 이때 들어온 기독교 종파는 미국 북장로교와 미국 북감리교였다.

  서양 종교가 조선에서 적극적으로 선교할 수 있게 되자 동학교도들도 포덕의 허용을 정부에 요구하기 시작했다. 교조인 최제우가 서학에 호응한 죄로 처형당한 억울함을 풀어달라는 교조신원운동에 대해서는 1장에서 설명했다. 동학교단은 1892년 충청도 공주에서 충청감사에게, 전라도 삼례에서 전라감사에게 교조신원을 요청했지만 감사는 자신의 권한이 아니라고 거부했다. 이에 동학교단은 광화문에서 국왕 고종에게 직접 호소했고, 이때 일단의 행동주의자들이 기독교의 교육·종교기관과 외국 공사관에 격문을 붙여 반외세·반기독교적 입장을 선언하고 공격적 행동을 예고했던 것이다.

기독교는 여기서 격문을 통해 처음으로 동학과 접촉하게 되었다. 동학은 서양 종교이면서도 천주교와는 다른 기독교를 어떻게 인식했는가? 반대로 기독교의 입장에서는 동학을 어떻게 인식하게 되는가? 동학과 기독교, 이 양자가 처음 조우한 지점에서 타자 인식의 양상을 살펴보기로 한다.

기포드학당에 붙은 격문

기포드학당에 걸린 격문의 내용은 다음과 같다. 격문이 핵심적인 텍스트이므로 한국어로 번역하여 전문을 제시한다. 격문의 분위기를 이해할 수 있도록 한자 개념은 그대로 살렸다.

방榜.
아아! 소자小子들아 삼가 이 글을 받으라. 우리 동방은 수천 년 예의지국이다. 이 예의지국에 태어나서 이 예의를 행하기도 오히려 겨를이 없는데 하물며 타교他敎겠는가? 그 책을 보고 그 학學을 살펴보면, 저들이 말하는 교敎라는 것은 비록 경천敬天이라 해도 그 실은 패천悖天이며, 비록 애인愛人이라 하지만 그 미혹함은 적인賊人이다. 천당지옥은 이 무슨 말인가? 세상 사람들이 비록 신선이 있다고 하지만 그러나 본 사람은 누구인가? 저들이 비록 천당이 있다고 하지만 그러나 그것을 본 사람은 누구인가? 원통하다. 어리석은 백성들이 그 허무맹랑함에 현혹되고 황탄함을 믿어 정대正大함을 버리고 겸애兼愛로 나아가며, 조두俎豆를 버리고 음사淫祠를 행하니, 성현이 말씀하신 무부무군無父無君이 이것이다. 옛날 우리 열성조에서는 어진 재상이 잘 보좌하고 충량한 신하가 보필하여, 설학입교設學立敎하고 인의를 연마함으로써 교화가 동서에 미쳤다. 이것이 곧 일치一治다. 지금은 이도異道가 횡행하고 혹무惑誣가 창생하니 이것이 곧 일란一亂이다. 너희는 곧 충량보필忠亮輔弼의 후예인데 그 현조賢祖를 욕되게 하니 어찌 안타깝지 않으며 어찌 원통하지 않겠는가? 우리 도의 큰 근원은 하늘에서 나왔고 밝은 하늘은 빛나고 빛나는데 감히 스스로 이 도를 업신여겨서 능멸할 수 있는가? 일치지도一治之道는 왕리지문王里至文의 가운데 있으니 어찌 두렵지 않으며 어찌 경계하지 않겠는가? 아아 소자들아, 이 도에 동참하여, 그 책을 불태우고, 그 사람을 사람답게 만들면 만의 하나 살아날 가망이 있을 것이다. 운운

계사 2월일야반 백운산인궁을선생불명서癸巳 二月日夜半 白雲山人弓乙先生不名書

수락양두 일해월해遂落兩頭 日兮月兮

구횡일목 선왕거수口橫一木 先王去水

약유지식자 방아어계룡산낙사촌若有知識者 訪我於溪龍山樂斯村[3]

격문은 기포드학당에 다니는 조선인 학생들을 겨냥한 것이다. 기독교의 교리를 패천적인悖天賊人이라 비난하고 천당지옥설을 황당한 주장이라고 비웃는다. 기독교의 미혹한 음사를 버리고, 선교사들이 가르치는 기독교의 서책을 불태우라고 학생들을 선동한다. 그 대신 동방예의지국의 경천애인敬天愛人하는 정대한 교화의 천도를 따르며, 조상 제사의 법도를 받들어 유학에서 말하는 이상사회를 구현하는 데 힘쓸 것을

격정적으로 촉구한다.

기포드학당은 어떤 곳이길래 이런 격문을 붙여 비난하는가? '기포드'는 다니엘 기포드라는 미국 북장로교 선교사를 가리킨다.[4] 기포드학당은 사실상 언더우드학당이다. 미국 북장로교 선교사 언더우드Horace G. Underwood(元杜尤, 1859~1916)가 고아원으로 시작하여 발전한 언더우드학당은 1891년 마펫Samuel A. Moffet(馬布三悅)이 인계를 받아 '예수교학당'으로 이름을 바꾸고 기포드와 함께 운영했다. 그런데 마펫이 선교지 물색을 위해 북쪽 지방으로 자주 선교여행을 떠나자, 기포드 등 다른 교사가 학교 운영을 대신했다. 평양을 선교지로 정하고 1893년 4월 떠나기로 한 마펫이 1893년 1월 밀러Frederick S. Miller(閔老雅)에게 학교를 운영하도록 넘겨주었다. 격문사건은 학교 운영이 마펫의 예수교학당에서 밀러의 민노아학당으로 넘어가는 과도기에, 기포드가 학교를 잠시 맡았던 시점에 일어났다.[5]

기포드학당의 학생 현황과 교육과정에 대해 기포드는 다음과 같이 설명했다.

수업은 영어·한자·언문으로 진행되었다.…… 학생 수는 55명인데 평균 40명의 학생이 매일 출석한다. 8명은 학교에서 의식을 제공하지만 스스로 노동을 통해 보충한다. 평균 나이는 13세이고, 9세부터 17세까지 걸쳐 있다. 교수진은 밀러 씨, 조선인 교사 한 명과 두 명의 조수로 구성되어 있다. 1주간의 여러 날에 걸쳐 밀러 부인, 벨Bell 씨, 빈튼Vinton 박사가 보충교육을 했다. 교과과정을 살펴보면 한자와 언문의 쓰기와 읽기, 약간의 중국고전, 성경, 한문으로 쓰여진 기독교 문헌 등이다. 언문으로

도 많은 기독교 서적을 공부하고, 자연지리·인문지리·산수·생리학·교회사·음악 등이다. 행군훈련은 미국공사관 호위병이 담당한다.……이 학교의 목적은 일반적인 기독교 교육을 강력하게 실시하는 데 있다. 어

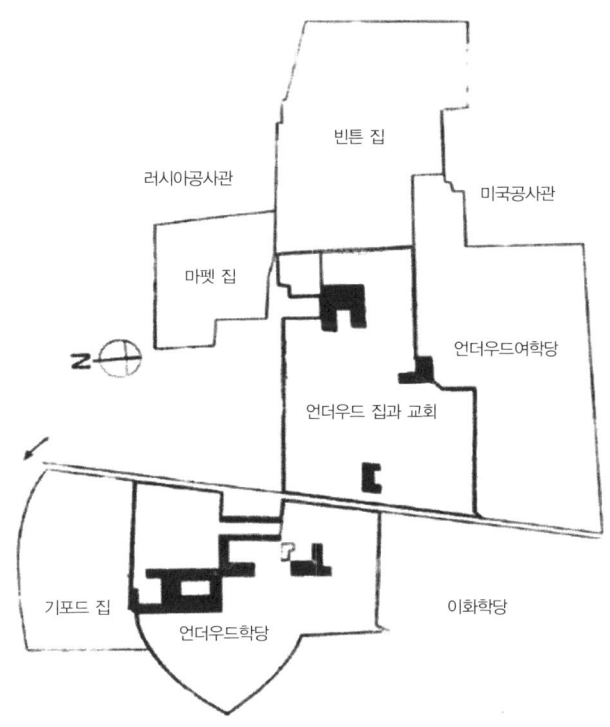

〈그림 2-1〉 정동 장로교 선교부지 약도.
중하단의 가로지른 길이 현재 덕수궁 대한문에서 서대문으로 나가는 길이다. '이화학당'은 현재의 이화여고이고, '미국공사관'은 현재의 미국대사관저이다. '언더우드여학당' 오른쪽에 경운궁, '이화학당' 오른쪽에 정동교회가 자리한다. '언더우드학당'과 '언더우드여학당'은 후에 연지동으로 옮겨가 경신고, 정신여고로 이어지며, '언더우드학당' 부지는 이화학당에 편입되고, '언더우드여학당' 윗부분에 중명전이 지어진다.
* 출처: 경신사편찬위원회,《경신사(1885~1991)》, 경신고등학교, 1991, 107쪽.

떤 학생들은 아주 적극적인 기독교 사역자가 되어 길거리에서 사람들에게 기독교 문헌을 판매하거나 예수에 대해 설교한다.[6]

평균 13세, 40여 명의 학생들이 기포드학당에서 한글과 성경, 그리고 서양 학문을 배웠다. 근본 목적은 기독교 교육을 실시하는 데 있었다. 어떤 학생은 기독교 교육을 받은 후 거리에 나가 예수에 대해 설교하고 문헌을 판매했는데, 전통을 고수하거나 서양 문명에 거부감을 가지고 있는 조선인들을 경악하게 하는 일이었다. 오늘날까지 이어지고

〈그림 2-2〉 예수교학당(1891).
언더우드학당을 1891년 마펫이 인계받아 예수교학당이라고 이름을 바꾸었다.
*출처: 경신사편찬위원회,《경신사 (1885~1991)》, 경신고등학교, 1991, 화보.

〈그림 2-3〉 민노아학당(1893).
언더우드학당을 1893년 밀러가 인수받아 운영하면서 밀러의 한국식 이름 민노아학당이라 부르기도 했다.
*출처: 경신사편찬위원회,《경신사 (1885~1991)》, 경신고등학교, 1991, 화보.

있는 노방전도의 기원을 여기서 볼 수 있다. 서울 한복판에서 공공연히 기독교 교육을 실시하고 있던 이러한 상황이 격문의 경고를 촉발한 것이리라.

기포드가 그린 〈그림 2-1〉 '정동 장로교 선교부지 약도'에서 보면 기포드의 집 옆에 이어 있는 언더우드학당의 남학당Boys School이 바로 기포드학당이다.[7] 〈그림 2-2〉 1891년경의 예수교학당을 보면 학생들은 아주 어린 소년·소녀들로 구성되어 있는데, 1893년경의 〈그림 2-3〉 사진에는 아주 어린 아이들 외에 성장한 학생들도 보인다. 두 사진에는 교사로 활동했을 남녀 선교사, 그리고 그들의 조사助事인 것으로 보이는 조선인 성인 남자의 모습도 보인다. 사진을 통해 인용문의 학교 실상을 실감할 수 있다.

존스 숙소에 붙은 격문

정동에 있던 존스의 숙소에 붙은 격문의 내용은 다음과 같다.

> 교두敎頭들에게 효유하는 일.
> 너희들은 귀를 기울여 들어야 할 것이다. 기수氣數가 떨어져 쇠퇴하고 세도世道가 사라져 정부에서 더러운 것도 포용하는 교화로 비류와 통상하는 성의를 허용했다. 그러나 설관전교設館傳敎는 조약 중에서도 허용하지 않는 바였는데, 너희 교두들은 방자스럽게 잇따라 들어와서, 겉으로는 상제上帝를 공경한다고 하면서 단지 기도祈禱로써 문文을 삼고, 야

소야소(예수)를 믿는다고 칭하면서 단지 찬미讚美로써 법法을 삼으니, 정심성의지학正心誠意之學은 전혀 없고 천언독행지실踐言篤行之實은 조금도 없다. 부모에게 효도한다고 하면서 살아시는 공양하고 받드는 도道가 없고 돌아가신 뒤에도 곡하거나 상에 달려가는 절차가 없으니 이를 이륜彝倫의 상常이라 할 수 있겠는가? 혼인하는 풍습은 처음에 야합하다가 끝내 개가하고도 조금도 부끄러운 기색이 없어 즐겨 헤어지는 폐단이 있으니 역시 부부의 도라 하겠는가? 너희들은 본래 거지같은 무리로서 너희 교회조직에서 지급하는 돈에 욕심을 내어 자기를 팔고, 거처와 음식의 사치에 마음을 두고, 처음에는 영어를 익히고 한문을 가르치는 것으로써 양가의 자제를 유인하여 결국은 너희 교회 중에 억지로 들어가게 한다. 또 학도들이 가까스로 마련하여 공급한 돈에서 먹고 입는 비용을 제감하니 어찌 비루함이 이와 같은가? 그 전도한다고 하는 것은 다만 유람하고 경전을 찍어내고 책을 팔아먹는 등을 가장 긴요한 일로 삼으니 만약 지옥에서 영원히 고통을 당하는 일이 있으면 너희들이 반드시 먼저 들어갈 것이니 어찌 두렵지 않겠는가? 지금 어찌 감히 와서 변명할 것을 청하는가? 어찌 우리 수도지학修道之學으로써 너희 모리지배와 함께 앉아서 말을 주고받을 수 있겠는가? 이같이 타일러 이르노니 너희들은 속히 짐을 꾸려 본국으로 돌아가라. 그렇지 않으면 우리는 마땅히 충신지갑忠信之甲과 인의지간仁義之干櫓로써 오는 3월 초7일에 너희들의 죄를 성토하겠다. 이를 알린다.[8]

기포드학당의 격문이 학생을 대상으로 한 데 반해, 존스 숙소의 격문은 교두, 즉 신식 학교를 운영하고 교회를 설립하여 선교하는 외국인 선교사들을 겨냥한다. 격문은 학교 설립과 선교 행위를 조약에도 없는 불법행위라고 집중 비판한다. 부모 공경과 조상 제사에 소홀한 것을 비난하고, 서양 및 기독교의 혼인 및 이혼 풍습을 비판하고, 학생 교육비의 착취, 그리고 전도를 빙자한 탐욕을 지적한다. 기포드학당의 격문 이후 나흘 만에 걸린 이 격문에서는 구체적으로 음력 3월 7일이라는 날

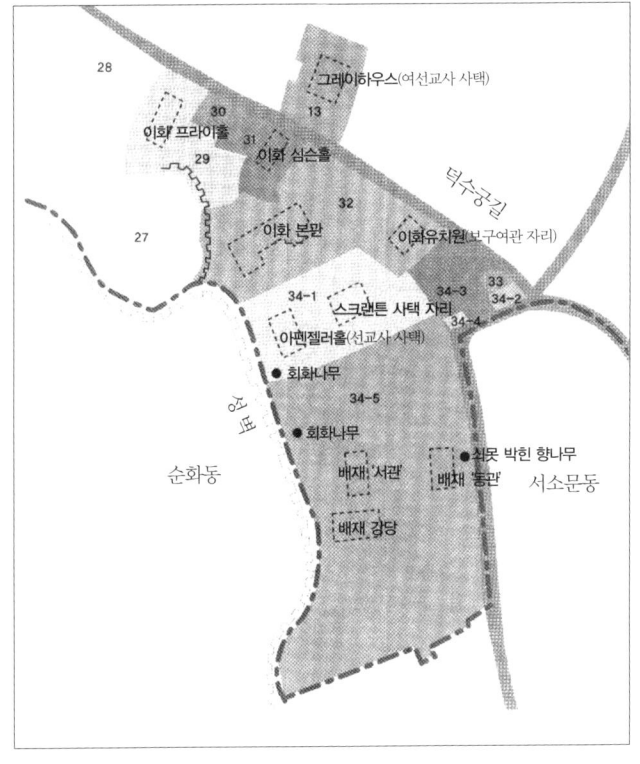

〈그림 2-4〉 1930년대 정동 지역.
*출처: 이덕주, 《개화와 선교의 요람 정동이야기》, 대한기독교서회, 2002, 64쪽.

짜를 찍어 기독교 선교사를 직접 공격하겠다고 선언한다. 격문 발신자는 자기들을 '정심성의正心誠意의 학', '수도修道의 학'을 수행히는 무리로 칭하면서 전통적인 윤리를 고수할 것임을 강조한다.

존스의 숙소에는 왜 격문이 붙었을까? 존스는 미국 북감리교 선교사로서 주로 인천 제물포에서 선교 활동에 종사했다.[9] 그런데 1886년 배재학당을 설립한 미국 북감리교 선교사 아펜젤러Henry G. Appenzeller가 1892년 6월부터 이듬해 7월까지 미국에서 안식년을 보내는 사이, 존스가 임시로 아펜젤러 사택에 머물며 서울 정동의 배재학당을 관리했다. 이때 그의 숙소에 격문이 붙은 것이다. 〈그림 2-4〉는 1930년대 정동 지역을 그린 것인데, 배재학당과 이화학당 사이의 감리교 선교부지에 스크랜튼과 아펜젤러 등 감리교 선교사의 사택이 위치하고 있는 것을 볼 수 있다. 처음부터 그곳에 감리교 선교센터로서 두 선교사의 사택이 위치했다. 기포드학당이 있던 자리는 이화 프라이홀이다. 〈그림 2-5〉에서 보듯이 의사 스크랜튼과 아펜젤러 선교사의 사택이 앞뒤로 있었는데, 존스는 앞쪽 아펜젤러 사택에 임시로 거처했다.

존스 숙소의 격문은 배재학당을 공격한 것이다. 배재학당은 어떤 곳인가? 기포드는 배재학당에 대해 다음과 같이 설명했다. 북감리교 선교회의 교육기관으로서 배재학당Pai Chai College은 1887년 외국인 거주지에 4,000달러를 들여 멋진 벽돌 건물로 지어졌다. 고종이 '인재를 기르는 전당'이라고 이름을 지어주었다. 1886년 설립 때부터 아펜젤러가 책임을 맡아왔고, 존스, 올링거Ohlinger, 노블Noble 선교사 등이 교수진을 구성했다. 1896년경에는 한문과·영어과·신학과로 구분되었는데 영어과가 106명, 한문과가 60명으로 많고, 아펜젤러가 맡은 신학과에

〈그림 2-5〉 아펜젤러 사택(앞쪽 주택).
*출처: 이만열 편, 《아펜젤러》, 연세대학교 출판부, 1985, '아펜젤러의 1885년 연례보고서', 278쪽.

〈그림 2-6〉 배재학당 정면(1887).
*출처: 정동제일교회 역사편찬위원회, 《사진으로 보는 정동제일교회 120년》, 2007, 26쪽.

는 6명의 학생이 출석했다고 한다.[10]

한편 존스는 격문사건 이후 배재학당이 발전한 상황을 다음과 같이 설명했다. "1895년과 1896년 이 학교에서는 275명 이상의 학생들이 기독교의 영향하에 들어왔고, 이들 중 약 100명에게 학교생활을 할 동안 거의 매일, 때로는 하루에 한 번 이상 성경 교육이 제공되었다."[11]

배재학당은 1885년 문을 연 후 1887년 〈그림 2-6〉에서 볼 수 있는 최초의 서양식 붉은 벽돌로 지어졌다. 배재학당의 서양식 건물은 한옥 기와집인 기포드학당보다 조선인에게 훨씬 큰 충격을 주었을 것이다. 〈그림 2-7〉에서 보면 초창기의 배재학당 학생들은 갓 쓰고 도포 입은

〈그림 2-7〉 초창기 배재학당 학생들.
*출처: 정동제일교회 역사편찬위원회, 《사진으로 보는 정동제일교회 120년》, 2007, 27쪽.

〈그림 2-8〉 배재학당 측면의 학생(1890년경).
*출처: 정동제일교회 역사편찬위원회, 《사진으로 보는 정동제일교회 120년》, 2007, 28쪽.

성인들이었다. 이 학교에서 이들 성인 학생들에게 성경 교육을 실시하고, 신학과를 창설하여 기독교 사역자를 배출하려고 준비했다. 1890년경으로 추정되는 〈그림 2-8〉에서는 어린 아이들도 많이 입학한 것을 볼 수 있다. 배재학당을 통해 서양 문명과 기독교의 영향력이 확대되고 있는 상황에서 격문사건이 일어났다.

교육과 선교의 관계에 대해 존스는 다음과 같이 인식하고 있었다.

> 조선에서 처음 사역을 시작할 때 조선 사람들은 그들에게 복음을 전도하려는 우리의 노력을 고마워하지 않았지만 학과의 교육을 위해 세워진 학교는 그들에게 완전히 특권을 의미했다.……이들 학교는 단지 교육기관일 뿐 아니라 훌륭한 선교센터가 되었다. 왜냐하면 거기서부터 몇몇 가장 훌륭한 초기 기독교 개종자들이 배출되었기 때문이다.……조선에서 기독교 교육의 전망은 아주 밝다. 황금 같은 기회다. 선교사업과 적절한 관계를 유지하는 것이 유일한 어려움이다. 물론 선교사업은 선교회의 계획 중에서 항상 첫 번째임에 틀림없다.[12]

존스는 조선 사람들이 교육을 중시한다는 사실을 알고 있었다. 선교의 방법으로 교육이 유효한 것을 깨달았다. 교육기관에서의 종교 교육을 통해 조선의 젊은이들을 기독교인으로 만드는 것을 목표로 삼았다. 선교가 우선이지만 교육을 통해서 달성하려는 것이고, 따라서 교육기관을 훌륭한 선교센터로 보았던 것이다. 격문 발신자들은 배재학당에서 이렇게 기독교 교육을 실시하고 있던 상황을 인지하고 이를 비판하기 위해 존스가 거주하던 집 문 앞에 격문을 붙인 것이다.

기포드학당이나 존스 숙소의 격문은 모두 기독교 선교사가 맡은 학교를 비판하고 있다. 선교사들이 기독교 교리를 교육하는 것을 문제 삼았다. 당시 조선 신교를 주도하던 북장로교의 학교(기포드학당)와 북감리교의 학교(배재학당)가 모두 포함되었다. 격문이 붙지 않았지만 북장로교의 언더우드여학당(정신여고 전신)과 북감리교의 이화학당에 대한 비판도 마찬가지였을 것이다. 여성의 지위가 낮고 교육의 필요성을 인정하지 않았던 당시에 기독교 여학교에 대해 비판적이지 않을 수 없었는데, 이들 학교에 격문이 붙었는지는 알려지지 않았다.

기포드학당의 격문에는 발신자가 자신의 믿음에 비추어 기독교 교리를 비판한 내용이 담겼다면, 존스 숙소의 격문에는 기독교 교육의 잘못을 지적한 내용이 담겼다.

격문 발신자의 정체

격문 선전운동의 주도 세력이 누구인지에 대해서는 여러 견해가 있다. 기포드학당, 존스의 숙소, 그리고 일본 공사관 등지에 붙은 한문 격문을 대상으로 놓고 볼 때, 주도자는 첫째 동학교단 지도부, 둘째 동학의 혁신 세력, 셋째 그 외의 다양한 가능성 등 세 가지 방향으로 추정할 수 있다.[13] 여기서는 격문 발신자를 호남 지방의 혁신적인 동학교도라고 보는 주장에[14] 동의하면서 논의한다. 먼저 당시 상황을 목격한 외국 종교계 및 외교가의 견해를 검토한 뒤 《정감록》과 연계된 동학의 혁신 세력에 무게를 두고 논의를 진행하기로 한다.

천주교 뮈텔 주교의 견해

지방에서 선교하는 프랑스 신부들과 그리고 조선인 교인들로부터 많은 정보를 얻고 있던 천주교 조선교구장 뮈텔 주교는 격문 발신자를 어떻게 파악했을까? 처음에는 동학당의 소행으로 보았다. 1893년 양력 3월 24일(음력 2월 7일) 뮈텔의 일기에는 다음과 같이 적혀 있다.

> 알릭스 신부의 편지를 검토. 과거 시험 때를 기해 동학교도들이 대거 서울로 올라온다는 내용이다. 그들은 교도들에게 못된 일에 가담하여 서울에서 외국인들을 쫓아내라고 종용하고 있다고 한다. 이 비밀 거사의 날짜는 음력 2월 8일, 그러니까 내일인 3월 25일로 정해졌다고 한다. 이 편지를 프랑댕 씨에게 보내다.[15]

뮈텔은 '거사일'을 음력 2월 8일이라 했지만, 복합상소가 2월 11일, 기포드학당 격문이 2월 14일, 존스 숙소의 격문은 2월 18일이어서 차이가 있다. 뮈텔은 국왕에게 상소하기 위해 광화문에 모인 동학교도들이 동시에 외국인 축출을 선동하고 있다고 본 것 같다. 동학교단 지도부설에 가깝다. 아직 정보가 적을 때의 판단이었다.

동학교단은 대체로 교조의 신원과 포덕의 자유를 요구하는 데 그쳤고, 실제로 광화문 상소문에도 척왜양에 대한 주장은 전혀 나오지 않았다. 지방에서 올라온 격문을 받아 보던 뮈텔은[16] 당시 충청·전라도에서의 교조신원 상소와, 전라도 일원의 관아에 나붙은 척왜양 격문의 차이를 구분하지 못하고, 따라서 서울에서 동학교단 지도부가 주도한 광화문 상소와, 격문 선전운동을 구분하지 못한 것으로 보인다. 당시 천주교인과 지방민 사이의 충돌사건 해결에 분주하던 뮈텔로선 동학교도의 상경을 얼마든지 반외세와 연관지어 생각할 수 있었을 것이다.

뮈텔의 일기를 더 살펴보면 기포드학당의 격문에 대한 이야기도 다음과 같이 나온다.

저녁 9시에 프랑댕 씨가 편지를 보내오다. 프로테스탄트 목사들 집의 벽에 동학교도들이 벽보를 붙였음을 알려주기 위해서다. 우리에 대한 내용은 없는지? 물론 전혀 없다. 사실 얼마 전부터 동학교도들이 서울로 모여들고 있다. 거리에서는 여느 때와 같이 그들의 모습을 전혀 찾아볼 수 없지만 그들은 왕에게 탄원서를 올렸다고 한다. 어떤 이들은 그들이 탄압을 받지 않도록 해달라는 청원서라고도 하고, 또 다른 이들은 그 청원서 안에 그리스도교를 비난하는 내용이 담겨 있다고도 한다. 왕은 그 상소를 받지 않으려 하였다고 하며, 심지어는 그 주모자들이 투옥되었다는 말도 있다. 그들이 과연 그 벽보 때문에 복수를 당하는 것일까?[17]

프랑댕 프랑스 공사가 보낸 편지에 나오는, '프로테스탄트 목사들 집의 벽'에 붙은 격문은 음력 2월 14일 기포드학당에 붙은 것을 말한다. 여기서도 뮈텔은 동학교단의 상소와 격문의 발신자를 구분하지 못하고 혼동하고 있다. 관심의 초점은 천주교에 대한 배척이 있는지의 여부에만 놓여 있다. 격문에서 천주교를 배척하는 내용이 전혀 나오지 않은 점에 안심했을 것이지만, 의아하기도 했을 것이다. 이제까지 동학이 지속적으로 서학, 즉 천주교를 반대해왔는데, 1892년 서울 만리동에 세워진 약현성당과 같은 천주교 성당을 제외하고 엉뚱하게 기독교 교회와 학교를 공격했다고 생각했을 것이다.

뮈텔은 미국 외교관으로부터 존스 숙소의 격문도 받아 보았다.

어제 힐리어 씨가 최근에 미국인 프로테스탄트 목사인 존스 씨의 대문에 붙었던 벽보의 복사본을 보내주었다. 사람들은 그것이 동학교도들에게시 나온 깃으로 믿으려는 모양인데, 정말은 해고되어 쫓겨나 불만을 품은 어느 학생으로부터 나온 것 같다. 왜냐하면 거기에서 프로테스탄트들에 대해 너무나도 잘 알고 있는 얘기를 하고 있기 때문이다.[18]

존스 숙소의 격문에는 학교와 교회, 즉 배재학당 및 정동교회를 비난하는 내용이 자세한데, 뮈텔은 격문 발신자를 이제 학교와 교회 사정을 잘 아는 학생들일 것이라고 다르게 추정한다. 처음에는 동학교도라 했다가 이제 학생들일 것이라고 보게 되니 혼란스러워졌다. 뮈텔 주교는 이러한 내용을 1893년 10월 1일 파리외방전교회에도 보고했다.

4월 1일 외국인에 대한 욕설과 위협이 담긴 벽보가 미국인 개신교 선교사 여러 사람의 집 대문에 붙었습니다. 불란서 공사는 그런 일이 우리 처소에도 일어났는지 알아보려고 편지를 보내왔습니다. 그러나 우리는 아무것도 발견하지 못했습니다. 그런데 우리 처소는 서울의 한복판에 위치해 있기 때문에 조선 사람들의 손이 더 잘 미치는 데에 있는 것입니다. 며칠 뒤에 새 벽보가 첫 번 모양으로 개신교 목사 집에 붙었는데, 목사들을 빼놓은 외국인 거류민들까지 매우 관심을 갖게 했습니다. 그 벽보는 목사들 집에서 아마 창문으로 해서 나온 불평분자의 짓이 분명했는데, 그들에 대해서 결코 낮게 그리거나 아름답게 꾸미지도 않은, 아주 비슷한 초상화를 그릴 만큼 자기 주인들을 잘 알도록 배운 자였습니다.[19]

뮈텔 주교를 비롯한 천주교 측은 기독교 선교사의 공격적인 선교 활동에 경계심을 갖고 매우 못마땅해 하고 있었다. 오랫동안 동학 세력의 비판을 받아온 천주교로서는 당연히 격문의 표적이 천주교일 것이라 생각했지만 그렇지 않은 데 대해 의아해 하면서, 오히려 기독교의 부정적인 측면이 드러난 것을 고소해하는 심리를 비친다. 기독교의 선교가 확장되면서 이후 지방에서 기독교와 천주교 사이에도 갈등이 일어나게 되는데 뮈텔 주교의 심리에는 그러한 전조가 짙게 깔려 있다. 뮈텔은 천주교가 격문의 공격 대상이 아니고 기독교라는 점에 안심하면서 발신자에 대해서는 무관심해졌다.

미국 공사와 선교사의 견해

기포드학당은 새문안교회를 담임하던 북장로교 언더우드 선교사가 세운 교육기관이고, 존스는 배재학당을 관리하면서 북감리교 아펜젤러 선교사가 담임하던 정동교회에도 관여했다. 1885년 가장 먼저 조선에 들어온 미국 북장로교 선교사와 미국 북감리교 선교사가 운영하던 학교와 교회가 모두 표적이 되었다. 미국 선교사들의 기관에 격문이 붙었다는 보고를 받은 미국 공사는 외아문대신에게 1893년 양력 4월 4일 격문을 첨부한 다음과 같은 공문을 보냈다.

어제 약속한 대로 지난달 31일 밤 기포드 씨가 운영하는 학교의 문에 붙은 플래카드의 사본을 각하께 동봉합니다. 끝부분에 몇 마디 말을 생략

한 것을 제외하고는 정확히 똑같은 격문이 존스 씨의 숙소에도 붙었습니다. 무뢰배의 소행으로 보여 이 사건에 지나친 의미를 부여하고 싶지 않지만 질서를 잘 유지하려면 각하께서 알고 계시는 것이 적절하다고 봅니다.[20]

미국 공사는 유사한 내용을 본국 정부에 다음과 같이 보고했다.

31일 밤 장로교 선교부의 학교에 붙은 격문의 번역문을 동봉합니다. 감리교 선교부 소속의 존스 씨의 숙소 문에도 아주 동일한 또 다른 격문이 붙었습니다. 내가 아는 한 이외에 어떤 플래카드도 서울의 어떤 기관에도 붙지 않았습니다. 만약 동학이 했다면 발신자가 누구인지 (복합상소) 지도자 박(승호)이 그전에 이미 알았거나 어렴풋이 알아챘을 것입니다. 지난 4월 1일 토요일 오후 기포드 씨와 존스 씨가 격문들을 가지고 저를 방문했고, 저는 즉시 외아문대신과 의논했습니다. 저는 "무뢰배의 소행인 것으로 여겨 거기에 큰 의미를 두고 싶지 않지만 질서를 잘 유지하기 위해 각하가 알고 있는 것이 적절하다고 생각한다"고 말했습니다. 그는 (격문이) 로마가톨릭 선교부에 붙지 않고 프로테스탄트 기관에 붙여진 것이 의아하다고 말했습니다. 동학의 무리는 지금 이미 쫓겨났지만 만일 그들이 조용히 있지 않는다면 그들을 혹독하게 처리할 것이라고 그는 말했습니다. 서울의 유생들도 이러한 취지로 국왕에 대한 탄원서를 준비하고 있다고 하니 별 문제가 없을 것이라고 그는 덧붙였습니다.[21]

미국 공사가 기포드학당의 격문과 똑같은 것, 끝부분 몇 단어만 제외한 격문이 존스의 집에도 붙었다고 언급한 점이 주목된다. 이제까지 기포드학당과 존스 숙소에 붙은 격문은 내용이 다른 별개의 격문으로 알려졌다. 그런데 미국 공사의 언급에 의하면 애초에 기포드학당의 격문이 배재학당을 임시로 관리하던 존스 숙소에도 동시에 게시되었다는 것이 된다. 이것은 이제까지 전혀 거론되지 않았던 사실이다.

의심스럽기는 하지만 만약 양쪽에 비슷한 격문이 게시되었다면 앞에서 설명한 기포드학당에 붙은 격문은 비단 꼭 그 학당만 비판한 것이 아니라 서양 선교사들이 세운 학교에 대한 전면적인 비판이라고 해석해야 할 것이다. 그런데 미국 공사는 격문 발신자가 복합상소의 대표자들과는 구별되는 "무뢰배의 소행"일 것이라고 대수롭지 않게 생각했다. 반면 조선 정부의 외아문대신은 격문이 천주교The Roman Catholic Mission에 붙지 않고 기독교The Protestant Mission에 게시된 것을 의아하게 생각했다.

그런데 나흘 뒤인 음력 2월 18일(양력 4월 4일) 아침 존스의 숙소에 또 다른 격문, 즉 앞에서 설명한 격문이 붙었다. 기포드학당의 격문이 서양 기독교의 교리를 일반론적으로 비판한 데 반해, 이번 존스 숙소의 격문은 배재학당을 가리키는 것으로 짐작되는 학교의 운영을 비판하는 한편, 서양인의 철수를 요구하면서 음력 3월 7일 궐기하여 축출하겠다고 선언한 점에서 주목되었다. 이후 음력 2월 20일(양력 4월 6일) 프랑스 공사관에도 3월 7일 철수하라는 내용의 격문이 붙었다고 한다. 음력 3월 2일(양력 4월 17일) 일본 공사관에 붙은 격문에도 날짜를 못박지는 않았지만 일본 상인의 철수를 요구하는 표현이 선명하다.

이런 까닭으로 서울의 외국인들은 음력 3월 7일 봉기가 일어나지 않을까 크게 걱정했다. 김윤식은 동학당의 격문 때문에 서울이 소요하다고 일기에 기록했고, 일본 공사관에서도 동학당의 3월 7일 궐기설에 촉각을 곤두세웠나.[22] 미국 공사는 3월 7일 궐기하여 외세를 축출하겠다는 존스 숙소의 격문을 매우 위협적이라고 보고, 외아문대신에게 즉시 중단할 수 있도록 조치하라고 요구했다. 미국 공사가 외아문대신에게 보낸 공문과 본국에 보고한 내용은 각각 다음과 같다.

＊어제 아침 아국인 조원시 가옥에 또 격문이 붙었습니다. 격문의 내용이 심히 긴중하므로 이에 격문을 본 대신에게 베껴 보냅니다. 조사해보니 이전의 격문은 '동학인지소위東學人之所爲'이고 이번 격문은 '경성인지소위京城人之所爲'에서 나온 것 같습니다.[23]

＊본인이 이 급보를 끝마쳤을 때 존스 씨가 오늘 아침 자기 집 문에서 발견한 또 다른 격문을 가지고 왔습니다. 그것은 실로 다른 것들보다 훨씬 더 무례합니다. 그래서 저는 그것이 동일한 자들에게서 나왔을까 의심합니다. 그 격문은 존스에게 20일 이내에 그 나라를 떠나라고 명령합니다. 저는 그 사본을 외아문대신에게 보내고, 첫 번째 격문에 대해서는 크게 의미를 두지 않으려 했지만 그러한 공격의 반복은 즉각적으로 그것을 중단시키도록 요구하지 않을 수 없게 되었다고 말했습니다. 그는 용의자를 찾아내어 엄정하게 처벌해야 합니다.[24]

미국 공사는 20일 이내에 돌아가라는 말에 충격을 받고, 이를 기포드 학당의 격문과 다르다고 판단했다. 그래서 두 격문을 원점에서 재고해

보고 기포드학당의 것은 동학당의 것이고, 존스 숙소의 격문은 서울의 반외세적 세력의 소행일 것이라고 외아문대신에게 자신의 바뀐 생각을 전했다. 미국 공사가 3월 7일 축출설을 주장한 세력이 서울의 반외세 세력이라고 보았다면, 그것은 어떤 세력일까? 이렇게 격문 발신자는 동학 세력으로 좁혀지면서도 다른 가능성이 여러 갈래로 나왔다.

이즈음 서울에 와 있던 미국 북감리교 의료선교사 홀의 부인Rosetta S. Hall은 1893년 양력 4월 29일 토요일 일기에 다음과 같은 기록을 남겼다.

한편 이 무렵, 서울에서는 좀 심각한 사태가 벌어지고 있었다. 남쪽 지방에서 일어난 동학이라는 정치적 종교단이 있었는데, 그들은 임금에게 외국인들을 추방하라고 청원했다. 그러나 국왕은 귀를 기울이지 않았다. 그러자 동학은 물러가면서 후에 4만 명의 군대를 끌고 와서 자기네 손으로 외국인들을 죽이겠다고 했다. 지난 토요일이 바로 그들이 서울로 진격해오기로 한 날짜였다. 동학군이 온다는 날이 가까워오자 어떤 사람들은 상당히 조바심을 했다. 특히 일본인들이 심했다. 국왕은 우리 구역에 군인들을 보내 경비를 하게 했다. 경비병들은 낮에는 농부로 변장하고 밤이 되면 총과 칼로 무장한 군인이 되었다. 지금도 군인들이 경비를 하고 있으나 아직은 조용하고 아무 사건도 나지 않고 있다. 한동안은 병원을 찾는 환자가 현저하게 줄었다. 특히 동대문의 시료소는 더 심했다. 외국인 집에 드나드는 것이 알려지면 자기네들도 살해를 당할까 봐 겁이 났기 때문이다. 그러나 이제 그런 걱정은 지나간 것 같다.[25]

홀 부인은 동학교단의 국왕에 대한 상소와 척왜양을 내용으로 한 격문들을 함께 묶어서 동학 세력의 활동으로 이해하고 두려워했다. 음력 3월 7일(양력 4월 22일)이 다가오면서 강화된 서울의 경비 상황도 소개했다.[26] 새로 들어온 기독교의 교회와 학교, 그리고 병원까지 위협받는 상황이었다. 교회와 학교·병원 등 서양의 근대문명을 구체적인 모습으로 가장 선진적으로 드러낸 것이 천주교보다는 기독교였던 점에서, 천주교회보다는 기독교의 근대시설을 표적으로 삼은 것은 아니었을까? 또한 천주교와 달리 기독교는 광화문에서 멀지 않은, 외국인 특별구역인 정동 지역 일대에 밀집해 있었으니 공간적으로도 표적이 될 가능성이 더 높았던 것으로 보인다. 남대문 밖에는 약현성당이 있었지만 진고개의 명동성당은 아직 건립되기 전이었다.[27]

《정감록》과의 관련성

격문 발신자가 자신의 정체를 스스로 밝히지 않았기 때문에 누구인지 확정짓는 것은 쉽지 않다. 하나의 세력이 아닌 여러 세력일 가능성도 있다. 여기서는 신비롭게 표현되어 있는 기포드학당 격문의 발신자를 분해하여 그 정체에 한발 더 다가가 보기로 한다.

기포드학당 격문의 발신자는 앞에서도 소개했지만 다음과 같이 표현되어 있다.

> 백운산인궁을선생불명서癸巳 二月日夜半 白雲山人弓乙先生不名書(백운산인 또는 궁을선생이며 이름은 쓰지 않는다)

수락양두 일해월해遂落兩頭 日兮月兮

구횡일목 선왕거수口橫一木 先王去水

약유지식자 방아어계룡산낙사촌若有知識者 訪我於溪龍山樂斯村(만약 이에 대해 알고 싶은 사람이 있으면 계룡산 낙사촌으로 나를 찾아오라)

격문 발신자는 이름을 쓰지 않고 '백운산인'과 '궁을선생'이라고 은유적으로 표현되어 있다. 백운산인은 누구일까? 1868년 황해도 삭녕에서 변란을 기도한 정덕기가 최제우를 "식견이 있는 영남의 백운白雲 선생"이라고 칭했다고 하는 점에서[28] 단서를 얻을 수 있을까? '백운선생'을 최제우라고 한다면, '백운산인'은 최제우의 억울함을 신원하려는 후계 인물의 상징적 표현으로 적절해 보인다.

'궁을선생'은,《정감록》에 나오고 동학에도 영향을 미친 개념인 '궁궁을을'을 '약弱'의 파자破字라고 보는 견해를 따른다면, 약자인 민중의 스승 격이 될 것 같다. 정씨鄭氏 진인眞人이 남해에서 올라오면 약자를 위해 세상을 뒤집어엎을 것이라는《정감록》의 이상과 상통한다.[29] '궁을'은 후에 천도교의 상징이 되어 천도교의 깃발을 '궁을기', 천도교 마을을 '궁을촌'이라 불렀다.[30] 그렇다면 '궁을선생'은《정감록》과도 관계되지만 동학의 지도자에 해당하는 인물로 추정할 수도 있겠다.

그런데 격문 발신자인 '백운산인＝궁을선생'은 계룡산 낙사촌에 머물고 있다고 하는데 이것은 무슨 뜻일까? 계룡산은《정감록》에서 개국開國할 때 도읍으로 정한 곳인데, 격문의 뜻에 동의하는 사람이 있으면 그곳으로 찾아오라고 유도하면서 신비성을 부각한다. '궁을'과 '계룡산'은 모두《정감록》의 자장에 놓여 있는 개념이다.

더구나 파자로 기록되어 있는, "수락양두遂落兩頭＝축축逐逐, 구횡일목口橫一木＝화和, 일해월해日兮月兮＝명명, 선왕거수先王去水＝선왕법先王法"은 곧 "축화명선왕법逐和明先王法"이라는 뜻이다.[31] 주화매국主和賣國을 배격하고 선왕의 법도를 밝히자는 유교적 입장이 드러난다. 격문의 본문에 있는 王里至文도 理致의 파자다. 형식적으로는 《정감록》에서 즐겨하는 파자를 활용한 반면, 내용적으로는 유교적 법도를 강조하여 모순되는 듯도 보인다.

대표적으로 격문 본문의 '일치일란一治一亂'은 《맹자》의 '등문공장구滕文公章句'에 나오는 개념으로 유교의 세계관을 표현한다. 맹자가 양자와 묵자의 주장을 비판하기 위해 사용한 개념을 활용하여, 서양의 이단적 사상이 판치는 '일란'의 혼란을 극복하고 '일치'의 유교적 이상사회를 회복하자는 논리로 된다. 이러한 격문의 주장은 척사적 복고적인 느낌을 주지만 당시의 민중적 담론이라고 평하는 이도 있다.[32]

격문 발신자의 파자 못지않게 격문에서 더욱 주목되는 것은 '경천애인敬天愛人'이라는 개념이다. 전봉준은 체포되어 재판 받을 때 동학을 '수심경천守心敬天' 하는 도道라 했고, 일본 영사가 취조할 때는 동학당의 '경천수심敬天守心'의 주의에 동감했다고 진술했다.[33] 전봉준의 수심경천·경천수심은 격문의 경천애인과 연관되는 것으로 보이는데, '경천'의 개념을 동학의 경전이나 사상 속에서 발견하는 것은 쉽지 않다.[34] 오늘날 천도교에서는 "수심정기 경천애인守心正氣 敬天愛人"이라는 슬로건을 사용하고 있지만,[35] 초기에는 '경천애인'을 개념화한 모습을 찾기 어렵다.

이렇게 격문의 내용과 전봉준의 진술을 연관 지을 수 있다면 격문의

'오도吾道', '대도大道'는 곧 동학의 도 이외에 다른 것일 수 없고, 격문의 발신자는 전봉준의 남접 세력으로 간주할 수 있다. 격문은 동학의 남접 세력이 《정감록》적 사고를 지닌 민중, 새로운 세상이 오기를 바라는 민중을 동원하여 이상사회의 회복을 주장하며 외세를 배격한 선언이라고 해석할 수 있겠다.

기포드학당의 격문 발신자가 계룡산에 있다는 점, 그리고 파자를 활용하고 있는 점에서 볼 때 격문은 《정감록》과 연관성이 있는 것으로 보인다. 그런데 격문과 파자의 요지는 외세와의 교류를 배격하고 선왕의 법도를 밝히라는 것이다. 유교적 이념, 전봉준의 동학이념, 《정감록》적 사고가 혼재되어 있는 셈이다. 오지영의 《동학사》에 보면 손화중포에 속한 오지영 등 수백 명이 전라도 고창 선운사 도솔암의 석불비결石佛祕訣을 탈취하는 장면이 나오는데, 이들 세력은 계룡산에서 개국할 계획을 세우고 외세를 배척하는 입장을 내세우며 금구집회와 보은집회에도 참석하는 등의 활동을 전개했다. 계룡산에서 개국할 때의 정부조직 명단까지 제시했다.[36] 기포드학당 격문에서 언급한 계룡산이 연상된다.

이런 점들을 종합해보면 격문 발신자는 《정감록》적 사고를 벗어나지 못했거나 《정감록》을 적극적으로 활용한 것으로 볼 수 있고, 따라서 서울에서 격문 활동을 주도한 자들은 《정감록》을 활용하던, 동학의 남접과 연결된 세력일 것으로 추정할 수 있지 않을까 생각한다.

상호 이해의
가능성

기독교 선교사의 동학 인식

기포드가 격문에 대해 어떤 반응을 보였는지는 확인되지 않는다. 그는 자기가 관리하던 학당에 무시무시한 내용의 격문이 붙었음에도 불구하고 자신의 저술에서 이를 전혀 언급하고 있지 않다. 그는 다수의 글을 영문잡지에 발표하고, 이를 묶어 1898년 단행본을 간행했다. 여기서 그는 동학의 봉기와 그에 이은 청일전쟁·갑오개혁을 매우 무미건조한 정치적 사건으로 객관화하여 간단하게 서술하고 있을 뿐이다.[37]

존스의 경우도 격문에 어떤 반응을 보였는지 구체적인 것은 없다. 격문에 기독교의 찬미예배를 비난한 부분이 있는데, 존스는 1892년 로드와일러Louisa C. Rothweiler와 함께 27곡을 번역한 조선 최초의 《찬미가》를 제작한 바 있다.[38] 격문에서 존스가 《찬미가》를 제작한 것을 알고 비난했을 것이라고는 생각되지 않는다. 존스는 조선의 역사와 문화에 대해 관심이 많았다. 인천의 감리교 내리교회를 담당하며 바로 인접한 골목에 있던 성공회 내동교회의 랜디스E. B. Landis와 함께 조선의 역사와 문화에 관한 글을 많이 썼다.[39]

존스는 조선에 관한 최초의 논문으로 임진왜란의 침략성에 관한 연구를 1892년 영문잡지에 기고했다.[40] 동학가사집인《용담유사》'안심가'의 '개 같은 왜적놈'이라는 표현에서 보듯이 동학은 서학에 대한 비판 못지않게 임진왜란에서 저지른 일본의 침략과 만행을 저주했다. 임진왜란은 조선인의 의식구조, 특히 동학의 외세관을 구성하는 핵심적인 매개체였다. 조선 역사에 관심을 가지고 있던 존스에게 반외세의 내용을 담은 격문은 동학에 대한 관심을 더욱 증폭시켰을 것이다. 그가 편집주간 일을 보던 잡지에 동학에 관한 네 편의 글이 게재된 것도 이러한 관심의 결과일 것이다.[41]

한문으로 쓰인 격문을 선교사들은 어떻게 읽었을까? 선교사들은 격문 발신자가 비판하는 본질을 잘 이해했을까? 격문은 조선인 조사 또는 공사관 직원에 의해 번역되고, 선교사들은 번역된 영문을 통해 이해할 수밖에 없었다. 선교사들의 한문 해독 능력은 낮았다. 그래서 번역된 영문이 개념 이해에 미치는 영향을 살펴볼 필요가 있다. 격문에 나오는 기본 개념을 기독교를 비판한 부분과, 유교 및 동학의 입장을 옹호한 부분으로 구분하여 대조해보면 〈표 2 – 1〉과 같다.

격문은 유교의 윤리와 교화를 옹호하고 경천애인·정심성의의 동학 교리를 제시한 반면, 기독교의 천당지옥설과 기도·찬미의 행위를 배격한다. 그렇지만 격문에서 옹호하는 유교 윤리 또는 하늘을 공경하는 종교적 자세는, 격문에서 배척하는 선교사들의 기독교적 근대교육의 내용과 배치되는 것으로 읽히지 않는다. 영문으로 번역된 개념에서 동학 윤리는 독자적인 개념으로 성립되어 있지 않고 유교 윤리와 유사하게 표현되어 있다. 그런 전이과정에서 기독교 교육 내지 근대교육 이념과의 모순이나 충돌도 사라졌다. 겸애·설관전교·기도·찬미·교두 등 기독교를 비판한 논리에 동원된 개념들은 영어 표현에서 비판적 의미소

〈표 2-1〉 한문 원문과 영문 번역문의 기본 개념 비교

격문	기독교 비판의 개념		유교 및 동학 옹호의 개념	
	한문	영문	한문	영문
기포드 학당의 격문	無父無君	without father without sovereign	禮儀之國	Kingdom of propriety and rectitude
	悖天	rebellion against Heaven	敬天	reverence of Heaven
	賊人	a delusive mockery and a stealing of men's hearts	愛人	love towards mankind
	兼愛	universal love	正大	sound and great principles
	淫祠	extravagant teachings	俎豆	ancestral sacrifice
	一亂	Misrule and disorder	一治	universal good government
			設學立敎	founded seminaries and established schools of thought
존스 숙소의 격문	設館傳敎	the establishment of schools and the propagation of religion		
	祈禱·讚美	prayer, hymns	正心誠意之學	sincerity and sense,
			彝倫之常	human nature
			夫婦之道	the marriage tie
	敎頭	the head of the religion	修道之學	religious scholars

* 출처: S. J. Palmer, *Korean-American Relations*, Vol.II(1887~1895), "Augustine Heard to Secretary of State, Apr.4, 1893", pp. 309~311, 'Copy of Tonghak placard of 31st March', 'Translation Placard of April 4th'.

를 상실했다. 유교 및 동학을 옹호하는 개념들도 영어 번역에서 본질을 상실하고 일반적인 윤리도덕으로 희석되어버렸다. 공통적 경험 기반이 없고 개념의 번역체계가 형성되어 있지 않아 발신자의 신호와 수신자의 해독이 일치되지 않았다.[42]

선교사들은 수만 명의 동학교도들이 진격한다는 무력 행동은 걱정했지만 격문의 내용에는 큰 충격을 받지 않았다. 존스 숙소의 격문에 대해 미국 공사가 매우 무례하다고 본 정도다. 그렇지만 3월 7일까지 철수하라는 주장처럼 반외세의 행동은 위협으로 받아들여졌다.

신神 개념의 상통성

1905년 12월 천도교가 동학을 계승한 이후 존스는 동학 또는 천도교에 대해 다음과 같이 정리하고 있다.

한국에서 흥미 있는 발전의 하나는 한국인에게 알려진 종교적 믿음들의 가장 좋은 특징을 종합한 새로운 민족종교의 발흥이었다. 처음에는 서학 또는 기독교에 적대적인 동학Tong hak or Eastern Learning이라는 이름으로 나타났다가 나중에는 천도교Chun do kyo or Teaching of the Heavenly Way로 이름을 바꾸었다. 대략 1850년대에 기원하여 19세기 말 아주 유행하여 그 추종자가 50만을 헤아렸다. 그들은 극동의 정치사에서 중요한 역할을 했는데, 그 지지자들의 1893년 반란이 청일전쟁을 유발하고 그것이 극동의 역사를 변화시켰다. 그 이후 분열에 의해 조직이 무너져 이제 쇠퇴하는 상황에 놓여 있다. 전체적으로는 기독교를 배척하지만, 서툴게 규정된 일신론이나 이웃에 대한 사랑이라는 기독교 교리와 닮은 가르침 속에서 기독교의 영향을 보여주었다. 이러한 민족종교의 발흥은 한국인의 뛰어난 종교성의 표현을 보여주는 것인데, 그것은 기독교 신앙의 성장에서 제일 두드러지게 표출되었다.[43]

존스는 동학을 한국의 여러 종교의 장점을 종합해 성립된 신흥 민족종교로 파악했다. 여러 장점을 종합하는 성향이 천도교로 성립되는 과정에서 기독교의 교리까지 흡수한 것으로 이해했다. 전체적으로는 기독교를 배척하고 상극에 있는 것 같지만, 기독교의 영향을 받아 천도교가 어설픈 일신론을 수용하고 이웃 사랑의 교리도 지니고 있다고 두 종교의 친연성을 강조했다. 한국인의 예민한 종교적 감수성은 기독교의 성장에서 위력을 발휘했는데, 천도교에서도 마찬가지라고 보았다.

동학과 기독교가 일신론을 통해 상통할 수 있다는 존스의 생각은 당시 한국에서 기독교의 신을 어떤 개념으로 번역할 것인가 하는 문제와 맞물려 있다. 일찍이 중국에서는 가톨릭의 '천주天主'와 기독교의 '상제上帝' 개념을 놓고 논쟁이 일어난 바 있다. 조선의 천주교는 교황청의 방침에 따라 '천주'로 정했다.

그러나 기독교의 경우 많은 논란이 일었다. 만주에서 선교 활동을 하면서 조선인을 만나 성경의 한글 번역에 착수했던 로스John Ross는 중국의 '상제'에 해당하는 개념으로 조선에는 '하느님(하ᄂ님)'이 있다는 것을 일찍이 깨닫고, 1881년 〈예수성교문답〉을 지을 때부터 이 용어를 사용했다. 로스의 의견은 다음과 같다.

조선 사람들은 신을 가리킬 때 그들 고유의 이름 하나와 중국어에서 빌려온 이름 하나를 사용한다. 전자는 하늘이라는 말에서 나온 '하느님'이고 후자는 '상제'다. '하느님'이라는 이름은 너무나 독특하고 너무나 보편적으로 사용되기 때문에 앞으로 번역이나 설교를 할 때 이 문제를 두고 오래전에 중국의 선교사들 사이에 있었던 보기 흉한 언쟁을 걱정할 필요는 없을 것이다. 중국에서 사용되는 이름은 로마가톨릭 교도들이 도입한 것이다. '하느님'이 전달하는 의미는 전지전능한 전능자이자 눈에 보이지 않는 신을 가리키는 의미로 중국에서 대중적으로 사용되는 '천노야天老爺'라는 말과 같다.[44]

중국에서는 가톨릭교도들이 '상제'와 '천주' 개념을 두고 논쟁을 벌였지만, 조선 사람들은 널리 '하느님' 개념을 사용하고 있기 때문에 로스는 하느님 개념을 사용하는 것으로 될 것으로 보았다. 하느님을 "전지전능한 전능자이자 눈에 보이지 않는 신", 즉 기독교의 신 개념으로 삼아도 손색이 없다고 본 것이다.

그런데 조선 국내에서 선교 활동을 처음 시작하여 주도권을 쥐고 있던 언더우드는 '상제', '천주', '여호와' 등 여러 가지 용어를 제시하여 논쟁을 일으켰다. 초기에는 신이 귀신을 의미할 수 있으므로 '신' 대신 '상제'나 '참신'을 사용하자고 주장하면서, '하나님' 용어에 반대했다. 언더우드는 나중에는 '천주'를 사용하자고 생각을 바꾸었다. 최초의 선교사로서 조선 선교에서 권위를 가지고 있던 언더우드가 자기 주장을 고집하여 오랫동안 논쟁이 되었다.[45]

'상제'와 '천주'는 예수회 중국선교사 마테오 리치Matteo Ricci의 《천주실의天主實義》(1607) 이래 중국에서 그리스도교의 신을 칭하는 용어로 사용되어왔다. '천주'는 새로 창출된 용어지만, '상제'는 중국에서 오래 사용되던 용어다. 중국의 상제는 하나가 아니다. 도교에서는 북극을 상징하는 현천상제玄天上帝를 숭배했다. 중국 최초의 기독교 선교사로서 마카오와 광저우에 머물며 성서를 번역했던 모리슨Robert Morrison은 기독교의 신을 '신천상제神天上帝'라고 하여, 신구약 성서의 이름도《신천성서》(1819)라고 했다.[46] 이럴 때 신천상제는 다른 여러 상제들 가운데 하나로 오인될 수도 있었다.

동학 세력에 의해 격문 공격을 받았던 기포드와 존스는 어떤 견해를 가졌을까?

기포드의 신 개념

기포드는 한국의 종교 속에 등장하는 '하나님' 개념에 주목했다. 그는 기독교의 신을 어떻게 한국화할 것인지에 대해 다음과 같이 주장했다.

조선에서 용어 문제의 번역으로 우리가 싸웠을 때의 사례다. 이 논쟁은 200년 전 중국에서 예수회와 도미니카 선교사 사이에 처음으로 일어났다. 중국에 도착한 개신교 선교사들은 다른 사람들이 이미 이 논쟁에서 벗어난 곳에서 다시 이 문제를 붙잡고 40년 동안 학자들이 씨름했다. 그들은 아마 아직도 이 논쟁을 계속하고 있을 것이다. 간단히 말하여 문제는 다음과 같다. 중국인과 조선인은 자신들의 최고의 신을 각각 중국인은 '상제Shangti', 조선인은 '하나님Hananim'이라고 부른다. 그러한 개념은 모호하기는 하지만 순수하다. 그렇다면 용어 문제는 신God의 이름으로서 '상제'라는 용어 또는 '하나님'의 용어를 채택하는 것, 그리고 우리가 확신하는 신의 속성으로서 '상제'나 '하나님'의 개념을 설명하는 것을 허락할 것인가의 여부에 놓여 있다. 조선에서 이러한 끝없는 논쟁을 후배들에게 물려주기보다는 우리가 도달한 문제의 해결책은 통일성을 찾기를 그만두고 대여섯 개의 가능한 용어 중에서 선호하는 것을 사용하도록 허락하는 것이다.[47]

기포드는 중국의 '상제'나 조선의 '하나님'이 그 나라 최고의 신 개념이라고 파악한 뒤, 이 개념으로 기독교의 '신'의 속성을 설명할 수 있는가 하는 문제를 제기했다. 그러면서도 결단을 내리지 못하고 여러 용어의 병행 절충을 주장했다. '하나님' 개념으로 기독교의 '신'을 대체하는 것에 확신을 가지지 못했다. 북장로교 선교사로서 주도권을 쥐고 있던 언더우드가 '하나님' 사용을 반대하고 '상제'나 '참신'을 주장하고 있었으니 기포드로서는 난처했을 것이다. 격문사건이 일어났을 때 기포드는 언더우드학당을 잠시 맡아 운영하고 있었다.

기포드는 기독교 교리상의 용어를 번역하는 어려움을 다음과 같이 설명했다.

조선인들은 우리 기독교의 용어를 이해하기 어렵다. 조선인들은 지고신 The Supreme Being을 '하나님', 즉 '하늘의 주'로서 알고 있고, 막연하나마 그를 천지만물에 임재하는 신으로서 이해하고 있다. 그러나 이 존재가 우리의 선행과 악행을 주재하고 있다는 것은 그들의 머리로는 결코 이해하지 못하는 것 같다. 그들은 귀신에 대해 더 잘 알고 있다. 선교사가 '인죄'에 대해 말하면 그들은 그것을 '결점', '잘못', '범죄' 등으로 이해한다. 하나님께 자기의 죄를 회개해야 한다는 것은 그들에게는 전혀 새로운 사고다. 마치 현대의 일신론자처럼 그들은 속죄에 걸려 넘어진다. 선교사는 '하나님에 대한 사랑'을 말하면서 어떤 따뜻함을 포함하는 개념을 사용하지만 그 듣는 사람들은 그 생각을 포착하기 어려워 한다. 왜냐하면 이방인의 용법에서 조선 사람들은 아랫사람이 윗사람에게 사랑을 표현하는 용어를 가지고 있지 않고, 오직 충심에서의 존경을 표시하는 단어만 있을 뿐이기 때문이다. 그래서 예배에서 설교할 때 선교사는 아무것도 보장할 수 없지만, 우리에게는 둘 더하기 둘이 넷이 되는 것처럼 명백한, 그 근본적인 진리를 반복해서 설명해야 한다. 인간으로 하여금 순전히 개인적인 자신의 약점을 발견하고 자신을 신의 권세에 굴복하게 만드는 것도 설교의 한 방법이다.[48]

기포드가 조선의 하나님 개념을 기독교의 신으로 확정짓지 못하고 주저한 이유는 기독교의 개념과 용어가 조선어로 표현하여 그 뜻이 정확하게 소통하기 어렵다고 본 때문이다. 조선의 지고신至高神인 '하나님'이 선악을 주관하고 죄를 구원해주는 기독교의 신으로 이해되지 못하는 조선의 종교적 상황 때문이었다. 조선의 '하나님'은 중국의 '상제'와 마찬가지로 위계적인 신적 질서의 최고에 위치한, 하늘의 개념에서 유래한 지고신이기 때문에, 기독교 신의 속성을 반영할 수 없다고 보았다. 즉 조선 종교의 최고의 자리에는 중국의 '상제'와 같은 '하나님'이

있고, 다음 자리는 부처님 – 10대왕 – 산신 – 잡신 – 귀신의 순으로 된다고 보았던 것이다.[49]

앞에서 언급한 것처럼 중국의 상제는 하나가 아니고 지역마다 있을 수 있었다. 그러므로 조선의 '하나님'을 중국의 상제와 같다고 볼 때 그것은 기독교의 신과는 다른 위계와 속성을 지닌다는 것이다. 인용문에서 보듯이 '원죄'나 '사랑'이라는 기독교 교리상의 개념이 조선의 콘텍스트 속에서 전혀 다른 뜻으로 전이되고 있는 것과 같다.

조선의 '하나님' 개념과 기독교의 '신' 사이에는 교리적·개념적 차이가 존재하는데, 기포드는 그 간극을 메우는 것이 어렵다고 보았다. 그래서 해결책으로 앞의 인용문들에서 제시된 것처럼 반복적인 설교를 통해 인간의 약점이 드러날 때 하나님의 권세에 굴복하도록 하는 방법이 좋고, 그리고 기독교의 신을 조선어로 표현할 때는 일단 원하는 대로 허용하자는 절충적인 태도를 취했던 것이다. 그렇지만 언더우드가 '천주'로 견해를 바꾸자 기포드는 언더우드 견해에 동의했다.[50]

존스의 '하나님' 개념과 동학 이해

존스는 조선인의 생활·언어·관습에 대한 뛰어난 통찰력을 가진 인물이었다. 동양의 비교종교 분야에서 훌륭한 연구를 진행하여 미국 학계의 주목을 받기까지 했다.[51] 그는 한국의 전통 종교와 기독교의 소통 가능성을 살폈다. 그리고 세계에서 유래가 없는, 미신(샤머니즘), 불교, 조상 숭배(유교)의 상호 관용과 공존의 특성을 발견했다.[52] "조선인은 사회에 있을 때는 유교인이 되고, 철학적으로는 불교인이 되며, 문제가 생길 때는 주술적 신앙의 대상인 가지가지의 신들에게 구원을 부르짖느냐"고 성곽을 씰렀다.[53] 이러한 이교異敎 관용의 특성은 기독교 수용에도 유리하게 작용했다. 존스는 정령에 대한 신앙을 통해 기독교 신의 신령한 성격을 쉽게 이해하고, 유교의 도덕성은 기독교 윤리를 수용하게 하며, 자발적이고 지극한 우상 숭배는 기독교 신에 대한 사랑과 이웃에 대한 헌신으로 변화할 수 있는 훈련이 된다고 보았다.[54]

존스는 한국의 전통 종교와 기독교 소통의 접점을 하나님, 인간의 도덕적 책임, 예배, 기도, 영혼불멸 등 다섯 가지 개념과 행위에서 찾았다.[55] 특히 양자의 일신론적 신관에서 근본적 소통이 가능한 것으로 보았다.

조선 사람들의 원초적인 신앙을 깊이 새겨보면 우리는 원시적인 일신론의 흔적을 발견하게 된다. 이러한 위대한 정신세계를 관장하는 것은 '하나님'으로 알려진 최고의 존재다. 그는 그 정신세계에 비할 데 없는 존재로 자리하여 아주 높고 위대하다. 그래서 민족적 재앙이나 기근·폐해가 발행할 때 그에게 올리는 제사는 황제 또는 그 대리인만의 특권이었다. 하나님의 이미지나 사진은 존재하지 않으며 그에 대한 제사는 어떤 높은 산꼭대기에서 광대하고 푸른 하늘 위를 향하여 올려진다. 그의 이름 '하나님'은 진정한 신과 같은 뜻의 한글로서 채택되어 성경이나 기독교 문헌에 번역된다.[56]

존스는 기포드와는 달리 조선의 지고신으로 하늘에서 비롯된 '하나님'을 진정한 신, 기독교의 신과 일치시킬 수 있다고 보았다. 산꼭대기에서 하늘을 향해 올리는 통치자의 제사의식에서 원시적인 일신론이 형성되었다고 보는 것이다. 거기서 '하나님'은 기독교의 신 개념으로 전화할 수 있었으며, 이렇게 조선인의 신 개념을 알게 된 뒤로 대부분의 선교사들은 토착적인 최고의 신 개념으로 존재했던 '하나님' 개념을 사용하는 데 동의했다는 것이다. 이렇게 하여 하나님 개념은 설교와 일반 문서 그리고 성경 번역에 광범하게 적용되었다.[57]

존스는 개념상 지고신에서 비롯된 하나님을 유일신의 개념으로 확장하고자 다음과 같은 견해를 냈다. 하나님은 하늘Heaven에서 비롯된 개념이다. 한자 천天을 풀이하면 하나一와 위대함大으로 구성되어 '유일하고 아주 큰 것'이라는 의미를 지닌다. 이것을 한글로 푼다면 '하날 Hanal'이 되는데 '하날'은 단지 하나에 접미사 'ㄹ'을 붙인 것에 그치지 않고 '하나One'와 개념상 통한다. 모든 일은 '하나'로부터 시작하고 '우리는 하나다'에서 보듯 통일의 의미를 지닌다. 시작이라는 의미의 '하나'와 통합의 의미를 지닌 '하나'라는 두 가지 의미가 있다.[58] 이렇게 하여 한글의 '하날'에 내포되어 있는 '하나'의 개념을 성서의 유일신과 조선의 하나님을 매개하는 개념으로 연결지어 유일신 개념을 강화하고자 했다.

그러면 동학의 주문 "시천주조화정영세불망만사지侍天主造化定永世不忘萬事知"에서 '천주'는 무엇을 의미하는가? 《용담유사》에는 'ᄒᆞ늘님'으로, 그리고 후에 천도교에서는 '한우님' 또는 '한울님'으로 표현했다. 최제우는 인격신으로서 '상제'를 만나 득도했지만, 동학의 신은 내재적 실재인 '지기至氣'와 초월적 인격적 실재인 '천주天主'로 이원화되었다.

그리고 최제우의 시천주侍天主는 최시형의 사인여천事人如天의 범천론으로, 그리고 천도교의 인내천人乃天으로 변해가면서 신 곧 천天의 인간화 과정을 겪었다.

  동학·천도교가 이원적 신관을 지녔고, 신의 인간화 과정을 통해 천인합일天人合一의 단계로 나아갔지만, 일반교인이든 비교인이든 시천주의 한울님에서 인격적 초월적 신을 강렬하게 느꼈다. 존스가 천도교를 '서툴게 규정된 일신론'이라고 해석한 것은 바로 이 '시천주=ᄒᆞ늘님을 모신다'라는 주문에 근거를 둔 것이다. 시천주의 한울님이 조선의 지고신인 하나님에서 유래하는데[59] 기독교의 신으로 인정한 하나님도 그러하니, 신의 본질은 달라도 동학·천도교와 기독교는 여기에 소통의 연결고리가 있다고 존스는 생각했던 것이다. 동학·천도교의 신관은 기독교의 신관과 경합하며 모방하고 상통하는 관계에 놓여 있었고, 그러한 관계를 존스는 잘 간파하고 있었다. 현상적으로는 문명충돌의 갈등 상황에 놓여 있었지만 신관의 친연성을 통해 소통의 가능성은 열려 있었다.

東學 天道 基督

3장

매켄지 선교사와 황해도 동학군

황해도 동학군의
봉기와 기독교 선교사

동학군과 함께한 7개월

아펜젤러 선교사가 간행하던 영문잡지(*The Korean Repository*) 1895년 6월 호에 "Seven Months among the Tong Haks"이라는 익명의 기고문이 실려 있다. 황해도 동학교도들 속에서 7개월을 지낸 어느 선교사의 체험담이다. 선교사가 동학군과 접촉하여 체험한 기록으로는 유일하다. 그 선교사는 결론적으로 동학과 관련하여 사회개혁과 기독교 선교 차원에서 두 가지 문제를 제기했다.[1]

첫째, 동학 농민은 외국인 및 그 종교인 기독교를 통해 자유의 개념을 수용함으로써 구체제에 저항하게 되었다. 둘째, 정령 숭배와 같은 조선의 하나님 신앙이 동학을 디딤돌 삼아 기독교의 하나님 신앙을 수용하는 방향으로 전환하고 있다. 이 두 관점은 동학을 부정적으로 보는 서양 선교사의 일반적 인식과는 상당히 다르다. 세심한 관찰과 체험,

깊이 있는 통찰을 바탕으로 한 인식이라고 평가할 수 있다.

이 글은 누가 썼을까? 여러 가지 설이 있었지만 캐나다 출신의 매켄지William John McKenzie 선교사가 쓴 것으로 밝혀졌다.[2] 그는 황해도 장연에서 1894년 양력 10월 10일부터 1895년 7월 23일까지 머물 때 동학군과 직접 접촉했다. 그는 황해도 동학군의 봉기와 패퇴의 과정을 부분적으로 목격했다. 마을 동학교도들은 어떤 입장을 지녔고 어떤 행동을 했는지 직접 보았다. 그들과 소통하면서 동학 경전을 이해하게 되고 거꾸로 기독교에 대한 그들의 인식도 알게 되었다. 그는 보고 듣고 생각한 것을 자세하게 일기에 기록해놓았다.[3]

매켄지 이전에 조선에 온 캐나다 출신 선교사로는 대표적인 한국학자가 된 게일James S. Gale(1888년 입국), 의료선교사 펜윅Malcolm C. Fenwick(1889년 입국), 1904년 이후 대부흥운동을 펼친 하디Robert A. Hardie(1890년 입국), 역시 의료선교사 애비슨Oliver R. Avison(1893년 입국) 등이 있었다.[4] 짧고 굵게 선교 활동에 족적을 남긴 매켄지의 선교 활동에 감명을 받은 캐나다 장로교는 1898년 함경도와 간도 지방에서 정식으로 한국 선교를 시작했다.

매켄지는 자결 정신에 기초하여 기독교와 교육의 '한국화Koreanization'를 추구한 점, 동학과 기독교의 제휴를 촉진한 점에서 높이 평가받았다.[5] 여기서는 황해도 동학군과 매켄지 선교사가 어떻게 소통했는지 집중적으로 살펴보고자 한다. 황해도 동학군과 매켄지의 접촉은 동학과 기독교, 두 종교 간 소통의 첫 출발이자 대표적인 사례다.

황해도 동학군의 봉기

황해도에 언제부터 동학이 전파되었는지 정확하게 알기는 어렵지만,[6] 해주부와 장연부 사이 벽성군 팔봉산 밑에 살던 백범 김구(당시 이름은 김창수金昌洙)를 통해 어느 정도 상황을 짐작할 수 있다. 이미 황해도에서는 최시형과 연결된 동학의 지도자로 오응선·최유현이 포덕에 나서고 있었고, 김창수는 1893년 정초 오응선을 찾아가 동학에 입도했다. 이후 그는 충청도 보은의 최시형을 방문하여 접주 첩지를 받았다. 접주가 된 지 수개월 만에 수하에 수백 수천 명의 연비聯臂를 둘 정도로 세력을 확대하여 '아기 접주'라는 별명을 얻었다.[7] 1894년 말에는 황해도의 3분의 2가 동학교도라는 소문이 돌 정도로[8] 황해도의 동학교세는 짧은 시간에 급격하게 팽창했다.

동학군의 봉기는 1894년 초 전라도에서부터 시작되었지만, 황해도 동학군은 1894년 양력 10월(음력 9월)부터[9] 본격적으로 활동하기 시작했다.[10] 여기저기에서 동학도들이 봉기를 위한 조직을 꾸렸다. 나중에 일본군에게 장연부사가 제공한 정보를 통해 장연의 동학군이 활동한 초기의 모습을 살펴보면 다음과 같다.

> 10월 동도가 처음 난입하여 관사에 와서 무기를 빼앗고 양민의 재산을 약탈하는데 난폭함이 극에 달해 도저히 우리들이 설득할 수 없었고 또 위해를 가하려는 상황이었다. 따라서 이런 상황을 감사에게 보고하려고 해도 그들은 항상 내 주위에서 방해하여 사자使嗇를 보내면 길에서 억류했으니 실로 어떻게 할 수 없어, 어쩔 수 없이 그들이 하는 대로 내버려

두었다.[11]

장연의 동학군은 일찍부터 잘 조직되어 관아를 점령할 정도의 세력으로 성장했다. 황해도 서쪽 맨 끝, 백령도 건너편 육지에 있는 장연에는 일찍이 서양 함선이 정박하고 천주교와 기독교가 전래되기도 했던, 밖으로 열려 있는 지역이었다. 개항 후 일본 상인과 서양 선교사가 왕래하면서 인천항과 연결하는 정기 항로가 개설되었고, 일본 해군의 병참선도 왕래했다. 그곳에서 동학교도가 일찍 등장한 것은 서해안의 해로를 따라 전라도와 충청도의 동학이 전파되었을 가능성을 추측케 한다.

장연에서 세력을 확대한 동학군은 감영이 있는 해주성을 향해 진격했다. 다음의 기록을 통해 장연 지방의 동학군이 해주성을 공격한 사실을 확인해보기로 한다.

경계하는 것은 황주에 있는 우리 육군병참사령관의 전문을 받아 보니 그 안에, "황해병사 이李가 귀 정부에 전보를 전해줄 것을 청탁해왔는데 이르기를, '동학당 수만 명이 장연에서 일어나 지난달 25일 해주성에 들어가 군기를 빼앗고 감사 김춘희金春熙를[12] 위협하고 판관을 묶었습니다. 감사가 부상을 당하고 통인通引의 집에 감금되었습니다. 또 각 촌의 사냥꾼 800명을 동원하여 성문을 지키고 장차 황주로 향한다고 합니다'라고 해주감영 비장裨將이 와서 상세히 고했으므로 전보를 쳐줄 것을 청합니다"라고 했다.[13]

위의 기록을 살펴보면 황주의 황해병사가 그곳 일본군 병참사령부를 통해 조선 정부의 외무협판 김가진에게 전보를 쳐달라고 부탁했다는데, 전보의 내용은 장연의 동학군 수만 명이 '지난달 25일'[14] 해주성을 점령하여 감사를 위협하고 관리들을 감금했다는 것이다. 그것은 해주 감영의 비장이 탈출하여 보고한 것으로서 정확한 정보일 것이다.

황해도 동학군 지도자 임종현은 1894년 양력 11월 22일(음력 10월 25일) 해주성을 점령했다. 임종현은 폐정개혁을 꾀하는 등 활동을 하다가 9일 만인 11월 30일(11월 4일) 부대를 동·서 둘로 나누어 해주성에서 철수했다.[15] 일본군이 진압을 위해 출동했기 때문에 예봉을 피하면서 세력을 확대하고자 한 것으로 추측된다. 동학군의 주력 부대인 서쪽 부대는 임종현이 지휘하여 서북쪽 일대를 장악해나갔다. 신천을 비롯하여 장연·송화·문화·평산 일대를 점령하고 군사 요충지인 장수산성과 수양산성을 점령했다. 동쪽 부대는 평산을 점령하고 배천·연안·강령 일대를 장악했다.

이렇게 세력을 확대한 동학군 수만 명은 12월 23일(11월 27일) 재차 해주성 총공격에 나섰다. 해주성 서쪽의 장연·옹진, 북쪽의 재령·신천·문화, 남쪽의 강령, 동쪽의 평산·배천·연안·금천의 동학군이 총동원되었다. 해주성 문 앞까지 진출한 전위의 동학군은 6,000~7,000명, 10리 밖에 1만여 명, 30리 밖에 1만 3,000~1만 4,000명이 집결하여 모두 3만여 명이나 되었다고 한다.[16] 이때 백범 김구도 팔봉도소에서 산포수를 모아 봉기에 앞장섰다.[17] 그렇지만 해주성을 지키고 있던 스즈키領木彰 소위의 일본군은 기습적으로 동학군을 공격했고, 수 시간의 전투 끝에 동학군은 퇴각했다.[18] 해주성 총공격에서 패퇴한 동학군은 사방으로 흩어졌다. 이후 일본군과 조선 정부군의 진압이 본격화되었다. 해주성 동쪽의 평산·연안 등지, 서쪽의 장연 일대에서 동학군의 저항이 치열했다.

장연 지방의 동학군

해주성 공격에 주도적으로 나선 동학군은 장연 지방에서 나왔다. 바로 매켄지 선교사가 조선어를 배우고 선교 활동을 준비할 선교 현장으로 선택한 소래마을이 속한 곳이다. 매켄지가 소래마을에 도착한 것은 동학군의 해주성 공격이 시작되기 한 달쯤 전인 1894년 양력 10월 10일(음력 9월 12일)이었다. 해주성 공격에 앞서 세력을 결집하던 때였다. 앞에서 언급한 것처럼 황해도 서쪽 맨 끝 장연 지방에서 동학군들이 관청을 공격하는 등 먼저 결집하고 있었다. 매켄지는 1894년 11월 서울의 기포드D. Gifford에게 보낸 편지에서, 동학군이 장연부사를 추방하고 재산을 착복한 향리 4명을 투옥시켰으며, 무기를 빼앗아 일본군의 진입에 대비하고 있는 상황을 전했다. 매켄지가 머물던 소래마을에서도 윗마을 20명, 아랫마을 20명이 동학에 가담했다.[19]

  앞에서 언급한 것처럼 이들 장연 지방의 동학군들은 세력을 확대한 뒤 감영이 있는 해주성을 향해 진격했다. 매켄지는 장연 지방의 동학군이 출정하는 모습을 다음과 같이 묘사했다.

10월 말 내 습관대로 이웃 마을 중 하나를 방문하는 길에, 일단의 무명옷의 용사들이 모두들 황해도의 수도(해주)를 향해서 가는 모습을 목격하고 아주 놀랐다. 그들은 그다지 대단찮은 차림새였다. 그들의 유일한 장비는 어깨에 걸친 열흘치의 식량과 보통의 놋숟가락을 넣은 조그마한 가방뿐이었다. 자기들 마을에서 그렇게 많은 사람들이 참가한 것을 보고는 모두들 놀랐다. 그들은 그렇게 아주 조용히 확산시키는 일을 진행했던 것이다.[20]

매켄지가 볼 때는 초라한 의복에 식량 보따리 하나 걸친 동학군의 모습이었지만, 이들은 해주성을 향해 진격하면서 세력을 크게 확대하고 끝내 해주성을 점령했다. 그리하여 앞에서 본 황해병사의 보고에 "동학당 수만 명이 장연에서 일어나 지난달 25일 해주성에 들어가 군기를 빼앗고 감사를 위협했다"고, 동학군이 장연에서 최초로 일어난 점을 강조했던 것이다.

  매켄지의 기록을 통해 장연 지방 동학군의 활동을 정리해보면 〈표 3-1〉과 같다.

  장연 지방 동학군의 활동을 체계적으로 정리할 수는 없으나 매켄지의 기록을 통해 볼 때 소래마을 주변에서 동학군의 활동이 활발했음을 알 수 있다. 소래마을은 북쪽으로 걸쳐 있는 산맥으로 인해 장연부 읍내와 분리되어 있고, 남쪽으로는 해변이 펼쳐져 있는 곳이었다.

  해주성 총공격에 실패한 뒤 동학군은 사방으로 흩어졌다. 그중 3,000~4,000명의 동학군이 장연부를 중요한 근거지로 삼았다. 화약 제조소, 도창刀槍 제작소를 두기도 했다. 스즈키 부대가 다시 출동하여 장연부를 공격했다. 장연부를 점령한 일본군은 동학군의 각종 군사시설을 소각했다.[21] 이후 황해도 동학군의 활동을 정리해보면 〈표 3-2〉

〈표 3-1〉 1894년 12월 장연 지방 동학군의 활동

양력(음력)	활동 내역
11월 말	일본인 미곡 상인과 동학군 충돌. 동학군의 투석과 일본군이 발포.
12. 01(11. 5)	인근의 향리 가옥 파괴당함. 동학군이 서경조와 매켄지 위협. 동학군 하나가 서경조의 칼과 활을 탈취. 동학군 선발대가 소래마을의 쌀 적재량 조사. 서경조가 동학을 비난하여 구타 위기.
12. 02(11. 6)	서경조와 매켄지가 위협을 느끼나 탈출 불가.
12. 03(11. 7)	일본 상선을 동학군이 습격. 동학군이 섬으로 도주한 지방관 체포 시도. 120리 거리에 일본군 200명 주둔.
12. 04(11. 8)	소장 무장선에서 대포 발사. 동학군이 무장선 침입 시도. 일본군 발포. 동학농이 일본군 통역 체포하여 장연으로 이송. 소래마을 사람들 산으로 피신
12. 05(11. 9)	상선 3척 등장하여 마을사람들 피신. 동학농민군의 일본인 소유 미곡 압수. 120리 떨어진 일본군 쪽으로 진격.
12. 06(11. 10)	초동 사람들이 동학군에 대항할 계획. 마을 사람들은 20퍼센트밖에 남지 않음.
12. 08(11. 12)	동학군이 섬에서 탄약과 실탄 확보하고 돌아옴. 일본군과의 대결 임박.
12. 09(11.13)	이진수와 그의 마을 30세대 중 25세대가 동학에 가담.
12. 10(11.14)	동학에 가담하지 않는다는 이유로 마을에서 박해.
12. 11(11.15)	동학군이 체포한 일본군을 총살하고 투창으로 찔러 죽임. 일본군이 동학군과의 교진에서 능이했다는 소문. 정부군의 장연 진입 소문.
12. 22(11.26)	동학군이 사방에 퍼져 있음. 모든 주민이 동학에 가담한 마을도 있음.

* 출처:《케이프 브레튼에서 소래까지》, 143~153쪽.

〈표 3-2〉 1895년 상반기 장연 지방 동학군의 활동

양력(음력)	활동 내역
01. 12(12. 17)	신임 장연부사의 부임. 동학군 소집령이 효력 없음.
01. 20(12. 25)	장연부사가 총과 무기반환령 내림.
01. 22(12. 27)	일본군이 태탄리 마을을 파괴하고 여러 마을 방화.
02. 11(01. 17)	간니골 마을 폐허. 일본군의 진격에 마을 사람들 피신.
03. 15(02. 19)	동학군의 저항 소문. 소래마을 사람들의 봉기 가능성.
03. 20(02. 24)	동학군이 장연 시가지 3분의 1을 방화. 장연부사 도주.
04. 05(03. 11)	일본군이 동학군을 기습하여 수백 명 사살. 장연부사가 소래마을에 동학군이 은거하고 있다고 위협.
04. 06(03. 12)	두 척의 일본배가 태탄리로 접근. 관군과 일본군의 소래마을 진입 소문.
04. 15(03. 21)	장연 읍내는 화재로 폐허화.

* 출처:《케이프 브레튼에서 소래까지》, 153~188쪽.

와 같다.

　1895년에 들어 일본군의 강경한 진압으로 황해도의 동학군 세력은 크게 약화되었지만, 동학여당東學餘黨은 산간 지역을 근거지로 삼아 산발적이면서도 지속적으로 저항했다.

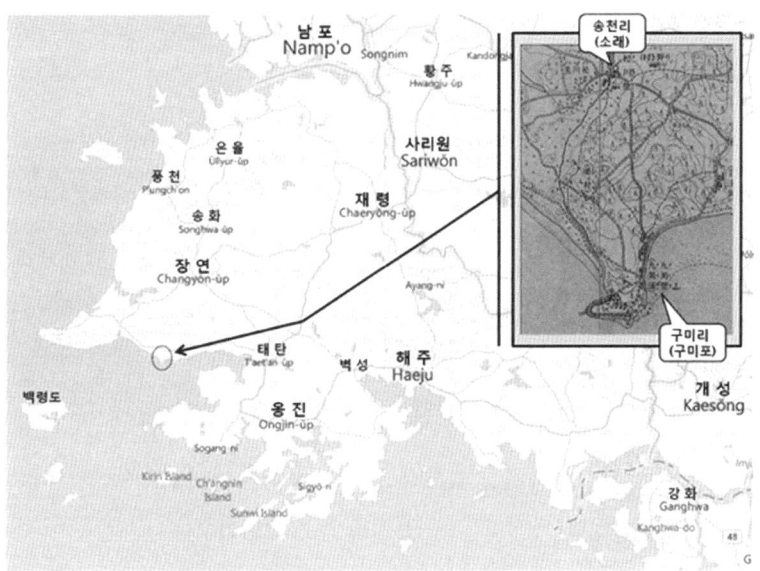

〈그림 3-1〉 황해도 장연 일대와 소래마을.
인천에서 장연부로 들어가는 배편은 구미포에 정박한다. 소래마을 북쪽으로 구월산 줄기인 불타산 봉우리가 병풍처럼 둘러쳐 장연부 읍내와 구별되고, 남쪽으로 넓은 평야가 펼쳐져 있다. 구미포에서 바다로 뻗은 곶은 아름다운 풍광을 자랑하는데 후에 장로교 선교사들의 여름별장 80여 채가 들어섰고, 매켄지 언덕으로 불렸다. 장연부 및 소래마을에서는 태탄과 벽성을 거쳐 황해감영이 있는 해주성에 이르게 된다. 황해병영은 북쪽 평안도 경계의 황주성에 있고, 황해수영은 남쪽 옹진반도의 소강영에 있었다.

매켄지의
선교 활동과 동학군

매켄지의 장연 지방 선교

매켄지는 1861년 7월 15일 캐나다 노바스코시아주의 케이프 브레튼에서 스코틀랜드계 부모에게서 태어났다.[22] 그는 할리팩스시의 달하우지 대학Dalhousie College 문학부에서 공부한 뒤 약간의 신학과정을 이수했다. 체격이 좋아 학창시절에는 권투 챔피언을 따는 등 운동선수로 이름을 날렸다. 건장한 체격은 위기와 역경을 극복할 수 있는 자산이 되었다. 대학을 졸업한 매켄지는 북극 지방 래브라도어섬에서 원주민에 대한 선교사업에 나섰고 이를 통해 선교 현장의 감각을 익히고 선교에 임하는 자세를 단련할 수 있었다.

    매켄지가 조선에 대해 관심을 가지게 된 계기는 북극 선교여행 중 조선에 대해 쓴 선교사의 책을 읽으면서였다.[23] 매켄지는 조선 선교의 동기를 다음과 같이 일기에 썼다.

그 책에는 교훈이 가득 차 있었다. 장로교는 조선에서 첫 선교사업을 시작했고 성경을 조선어로 번역했다. 예수회에 속한 선교사들이 그들의 신앙을 위하여 갖은 고난을 당했다. 왜 사도 바울이 했던 것처럼 그곳에 가서 복음을 전하지 않는가? 어떤 방법으로든지 조선에 가자. 현지에 도착하여 어떤 형태로든지 노동을 하든지, 직업을 찾든지, 그들과 더불어 생활하면서 복음을 전하자. 그런 후에 도움이 필요하다고 생각되면 캐나다 교회를 설득하리라.[24]

인용문은 매켄지가 조선 선교에 나서기 전에 품었던 생각을 잘 보여준다. 선교사들이 갖은 고난을 당하고 있는 어려운 상황이므로 이를 도와야 한다는 사명감을 품었다. 조선에는 성경이 번역되어 있어 선교하기 유리한 조건이라는 점도 알게 되었다. 매켄지는 어떤 방법으로든, 노동으로 생계를 구할지언정 선교지에 가서 현지 사람들과 함께 생활하면서 생활 속에서 복음을 전하겠다는 각오를 다졌다. 과연 그는 조선 최초의 장로교 선교사 언더우드를 만나 그의 조언과 안내를 받아 황해도 소래교회로 갔고 조선 사람과 똑같이 생활하면서 복음 전파의 사명을 실천에 옮겼다.

〈그림 3-2〉 매켄지 선교사.
27세 때인 1888년 달하우지대학 졸업사진이다. 그는 권투 챔피언이 될 정도로 건강한 체격을 지녔고, 성격도 강인했다.

매켄지는 1888년 봄부터 18개월 동안 북극의 험난한 지형과 기후를 견디며 인디언과 에스키모 사람들에게 무신론을 벗어나 기독교를 수용하도록 선교했다. 북극 지방에서 선교 활동을 하는 동안 겪은 역경과 고난은 앞으로 있을 더 큰 과업을 위한 전초훈련이 되었다. 매켄지는 조선을 선교가 절실히 필요한 지역이며 조선에 가서 복음을 전하는 것이 하나님의 뜻임을 확신했다. 1893년 여름 어느 집회에서 해외선교에 나서겠다는 굳건한 의지를 밝혔는데 그것이 노바스코시아 장로교인들의 마음을 감동시켜 그들의 선교 헌금으로 조선으로 나가 1년간 생활할 수 있는 선교비를 확보하게 되었다.

매켄지는 1893년 양력 11월 13일 밴쿠버에서 배를 타고 12월 12일 마침내 조선 땅을 밟았다. 부산을 거쳐 인천에 도착한 후 존스Jones 선교사의 안내로 서울에 들어갔다. 1894년 1월 9일 매켄지는 평양으로 향하는 감리교의 홀W. J. Hall 의사를 따라갔다. 둘은 선교에 대한 사명감과 열정에 서로 감명받았다. 이후 홀은 청일전쟁 때 평양에서 의료 활동을 펼치다 감염되어 사망했고, 매켄지는 소래마을에서 선교 활동하다 사망했으니 서로 같은 사명과 운명을 지녔다.

평양에 있는 장로교의 마펫S. A. Moffet 선교사는 홀로 조선 풍습을 따라 생활하고 있었다. 매켄지는 그의 단순하고 검소한 생활에 깊은 감명을 받았다. 매켄지도 소래마을에서 조선 풍습대로 살게 되는데 마펫의 영향일 수 있다. 홀과 마펫은 제물포와 가깝고 장연·해주와 같은 큰 도시가 있는 황해도 지역, 그중에서도 서상륜·경조 형제가 살고 있는 소래마을이 선교지로 적합하다고 강력하게 추천했다.[25] 매켄지는 조선어 선생과 짐꾼 한 사람을 데리고 평양을 떠나 소래로 향했다. 만나는 사람들에게 기독교 서적과 달력을 팔면서 1894년 양력 2월 3일(음력 1893년 12월 28일) 금요일 장연 읍내에서 60리 떨어진 소래마을에 도착했다.

소래는 황해도 장연부 송천동松川洞으로 구월산 줄기인 불타산의 봉우리가 북쪽으로 병풍처럼 둘러치고 남쪽으로 넓은 평야가 펼쳐져 황해 바다로 이어지는 곳에 위치했다.[26] 남쪽에서 보면 백령도 건너편이었다. 바다에는 육도와 월내도가 있고 구미동의 포구를 통해 송천동으로 들어가게 되어 있었다. 소래에 속한 작은 마을로 선바위골, 구석몰, 밭뜸, 중뜸, 산막골, 장거리, 그리고 신작로를 넘어 야촌, 덕촌, 아랫소래, 당골 등의 작은 마을들이 있었다. 소래마을에는 무장 김씨, 광산 김씨, 김해 김씨 등이 자리 잡고 있었다. 무장 김씨 가문이 토박이로 가장 많고 마을 한가운데인 중뜸에 자리 잡았다. 광산 김씨는 소래마을의 중심인 구석몰에 자리 잡았다. 소래마을 서남쪽의 변두리에 위치한 아랫소래에는 서상륜(1848~1926)이 중앙의 큰 기와집에, 동생 서경조(1852~1938)가 마을 입구의 작은 초가집에 살았다. 당골은 아름드리 느티나무와 노송들이 하늘을 덮어 낮에도 태양빛을 볼 수 없던 곳으로 무당들이 살면서 마을의 공동제사와 당제를 지내던 곳인데, 후에 매켄지가 그곳에 소래교회를 신축했다.[27]

소래마을에는 의주 출신 서상륜·경조 형제가 조선인 최초로 세운 교회가 자리하고 있었다. 서상륜과 서경조는 개항 이전인 1870년대 만주에서 상업 활동에 종사했는데, 거기서 매킨타이어J. McIntyre 선교사를 만나 기독교로 개종하고 세례를 받았다. 서상륜은 로스J. Ross 선교사의 성서 번역에 참여하고, 1883년 권서인勸書人으로서 조선에 성경을 반입하다가 들켜 송천동으로 피신, 이주했다.[28] 1885년 언더우드 선교사가 조선에 온

후 서상륜은 언더우드를 찾아가 소래마을에 세례를 받으려는 신자가 다수 있다고 전했다. 소래마을을 방문한 언더우드는 그곳에 이미 신앙 공동체가 형성되어 있는 모습을 보고 감명을 받고 세례를 베풀었다. 1890년 봄 언더우드는 두 번째로 소래마을을 방문했다. 이때 소래교회 교인들이 예배당 건축을 지원해줄 것을 요청했으나 언더우드는 스스로 교회를 건립할 것을 권고했다.[29] 서상륜 형제는 언더우드가 개설한 서울에서의 사경회에도 참석하여 기독교 지도자로서의 자격을 갖추어나갔다.[30]

서상륜·경조의 영향을 받아 소래마을에는 기독교를 믿는 사람이 많아졌다. 매켄지의 짧고 굵은 선교 활동은 소래마을이 한국 기독교의 대

〈그림 3-3〉 매켄지가 살던 소래마을의 집.
아랫소래 입구에 있던 서경조의 작은 초가집이다. 처음 조선에 도착한 선교사들은 언더우드의 소개로 소래마을에 와서 말과 글을 배우고 생활습관을 익혔다. 캐나다 출신의 게일, 펜윅, 애비슨 선교사, 미국 장로교 선교사 마펫이 서상륜, 서경조 형제의 집에 머물렀다. 매켄지는 서경조의 집에서 살았다. 서경조는 후에 언더우드를 이어 서울 새문안교회의 2대 목사가 된다.
*비고: 집 앞에 서 있는 이는 서경조다.

표적 발상지로 자리매김하는 결정적 계기가 되었다. 매켄지가 설립한 김세학당(매켄지스쿨=해서제일학교)을 통해 근대교육을 받은 인재들도 많이 배출되었다.[31]

기독교 농촌마을로 조성된 소래마을은 조선어를 익히면서 선교지의 현황을 파악하려는 선교사에게는 양호한 환경을 제공해주었다. 소래마을을 방문하여 머문 선교사로는 캐나다 출신의 게일, 펜윅, 애비슨, 그리고 장로교의 마펫이 있었다. 캐나다 토론토대학 출신의 게일이 1889년 소래로 내려가 서상륜의 집에 머물면서 조선어를 배웠다. 이어 역시 토론토 출신의 펜윅과 애비슨도 소래로 내려가 말을 배웠다.[32] 마펫은 1890년 가을 소래를 방문했을 때 15명의 세례교인이 정기적으로 모여 성경 공부를 하고 있음을 보았다. 소래마을은 조선에 일찍 전파된 천주교인이 한 사람 없는 기독교 마을이었다.[33]

매켄지는 소래마을에서 서경조를 만나 따뜻한 접대를 받고, 그곳에서 선교하기로 마음먹었다. 1894년 양력 4월 23일(음력 3월 18일) 서울로 올라갔다가 청일전쟁이 일어나자 인천과 서울에서 선교지 소래마을로 떠나기 위해 준비하면서 전쟁이 끝나기를 기다렸다. 매켄지는 드디어 1894년 10월 5일(9월 7일) 선편으로 제물포를 떠나 10월 10일(9월 12일) 소래마을에 도착했다. 그는 서경조의 초가에 숙소를 정했다.

매켄지와 동학군의 접촉

매켄지가 소래마을에서 선교를 위한 준비 작업에 착수한 지 얼마 되지 않아 동학군의 봉기가 시작되었다. 처음에는 청일전쟁에서 일본이 우세한 상황이므로 일본군이 동학군도 진압할 것으로 예상하면서 매켄지는 동요하지 않고 굳건한 선교사의 자세를 유지했다. 그러나 앞서 정리한 것처럼 장연 지방에서 동학군의 결집이 활발하게 일어나고 이들이 주축이 되어 해주성 공격에 나서면서 사태가 심각해졌다. 양력 11월 30일(음력 11월 4일) 동학군이 해주성에서 물러나 각 지방으로 나가 세력을 확대한 이후 장연 지방의 상황은 더 어려워졌다.

12월 1일(11월 5일) 동학군은 매켄지의 서적을 불사르고 기독교인들을 죽이고 집을 부수겠다고 위협했다. 서적은 한글로 번역된 쪽복음서나 전도서였을 것이다. 동학군이 매켄지의 생명을 위협했지만 이미 탈출은 불가능한 상황이었다. 12월 2일(11월 6일) 매켄지는 두려움에 싸여, "주여! 나의 죽음이 당신의 영광과 이 민족을 위해 유익한 것이라면 당신의 뜻대로 하옵소서!"라고 절박한 심정으로 기도했다.

그런데 동학군 사이에는 출신 마을에 따라 적대 행위에 차이가 있었다. 사이가 나쁜 마을 출신의 동학군은 소래마을을 공격하고자 했지만 소래마을 출신 동학군은 자기 마을을 보호하려 했다. 인간관계에 따라 보호를 받기도 피해를 입을 수도 있었다. 서경조는 동학을 비난한 죄로 구타당할 뻔했으나 아들이 동학군 두목과 친분이 있어 위기를 면했다. 매켄지도 그사이 자신과 교제하게 된 동학군이 보호해줄 것으로 기대했다.

이즈음 서경조는 아들 친구인 동학군의 중재로 동학군 지도자와 면담하는 데 성공했다. 동학군 지도자는 매켄지와 서경조를 보호한다는 문서를 써주었다. 이때 동학군 대장과 담판을 벌인 사정을 서경조의 회고에서 살펴보면 다음과 같다.

하루는 해주의 동학군 한 포包가 우리를 죽이려 온다는 소리가 끊이지 않더니 황혼에는 삼십 리쯤에 왔다고 하는지라. 내가 한 사람과 같이 등불을 들리고 마조의 가미동으로 나가는데 가미동은 송천에서 십 리 되는데, 황해도 내에 세력이 많은 대포大包라. 그러므로 감사포라 일컬었다. 괴수자들과 내가 원래 친한지라. 저희들 모인 중에 들어가 인사한 후에 해주포가 나를 죽이려고 온다 하는데 이유가 무엇인지 여러 가지로 문답을 하니 저희가 논리에 굴복한지라. 괴수자 김원삼이 《동학대전大典》이라는 책을 내어 놓고 나더러 보라 하거늘……음식을 대접하며 해주포는 염려 말라 내가 중로에 사람을 보내어 불러오리라 하니, 이날 밤의 이 일은 교회의 장래와 큰 관계가 있는 일이었다. 이튿날 인근 각 동 접주에게 지휘하여 송천에 서양인과 서경조를 극히 보호하라 한지라.[34]

서경조는 자기가 평소 알고 지내던 동학군 지도자 김원삼을 만나 자신과 매켄지를 살해하려는 이유를 따져 물으며 부당함을 지적했다. 그리고 뒤에서 언급할 것이지만 《동경대전》의 한 구절 해석을 놓고 논쟁하여 김원삼을 이겼다. 이렇게 동학군의 교리와 행위를 논리적으로 비판함으로써 매켄지와 소래교회를 보호할 수 있었다고 회고한다.

12월 5일(11월 9일)에는 서경조의 아들이 동학접주와 만났다. 동학접주는 매켄지를 해치지 않을 것이며, 기독교와 동학이 상호 협조하자고 제안했다. 동학군은 매켄지로부터 서울 소식을 얻고 또 일본군과의 중재도 기대했다. 이렇게 하여 매켄지는 조선인 주민, 동학군, 그리고 일본군 사이의 중재자 역으로 떠오르게 되었다.[35]

한때 매켄지는 생명의 위협을 느꼈지만 서경조가 동학군 대장과 접촉하여 안전을 보장받음으로써 12월 초순경에 이르면 매켄지와 소래 마을은 비교적 안전하게 되었다. 동학군 지도자의 보호 약속에 힘을 얻은 매켄지는 오히려 공격적인 선교에 나서기 시작했다. 12월 12일(11월 16일) 매켄지는 소래마을에 기독교를 상징하는 깃발로 성 조지 기(St. George's Cross를 붉은 색으로 그린 흰색 깃발)를 내걸었다. 이 깃발은 후에 교회의 종과 함께 기독교의 상징으로 조선 전역에서 보편화되었다. 매켄지는 당시의 심정을 다음과 같이 일기에 기록했다.

주민들은 성 조지 깃발을 달기 위해 많은 수고를 했다. 그 나무는 상당히 먼 산에서 베어온 것이다. 주민들은 이 기를 세우는 데 자발적으로 봉사했다. 주민들과 동학교도들은 땅을 팠고 줄을 잡아당겼으며 곧 깃발이 올라갔다. 성 조지 기가 하늘 높이 올라가는 순간, 모인 사람들은 '주 예수 이름 높이어 다 찬양하여라'는 찬송을 불렀다. 참석한 모든 사람들은 둘러서서 찬송가를 부르면서 즐거워했다. 이 깃발이 조선의 구석구석 마을과 마을에 나부낄 날이 언제나 올까?[36]

깃발을 세우는 노역에 동학군도 참여했다. 동학군도 소래라는 마을 공동체에 속하는 주민으로서 필요에 따라 교회와 봉기 현장을 오가는 상황이었다. '성 조지 기'는 멀리서도 볼 수 있었는데 주민들은 이 기가 무엇을 의미하는가에 많은 호기심을 나타냈다. 수백 명의 동학군이 소래마을을 지나가다가 나부끼는 깃발을 보고 매켄지를 방문했고, 매켄지는 두려움 없이 그들을 맞았다. 공포에 떨던 소래 사람들의 눈에 매켄지의 행동은 놀라운 용기를 주었다.

12월 21일(11월 25일) 저녁에는 동학군 접주와 선생 등 지도자들이 매켄지를 방문했다. 12월 22일(11월 26일) 매켄지는 어떤 마을 주민들이 모두 동학군에 가담한 그들의 요새를 방문하고 환대를 받았다.[37] 동학군과 매켄지 사이에 신뢰와 소통이 증폭되었다.

12월 23일(11월 27일)의 해주성 총공격이 실패한 후 동학군의 사기는 크게 떨어졌다. 동학군 개개인은 피신하여 살길을 도모할 것인가, 계속 싸울 것인가 기로에 놓였다. 매켄지와 소래교회는 좋은 피신처였다. 1895년 양력 1월 26일(음력 1월 1일) 매켄지는 동학군의 요새를 찾아가 다리에 창을 맞고 부상당하여 온몸이 피투성이가 된 동학접주의 상처를 치료해주었다. 그는 패배한 동학군을 도우면서 선교의 기회를 모색했다. 1월 28일(1월 3일)에는 인근 마을의 동학군들이 시련이 끝나면 예

〈그림 3-4〉 성 조지 기.
*출처: Moffett Korea Collection, 'Sorai Church w. Flag', Prinston Seminary Library
*비고: 1897년 북장로교 의료선교사로 제중원에 부임한 쉬즈Esther Shieds가 1897~1900년에 수집한 것으로 보인다. 그러므로 매켄지가 세웠을 때 촬영된 것이라고 단정할 수는 없다.

3장. 매켄지 선교사와 황해도 동학군

수교인이 되겠다고 매켄지에게 약속했다. 2월 10일(1월 16일)에는 김상인이라는 동학군을 통해 숨어 있던 동학군 이 씨와 은 씨를 만났는데 그들은 기독교로 개종하겠다는 의지와 참회의 증거를 보였다. 이제 상당수의 동학군이 매켄지의 예배에 참석했다. 많은 사람들이 소래로 이사 오기를 희망했다. 소래마을의 기독교인이라는 말을 듣고 동학군이 그들을 해치지 않은 경우도 있었다.[38]

매켄지는 동학군과 장연부사 사이에서 협상을 중재하기도 했다. 1895년 2월 13일(1월 19일) 장연부사의 요청에 따라 매켄지는 동학접주와의 면담을 주선했다. 동학접주로부터는 서신을 가져왔고 부사로부터는 메모를 받았다. 동학접주의 명에 따라 동학군 1만 명이 창과 총을 반납했다.[39]

매켄지는 1895년 4월 10일(3월 16일) 일기에서 "소래마을은 안전과 행복의 중심지로 되어가고 있다"라고 썼다.[40] 이렇게 하여 동학군이나 장연부사로부터 특별한 제지를 받지 않고 매켄지는 순조롭게 선교 활동에 나설 수 있었다.

자신감을 얻은 매켄지는 소래마을에 도착했을 때 계획한 교회 건축에 박차를 가했다. 수백 년 전통의 서낭당이 있던 곳을 교회 부지로 선정했다. 조선의 전통 종교를 파괴하면서 선교의 효과를 올리는 공격적 선교 방식이었다. 조선인의 교회이므로 조선인의 손으로 건축되어야 한다고 그는 강조했다. 그리하여 1895년 양력 7월 조선인의 힘으로 건축한 최초의 교회로 소래교회가 신축되었다.[41] 그러나 교회의 봉헌 직전인 7월 23일(6월 24일) 무리한 선교 활동에서 얻은 일사병과 신열에 의한 정신이상으로 매켄지는 사망하고 말았다. 조선에 온 지 559일, 소래마을에서 생활한 지 313일만이었다.

매켄지의 생애에 감동을 받아 한국에 선교사로 온 마구례D. M. Macrae는 소래를 방문하고 매켄지의 업적을 다음과 같이 소개했다. "동학란 중에 있었던 그의 영웅적 행동에 대하여는 말할 필요도 없고 동학군들이 세 차례나 소래마을을 약탈하고 그의 생명을 위협했지만 그때마다 예기치 않았던 어떤 일들이 일어나 매켄지를 죽이려는 폭도들의 시도는 좌절되었다고 합니다. 결국 동학군들은 매켄지 선교사와는 더 이상 싸울 수가 없어 '그의 여호와 하나님이 우리의 신보다 더 강하기 때문일 거야'라고 말했다고 합니다. 황해도 지역에서는 소래마을만이 동학군들에게 피해를 입지 않은 유일한 마을이랍니다."[42]

〈그림 3-5〉 소래교회.
*출처: Moffett Korea Collection, 'Underwood Family Visiting Sorai Church', Prinston Seminary Library
*비고: 1897년 북장로교 의료선교사로 제중원에 부임한 쉬즈Esther Shieds가 1897~1900년에 수집한 것으로 보인다.

매켄지가 가장 애용한 성경 구절은 "한 알의 밀이 땅에 떨어져 죽지 아니하면 한 알 그대로 있고 죽으면 많은 열매를 맺느니라. 자기 생명을 사랑하는 자는 잃어버릴 것이요 이 세상에서 자기 생명을 미워하는 자는 영생하도록 보존하리라(요 12;24-25)"였다. 1893년 12월 12일 조선 땅에 최초로 발을 디뎠을 때 일기에 기록했고, 1895년 7월 23일 운명할 때 서경조에게 이 구절을 언급했다. 매켄지의 전기를 쓴 엘리자베스는 "매켄지의 삶이야말로 한 알의 밀과 같은 삶의 표본이다"라면서 전기의 제목도 "한 알의 밀알"이라고 했다. 엘리자베스는 미래를 향한 꿈, 역경을 이겨내는 비결, 자신의 희생, 박애, 그리고 선교사업을 위한 영광스러운 성공의 비결이 바로 이 말씀 가운데 나타나 있다고 해석했다.[43]

〈그림 3-6〉 매켄지의 묘.[44]
1913년 8월 김세학당 졸업생들이 소래마을 뒤편의 매켄지의 묘에 비석을 세웠다. 캐나다 선교사들이 자주 방문한다.

동학과
기독교의 소통

두 종교의 상호 인식

동학 세력이 기독교를 어떻게 인식하고 있었는지는 2장에서 서울의 기포드학당과 존스 숙소에 붙은 격문을 통해 확인했다. 매켄지 선교사는 인천의 존스, 서울의 언더우드 및 기포드와 아주 친했다.[45] 서로의 견해를 교환하고 어려운 문제를 의논했다.

   황해도 동학군이 기독교를 어떻게 인식했는지 명확하게 알 수 있는 자료는 없다. 거꾸로 매켄지의 일기를 통해 동학교도들이 소래마을의 기독교인과 매켄지를 어떻게 바라보는지 살필 수 있을 뿐이다. 매켄지는 다음과 같이 일기에 썼다.

   동학군들은 우리가 믿는 예수교의 교리는 모두가 무無로 돌아갈 것이며 결국 아무도 믿는 사람이 없게 될 것이라고 말한다. 성경은 미국 사람들이 만든 것이지 하나님이 만든 것이 아니라고 말한다. 기독교인들이 동학군을 향하여 그들은 사악하며 따라서 지옥에 갈 사람들이라고 말하기 때문에 그들은 기독교인을 증오한다.[46]

동학교도들은 기독교의 교리를 폄하하고 기독교인을 증오했다. 그렇지만 성경을 미국 사람이 만든 것이지 하나님이 만든 것은 아니라고 한 언설에서 보면, 그것이 비록 매켄지가 표현한 것이지만 '하나님(신)'의 존재를 인정한 것으로 볼 수도 있다.

동학의 기독교 인식과 달리 기독교는 동학을 어떻게 보았는지 매켄지를 통해 살펴볼 수 있다. 매켄지는 일체 타협을 거부하는 투철하고 완고한 신앙의 소유자였다. 스코틀랜드계 조부의 경건성과 부친의 강인함을 물려받고, 캐나다 북부 지방 선교를 통해 금욕과 근면성의 가치를 체득했다. 황해도 지방 선교에서도 어려움에 처할 때마다 신에 대한 확고한 믿음에 의존하고 있는 모습을 그의 일기를 통해 읽을 수 있다.[47]

매켄지의 신앙관은 근본주의적인 것이었다. 주일성수, 천당지옥설을 강조하는 데서 잘 드러난다. 주일성수에 대한 매켄지의 신념은 철두철미했다. 조선 선교를 위해 고향을 떠나 대륙횡단 열차를 타고 달릴 때 안식일 새벽, 아무 계획 없이 무작정 록키산맥의 황량한 곳에서 내려 술꾼들이 득실대는 주막에 들어갔다. 그는 안식일 새벽이므로 거기서 성경을 읽고 기도하고 설교했다. 철저한 원칙주의자였다.[48] 소래에서도 마찬가지 태도로 엄격했다. 또한 조선인이 미신 숭배로 영원한 지옥에 빠질 것을 걱정하여 이를 일깨우기 위해 조선에 왔다고 천당지옥을 강조했다.[49]

매켄지는 다른 선교사들과는 다른 독특한 선교 철학을 가졌다. 그는 조선 사람들과 똑같은 의식주를 사용하면서 생활했다. 언더우드가 1894년 크리스마스에 집에서 만든 빵, 건포도 케이크, 과일통조림과 야채, 차와 우유와 설탕을 넣은 상자를 보낸 적이 있었다. 그러나 매켄지는 그것을 모두 마을 사람들에게 나누어주었다. 서양 음식을 먹으면 조선 음식을 다시 먹지 못할 것이라고 생각했기 때문이라고 기록해놓았다.[50] 매켄지는 자기 건강을 약에 의지하기보다 하나님에 의탁하는 태도를 취했다.[51] 이러한 태도가 끝내 그를 죽음으로 내몰았다.

매켄지는 선교 현장에 도착하자마자 동학군과 조우하여 최대의 위기를 맞았던 것은 앞에서 보았다. 근본주의 신앙의 소유자인 그는 동학과 그 봉기에 대해 어떤 생각을 가지고 있었을까? 소래에 도착한 지 한 달 정도 지난 뒤인 1894년 11월 초(10월 초) 자기의 경험과 소문을 종합하여 나름대로 동학에 대한 인식을 정리했다. 이를 서울의 기포드에게 보내는 편지에 다음과 같이 썼다.

(1) 여기 북부에서의 동학군은 주로 무식하고 부도덕한 자들 사이에 펴져 있으며 특히 가난한 사람들이 동학에 가담합니다. 그들의 목적은 보다 안락한 생활을 하기 위함인 것 같습니다. 그들은 거의 농사일을 하지 않고 있습니다. 그것은 그들이 겨울철에는 도둑질과 약탈을 하는 것을 의미합니다. 그들은 다시 생존을 위해 필사적인 노력을 가하는 것으로 여겨집니다.……

(2) 동학의 신비를 연구하려는 후보자에게는 온갖 종류의 유혹이 제시되고 있습니다. 즉 동학군들은 절대로 병들지 않으며 총알이 물로 변해

버리기 때문에 전쟁에서 총에 맞지 않으며 따라서 전쟁에 대한 아무런 공포도 없다는 것입니다. 그들은 패배하자 주문을 반복하여 외우고 마력의 부첩簿牒을 빙빙 돌리며, 죽음과 모든 고통에서의 해방을 보증해준다는 바로 그 동학 주문을 삼킬 때 몸을 부들부들 떠는 경련을 일으키곤 합니다.

(3) 모든 가난한 사람들은 단결하여 있습니다. 만약 주위에 부자가 있으면 그 부자는 강제로 그들과 합세를 하든지 아니면 그 재산을 송두리째 그들에게 넘겨주어야 합니다. 왜냐하면 그들은 마치 공산주의자들, 아니 어쩌면 허무주의자들과 같습니다. 몇 가지 다른 점을 제외하고는 마치 각시(1894년 미국 오하이오주의 반정부 시위대원들로 동학농민군처럼 기를 들고 시위했다) 무리들과도 같습니다.

(4) 나는 이 동학군들Tong Hak fellows이 낡은 구습과 케케묵은 폐습 타파의 효시라고 믿어집니다. 완전한 전복이 필요합니다. 이렇게 함으로써 조선 사람들은 서서히 자율적인 백성이 될 것입니다. 인명피해는 불가피할 것입니다. 그러나 결국 좋은 결실이 맺어질 것입니다.[52]

동학군은 도둑질과 약탈로 생존할 수밖에 없는 가난한 사람들이 연대하여 관리들의 포학에 저항하여 들고 일어섰다면서 계급적으로 부자를 공격하는, 미국 오하이오주에서 봉기한 반정부군처럼 공산주의자와 같다고 평가했다. 무기가 형편없고, 동학 주문을 외워 전투에서 승리할 것을 기대하는 신비주의에 젖어 있는 점에서 많은 희생을 예상했다. 그렇지만 구습과 폐습을 타파할 수 있는 좋은 기회라고 전망했다. 동학군의 목적을 "불필요한 사회적 관습과 토지법을 개혁하고 가능하면 새로운 국왕을 선택한다는 것"이라고[53] 진단하기도 했다.

제물포의 존스는 매켄지가 어떤 동학접주를 만나 주고받은 이야기를 다음과 같이 전해준다.

그 동학군은 장시간 동안 기독교를 비난한 후 매켄지 선교사의 생명을 위협하기까지 했다고 한다. 그의 협박을 들은 매켄지 선교사는 이렇게 대답했다. "기독교는 외국 것이고 또한 해로운 것일지도 모르오. 그러나 안타까운 것은 조선은 지금 당장 그것을 필요로 하고 있소. 왜냐하면 기독교는 신자들로 하여금 국왕이 보낸 관헌들을 살해한다든지, 정부 재산을 파괴한다든지, 나약한 시골농부들을 약탈한다든지, 또한 농민들을 강제로 자신들의 졸개로 삼는 등의 무법한 행동을 절대로 허용하지 않기 때문입니다." 이 말을 들은 그 접주는 아무 말도 하지 못했다고 한다. 매켄지의 육척 장신의 거구를 보고 그와 대결하지 않는 것이 좋겠다는 결론을 내렸는지도 모른다.[54]

매켄지는 기독교가 조선의 변혁에 긍정적 영향을 끼치고 있다는 점을 강조하는 한편 동학군의 무법한 행동을 비판했다고 존스는 회고했다.

첫머리에서도 보았듯이 매켄지는 동학군의 처지와 교리, 그리고 봉기에 대해 비교적 정확하게 이해하고 있었다. 동학의 긍정적 측면도 인정했다. 그렇지만 기독교 선교사의 입장에 서서 동학을 가혹하게 배척하는 입장에 서 있었던 것은 말할 필요도 없다. 동학 교리를 의심 없이 받아들이는 동학교도가 100만 명이나 되는 데 반해 기독교의 진리를 받아들인 사람은 겨우 수백 명에 불과한 조선의 현실을 안타까워했

다.[55] 그는 동학교도를 잡초에, 기독교인을 참나무에 비교했다.[56]

교리의 공통점

동학군이 해주성 전투에서 패하여 수세에 몰리면서 매켄지와 동학군의 관계는 균형을 잃었다. 기독교와 천주교를 피난처로 삼는 동학군이 많아졌다. 동학군 중에는 기독교를 수용하려는 자세를 보이는 자들도 생겼다. 기독교의 교리를 알고자 기독교 서적과 성경을 읽었다. 그들은 기독교의 신관이나 교리가 동학과 유사한 점이 많다는 점을 알고 놀랐다. 종교적으로도 소통이 가능해졌다. 매켄지와 동학군은 서로의 신을 어떻게 인식했는가?

  매켄지는 처음 소래마을에 들어올 때 지나는 곳에서는 어디든 기독교 서적을 팔았다. 소래마을에 정착해서도 찾아오는 사람들에게 책을 팔고 직접 여러 마을을 다니면서도 팔았다. 기독교 서적을 소개하면 주민들은 흥미를 느끼고 책도 잘 산다고 매켄지는 생각했다.[57]

  기독교 서적은 조선에서 번역된 전도서나 쪽복음서였을 것이다. 당시 신약성경 가운데 복음서와 사도행전 및 로마서 등이 한글로 번역되어 각각 별책으로 간행되어 있었다.[58] 서경조의 아들 서병호는 매켄지를 찾아온 방문객에게 복음서를 읽어주었다. 서울에서 언더우드 등 선교사들을 만난 적이 있는, 낙향한 소래 부자 김 씨는 한문으로 된 복음서들을 소지하고 읽었다. 그는 매켄지와 복음에 대해 장시간 이야기하고 《천국안내서 *Guide to Heaven*》라는 책도 탐독했다.[59] 복음서와 안내 서

적은 기독교를 알 수 있는 기본 수단이었다.[60]

매켄지는 1895년 1월 12일(1894년 12월 17일) 일기에 다음과 같이 기록했다. "한때는 나를 배척하고 조롱하던 사람들이 기독교에 대한 책을 읽기 시작하고 있다. 이곳 주민들은 독서열이 있을 뿐만 아니라 새로운 것에 대한 호기심을 갖고 있어서 복음을 전하는 데 도움을 주고 있다. 많은 사람들이 우리 기독교인들이 어려운 환경 가운데서도 누리는 평화로운 태도에 큰 관심을 보이고 있다."[61] 매켄지와 동학군과의 언어 소통이 원활하지 못한 대신 성경과 기독교 서적은 동학교도들이 기독교로 개종할 때 큰 영향을 미쳤다. 후술하지만 동학교도들이 신약성경을 가지고 다니는 모습을 보고 매켄지와 서경조는 깜짝 놀랐다.

교리적 측면에서 동학과 기독교의 소통 가능성에 대해 서경조와 동학접주 김원삼의 논쟁을 통해 살펴볼 수 있다.

괴수자 김원삼이 《동학대전》이라는 책을 내어놓고 나더러 보라 하거늘 내가 일장 반을 보고 덮어놓으니, 왜 아니 보고 본 것을 알겠느냐 하거늘, 모든 책을 사람이 알지 못하리오 하니, 김원삼이 내가 본 중에서 아양숙기兒養淑氣 한 구절을 보이며 이 구절을 알겠느뇨 하거늘, 이때 나는 무심히 보았으나 임시응변으로 저희들을 꺾으려고 생각하고, 나는 알고 있으니 먼저 당신의 견해를 듣고자 하노라 하니, 김이 모든 사람을 가르치며 저 사람들은 다 알지 못하되 나는 알고 있으니, 갓난아이의 맑은 기운을 그대로 기르라 한 말이라 하거늘, 내가 크게 웃고 이같이 무식하뇨? 자고로 갓난아이의 맑은 기운을 그대로 기른 자 누구뇨? 성인이 요순으로부터 공자에 이르러 능히 그러하뇨? 사람이 능히 못할 글은 없느

니만 못하다 하니, 김이 그런즉 어떻게 해석하느뇨? 내가 천천히 그런 뜻이 아니라 사람의 맑은 기운을 갓난아이 보양하듯 하라 한 말이라 하니, 김이 가만히 듣고 무릎을 치며 과연 대선생이로다, 천도天道하는 대선생이로다 하고······.[62]

《동경대전》의 '아양숙기兒養淑氣'라는 구절을, 동학접주 김원삼은 "갓난아이의 맑은 기운을 그대로 기르라"로 해석했지만, 서경조는 "사람의 맑은 기운을 갓난아이 보양하듯 하라"는 뜻이라고 수정했다. 이 구절은 동학을 창도한 최제우가 조선 정부의 탄압을 받을 때, 제자들에게 조급한 마음을 경계하면서 지은 〈탄도유심급歎道儒心急〉에 나오는 "소제탁기 아양숙기消除濁氣 兒養淑氣(흐린 기운을 쓸어버리고 맑은 기운을 어린 아기 기르듯 하라)"라는 부분이다. 동학의 경전을 기독교인인 서경조가 논리적으로 타당하게 해석하니 김원삼은 깜짝 놀라며 서경조를 칭찬했다. 이것은 물론 서경조 자신의 회고에 의거한 것이고 회고할 때에는 이미 천도교가 창도된 이후지만, 김원삼이 기독교인인 서경조를 동학·천도교의 개념을 빌려 '천도天道하는 대선생'이라고 표현했다면 두 종교 간 내면적 소통의 가능성이 열려 있는 것을 의미한다.

   신관에서 볼 때 기독교의 신=하나님은 초월적 인격신인 데 반해 동학의 신=한울님은 내재적 실재와 초월적 인격신으로 이원화되어 있었다.[63] 최제우가 제정한 21자 주문, "지기금지 원위대강 시천주 조화정 영세불망 만사지至氣今至 願爲大降 侍天主 造化定 永世不忘 萬事知"에서 내재적 실재는 '지기至氣', 초월적 인격신은 '천주天主'로 개념화되어 있다. 그렇지만 내재적 실재인 '지기'는 민중에게 잘 납득되지 못하고 실제

역사의 진행에서는 '천주'라는 개념 때문에 서학의 혐의를 썼다. 그러므로 동학의 천주(한울님)는 기독교의 신(상제 또는 천주 또는 하나님)과 같은 일신론一神論으로 오해될 수 있었다.[64]

불교의 득도나 유교의 조상 숭배와는 달리 각각 초월자로서의 '한울님'과 '하나님'이 존재한다는 점에서 동학과 기독교는 내면적 소통이 가능했다. 기독교를 수용한 사람 중에는 대문에 'Worshipper of God'이라는 패를 달았다. 그것이 당시 한문으로 어떻게 표현되었을 것인지 정확하게 알 수 없지만, '경신가敬神家' 또는 '경천가敬天家'라는 번역은 받아들일 만하다.[65] 그렇다면 이는 경천애인, 시천주의 동학과 상통한다. 소래마을 동학군 두목이 기독교인과 동학도인은 하나님을 경배하는 점에서 동일하다고 평가한 것은[66] 이러한 유일신관의 표출이다.[67]

1894년 12월 3일(11월 7일) 매켄지의 일기에 다음과 같은 기록이 있다.

서 씨가 어떤 동학 지도자와 면담할 때 서 씨는 그 지도자가 소지한 서적 중에 신약성경이 있는 것을 보고 놀랐다는 것이다. 더욱 놀라운 것은 그 지도자가 동학 교리를 가르칠 때 이 신약성서의 가르침을 기본으로 가르친다는 것이었다. 그 지도자는 복음적 교리에 대하여는 몰랐으나 개심(회개)에 대해서는 알고 있었으며 또한 만사에 있어서 하나님의 뜻이 있다는 것도 알고 있었다. 그는 또한 도덕적 관점을 가지고 있었다. 서 씨는 그 지도자가 한때 천주교 신자였던 교주의 교리서도 가지고 있는 것을 보았다. 그러나 그는 박해 기간 중에 개심을 하고 그 교리서보다는 성경에 더 의존했다. 그는 사도 바울처럼 자신도 하늘로부터 하나님의 명령을 들었다고 말했다는 것이다. 성경의 깊고 심오한 의미를 설명해주자 그는 이에 감사했다. 그러나 세상적 권력에 대한 욕망에서는 벗어나지 못했다. 예수 교리와 동학은 유사성이 있어 우리는 아무런 공포심도 없다.[68]

이와 유사한 이야기가 매켄지가 1894년 12월 12일 자로 캐나다 할리팍스에서 발행하는 장로교 잡지에 보낸 편지에도 나온다.

교인 중 어떤 이가 야밤을 틈타 동학군의 지도자가 된 옛 친구를 만나러 갔습니다. 그는 그 지도자가 신약성경을 소지하고 있는 것을 보고 깜짝 놀랐습니다. 그는 대화 중 예수님의 말씀을 인용하기 시작했습니다. 그를 찾아간 서 씨는 그 동학 지도자가 인용한 성경 구절이 지니고 있는 깊은 영적인 의미를 그에게 설명해주었습니다. 서 씨는 또한 하나님의 아들 예수를 통하여 이루어진 구원에 대하여도 설명해주었으며 그가 소유한 그 책이 인쇄된 것은 책 표지에 나타난 그대로 4년밖엔 되지 않았으나 사실은 수 세기 전 하나님의 영감으로 기록된 것이라고 설명해주었습니다. 그들은 밤새도록 대화를 나누었습니다. 결국 그 동학군 지도자는 서 씨에게 가르침에 대한 감사를 표하고 우리들을 보호해주기로 약속했으며 그런 취지의 편지도 한 장 써주었습니다.[69]

동학의 간부가 신약성경을 소지하고 그 말씀을 인용하고 있는데 그가 지닌 성경은 4년 전, 즉 1890년에 간행된 것이었다. 동학교도가 신약성경을 수년 동안 간직하면서 예언이 있을까 탐독했을 것이다. 서경조는 이 동학교도에게 더 깊은 기독교의 교리, 즉 예수를 통한 구원에 대해 설명했다고 한다.

매켄지는 1895년 1월 1일 자 기포드에게 쓴 편지에서 동학교도의 모습을 다음과 같이 묘사했다.

그들은 천주교인이나 불교승들과 같이 목에 염주를 걸고 다닙니다. 그들은 몸을 깨끗이 닦고 매일 하나님께 기도하며 종종 헌금도 드립니다. 몇몇 영수들은 성경을 소지하고 있으며 따라서 서양 사람들은 그들에 대해 두려움을 가질 필요가 없습니다.……동학의 가르침이 무엇인지 알고 싶어 동학 경전을 좀 구했으면 합니다. 그것은 알아볼 만한 가치가 있습니다. 동학은 조선에서의 모하메드교와 같이 되어가는지도 모릅니다. 동학의 가르침 속에는 기독교적인 요소가 많이 들어 있습니다. 한 가지 좋은 특징은 그들이 신약성경을 소유하고 있다는 사실입니다. 그들이 성서를 소유하고 있는 점은 주께서 재림하시기 전에 예수에 대한 지식을 세상에 전파하는 일을 더욱 촉진시키는 결과가 될 수 있을지도 모릅니다.[70]

동학의 신으로 '하나님'이 등장하고, 기도·헌금 등 기독교의 의례와 동질적인 모습을 보이는 점에 매켄지는 주목했다. 동학과 기독교가 공통점을 지니고 있음을 간파했다. 동학을 그리스도교에서 파생된 무슬림과 유사한 것으로까지 간주했다. 도대체 동학의 가르침이 무엇인지 매켄지도 동학 경전을 구하여 교리를 탐구하고 싶어졌다. 매켄지는 1895년 3월 14일(2월 18일) 동학 경전을 입수하여 읽기 시작했다. 6월 19일에는 제물포의 의사 랜디스E. B. Landis에게 동학 경전을 한 권 보내기도 했다.[71]

동학과 기독교가 교리적 차원에서 유사성을 지닌다면 개종의 가능성은 더욱 높아진다. 기독교를 핍박하던 안 씨는 매켄지와 토론을 벌이면서 "부활, 천당, 지옥을 믿으나 오후 늦게 포도원에 들어가 일한 일꾼과 종일토록 일한 일꾼이 동일한 노임을 받았다는 성경 이야기는 믿지 못하겠다"고 말했다.[72] 성경에 대한 깊이 있는 탐구를 행하면서 기독교로 개종한 그는 동학군에게 체포되는 수난을 당했다.[73] 골수 기독교인이 된 것이다.

매켄지의 예배에 참석한 동학교도들은 기도 방식과 찬양을 체득함으로써 기독교 의례에 익숙해졌다. 예배에 참석했다가 봉기 현장에 나가는 일이 비일비재했지만 해주성 총공격이 실패한 이후에는 소래교회에 참석하는 사람들이 더욱 늘었다. 매켄지는 동학군을 방문하여 스데반, 폴리캅, 페이튼과 같이 순교당한 선교사들의 이야기를 들려주며 기독교로의 개종과 고난에 대처할 수 있는 용기를 북돋웠다. 동학군 2~3명이 300냥, 동학군 아내가 50냥, 지휘관이 500냥을 소래교회 건축을 위해 헌금하기도 했다.[74]

개종

현실적으로 동학군이 피난처를 교회에서 구하게 되면서 기독교로 개종하는 자들도 생겨났다. 매켄지가 보급한 성경 및 기독교 서적을 통해 교리를 파악하고, 기독교의 예배에 참석하여 직접 체험하고, 궁극적으로는 개종하는 경우가 나왔던 것이다.

매켄지의 후임으로 온 마구례 선교사는 동학교도의 개종에 대해 다음과 같은 이야기를 소개한다.

어떤 동학교도는 매켄지 선교사를 통해 예수를 믿게 되었고 예수를 믿기 전에 지은 죄로 투옥되었다. 그는 감옥에서 날마다 '기뻐 찬성하라 주가 사셨다'라는 찬송을 불렀다. 옆방의 어떤 죄수도 이 찬송 소리를 듣고 자신도 그것을 배워 '기뻐 찬성하라 주가 사셨다'라고 찬송을 하기 시작했다. 이 죄수는 중죄를 짓고 복역하던 중 탈옥에 성공했다. 그 결과 그의 아버지가 체포되어 아들 대신에 교수형을 언도받았다. 탈옥한 아들은 이 소식을 듣고 즉시 자수하여 감옥으로 들어갔다. 아버지는 석방되고 아들은 이제 사형 집행의 날만 기다리게 되었다. 그가 부른 그 찬송은 그를 그리스도에게로 인도해주었다. 그는 기독교인이 되었다. 그래서 그는 날마다 '기뻐 찬성하라 주가 사셨다'라는 찬송을 부를 수 있었다. 그는 죽음도 두려워하지 않는 것 같았다. 그의 교수형이 집행될 바로 수일 전 믿기 어려운 일이 발생했다. 모든 죄수들을 사면하라는 칙령이 반포되었다. '기뻐 찬성하라 주가 사셨다'라고 찬송을 부르던 바로 그 죄수도 자유의 몸이 되었다.[75]

마치 성경에서 바울이 감옥에 갇혔을 때 찬송을 불렀던 것처럼 개종한 동학군도 그러한 확고한 믿음을 가지고 있었음을 보여준다.

동학교도의 개종이 일반 다른 사람들의 개종과 특별히 다른 점은 없다. 조선인의 심성에는 이미 범신론적 신념, 하나님에 대한 신앙이 자리 잡고 있었다. 그것을 선교사는 기독교의 교리로 전환한 것뿐이었다. 반대로 기독교를 수용한 조선인의 마음에는 전통적인 하나님 신앙, 동학의 한울님 사상이 내재되어 있었다. 교리문답은 하나님 아들 예수의 존재, 예수의 십자가 희생, 죄의 용서, 하나님의 임재, 구원 등을 담고 있다. 조선인의 심성에 자리 잡은 전통적인 하나님 신앙은 이제 기독교의 하나님 신앙으로 전환하면서 기독교의 교리가 수용될 수 있었다.

존스는 동학이 "전체적으로는 기독교를 배척하지만, 서툴게 규정된 일신론이나 이웃에 대한 사랑이라는 기독교의 교리와 닮은 가르침 속에서 기독교의 영향을 보여주었다"라고 했다.[76] 매켄지는 동학교도와의 직접적인 접촉을 통해 동학과 기독교의 관련성을 깊이 이해했고, 이를 동학교도가 기독교로 개종할 수 있는 유리한 조건이라고 간주했다.

동학군의 변혁 활동

일본군은 황해도 동학당에 진정동학당, 일시적 동학당, 위동학당僞東學黨의 세 부류가 있다고 파악했다. 진정동학당은 "동학이라는 일파의 종교를 신봉하는 무리로서 경전을 암송하고 그 가르침을 신봉하면 온갖 병도 모두 나을 수 있고 재물도 모이고 온갖 재앙이 사라지고 수명도 연장된다고 믿는 무리"이며, 일시적 동학당은 "생명과 재산의 안전을 보호하기 위해 일시적으로 가담한 자"이고, 위동학당은 "외국인을 혐오하는 무리, 강도·절도 기타의 범죄자·무직자로서 생계를 찾으려는 무리, 지방관에 원한이 있는 무리, 당오전 1문의 손실에도 분노하는 무리, 사금채집 광부"라고 했다.[77]

그중 일시적 동학당은 생존을 위해 도망가거나 기독교의 보호를 받아들였다. 기독교로 개종한 자들도 없지 않았다. 그러나 위기에 봉착한 동학군이 생존을 위해 도망가거나 기독교의 우산 밑으로 피신만 한 것은 아니었다. 진정동학당과 위동학당 중에는 저항운동을 지속하는 자들도 적지 않았다. 그러한 예로 김창수(김구)와 백낙희의 봉기를 들 수 있다.[78]

해주성 총공격에서 퇴각한 김창수는 해주 서쪽 80리 떨어진 회학동 쪽으로 이동하여 군사훈련에 힘썼다. 그는 패엽사로 군영을 옮기고 군수물자도 축적했다. 그런데 임종현에게서 임명장을 받은 이동엽의 부대가 인근에서 김창수 부대와 충돌을 거듭하다가 급기야 공격해왔다. 김창수는 이 전투에서 패하여 부대를 모두 잃고, 장연 몽금포 부근의 마을에서 석 달 동안 숨어 지내다가 신천 청계동의 안태훈에게로 피신했다. 안태훈은 동학군의 봉기가 일어나자 의려소義旅所를 차리고 포군들을 모아 동학군 토벌에 앞장선 인물인데, 어떤 연유인지 김창수의 동학군과는 상호 충돌을 피하다가 결국은 그의 피신처까지 제공했다.[79]

김창수는 1895년 겨울 백낙희 산포山包의 봉기에 가담했다. 백낙희는 장연 출신으로 1894년 여름 동학에 가입하여 교장을 역임했고, 10월 해주 점령에도 가담했다. 1896년 2월 13일(1월 1일) 백낙희는 장연을 습격하여 무기를 탈취하고 군수와 관리들을 도륙한 뒤 각 읍에서 봉기하여 해주와 각 읍을 점령한다는 계획을 세웠다. 백낙희는 산포와 동민洞民을 동원하는 데 실패했지만, 서울에서 군대를 파견하여 진압에 나설 정도로 산포의 세력이 아주 강력했다. "이들 비류는 모이면 적당이요 흩어지면 백성이 된다"라고 하듯이 일반 민중들이 봉기에 많이 가담했다.[80]

장연 산포의 봉기에 대해 소래교회의 서경조는 다음과 같이 회고했다.

송천교회에 또 핍박이 생기니, 1895년 음력 11월 17일에 단발령이 난지라. 장연군수 염중모 씨가 단발을 심히 시킴으로 송촌교회는 다 단발을 했더니, 단발을 반대하는 자들이 송천서 70리쯤에 4, 5백 명이 둔취하여 산포山包라고 칭하고, 단발은 예수교에서 난 것이니 먼저 송천을 소탕하고 장연읍을 소탕한다 떠들고 송천을 향하여 오니, 이날 송천에 행인이 끊어지고 송천 사람에 친척들이 와서 통기하고 그날로 돌아가며, 동리가 황황하여 피란 가는 사람도 있는지라. 송천서 40리 되는 오리정이라는 곳에 와서 자는 날 밤에 본 군수가 먼저 이 소식을 알고 병대를 매복했다가 일장 대전이 되어 마침 산포가 패산하고 무사한지라. 그 후에 산포 중에도 송촌에 피난하여 와서 예수를 믿고 영수까지 한 사람도 있더라.[81]

장연군수의 지시에 따라 소래교회에서는 모두 단발을 했는데, 산포에서는 단발이 기독교에서 비롯된 것으로 보고 소래교회를 공격하려 했다는 것이다. 일본이 근대적 개혁의 일환으로 추진한 단발이 서양 기독교 문명과 동일시되었다. 외세의 침략을 반대하는 세력은 기독교의 근대화 방향에 동의하지 않았다. 당연히 저항적 동학군은 기독교에 반대했다.

황해도 동학군의 봉기는 19세기 말 민중운동의 맥락 속에 놓여 있고, 매켄지는 민중 속에서 선교 활동을 수행하기 위해 황해도 장연의 소래 마을로 들어갔다. 동학군은 외세의 축출, 체제의 개혁을 위해 봉기했고, 매켄지는 캐나다 북극 지방에서 선교한 후 조선 선교의 사명을 느끼고 입국했다. 두 주체는 상이한 목표와 방향성을 지닌 콘텍스트 속에 놓여 있다가 1894년 말에서 1895년 전반 황해도 장연 지방이라는 시공간에서 조우했다. 동학군과 매켄지는 대립과 충돌을 넘어 대화와 설득의 소통 단계에 도달하지만 타자를 자기의 콘텍스트로 편입시켜야 할 대상으로 간주함으로써 소수의 동학교도들이 기독교로 개종한 것을 제외하고는 상호 분리과정으로 들어갔다.

4장

영학당의 결성과 기독교

영학당의 봉기와
주도 세력

전라도 영학당의 봉기

1894년의 동학농민전쟁 이후 동학교단과 다시 연결하여 충실하게 신앙생활을 영위한 동학교도들도 있었지만, 정부의 탄압에도 불구하고 변혁운동을 계속한 무리들도 있었다. 변혁운동에 관심을 가진 무리들 중에는 동학의 정체성을 잃지 않고 봉기를 계획한 경우도 있었지만, 사실상 봉기가 불가능한 상황에서 동학의 정체성을 숨기면서 서양 종교를 명분으로 내세운 영학당英學黨이나 불교를 활용한 남학당南學黨과 같은 새로운 조직을 결성한 경우도 있었다.

   여기서 기독교와 관련해서 주목하는 것은 1899년 전라북도 정읍·고창 일대에서 봉기하여 정부군과 무력 충돌한 영학당이다. 그들은 서양 종교와 연관된 것으로 추정되는 '영학'을 칭함으로써 동학의 정체성을 상실할 수도 있는 경계를 넘나들고 있었다.

영학당은 1899년 전라도 정읍·고부·흥덕·무장·고창 일대에서 봉기했다.[1] 음력 4월 18일(양력 5월 27일) 영학당 300여 명은 먼저 고부군을 습격하여 무기를 탈취하고 죄수들을 석방했다. 20일 흥덕을 점령하여 무기를 더 확충하고, 21일에는 무장을 공격하여 또 무력을 보강했다. 그리고 22일에는 고창에서, 그사이 방어진지를 구축한 정부군과 전투를 벌였다. 영학당은 총과 창검을 들고 고창군 서쪽 11리 지점까지 진입했다. 마침 지척을 분간할 수 없는 폭우가 쏟아지는 바람에 영학당의 화승총이 물에 젖자 수성군이 매복 공격하여 영학당은 대패하고 말았다. 수성군은 패주하는 영학당을 고부까지 추격하여 궤멸시켰다.

이미 1898년 전라도에서 활동하던 영학당의 조직원들이 체포되어 정부에서 영학당이란 조직을 인지하고 있었지만 무력 봉기를 예상하지는 못했던 것으로 보인다. 1898년 음력 11월 15일(양력 12월 27일)부터 18일(30일)까지 흥덕군수의 부정부패로 인해 농민항쟁이 일어난 일이 있다. 이를 주도한 이화삼李化三이 '영학회장'을 칭했고, 체포된 이화삼을 영학당이 탈옥시키려 한다는 소문이 자자했다. 그래도 정부에서는 특별히 대응하지 않았다. 그러다가 영학당이 봉기하자 뒤늦게 전주 진위대를 출동시키고 그것도 부족할 듯하여 강화 지방대 200명을 파송하려고 준비했다. 영학당이 1897년 개항한 목포를 공격한다 하므로 일본 함정도 목포로 이동했다. 심상치 않다고 판단한 정부는 외국인들에게 피신을 권고하기도 했다.

영학당의 구성원들은 평량자平凉子(패랭이)를 쓰고 흰 수건과 누런 수건으로 머리를 감싸고, 옷에는 도서圖書를 찍고, '보국안민'이라고 쓴 깃발을 든 모습이었다.[2] 1894년 동학군의 모습과 다를 바 없었다. 영학당의 주장은 다음의 격문에 잘 나타나 있다.

> 대저 우리들이 크게 힘쓰는 것은 모두 보국안민하는 데 그 뜻이 있다. 지금 왜양倭洋이 한꺼번에 침략하여 우리나라는 예의를 버리고 염치를 손상함이 날로 심하고 달마다 다르고 해마다 같지 않다고 할 것이다. 그런 까닭에 그 분함과 억울함을 이기지 못하여 창의唱義하려고 하는데, 관에서야 근본적으로 비난하겠지만 백성들의 비방이 우리들을 곤경으로 몰아넣으니 이 어찌 한심하다고 하지 않겠는가. "보토중민普土衆民이 일체 힘을 합하여 왜양을 모두 물리친並滌倭洋" 연후에 "한편으로는 국가를 보위하고 다른 한편으로는 백성을 안정시킬 것一以補國家 一以安民人"을 간절히 바라는 것이다. 속담에 이르기를 백성에게는 하늘이 둘이 없듯이 나라에는 두 왕이 있을 수 없다고 했으니, 아! 우리 백성 대중이 마음을 함께하고 기氣를 순하게 하여 원컨대 한 하늘의 자손, 한 왕의 자손이 되었으면 천만 다행이겠다.
>
> 기해己亥 4월 19일 오시午時 대의소大義所[3]

이 격문에서 가장 중심 되는 개념은 '보국안민'과 '병척왜양'이다. 영학당 지도자인 정읍 최익서의 아버지 최영두는 봉기의 본의를 "벌왜벌양伐倭伐洋 보국안민輔國安民"이라고 진술했다.[4] 왜양을 일체로 파악하고 있고, 지켜져야 할 것은 예의와 염치, 그리고 국가의 보위와 백성의 안정이고, 이를 위해 민중이 모두 힘을 합해 창의해야 한다는 것이다.

뿐만 아니라 영학당은 왜양의 경제적 수탈을 심각하게 인식했다. 영학당의 주 무대인 호남 지방에서 포구와 목포항을 통한 미곡 반출 및 수탈을 문제 삼았다. 영학당은 고부를 점령하여 무기를 확보한 후 일본 상인들이 미곡을 반출하던 통로인 부안의 줄포, 흥덕의 후포 등을 거쳐 흥덕·무장을 점령했다. 이후 고창을 거쳐 영암으로 진출한 후 무안·목포를 공격하여 개항장의 외국인을 징벌할 계획을 세웠다. 봉기에 가담한 정읍의 하윤현은 "봉기가 무안·목포를 깨고자 하는 것"이라고 진술했다.[5] 목포는 1897년 개항 이후 일본인이 경제를 장악해나가고 있었다. 영학당은 개항장을 통한 외세의 경제적 침략에 대한 비판 인식을 분명히 지니고 있었다. "어떤 촌락이든지 미곡을 포구에 내는 자"는 일일이 기록하여 처벌할 것이라는 영학당의 경고는[6] 농민들이 생산한 미곡이 포구를 통해 수집되어 개항장 목포로 반출되는 상황을 비판하는 의미를 지녔다.

영학당의 봉기과정이나 격문의 목표를 보면 1894년 전라도 일대에서 동학의 남접 세력이 일으킨 농민전쟁의 데자뷰라고 할 만하다. 봉기 지역과 진군의 과정, 진군의 목표가 유사하다. 전주를 점령하고 서울로 진군하겠다는 지향도 똑같다. 단 새로 개항한 목포를 공격하겠다고 반외세의 의지를 분명히 드러낸 점에서 차이가 보인다. '보국안민' 슬로건에 나타난 운동의 지향점은 동학농민전쟁과 거의 동일하다. 영학당은 동학의 남접 세력과는 어떤 관계에 있는 것일까? 영학당에는 어떤 자들이 가담한 것일까?

영학당 봉기 참여자

고창 전투에서 패한 뒤 체포된 영학당 활동자들의 거주지를 살펴보면, 정읍 42명, 장성 30명, 고부 27명, 태인 17명, 무장 14명, 흥덕 10명, 기타 고창, 김제, 부안, 전주, 순창, 금구, 담양, 나주, 광주, 만경, 함열, 거주지 불명자 4명을 포함하여 모두 185명이었다.[7] 영학당으로 체포된 인물들은 정읍·장성·고부·태인·무장·흥덕의 순으로 많다. 물론 체포된 자들만 대상으로 한 것이다. 1894년 제1차 동학농민전쟁의 진격로를 대략 살펴보면 무장·흥덕→고부→태인→부안→정읍→흥덕→고창→무장→영광→함평→무안→장성→전주의 순이었다.[8] 영학당 구성원이 다수 거주하는 지역은 동학농민군이 진격하며 거쳐 갔던 곳이다.

영학당 봉기에 참여한 자들의 조직과 활동을 살펴보면 〈표 4-1〉과 같다.[9]

영학당 안에서의 직위를 보면, 관에서 거괴로 지목한 자들은 조직 내에서는 대접주·접주, 그리고 때로 두목으로 나타난다. 그 아래의 모사·포군대장·포군성찰·포사·운량관·성찰·행군집사·서사·기수·통인·부지군 등은 봉기조직에서 차지하는 계급·기능·역할을 표현한 것이다. 이들 가운데는 동학농민전쟁에 참여한 경험이 있는 자들이 많았다. 임벽화와 이순삼은 최익서에게서 도를 받았다고 동학의 연원관계를 진술했다.

〈표 4-1〉 영학당의 조직과 활동

성명	나이	거주	경력	영학당 직위	활동
김경조				거괴巨魁	
김문행		태인		거괴	
김상흠	73	태인	갑오 성찰 甲午 省察	포군 순찰 砲軍 巡察	태인접주 유응노포에서 성찰 역임. 영학당의 집회에 참가하여 주송呪誦하고 봉기에도 적극 가담
김선명		태인	갑오 성찰	행군 집사 行軍 執事	갑오 거괴 임경학의 성찰로서 적극 가담
김성집		정읍		거괴, 접주	
김여중 (김낙철)		부안	북접 교단 접주	거괴	최시형의 측근으로 교단과 영학당 연결
김장일	46	고부		수종(隨從)	주점상업. 강제 편입되어 봉기 참여
김재명		흥덕		거괴, 두목	
김재익		고부		모사謀士	
김재호	20	장성		대장기수 大將旗手	무장으로 이주. 영학당 진출 시 강제 편입되어 봉기 참여
김철중		태인		거괴	
김태서	44	함평	갑오 거괴	7읍계장	영학 포교 활동 주도
남치도		정읍		서사書寫	
박양언		장성		포사砲士	
박재관		태인		포사장	
박찬서		장성		운량관 運糧官	
박치홍		전주		포사장	
박행운		정읍		포사	
서한경	40	태인		포군	질병 때문에 영학에 가입. 최익서 추종
성재명		무장		거괴	
손치범		정읍	손화중 5촌 조카	서기	총약을 운반하는 자들을 영솔하여 각 군 봉기에 참여
송성일		고부		거괴, 접주	
양선태	24	고부	갑오 동도	수종	동리 접주 현재서를 추종하여 봉기 참여
엄덕명		금구		서사	
오재봉	31	흥덕	갑오 동도	수종	태인의 김여성을 추종하여 봉기 참여
이관일		광주		거괴, 접주	

이름	나이	지역	비고1	비고2	비고3
이덕수		태인		거괴, 접주	
이순삼		장성	최익서에게 수도		
이용태	61	정읍		수종	영학도 유성필이 강요
이화삼		흥덕			만민공동회 참가 후 1898년 흥덕민란 주도. 그의 석방운동이 영학당 봉기의 계기
임벽화		장성	최익서에게 수도受道	접주	봉기 불참 주장
정막동	23	정읍		군물 부지군 軍物負持軍	백목상 고용인데 흥덕 후포에서 강제 편입
정윤행		장성		포군 성찰	
조정화		흥덕		포사	
진응순		장성		성찰	
차관순		정읍		거괴 통인	
최동순	32	고부	최익서 4촌		병중인 형 최방서를 보필하다가 체포
최방서	54	정읍	최익서 4촌	거괴, 대접주	병중 체포
최사칙		장성		거괴, 접주	
최사행		김제		접주	
최영두	73	정읍	최익서 부父		수십 명 이끌고 고부 습격. 봉기 목표가 '벌왜벌양 보국안민'이라고 진술
최익서		정읍	최영두 자子	거괴	최시형에 설포 요청. 영학당 창설과 봉기 주동
최치홍		흥덕		거괴, 두목	
허경중		나주		접주	
홍계관		고창	갑오 거괴, 홍낙관 제	거괴	최시형에게 설포 요청. 영학당 창설과 봉기 주동
홍낙관	50	고창	갑오 거괴, 홍계관 형	거괴	
홍양구		김제		접주	
홍양범		김제		거괴, 접주	

영학당운동의 지도자와 손화중포

영학당의 최고 지도자는 성읍의 최익서다. 처음 조직에서 봉기에 이르기까지 최익서가 지휘했다. 체포된 영학당의 진술과 언론의 보도에서 그가 영학당의 최고 지도자로 확인되었다. 최익서의 부친 최영두, 사촌 최방서·최동순도 참여했다. 최동순의 진술에 의하면 자기의 4촌으로 최익서·최익수·최화심이 있다고 하면서 최화심도 동학농민전쟁에 참여한 경험이 있다고 진술했다.[10] 최익서에게서 수도한 장성의 임벽화·이순삼 등 최익서 주변 인물들도 영학당에 대거 참여했다. 영학당의 최고 지도자 최익서는 자신과 인연이 있는 친인척·연비聯臂·부하 등을 영학당운동에 동원했던 것이다.

고창의 재인 출신 홍낙관洪樂觀·계관桂觀 형제가 주도적인 역할을 한 점도 눈에 띈다. 홍낙관은 동학농민전쟁 당시 손화중 휘하에서 천민농민군을 지휘했는데 영학당운동에서도 거괴로 지목되었다.[11] 홍낙관 형제가 동학농민전쟁 때 수행한 역할은 다음의 기록에 잘 나와 있다.

비괴匪魁 홍낙관은 본래 재인才人으로 대성수접주大成首接主를 자칭했다. 아버지 맹철은 선봉대장이라 칭하고 동생 응관·계관 및 종제 한관도 각각 접주를 칭했다. 갑오 삼월 무장 신촌 등지에서 일어나 백산·황룡·전주성 전투 등을 치렀다. 고부·고창·무장·남평 등 읍의 군기를 탈취했다. 대성탈겁大成脫劫 북해회운北海回運이라고 깃발에 크게 썼다. 처음에는 창우倡優·무부巫夫들이 모두 그 당에 들어가고 또 도한배屠漢輩를 불러 모아 접을 만들어 이름을 세웠다. 세력이 커진 후에는 사류와 평민도 마구 몰아넣어 그 수가 십만을 넘었고, 정예병에다 무기들도 뛰어나 여러 비괴 중에서도 으뜸으로 불렸다. 매번 손화중 부대의 전위가 되어 죽이고 약탈을 자행한 것이 손화중 부대의 십 배나 되었다. 9월 이후 광주·남평 등지에 주둔하다가 대군이 남하한다는 소식을 듣고 몸을 빼어 도망갔다가 고창 향군에게 잡혔다. 응관과 한관도 또한 고창 향군에게 잡혀 죽임을 당했다.[12]

아버지인 홍맹철부터 낙관·응관·계관 삼형제, 그리고 사촌 한관까지 모두 동학농민군의 핵심 간부로 활동했다. 동학농민전쟁 이후 홍계관은 피신하고, 홍낙관은 1894년 12월 초 고창에서 체포되어[13] 100대의 장형과 3천리 유배형에 처해졌지만[14] 목숨은 건졌다. 영학당운동에서는 홍계관이 주요 인물로 등장하지만 홍낙관도 거괴로서 수배 대상이 되고 있다. 홍계관은 제1차 동학농민전쟁 당시 백산기포에 홍낙관과 함께 고창의 대장으로 등장하는데,[15] 영학당운동에서는 주동자로 부상했다. 최익서와 함께 영학당의 창설과 봉기에서 주도적 역할을 수행했다. 영학당운동에서 체포된 최선오는 갑오거괴甲午巨魁 홍계관의 권유를 받아 영학당 봉기에 참여했다고 진술했다.[16]

봉기과정과 주도 세력을 볼 때 '영학당'이라는 별도의 운동조직이 결성되어 있었던 것은 너무나 분명한 사실이다. 영학당에 가담한 사람들 중에는 1894년 동학농민전쟁에 가담한 사람이 많았다. 접주조직이나 수도受道관계, 그리고 주동자 최익서·홍계관·홍낙관 등이 동학농민전쟁에서도 주도적인 활동을 수행한 점에서 볼 때, 이들 영학당은 동학조직과 밀접한 관련을 맺고 동학농민전쟁을 모방하여 보국안민의 정신을 계승하고자 했던 것이 분명하다.

그런데 이들은 어떻게 하여 영학을 표방하고 영학당을 조직하여 봉기를 꾀하게 되었을까? 동학교단의 역사책에는 최익서·홍계관 등이 손화중포包 소속인 것으로 나온다. 이들의 행동을 따라가 보면 어떻게 영학당에 이르게 되었는지 단서를 찾을 수 있을 것이다. 동학농민전쟁 이후 남접의 손화중포 소속 간부들은 1896년 8월 경상도 상주에 머물던 동학의 교주 최시형을 찾아가 설포設包를 청원했다. 최시형은 "지금 설포하는 것은 잿불을 다시 살리는 것과 다름없으니 한갓 무익할 뿐만 아니라 세상을 어지럽히기 쉽다"고 하면서 거절했다.[17]

그런데 영학당 봉기의 주동자 중 하나로 지목받기도 했던, 북접 교단 산하 접주인 부안의 김낙철(김여중)이 여기에 등장한다. 김낙철은 최시형을 지근에서 보좌하고 있었는데 당시의 목격담을 다음과 같이 기록해 놓았다.

(10월에) …… 선생님 곁에 머물렀는데 하루는 손병규孫炳奎·홍계관·최익서 등 8인이 고대산高岱山 아래 물방앗간에 와서 9개의 대접大接으로 설포設包한다고 운운하니, 선생주께서 분부하시기를 낙철이 즉시 가서 권유하면 곧 구암龜庵을 보낼 것이니 잘 타이르고 함께 내려가라 하시는 고로, 분부를 받들어 내려가 8인과 함께 상주 갈항리 김치순의 집에 가니, 황혼녘에 구암께서 박희인의 집으로부터 왕림하여 유숙하실 때, 구암께서 8인에 대하여 말씀하시기를 너희들이 두목이 되어 설포한다 하니 손화중孫和仲 시신은 찾아 장례를 지냈는가 한즉, 모두 묵묵부답하고 앉았거늘, 또 크게 책망하여 말씀하시기를 두목 시신도 어디 있는지 알

지 못하면서 두목이 되겠다 하니 정말 무례한 말이로다 하시고, 즉시 내려가 손화중의 시신을 찾아 장례를 지내면 천사天師가 감응하는 덕으로 접내接內의 일은 자연이 크게 드러날 것이니, 김 아무개와 함께 내려가라 운운 하므로 곧 함께 내려가다.[18]

손화중포에 속한 최익서·홍계관·손병규 등이 최시형에게 설포를 요청한 상황이 자세하게 소개되어 있다. 손화중포는 정읍·고창을 중심으로 전라우도의 연해 지방을 장악한 세력으로서 전라좌도를 장악한 김개남포와 양립했었다. 최익서와 홍계관은 영학당 봉기를 주도하다가 체포되어 심문을 받은 인물들이다. 손병규는 행적을 알 수 없지만, 손화중의 당질 손치범孫致凡이 영학당 봉기에 가담했다가 체포된 것을 보면 같은 손 씨로서 연관성이 없지 않아 보인다. 이름이 밝혀진 3인 외에 8인이 최시형을 찾은 것으로 되어 있는데 나머지 인물들도 같은 손화중포 계열 인물일 것임은 의심의 여지가 없다. 북접 교단 2인자 그룹의 일원인 구암龜庵 김연국金演局은 두목인 손화중의 시체조차 찾아 장례를 치르지 못하여 부하 된 도리를 다하지 못한 주제에 다시 봉기를 꾀하려 한다고 그들을 비난했다.[19]

동학농민전쟁 이후 동학교단은 조직의 재건에 몰두하여 위로 교단의 지도체제를 최시형의 교주 아래 손병희·손천민·김연국의 차도주次道主 체제로 재정비하고, 중간 간부인 접주들을 통해 흩어진 교도들과의 연결을 꾀하고 있었다. 남접에 속했던 교도들이 북접에 연결되기도 했다. 동학농민전쟁을 주도했던 남접 세력은 그 정신을 계승하여 변혁운동을 재개하고자 북접 교단의 지원을 갈구했지만 성공하지 못했다. 이에 최익서 등 손화중의 제자들은 동학의 명분을 가지고는 운동조직을 결성하기 어렵다고 판단하고 영학을 조직했던 것이다. 서학도 아니고 동학도 아닌 남학도 아니고 '영학'이란 도대체 무엇인가?

종교적 외피로서의 '영학'

영학의 표방과 조직 확장

영학당은 어떻게 세력을 확대하여 봉기에까지 이를 수 있었을까? 그들의 조직 확장전략이 어떤 것이었는지 살펴봄으로써 그들의 정체에 다가갈 수 있는 단서들을 확보해보기로 한다.

  대한제국 정부에서는 1898년경 전라도 일원에서 영학당이 발흥한 것을 인지하고 외부外部와 관찰사를 통해 "영학을 칭탁하며 계를 만들어 행패를 부리는 자"를 체포하도록 지시했다. 이에 영광군에서 영학을 한다는 김태서金台書라는 자가 잡혔다. 영광군의 심문을 이어받아 전라남도재판소에서 그를 취조했다. 전라남도에서는 1899년 1월 11일 '영학죄인 김태서 취초기英學罪人金台書取招記'라는 제목의 보고서를 법부에 올렸다. 법부는 이 보고서를 접하고 다음과 같은 문제점을 지적했다.

김태서의 진술서 첫줄에 '영학죄인英學罪人'이라고 썼는데, 영학은 어떠한 학學인지 설명하지 않고 있습니다. 그뿐 아니라 글자만 가지고 추측하더라도 '영학'이라는 두 글자가 어찌 죄명에 적합하겠습니까? 귀소貴所의 판결은 잘못되었을 뿐 아니라 웃음거리가 될 것이 분명하니 매우 한심스럽습니다. 명령이 도착하는 즉시, 해당 김태서를 다시 신문하되, 분명하지 못한 부분을 명확히 하는 데 힘쓰시오. 이를 통해 정황을 정확히 증명할 수 있도록 최선을 다해 안건을 작성한 후 서둘러 보고하시오.[20]

영학이 무엇인지 영학을 하면 왜 죄인이 되는지 불분명하다는 지적이었다. '영학죄인'이라는 규정이 잘못되었다는 것이다. 이에 대해 전라남도재판소에서는 김태서를 다시 조사했다. 그리고 영학당 봉기가 일어나 영학당에 대한 대대적인 체포령이 내리고 수사에 압박을 받던 그해 6월 말 다음과 같이 보고했다.

당초 조사하여 보고했을 때, '영학' 두 글자를 직접 죄명으로 지목한 것은 아닙니다. 김가 놈은 갑오년 법망에서 빠져나간 비류로, 요행히 목숨을 건졌다가 영학에 투탁하여 방문榜文을 사창社倉에 내걸고, 말목장터에 참여하여, 취당의 흔적을 감출 수 없습니다. 두 가지 직임을 겸임하고, 7개 읍과 체결하여 거둔 돈의 수효가 분명하고, 이웃 사람들이 혐오하여 관에 고발한 공문이 명확히 있습니다. 영사英師가 금지하므로 지일지회사指日之會事를 고쳤다고 합니다. 대저 이러한 무리는 동학구당舊黨으로, 겉으로는 마치 귀화한 듯하지만 안으로는 나쁜 마음을 품고 영계

英稧에 참가하고, 주문을 외우고 읽으며 날마다 결당結黨을 일로 삼았습니다. 정황을 참작하고 시의時宜를 고려해본 결과, 이러한 무리들을 영학생도英學生徒라고 해서 법으로 다스리지 않는다면, 사람들이 쉽게 현혹될 것이며 나쁜 풍속을 고치기 어렵게 될 것입니다.[21]

전라남도재판소에서는 '영학' 두 글자를 직접 죄명으로 지목한 것이 아니라 동학의 구당으로서 행한 행위를 문제 삼은 것이라고 변명하면서, 수사 문서의 제목을 '전라남도경무서 재수죄인 김태서 공초안全羅南道警務署在囚罪人金台書供招案'으로 바꾸었다. 이미 영학당이 봉기를 일으킨 이후여서 영학의 결당은 범죄라는 점이 분명해졌고, 영학을 문제 삼지 않아도 봉기에 가담하거나 연루된 자들은 범죄자가 되어 있었다.

여기서 주목할 부분은 '영사'(영국 교사)의 지시에 따라 '지일지회사指日之會事', 즉 '정해진 날의 모임'(주일예배)을 중단한 점, 동학구당이 영계에 참가하고 주문을 외우고 결당했다는 점, 이러한 무리를 영학생도라고 칭한 점 등이다. 동학여당東學餘黨이 영국 교사가 지도하는 종교를 활용하여 결당했다는 것으로 요약할 수 있겠다. 그런데 이것은 김태서의 진술에 나오는 용어나 개념이 아니고 전라남도재판소 판사 민영철이 재해석한 것이므로 김태서의 진술을 통해 재검토할 필요가 생긴다. 김태서의 원 진술서는 1899년 1월 11일과 6월 29일의 두 가지가 있다.[22] 이 진술서들을 통해 김태서가 조직을 확대한 과정을 확인할 수 있다.

김태서는 1894년 8월 함평의 접주 이은중을 통해 동학에 가입한 뒤 동학농민전쟁에 참가하여 '동비거괴'로 지목되었다. 구사일생으로 도피한 후 진도 등지에서 상업이나 농업에 종사하면서 연명하다가, 1897

년 말에서 1898년 초 즈음에 영광군 삼남면 이문내에 정착했다. 영학에 가입한 계기는 이종형 이경환의 권유와 정읍 최일서의 권유로 갈리지만 주로 최일서의 시시를 받아 조직 확대 활동을 수행했다. 사료상에서 최일서는 정읍 서일면 거주, 최익서는 정읍 남이면 만화동에 거주하여 다른 인물처럼 보이지만 활동상에서 볼 때 양자는 동일인으로 추정된다. 현지의 조사도 그렇다.[23]

김태서는 자기 역할에 대해, "본래 목불식정目不識丁으로 명색은 비록 계장이지만 영학책자英學冊子 등의 여러 물건을 등에 짊어지고 수계장首稧長 최일서의 지휘에 따라 장성군 백양산 도치島峙 등 가까운 마을을 다니면서 권유하여 가입시키는 일이었다"고 진술했다.[24] 즉 그는 고부·흥덕·고창·장성·영광·무장·함평 등지를 관할하는 칠읍계장七邑稧長과 교전을 걷는 수전유사收錢有司의 직책을 맡았다. 장성·무장·영광 일대에서 31냥을 거두었는데 김태서가 영학에 가입할 때 낸 액수 5전을 기준으로 계산하면 60명이 넘는 자들이 영학에 가입한 것으로 된다.

김태서는 최일서의 지시를 받아 영광군 일대에 방서榜書를 붙여 영학에 가입할 것을 독려하는 활동을 벌였다. 김태서가 영광군 사창과 남계에[25] 내건 방서로 다음과 같은 '경시'와 '회문' 두 가지가 있다.

경시警示: 우리 대동계大同契는 곧 기강을 세우고 풍속을 바르게 하는 곳이다. 한 차례 예배한 후에는 반드시 대경장의 길이 있을 것인데, 지금은 추수철이고 또 보리밭갈이로 바쁘므로 이번 29일로 다시 정한다. 그 안에 입교인은 일제히 이문里門에 모일 것이며 어떤 촌락이든지 미곡을 포구에 내는 자 및 불효불제자不孝不悌者는 일일이 기록하여 와서 실효를 기한다면 다행일 것이다. 이외에 효유할 일은 예배일에 광고할 것이다. 칠읍계장七邑禊長 김金.

회문回文: 다음은 회유하는 일이다. 이후에는 예배하지 않고 수도修道함으로써 바르게 하는 것이 마땅하므로 이에 회문하니 이를 거행하지 않는 자는 단단히 다스릴 것이다. 영교令敎를 빙자하여 민간을 어지럽히는 자는 경중을 보아 적에게 투항한 자와 같은 벌을 주고 경직耕織을 본업으로 하여 수신修身하는 자는 적을 참수한 자와 같은 상을 주고 또한 재물을 탐하는 자는 특히 엄히 다스리는 것이 마땅하다. 그리고 교전敎錢을 5전씩 모두 거둘 것. 수계장首禊長 최崔, 칠읍계장七邑禊長 김태서金台書[26]

(9월) 29일의 집회를 광고하는 경시와 칠일식회七日式會, 즉 주일예배를 폐지하는 회문의 내용이 모순되는 듯하지만 아마 주일예배와 같은 잦은 집회가 영학에 대한 단속령이 내린 상황에서는 위험할 것으로 보고, 주일예배 대신 평상시에는 교리에 따라 수도하고 봄·가을 2회의 집회만을 가진다는 것으로 읽힌다.[27] 방서를 통해 봄에는 2월 15일, 가을에는 9월 29일 설계設禊, 즉 집회를 연다고 광고했다. 이들 방서는 주민들에게 영학의 입안入案 및 교전의 납부, 그리고 집회 참석을 종용하기 위한 것이었다. 이러한 방식으로 김태서가 상당한 영학 가입자를 얻었음은 앞에서 언급했다.

경시와 회문의 내용을 살펴보면 영학이 표면적으로는 대동계를 칭하고 있는 점, 예배를 통한 집회와 결집을 꾀하고 있는 점, 교전을 거두어 영학당의 조직 비용으로 활용하고 있는 점, 일본으로의 미곡 수출을 반대하고 있는 점 등이 특징으로 나타난다. 예배 행위나 교전을 거두는 것 등은 기독교의 예배와 헌금을 연상케 하며, 미곡 수출 반대는 척왜양의 의미로 해석할 수 있다.

서양 종교과 연관되는 활동으로 주목되는 것은 영국 교사의 고부 말목장터 연설이다. 김태서의 진술에 다음과 같은 대목이 나온다.

9월 26일에 최일서로부터 고부 말목장터로 오라는 통기를 듣고 송문여를 가서 만나 함께 고부 말목장터로 갔습니다. 마침 영국 교사가 도착했고 가르침을 들으러 온 사람은 아마 500~600명이었습니다. 교사는 각자 선한 마음을 닦으라는 뜻으로 몇 시간 동안 연설한 후에 바로 돌아갔고, 모인 사람들도 또한 각자 흩어졌습니다. 저도 바로 돌아왔는데, 그때가 10월 초5일이었습니다.[28]

김태서는 최일서의 지시에 따라 영광·장성 일대에서 포교 활동을 하다가 고부 말목장터로 호출을 받았다. 전라남도재판소 판사가 언급한 '영국 교사'라는 표현은 김태서의 원진술에는 '영사英師'로 나온다. 영사가 누구인지 알 수 없지만 수백 명의 청중 앞에서 "각자 선한 마음을 닦으라"는 윤리적인 연설을 했다는 것이다. 고부의 말목장터는 1894년 고부민란에서 봉기군이 모여 기세를 올렸던 곳이고, 제1차 동학농민전쟁에서도 동학농민군이 모여 고부군을 공격하는 출발점이 된 곳이다. 말하자면 고부의 말목장터는 동학농민전쟁의 '성지' 가운데 하나인 셈이다. 그런데 이 말목장터에서 영학의 집회가 개최되었다는 것은 의미심장하다. 고부의 말목장터가 영학에 의해 중요한 집회장소로 재활용된 것은 영학이 동학의 남접 세력에 의해 추진된 1894년 농민전쟁의 과정을 재현하고 있음을 상징한다. 영학의 집회가 농민전쟁의 성지에서 종교집회의 형식으로 열렸던 것이다. 도대체 이 종교적 형식은 어디서 나온 것일까?

김태서의 두 번째 진술에서 좀 더 명확한 사실을 알 수 있다.

고부 말목장터에 참가한 문제는 비록 평민을 강제로 협박한 일은 없지만 그 당시 영국인 미목사가 전주에서 내려왔기에 모임에 참석했는데, 미목사가 말하기를 "영학위명자英學爲名者 중에 혹시라도 분위기를 흐리고 폐단을 일으키는 자가 있다면, 일일이 잡아서 소재처인 전주 완산칠봉全州完山七峰으로 보내라"고 했습니다.[29]

〈그림 4-1〉 고부의 말목장터.
현재 정읍시 이평면 두지리 면사무소 마당이다.
말목이라는 뜻의 마항리馬項里와 인접해 있다. 감나무가 그 자리를 상징한다.
현재 정읍시 이평면 두지리다.

4장. 영학당의 결성과 기독교

앞에서 '영사', '영국 교사'라고 했던 사람이 여기서는 '영국인 미목사'로 표현되는데 여전히 정체가 불분명하다. 그가 '영학위명자英學爲名者' 중에서 폐단을 일으키는 자의 처분에 대해 언급한 점이 아주 중요하다. 그것은 '영학위명자'가 '영국인 미목사'의 통제하에 있다는 말이 될 수 있기 때문이다. 폐단을 일으키는 자를 "소재처인 전주 완산칠봉으로 잡아 보내라"고 한 지시를 어떻게 이해할 것인가? 전주 완산칠봉이 영국인 미목사의 '소재처'라는 것인가? 영국인 미목사를 기독교 목사(선교사)라고 해도 좋을까?

의례와 교의의 모방

　김태서의 진술서에는 영학의 조직 활동뿐 아니라 영학이 종교 또는 학문을 표방할 때 갖추어야 할 의례와 신조에 대한 단서들도 많이 나온다. 최일서의 지시에 따라 김태서가 영광군 사창·남계에 내건 경시와 회문에 나타난 주일예배, 교전 납부 등의 행위는 기독교의 의례를 모방한 느낌을 준다. 또 김태서는 영학 책자를 짊어지고 다니며 팔았다. 종교의 전파에 있어서 경전과 교리해설서의 배포가 차지하는 의미를 결코 무시할 수 없다. 이것도 기독교에서 하던 선교 행위와 유사하다. 영학 책자에 무슨 내용이 수록되어 있었을까?
　김태서의 진술 속에 다음과 같이 영학의 교의를 설명한 부분이 나온다.

그 학명學名은 곧 예슈교요, 그 법문法文은 "예슈부인이 갱생更生ᄒᆞ야 쟝씨부인이 인도ᄒᆞ야 하날임을 섬게라 조석상대朝夕相對에 공을 잘 드려라 위성문도리ᄒᆞ야 위봉계훈ᄒᆞ고 애경상문哀慶相問ᄒᆞ라" 했습니다. 소위 계안은 영학원입자英學願入者 성명을 열록하고, 각각의 이름 아래 계전은 춘추를 나누어 수봉하고 …… 수전收錢은 한 사람당 5전씩 액수를 정하여 거두어 사람들이 모이는 날의 지출 비용으로 삼았습니다.[30]

김태서는 급기야 영학이 곧 예수교라고 실토했다. 영학은 예수교, 즉 기독교 개신교라는 것이다.[31] '법문'의 내용은 먼저 예수와 하나님에 대한 예배와 아침저녁의 기도를 잘 드리도록 강조한다. 그리고 위성문도리를 '爲聖文道理'라고 한자로 바꿀 수 있다면 성서의 이치를 잘 익히라는 뜻이 될 것이고, 위봉계훈을 한자로 '爲奉戒訓'이라고 할 수 있다면 계명을 잘 지키라는 뜻으로 해석할 수 있다. 애경상문哀慶相問은 이웃을 사랑하라는 의미일 것이다. 모두 기독교의 교리 및 계명과 연관된다.

영학당 봉기에 참여했다가 체포된 태인의 73세 노인 김상흠의 진술에서도 기독교 교리와의 관련성을 유추할 수 있다. 그는 동학농민전쟁 때 태인접주 유응노포에 들어가 성찰을 역임한 경력이 있었다.

4월 19일에 영학배취당지설英學輩聚黨之說을 듣고 수도首徒 정사국이 있는 곳에 가서 그 동정을 살펴보니, 겉으로는 영학을 칭하지만 내실은 전일의 동학이므로 다시 그 무리에 참여하여 소위 주송呪誦을 위해 함께 모인 자가 30여 명인데, 함께 송주誦呪하는데, 주呪에 이르기를 "무소불위無所不爲 무소불응無所不應 무소불지無所不知 공변公卞되고 거록하지 아

니ᄒᆞ야" 이처럼 암송한 뒤 파했다.[32]

김상흠의 진술에 의하면 영학의 주문이 "무소불위 무소불응 무소불지 공변되고 거룩하지 아니ᄒᆞ야"라고 한다. 기독교의 전도 책자에서 유사한 구절을 찾을 수 있다

＊하ᄂᆞ님은 신령이시니 스스로 계시고 형샹도 업스시니 볼 수도 업고 계시지 아닌 곳시 업스시며 아지 못ᄒᆞ시ᄂᆞᆫ 바 업스시고 능치 못ᄒᆞ신 바 업스시니 무소부지ᄒᆞ시다……하ᄂᆞ님의 계신 것과 지혜와 권셰와 거룩ᄒᆞ심과 공변되심과 착ᄒᆞ심과 참되심이 한량이 업스시고 영원이 불변ᄒᆞ시ᄂᆞ니라[33]
＊아지 못하는 빅 업시며 능치 못ᄒᆞᆫ 빅 업시며 계시지 아닌 곳이 업시며 시종이 업시며 변역이 업스신 신이시니[34]

기독교의 전도 책자 중에 무소불지, 무소불능, 무소부재, 그리고 공변과 거룩의 개념이 등장한다. 김상흠이 진술한 주문의 개념과 유사하다. 김태서가 진술한 법문이나 김상흠이 진술한 주문은 모두 기독교 교리의 핵심에 근접하는 것이다.

또 태인의 서경한은 몸이 몹시 아팠는데 영남에서 온 김운집이 10여 일 치료해도 효과가 없자 '영학책英學冊'을 가지고 와서 "이 책을 숙독하면 병이 나을 것"이라고 했다고 진술했다.[35] 당시 신흥 종교의 거의 대부분은 신비와 기적을 종교적 진실의 상징으로 과시했는데 특히 질병의 치유는 결정적이었다. 동학에서는 영부靈符를 태워 물에 타서 마셨

는데, 영학에서는 영학책을 읽고 감동하라고 권하여 차이를 보였다. 포교의 성공은 이러한 신비와 기적 그리고 그 소문의 확대재생산을 통해 가능했다.

김태서는 영학책을 팔면서 포교하고 김운집은 영학책을 질병치료서로 활용했다. 김태서가 진술한 영학의 법문이나 김상흠이 진술한 영학의 주문은 아마도 이들 영학책에 수록되어 있지 않았을까? 영학책의 내용을 알 수 없어 확증하기 어렵지만 종교를 표방한다면 의례와 교리를 갖추어야 하는 것은 당연한 일이다.

당시 천주교 조선교구장이던 뮈텔 주교가 1893년 어떤 조선의 유식자가 천주교인이 되겠다고 하자 교리 책자를 건네준 일이 있었다. 유식자이므로 교리를 알고자 하는 것 같아 《천주실의》, 《진도자증眞道自證》, 《만물진원萬物眞源》을 주었는데, 뮈텔 주교 앞에서 서문을 거침없이 읽어내려 한문 지식을 과시했다 한다.[36] 유생들은 물론 문맹을 깨친 평민들도 지식의 상징인 도서에 대한 열망은 높았다.

신흥 종교에서도 그런 모습을 볼 수 있다. "소위 궁을도라 칭하고 선혹민심하는 정읍 육영삼을 본대 출주소에서 체포하여 문초한 후 압송하는데, 그의 공초기와 그가 소장한 문답론 1책, 문답론 1건, 문답가 2건, 총명록 1책을 압송한다"라는[37] 기록에서 보면, '궁을도'라는, 아직 종교조직과 교리체계가 정립되지 않은 종단에서도 교리를 문답하는 책, 설명하는 책, 노래가사로 주입하고자 하는 책, 교인성명책 등을 마련하고 있음을 볼 수 있다.

영학과 연관성이 깊어 보이는 기독교 선교사들도 당시 선교 활동의 주요 내용은 쪽복음서나 전도 책자를 배포하거나 판매하는 일이었다.

기독교 서적을 팔던 권서인勸書人 또는 매서인賣書人들도 마찬가지였다.[38] 권서인들의 활동 모습이 영학을 비롯해 신흥 종교의 조직 활동에 영향을 미쳤을지도 모르겠다. 종교의 포교를 위해 외래 종교든 전통 종교든 신흥 종교든 형식이 유사하게 통일되면서 서로 모방하는 경향이 보인다.

영학당이 성행하던 지역에서 선교 활동을 한 미국 남장로교 테이트 Lewis B. Tate 선교사는 1903년 자신의 선교 방법을 다음과 같이 설명했다.

나는 주로 전도하거나 책을 팔 때 나의 어학선생과 영국 및 외국 성경협회의 매서인을 데리고 다닌다. 그리고 두 명의 짐꾼들을 데리고 다니는데 하나는 책을 운반하게 하고 다른 한 명은 음식과 침구를 운반하게 하기 위해서이다.……자전거를 타고 두 명의 한국인들은 도보로 마을에서 마을로 돌아다닌다. 우리가 마을로 들어설 때면 나는 사람들을 끌어 모으기 위해 앞장서서 걷는다. 한국인 조력자들이 도착하면 그때 우리는 한 시간 정도 설교를 한다. 구원에 대한 계획을 간단하게 그리고 명백하게 설명한 후 우리 중 한 사람이 계속 설교를 하는 동안 다른 사람은 성경과 소책자를 판다. 판매실적은 한 마을에서 보통 한 권에서 30권까지였다. 밤이 되면 우리는 좀 더 형식을 갖춘 예배와 찬양, 성경 낭독, 그리고 설교 등을 하며 예배 후에는 남아 있는 사람들과 개인적인 환담을 한다.[39]

테이트는 마을로 순회 전도를 하면서 사람들을 불러 모아 한 시간 정도 설교를 했다고 한다. 여기에 한국인 조력자의 협력을 받는데, 테이트 선교사의 설명과 약간 상이하지만 영학당 김태서와 송문여 등도 최일서의 지시를 받아 그런 조력자 역할을 한 것으로 볼 수 있겠다. 영학이 서양 종교를 표방하고 전주 완산칠봉에 선교기지를 둔 남장로교 선교사 집단을 배후에 있는 것처럼 활용하려 했다면 고부 말목장터에서와 같은, 테이트 선교사의 선교집회 같은 것을 영학의 조직 확대과정으로 활용할 수 있었을 것이다.

책자의 판매를 주도한 것은 테이트와 동행한 "영국 및 외국 성경협회의 매서인"이었다. 김태서가 영학 책자를 팔러 다닌 것은 선교사들의 순회 전도 방식이나 매서인을 모방했을 수 있다. 테이트 선교사가 전라도에서 활동하던 영국성서공회의 한국인 매서인 또는 권서인들을 감독하고 책방을 관리했다는 점이 주목된다. 매서인은 영국성서공회의 월급을 받고 영국성서공회가 발행한 각종 성경과 기독교 문서를 팔면서 전도하던 사역자들이었다. 매서인은 성경을 판매하기만 한 것은 아니고 선교사의 손길이 미치지 않는 곳에 들어가 기독교 복음을 전하고 성경과 기독교를 가르쳐 개종자로 만들고 그들을 조직함으로써 선교사로 하여금 교회로 발전할 수 있게 해주는 개척 전도사들이었다. 그들은 선교사가 접근하기 어려운 지역에서 많이 활동했고 그 지역을 담당한 선교사의 감독을 받으며 활동했다.[40]

테이트는 1903년부터 1921년까지 김윤국·김은국·유기택·정영선·채성진·최기춘 등의 매서인을 감독했다. 그들은 전도용으로 사용되던 단권 성경을 수만 권 팔았다. 남장로교 선교잡지 《The Missionary》 1903년 7월호에 테이트의 3주간에 걸친 순회 전도 활동이 소개되어 있다. 3일 동안은 기존에 형성된 기독교 모임을 방문하여 세례와 학습을 주고, 2주일은 마을 마을을 찾아다니며 하루 9시간씩이나 걸으면서 전도했

다. 총 341권의 성경과 전도 책자를 판매했다.⁴¹

선교사들의 권서 활동에 대한 증언을 들어보자.

선교사들과 동반자는 십자가에 대한 이야기를 간단히 해준 다음 복음에 대해 이야기해주고 소책자를 나누어준다. 마펫S.A.Moffett 목사는 원 씨가 장 씨에게 이야기해주기를 원하는 구원의 계획에 대한 소책자(마펫W. Milne, Moffett 번역, 《張袁兩友相論》, 1893) 하나를 준비했다. 장 씨는 성령·기도·믿음으로 인한 구원, 그리고 삼위일체라는 뜻을 이해하지 못했다. 그래서 원 씨의 "두 친구"라는 이 소책자는 간단하고도 명료하게 그 말의 뜻을 설명해주고 있다. 전도여행 시엔 이 소책자와 언더우드 부인, 그리고 레이놀즈Reynolds가 만든 소책자가 많이 사용되었다.⁴²

선교사들은 쪽복음서 같은 성경은 어렵기 때문에 이를 친절하게 해설한 전도 책자를 활용했다. 영학 책자도 이러한 기독교의 전도 책자와 유사한 것으로 추정할 수 있다. 어떻든 이러한 종교의식과 신앙 태도는 영학을 명분으로 내건 조직으로서의 위장전술임이 틀림없다. 영학의 조직이 변혁운동에 활용되는 과정에서, 영학의 교리나 신앙의식은 형식적인 것 이상은 아니었다.⁴³ 영학은 영학당운동을 주도한 동학 남접 세력의 후예들이 외피로 삼은 서양 종교였다.

영학과
기독교의 관계

성공회와의 관련 여부

실질적으로는 동학이지만, 명분으로서는 동학과 다르고 어떻게 보면 오히려 동학에 대립되는 '서학'에 관계된 것처럼 보이는 영학이라는 서양 종교를 표방했을 때, 그 정체에 대한 의구심이 일어나지 않을 수 없었다.

 온건개화파 김윤식은 1899년 영학당이 봉기한 것에 대해 "혹은 영학을 칭하고 혹은 서학을 칭하는 자들 수백 명이 취당聚黨했다"고 영학과 서학의 친연성을 강조했다.[44] 영학당 봉기가 실패한 뒤 경상도 진주 등지에 "혹은 동학을 칭하고 혹은 영학을 칭하는 자들이 모여들었다"는 보도는 동학과 영학이 관련 있다는 점을 강조한 시각이다.[45] 영학을 동학 및 서학과 혼동하고 있는데, 영학은 분명 동학이었다. 영학당이 봉기했을 때 "그곳은 동학당이 봉기한 옛 소굴이라 그 여당이 산곡에 숨어 있다가 당명을 바꾸어 다시 봉기한 것"이라는 언론의 논평이나,[46] "겉으로는 영학을 칭하지만 내실은 전일의 동학"이라는 영학당의 진술에서 확인된다.[47] "동학구낭東學舊黨으로 밖으로는 귀화한 척하지만 안으로는 화심禍心을 품고 영계英稧를 칭하고 이에 참여하여 주문을 외우고 읽으며 날로 결당結黨하는 것을 일삼는다"는[48] 지적도 같은 맥락이다.

실질적으로는 동학이면서 어떻게 명분으로는 동학과 대립되는 영학을 제창할 수 있었는가? 서학은 아니지만 서학과 밀접한 관련이 있는 계통인 것으로 보이는데 구체적으로 무엇을 말하는가? 서학 중에 천주교인지 기독교인지, 또 수많은 교파로 갈라져 있는 기독교 가운데 어떤 교파가 관련된 것일까?

기독교 중에 영국에서 나온 성공회와 관련지어 볼 수 있다. 영학당의 진술 중에 '영국인' 목사가 나온다. 영국인 목사가 자료상에는 '英國人미목사', '英國敎師'로 표현되어 있는데 '英國人미목사'의 '미'가 무엇을 의미하는지 오자인지 알 수 없다. 영국 계통의 기독교로는 영국성공회 이외에 감리교, 구세군이 더 있지만, 감리교는 미국을 통해 한국에 들어왔고, 구세군은 훨씬 뒤인 1908년에 들어왔기 때문에 19세기 말 전라도의 영학과 관련이 없다. 반면에 영국성공회는 1890년에 한국에 들어와 선교 활동을 시작한 후 1911년 당시 선교사가 20명, 교인 수는 3,510명 정도 되므로[49] 영학이 영국 계통의 기독교와 관련이 있다면 성공회일 가능성도 있다. 그렇지만 성공회 측에서는 영학당과의 관련을 다음과 같이 부인했다.

(서울) 낙동에 머무는 영국교회장英國敎會長 조마가趙瑪嘉 씨가 본사에 편

지를 보내 말하기를 …… 영국교회당은 귀국 경내의 서울·인천·강화 등처에 있고 타처에는 전혀 없을 뿐 아니라 교도는 한 명도 파송하여 전도함이 없는데, 한산·임천 등 군에 소위 영학당이 복기復起하여 작뇨作鬧한다 하니 들리는 소문이 해괴할 뿐 아니라 교회사체敎會事體를 어찌 이와 같이 훼손하는 일이 있으리오. 생각건대 이것은 차명가탁借名假托에 불과한 것이오 난류亂類의 소전所傳이오니 이러한 뜻으로 귀 신문의 잘못을 고쳐 사람들로 하여금 그 허황됨을 알게 하기를 바랍니다.[50]

1899년 영학당이 봉기한 후 영학당에 대한 체포령이 내려진 가운데 1900년에도 충청도의 한산·임천 등지에서 영학당이 다시 일어난다는 소문이 돌았을 때, 성공회 측에서 이를 부인하는 입장을 공식으로 발표한 것이다. 조마가Mark N. Trollope 신부는 차명가탁, 즉 동학이 영학을 가탁했는데 '영학'이 '영국 교회'로 오해되었다고 무관함을 강조했다.

한 가지 덧붙이자면 1896년 5월 20일 영국성서공회 한국지부가 설치되어 성경과 전도서를 권서인을 통해 보급하는 사업을 시작했다.[51] 그리고 앞서 언급한 것처럼 테이트는 영국성서공회의 권서인을 데리고 지방 선교에 나섰다. 영국성서공회는 영국성공회와 연관되어 있다. 영학당이 영국성공회와 연관될 수 있다면 영국성서공회 소속 권서인과 관련될 수 있지만 관련성이 확인되지는 않았다.

남장로교의 전라도 선교

1885년 미국 북장로교와 미국 북감리교 선교사가 서울로 들어오고 1890년대부터 평안도 지방에 대한 선교가 시작되었다. 미국 남장로교에서는 1892년 선교사를 조선에 파견했다. 1893년 1월 말 서울에서 열린 장로교 선교부 공의회에서는 충청도와 전라도를 남장로교 선교 구역으로 지정했다. 남장로교 선교사들은 우선 전라도의 중심지인 전주에 선교기지를 개척하기로 결정했다.[52] 이후 전주·군산·목포에 순차적으로 선교기지가 설치되었다.[53]

1893년 7월 먼저 조사助事 정해원이 전주로 내려가 본격적인 선교를 위해 준비했다. 정해원은 전주성 밖 서남 방향의 완산칠봉 아래 은송리에 가옥과 대지를 구입했다. 9월에는 테이트(최의덕, 1862~1929)와 전킨 William M. Junkin 선교사가 전주를 방문하고, 1894년 3월 드디어 테이트 남매가 전주에 도착하여 전주 선교기지를 개설했다. 여동생인 매티 테이트Mattie S. Tate는 서양 여성이기 때문에 호기심의 대상이 되어 하루에 수백 명의 여성 방문객이 몰려들어 문이 부서지는 소동을 겪기도 했다.

전주에 내려간 지 얼마 되지 않아 전라도 일원에서 동학농민군이 봉기했다. 테이트 선교사의 보고서에 이때 전주의 상황이 기록되어 있다.

어느 날 우리 집 위에 있는 언덕에서 커다란 소리가 들려와서 나는 나의 한국어 선생에게 물어보니 그는 "문을 부수고 들어가자", "집에 불을 지르자", "몽둥이로 외국 놈들을 몰아내자"라는 말소리임을 알려주었다.……우리가 전주 지방에 머무른 지 6주나 두 달 정도 되었을 때 인간은 초자연적인 권리를 가질 수 있다는 새로운 학설이 떠올랐다. 이것은 정부에 대항해서 일어난 것이고 나라 안에서 외국인을 몰아내려고 하는 것임이 곧 보도되었다.[54]

동학농민군이 봉기하여 전라도 일원을 속속 점령해가고 있을 때 전주에서도 외국인에 대한 배척 움직임이 일어났다. 동학농민군이 전주를 점령하기 위해 다가오자 버티던 테이트 남매도 미국 공사관의 지시에 따라 서울로 철수하지 않을 수 없었다.

동학농민군이 진압된 뒤인 1895년 봄, 테이트와 레이놀즈William D. Reynolds는 전주로 내려가 상황을 살폈다. 완산의 언덕 위에서 내려다본 전주 성내는 3분의 1 이상이 파괴된 폐허였다. 동학농민군이 공개적으로 처형되는 험악한 광경도 목도했다.[55] 정해원이 전도한 사람들도 모두 흩어졌다. 그는 옆집 훈장과 천주교인으로 낙심한 청년을 전도했었다. 농민전쟁 뒤 서당 훈장은 오히려 선교사에게 행패를 부렸고, 청년은 동학군이 되어 있었다. 딱 한 사람이 잘 나왔는데 대가로 10달러를 요구했다. 경제적 이유로 교회에 나온 이런 사람을 '쌀 교인Rice Christian'이라 했다 한다.[56] 전주의 양반들은 반외세로 돌아서 은송리에 모여 서양 귀신 나가라고 외쳤다.[57]

이러한 상황이 좀 진정된 뒤인 1896년 1월, 테이트 남매는 전주로 이주하여 본격적으로 선교기지를 건설하기 시작했다. 1896년 11월에는 해리슨William B. Harrison 선교사가 내려와 의료 활동을 시작했다. 1897년 6월 레이놀즈 부부가 합류하면서 전주 선교기지의 꼴이 갖추어졌다.

1897년 7월 17일 30여 명이 모여 예배를 시작했는데, 이것이 호남 최초인 서문밖교회이다. 1897년 테이트는 완산칠봉 높은 산 쪽에 새 집을 지어 1898년 입주했다. 형태는 한옥 기와집이었지만 문과 창문은 서양식이고 바닥은 입식이었다. 나중에 테이트와 결혼하게 되는 의료선교사 마티 잉골드Mattie B. Ingold가 1897년 11월 합류했다. 해리슨과 결혼한 리니 데이비스Linnie Davis도 합류했다. 1901년 보고서에 의하면 전주 완산의 남장로교 선교기지는 테이트가 지은 큰 집 2채, 한옥을 개조하여 만든 진료소 1채, 교회로 사용되는 초가집 1채, 작은 초가집 5채로 구성되었다. 이곳에서 교회와 학교 및 병원이 시작되었다.[58]

　남장로교 전주 선교기지는 완산칠봉이 있는 은송리에 위치했다. 전주성 안에는 전라감영과 전주부가 함께 있었다. 성곽의 남쪽과 서쪽을 감싸고 전주천이 흐르고 남천에서 서천으로 꺾이는 지점, 즉 전주성 서남쪽에 완산칠봉이 늘어서 있다. 완산칠봉은 주봉인 장군봉을 중심으로 전주부 쪽으로 7개의 산봉우리가 흘러내려 내칠봉이라 하고 서쪽으

〈그림 4-2〉 테이트 남매.
*출처: 고근 역, 《마티 잉골드 일기》, 예수병원, 2018, 56쪽.

로 7개의 산봉우리가 늘어서 외칠봉이라 한다. 외칠봉과 내칠봉 중간 부근 현재의 동완산동에 일찍이 취락이 형성되어 있었는데, 이곳이 바로 완산 은송리이다. 완산칠봉의 구릉지대로부터 전주천 남천에 이르는 지대, 전주 남문과 서문 사이의 바깥, 지금의 매곡교와 서천교 사이의 완산 구릉지대. 이곳에서 전주성 남쪽과 서쪽을 흐르는 전주천과 그 너머 전주성을 내려다볼 수 있다.[59] 전봉준의 동학군이 전주부를 공략할 때 이 완산칠봉에 진을 쳤다. 바로 그 인근에 선교기지가 들어선 것이다.

그런데 동학농민군이 전주를 점령했을 때 태조의 영정과 조경묘의 위패를 위봉산성으로 피신시킨 일이 있었는데, 1899년에 이르러 전주성 밖 북쪽 멀리 건지산에 전주 이씨 시조묘 조경단을 조성하고 이성계 조상의 행적을 기념하는 건축물을 세우게 되었다.[60] 일본 측의 정보에

〈그림 4-3〉 1899년경 전주성.
왼쪽에 서문이 보이며 오른쪽 남문은 보이지 않고 남문 안 경기전이 보인다.
선교기지는 사진 왼쪽 바깥에 있다.

의하면, 이 때문에 선교기지를 이전하게 되었다고 한다. 즉 선교기지는 "성외의 완산 산정에 지어졌는데 그 산은 왕의 조상이 출생한 곳이기 때문에 이때 한국 정부로부터 그 주소를 이만 원에 사들여 현재 부근 땅으로 이전 신축 중이다"라고 했다.[61] 전라북도 관찰사 이완용이 조선 왕조의 발상지가 전주의 진산인 완산칠봉이라 하면서 그곳에 외국인이 사는 것은 불경한 일이라고 선교부지의 이전을 요청했다고 전해지고 있다. 남장로교 선교기지는 완산칠봉 자락 은송리를 떠나 북서쪽으로 화산동 언덕 일대로 조금 이동하여 자리 잡게 되었다. 완산에서 시작한

〈그림 4-4〉 완산칠봉에서 내려다본 전주시. 오른쪽 중간에 경기전을 둘러싼 숲이 보이며 오른쪽 하단의 산봉우리는 동학농민군이 전주성을 공격할 때 진을 쳤던 곳이다.

〈그림 4-5〉 최초의 전주 선교기지 초가집.

교회·학교·병원이 옮겨가 오늘날의 서문밖교회, 신흥학교와 기전여학교, 예수병원으로 되었다.[62] 〈그림 4-6〉은 1903년경 예수병원을 향해 촬영된 것으로 화산동 일대 선교기지다. 현재는 도시화되었는데 학교와 병원, 옛 선교사 주택이 남아 있다.

남장로교 선교부는 군산 지역에서도 일찍부터 선교를 시작했다. 1894년 봄 레이놀즈 선교사와 의료선교사 드루A. D. Drew가 시작하고, 1895년 3월 전킨과 드루가 다시 석 달간 선교했지만 동학농민봉기의 여진으로 중단했다. 1896년 2월 전킨의 가족이 모두 군산으로 이주하면서 이 지역 선교가 본격화되었다. 이후 드루의 가족, 데이비스 부인이 군산으로 옮겨갔다. 1898년에는 군산에도 교회와 병원 등을 중심으로 선교기지가 건설되었다. 1899년 5월 군산이 개항되면서 선교기지가 개항장에 포함되자 구암리로 선교기지를 옮겼다. 전킨은 군산 인근 일대를 다니며 선교하고 교인들을 문답하고 교회를 설립했으며, 드루는 전도인을 데리고 배를 타고 강변·해변·섬으로 다니며 환자를 진찰하고 기독교 서적과 전도지를 판매했다.[63]

전킨 선교사의 선교 활동은 높은 점수를 받았다. 그는 "훌륭한 웅변 실력과 유창한 언어 구사, 그리고 따뜻하고 동정심 많은 성품과 한국 사람들을 끌어당기는 매력적인 예법을 서로 결합시킬 수 있었다. 처음부터 그는 한국인들의 사랑방을 찾아가서 그들을 방문하고 이야기하는 것을 즐거움으로 삼았다."[64] 기포드 선교사는 전라도 군산에서 전킨이 전개한 사랑방 전도의 모습을 다음과 같이 묘사했다.

남장로교의 전킨 목사는 자신이 묵고 있는 사랑방에 앉아 손님을 맞이

한다. 목사와 서너 명의 조선 남자들이 따스한 방 위에 깔끔하게 깔아놓은 돗자리 위에 앉아 있다. 목사가 옥스퍼드 성경전서를 펼치자 조사는 한문 성경을 펼쳐 목사가 지적한 부분을 조선말로 풀어서 읽는다. 조선의 평민들은 한문 성경을 이해할 수 없기 때문에 선교사들은 조사들의 눈과 입술을 통해서 끊임없이 설교하고 가르친다. 이윽고 편안한 분위기에서 즐거운 대화를 서로 주고받는다. 팔짱을 끼고 앉아 있던 한 남자는 몸을 앞뒤로 천천히 흔들며 목사의 설교를 듣고 있다. 여기서도 기독교 교리에 대한 갖가지 주장을 놓고 열띤 토론이 진행된다.[65]

사랑방에서 전킨과 기독교에 관심을 가지고 모여든 주민들이 한문 성경을 공부하고 교리에 대해서 토론하는 장면이다. 선교사와 주민이 만나는 선교 현장의 모습이 선명하게 그려져 있다.

남장로교의 전라도 선교기지는 전주·군산·목포에 설치되어 선교사들이 정주하면서 담당 지역을 순회 전도했다. 특히 전라북도 지역에서 선교가 활발하게 진행되었다. 테이트는 전주에 본부를 두고 정읍·고창·부안·김제·남원 등지에서 선교했는데, 윤식명·최중진·이자익 등이 그를 도와 조사 역할을 했다. 전킨 선교사는 군산에 본부를 두고 김제·익산 일대에서 선교했으며, 그의 조사는 김필수·장인택·오인묵 등이었다.[66]

테이트의 조사 가운데 최중진이 주목된다. 그는 정읍 출신으로 전봉준의 봉기에 가담했다고 한다. 또 영학당 지도자 최익서도 정읍 출신으로 서로 동향이었다. 정읍·고부 지방 선교에 나선 테이트를 만나 기독교인이 되었다. 테이트를 도와 태인·정읍·고부·부안에서 전도하고,

〈그림 4-6〉 이주한 전주 선교기지(1903).

〈그림 4-7〉 전킨 선교사.

4장. 영학당의 결성과 기독교

1904년 평양신학교에 들어가 목사가 되었다. 1900년 태인 매계교회를 설립하는 등 8개의 교회를 설립했다 한다. 그런데 1910년 술·담배 및 축첩, 제사 문제에 대한 관대한 입장이 문제가 되어 교단과 결별하고 자유교회를 창립했다. 궁색해진 그는 일본의 조합교회로 들어가 친일 활동을 하기도 했다. 그러나 1920년대에는 다시 형평운동이나 노동운동에 관여하여 민중적 입장에 섰다.[67]

최중진은 동학농민전쟁에 가담했다가 선교사의 조사가 되었지만 선교사가 독선적으로 한국 교회를 지배하는 행태에 불만을 품고 저항했다. 어쩐지 영학당의 7읍 계장 역할을 했던 김태서의 활동을 연상케 한다. 김태서가 동학의 본색을 숨기면서 영학 선전에 나섰다면, 최중진은 기독교로 넘어가 매서와 선교 활동에 나섰으므로 서로 입장이 다른 것처럼 보이지만, 경계선에서 마주보고 있는 형국이다. 김태서가 접촉한 영국 교사=영국인 미목사를 테이트 선교사로 본다면 동학에 가담한 경력이 있는 김태서와 최중진이 겹쳐 보인다.

한편 영학당이 활동한 지역은 주로 전주와 군산을 잇는 선 아래쪽 전라북도 지역이었다. 즉 정읍과 고창을 중심으로 하면서 북쪽으로 김제와 부안, 남쪽으로 전라남도의 장성을 경계로 했다. 김태서는 장성과 영광 등 전라남도 북부 지역에서 활동하여 영학당의 주 무대와는 좀 벗어나 있었지만, 고부의 말목장터 연설회에도 참석하는 것처럼 활동 범위는 좁은 포교 담당 구역을 넘어 다른 지역과도 연계되어 있었다. 테이트와 전킨 선교사의 활동 지역이 바로 영학당의 활동 지역과 겹쳤다.

남장로교 선교사와 영학의 관계

완산칠봉의 전주 선교기지의 테이트가 1898년에 보고한 1897년의 선교 활동 중 다음과 같은 기록이 있다.

> 그는 전주에서 25마일(40km) 떨어진 한 곳으로 여러 차례 선교여행을 했다. 거기에 10명에서 20~30명의 남자들이 한 기독교인의 집에서 일요예배를 드리기 위해 모였다.[68]

테이트가 전주에서 40km 떨어진 곳에서 일요예배를 열었다는 것이다. 교회가 설립되는 초기의 모습이다. 테이트가 전주 밖에서 선교 활동한 대표적인 것이다. 이 보고에서 '영사英師'가 고부 말목장터에서 500~600명의 청중 앞에서 연설했다는, 앞에서 언급한 김태서 진술을 떠올리게 된다. 전주시에서 정읍시 이평면 말목장터까지 직선거리로는 33km이다. 완산칠봉에서 옛길로 40km 정도는 충분히 될 것이다. 남장로교 전주 선교기지의 테이트 선교사가 전주뿐 아니라 그 주변 지역으로 확장해나가면서 전도지 배포, 교회 설립, 주일예배 등을 주도하던 이러한 선교 활동이 영학당 활동과 연계되지 않을까 생각된다.

군산에서 활동하던 전킨 선교사가 1896년 9월 《독립신문》에 다음과 같은 편지를 보냈다.

> 군창 있는 선교사 전킨 씨가 신문사에 편지하였는데, 동학과 비도에게 들었다가 살기 위해 도망한 놈들이 거짓 예수교 한다고 일컫고, 전주 옥

구 임피 함열 만경 근처로 다니면서 가칭 양인의 심부름이라 하고 인민에게 토색이 무수하니, 교 하는 사람이야 이런 일은 도무지 없는지라, 거기 관찰사와 원들은 이런 놈들을 잡아서 엄히 다스려달라고 하였더라.[69]

군챵은 군산이다. 전주에서 군산에 걸치는 전라북도 서북부 일대에 동학여당이 기독교를 칭하거나 서양인의 대리인을 칭하면서 주민들을 토색했다는 것이다. 최익서 등이 최시형에게 설포를 요청한 1896년 8월과 거의 같은 시기다. 이것을 손화중포 동학농민들의 활동과 연관 짓는다면 주민들 속에서는 이미 설포를 위한 활동이 전개되고 있었음을 의미할 것이다. 영학당은 주로 정읍 및 고창 지역에서 활동했지만 정읍 바로 위쪽 김제 지역도 광역 범위에 속해 있었다. 서양 종교를 활용하려는 동학여당의 움직임인 것은 분명하다. 1896년 9월 프랑스 신부가 머물던 전라도 고산의 선교기지에서 《독립신문》에 보낸 편지에 의하면,[70] 동학의 남은 자들이 다시 일어난다고 지적하고 있는데 전주 일대에서 동학여당의 활동이 활발했음을 알 수 있다.

전라도 선교를 앞둔 전킨은 농민전쟁을 일으킨 동학이 어떤 종교인지 알고 싶었다. 그는 1893년 9월 테이트와 함께 전주를 방문하여 선교기지 건설을 검토한 적이 있고, 1895년 3월 드루와 함께 군산 지역으로 내려가 다시 석 달간 전도했지만 동학 봉기의 여진으로 중단한 적이 있었다. 전킨은 1896년 2월 가족과 함께 이주하여 군산 지역 선교에 본격 착수했다. 그런 그가 1895년 동학에 대한 견해를 영문잡지에 투고했다.[71] 그는 최제우가 득도하는 장면을 중시했다. 서학의 극복을 화두로 붙잡고 고심하던 최제우에게 상제God가 나타나 해답을 주었다는 점을 강조했다. 최제우의 동학이 상제라는 유일신을 수용한 것으로 본 것이다. 2장의 존스, 3장의 매켄지와 마찬가지로 전킨도 유일신 개념을 통해 동학과 기독교의 유사한 신관을 감지했던 것이다.

전라도의 프랑스 신부도 1896년부터 동학여당이 기독교에 의지하고 있는 것으로 보고했다.

> 개신교도들의 행실은 아주 좋지 못합니다. 동학란 시기에 조금이라도 소문이 났던 모든 못된 자들이 그들의 무리에 가담하였습니다. 그들에 의한 도적질과 주민들에 대한 압제가 날마다 그들이 하는 짓거리입니다. 모든 이들이 이를 불평합니다. 그러나 세력을 쥔 자는 그들의 못된 짓을 근절시키려 하지 않습니다.[72]

프랑스 신부는 동학여당이 기독교에 가담했다고 보고했다. 당시 전라도의 기독교는 남장로교 선교사들의 조직뿐이었다. 남장로교에 가담한 이들 동학여당을 꼭 영학당이라고 볼 수는 없지만 가능성을 배제할 수 없다. 이후에도 기독교를 사칭하는 움직임이 사라지지 않고 계속 나왔다. 군산 지역 일대에서 활동한 김홍구라는 사람의 사례를 들 수 있다.

> 전주 땅에 거하는 김홍구가 '미국 교사美國敎師'를 자칭하고, 마을로 돌아다니면서 수도受道할 만하는 사람을 선택한다고 하면서, 가지고 다니는 교책敎冊을 강제로 나누어주는데, 주민들이 동학이 작뇨한 이후로 그 전철을 밟을까 경계하여 모두 회피하는데, 그가 위협하여 혹은 속전續錢을 걷어 바친다 하고, 혹은 청대請貸를 빙자하여 그 침학함이 끝이 없다.[73]

김홍구는 미국 교사를 자칭하면서 책자를 팔고 돈을 거두었다는데, 영학당 김태서의 조직 활동과 상당히 유사하다. 주민들이나 지방관은 동학이 다시 일어날까 우려했다.

기독교를 사칭하는 무리가 영학의 이름을 들고 등장한 것은 1898년 말경이다. 김태서와 같은 영학당 조직 활동에 대해 당시 장로교 계통의 신문에서 다음의 기사를 내고 있다.

> 전라북도 고부 등지에서 못된 잡류들이 소위 영학이라 혹 교인이라 칭하고, 무리를 지어 여항 우민과 부녀를 유혹하여 재물 탈취하며 관령을 거역한다 하니, 이 같은 난류는 일변 잡아 중형을 하여 후인을 중계하고, 지극히 옳은 교의 욕이 되게 마는 것이 옳거늘, 어찌하여 해읍 관장들이 법률을 쓰지 아니하고 그러한 난류를 두리느뇨. 가령 교인이라 하는 것은 이치에 밝은 일만 행함이 가하거늘, 국법에 범한 것을 다스리지 못하면 그 백성은 누가 다스리오. 이러한 놈은 급히 잡아 법이 무서운 것도 알게 하고, 교인의 행위를 분명히 분석하는 것이 법관의 직책인 줄 아노라.[74]

이 기사는 1898년 말에 나온 것으로 대한제국 정부에서 영학당이라는 존재를 인지하고 검거령을 내린 시기와 일치한다. 고부 등지에서 영학을 자칭하는 자들이 활동하고 있다는 보도다. 기독교 측에서 주목한 것은 그들이 '교인'을 사칭했다는 점이다. 문맥상 기독교인을 사칭했다는 것으로 해석된다. 기독교의 "교인은 이치에 밝은 일"만 행하는데, 영학의 무리가 기독교를 사칭하고 "우민과 부녀를 유혹하여 재물 탈취하며 관령을 거역"하는 범법 행위를 자행한다고 비판했다.

　이와 같은 언론의 지적과 외국인의 항의를 받고 대한제국 정부는 영학당 체포령을 내렸고, 영광의 김태서 등이 사전 검거되었다. 영학당이 봉기한 이후 정부는 대대적인 체포령을 내렸다. 전라북도 일원에서 활동할 수 있는 공간은 사라졌다. 남은 영학당은 금강을 넘어 충청남도 서남부 등지로 흩어졌다.

　그 가운데 양규태梁奎泰라는 인물이 주목된다. 그는 화적의 괴수였다가 영학당에 들어가 활동하다 체포되었다. 그때 영교사英教師가 감옥에서 빼내주었다 하며 충청남도 임천으로 건너가 러시아 정교회를 이용하여 희랍교당을 결성했다. 조선 출신 러시아 여인 정길당을 내세워 희랍교를 세웠는데 내적으로는 동학조직이었다. 임천에 도소를 두고 읍촌마다 지파를 두었고 동학농민전쟁 때와 같은 활동을 전개했다. 이후 그는 충청도 활빈당에 들어가 연해 지역을 무대로 활동하는 수적水賊이 되었다고 한다.[75] 이렇게 하여 동학여당의 활동은 소진되어갔다.

2

근대종교 천도교와
기독교의 경쟁과 연대

天道教
基督教

5장

천도교의 창건과 기독교 모델

변혁운동의 해소

변혁적 동학여당의 소진

동학농민군 지도자 김개남의 부하 중에 김문행金文行이라는 인물이 있다. 그는 김개남의 동족으로 동학농민전쟁이 일어나자 태인에서 대접주로 활동했다. 제2차 동학농민전쟁 때에는 전봉준과 함께 태인에서 최후의 전투를 벌였다. 이후 가산은 몰수당하고 집은 불타고 가족은 체포되고 자신은 피신했다. 단발령으로 촉발된 을미의병이 일어나자 그는 장성 유림 기우만奇宇萬의 의병에 가담했다. 유림들은 동학농민전쟁에 반대했기 때문에 동학의 지도자가 의병에 가담한 것은 드문 일이다. 그의 적극적인 활동 때문인지 동학여당인 영학당이 봉기하자 최익서와 함께 주동자로 거론되기도 했다.

  1902년 음력 4월 초 기우만의 아들 기삼연奇參衍이 의병을 일으키려 하자 김문행은 다시 동조하여 태인에서 활동하다 체포되었다. 기삼연

은 풀려났으나 김문행은 농민전쟁 등 이전의 행적 때문에 종신형을 선고받았다.[1]

일본 군산 영사관의 정보 보고에서 김문행이 체포되기 직전 어떤 활동을 하고 있었는지 확인할 수 있다.

1902년 5월 21일 금구군 원평시장에 대낮에 총기를 휴대한 적賊 약 20명이 출현하여 일시 시장은 대소동에 빠졌는데, 그들은 조금도 방해를 하지 않고 물러갔다고 한다. 그 거괴는 태인군 김문행(42)이라고 하고 동학당의 여류餘類로서 다소 문자를 할 줄 알아도 평소 일정한 산업이 없는 무뢰한으로서, 곤폐困弊하여 생활이 궁하기 때문에 동류를 모아 고부 지방으로 향하여 가는 도중 금구에 들린 것이다.……(전주진위대에서 거괴 외 2명을 태인 지방에서 포박 압송 – 필자 요약) 일시는 이 적에 대해 여러 가지 망설妄說이 전하여져 혹은 동학당의 재기로서 그 목적은 정부의 폭정을 제거하고 민중의 도탄을 구제하는 의병이라고 하고, 기타 여러 설이 분분했지만 기실 전혀 무뢰한의 집합인즉 화적이라고 칭하는 것이다.[2]

주목할 부분은 이들의 움직임을 "동학당의 재기로서 그 목적은 정부의 폭정을 제거하고 민중의 도탄을 구제하는 의병"으로 파악했다는 점이다. 김문행이 기삼연의 거의에 가담하기 위해 가던 길이었던 모양인데, 일본 측에서는 '동학당의 재기'로 보았다. 그가 김개남의 동족 부하이고 남접 계열에서 조직한 영학당에 연루되었다는 소문도 널리 확산되어 있었으니 동학당으로 보는 것이 정확할 것이다. 이렇게 김문행은 동학농민전쟁→을미의병→영학당→의병 등 변혁운동에 지속적으로 관여했다.

4장 말미에 언급한 양규태와 여기 김문행의 사례에서 보듯이 동학농민전쟁으로부터 비롯된 동학의 변혁운동은 호남·호서 지방에서 지속되었다. 그런데 동학여당의 활동은 1900년대 초반에 이르면 한계에 도달한다. 1900년 정부에서 대대적인 체포령을 내려 남접의 대부로서 동학농민전쟁의 막후 인물이었던 서장옥이 체포 처형되었다. 동학교단의 지도자인 손천민도 체포 처형되고, 김연국도 수감되었다. 동학의 3대 교주 손병희는 1901년 일본으로 망명했다. 동학의 이름을 내세워서는 더이상 활동하기 어려웠다. 이 시기에 이르면 한국에 들어온 서양 종교도 엄정한 조직체계를 갖추어 외부 세력이 침투하여 외피로 활용할 수 있는 상황이 아니었다. 일찍이 천주교에 동학잔당이 투탁한 사례가 있지만 엄격한 교계질서에 흡수될 뿐이었고, 러시아 정교회는 러시아 세력의 몰락에 따라 교세도 쇠잔하여 기댈 수 없었고, 교파가 다양하고 각 교회의 자율성이 강한 기독교회에는 넘나들 수 있었지만 기독교의 구심력이 너무 강해 변혁 세력이 활동 공간을 확보하기 어려웠다.[3]

동학여당 중에는 영학당과 같은 봉기조직을 만들고 실제로 봉기를 꾀한 행동주의자들이 있었던 반면, 신비주의적 종교의식을 행하면서 세력을 결집한 자들도 있었다. 1900년경부터 소백산맥 일대에서 신비주의적 제천행사를 개최하여 세력을 모으고 이 세력을 동원하여 봉기하려는 동학여당의 활동이 포착된다. 대표적으로 서정만徐定萬을 대장으로 한 세력을 들 수 있다.

덕유산의 동쪽 상주·선산·지례·개령·거창·김산 등 6개 군에 거주한 자들 약 300여 명이 결집했다. 그들은 1900년 음력 3월 4일 속리산에 들어가 기도 및 제천행사를 개최하려다 발각되었다. 무리 중 20여 명이 체포되었다. 동학교주의 신원과 척왜양을 내걸고 상경하여 봉기할 계획이었다는 진술이 나왔다. 그들은 《정감록》에서 발전한 은둔적 민중사상의 성격을 지닌 '남조선南朝鮮' 신앙을 내세웠다. 등 뒤에 '시천오제侍天伍帝'라 쓰고 앞 섶에 '세천왕시世天王侍'라고 쓴 두루마기 전투복을 입었다. 그 후 서정만과 함께 지도부를 형성했던 정해룡이 1903년 4월과 7월에 다시 속리산에서 제천행사를 하면서 봉기를 계획하다 체포된 일이 있었다.[4]

이렇게 1900년대 초반에 이르면 동학여당은 체포되고 남은 자들이 거의 없는 상황이 되었다. 위기에 직면하여 손병희의 동학교단은 문명개화로 방향 전환을 모색했다. 한편 신비주의적 신앙을 형성해가는 무리도 있었다. 증산교 등 동학에서 유래한 신흥 종교가 우후죽순처럼 발흥했지만 변혁운동노선에서는 이탈했다.[5] 동학여당의 변혁운동은 소진되는 한편 동학의 신앙을 계승하는 세력들 사이에도 노선 분화가 일어나고 있었던 것이다.

전북·충남의 진보회

1903~1904년에 이르면 동학여당이 주도하던 변혁운동은 거의 소진되었다. 그 공백을 북접 동학교단이 주도하는 민회운동이 차지하게 된다. 1904년 8월 일본 군산 영사관에서 관할 구역의 동학당에 대한 정황을 조사했다.[6] 원문이 너무 길기 때문에 요약하면 다음과 같다.

김제군에 동학당 500~600명이 있다. 고부군에는 작년에 봉기한 동학당의 근거지에 2,000명 이상 있는데 권유자勸誘者 4명은 체포되었다. 정읍군 역시 고부와 같이 적지 않은데, 프랑스 목사 밑에 있는 예수교 신자가 많다고 한다.[7] 태인군에서는 두수자頭首者 6명이 체포되었는데, 거괴 이이노李利老가 음력 3월 28일 공공연히 인민을 집합하고 선동하는 연설을 하던 중 체포되었다. 금구군 역시 그 세력이 강대하여 2,000명 이상인 것 같다. 임피군에도 적지 않다. 만경·부안·전주에서는 약소하다.

김제·고부·정읍·태인·금구·임피 등 전북 지역에 동학당이 만연해 있다는 보고다. 이들 전북 지역은 1894년 동학농민전쟁이 일어났던 곳이지만 그 이후 초토화되었다. 그런데 10년이 지난 1904년의 시점에서 수많은 동학당이 다시 등장했다. 이들 '동학당'은 누구인가? 이 보고의 결론은 다음과 같다.

이것을 요약하면, 이들 당적黨賊은 농사의 흉년으로 백성이 빈곤해진 것을 이용하여 2~3명의 간도奸徒가 선동한 데에 기초하여 일종의 강대한 초적草賊이 될 수 있는 자들이지만, 흉기를 가지고 봉기 저항할 기회에 이르지 못하고 관병이 진정시켰다. 이들이 재기하느냐 못 하느냐는 지금 봄철 농작물의 풍흉과 관계가 있다. 세인은 이들을 동학당이라고 평하는 자가 있지만, 10년 전 군기群起한 해칭당該稱黨의 계통을 갖고 있지는 않다.

주목되는 것은 동학당이지만 10년 전 일어난 '해칭당'의 계통이 아니라고 한 점이다. 동학은 동학인데 10년 전 동학농민전쟁을 주도한 남접의 변혁 세력이 아니라 손병희의 북접 교단에 소속된 동학이라는 의미다. 그렇게 해석해야 하는 결정적 이유는 그들이 입당할 때 명첩을 발급받는데 그것은 바로 북접 교단에서 발급한 동학의 명첩과 똑같기 때문이다.[8] 그렇다면 북접 교단이 호남 지방에서 다시 포덕하면서 무슨 정치적인 조직을 만들고 있는 상황인 것이다. 다만 이 보고서에서는 '당'을 결성한 초기여서 아직 일정한 당명은 알려져 있지 않다고 언급했다. 일본에 망명해 있던 손병희가 지시하여 북접 교단이 조직한 정치 단체는 1904년 음력 2월경 서울에서 대동회 결성 시도로 처음 나타났다가 여름 이후 중립회, 진보회가 되고, 12월에 일진회로 통합되었다. 그러니까 위의 보고서가 나온 양력 5~6월에는 아직 지방에 당명을 공표하지 못한 단계였던 것이다.

이렇게 1904년 초부터 세력 결집을 시작한 동학교도들은 8월 말 이후 진보회進步會를 결성하게 된다.[9] 이들 동학교도들은 동학농민전쟁 이후 피신생활을 하면서 조직을 재건하고 북접 교단에 연결된 자들이었다.

전북과 충남 진보회의 결성과 활동 상황을 재구성해보면 다음과 같다. 전라도 일대 동학교도의 한 무리는 10월 10일 태인군을 거쳐 금구군 원평에 모여 단발하고 거기서 함열군 황등으로 올라갔다. 다른 무리는 개별적으로 함열로 모여들었다.[10] 이러한 동향에 대해 익산과 함열 황등장에 동학당 수천 명이 둔취했다는 신문보도들이 나왔다.[11] 전라도 진보회원의 일차 집결지는 함열 황등장이었다. 여기서 세력을 결집한 수천 명의 동학교도들은 강경포로 북상하여 진보회 집회를 개최했다.[12] 창립 집회 비슷한 것으로 보인다.

지방에서 집회를 열어 세력을 확장하면서 상경하라는 지시는 이미

1904년 9월 중순 서울 박남수의 통문을[13] 통해 제시되었다. 이때부터 지방에서 진보회가 조직되기 시작하고 10월 초에는 각 군을 이동하여 세력을 확대하면서 서울로 향했던 것이다. 후술하지만 서울에서 온 통문에 먼저 호응하여 진보회가 결성된 것은 호남 지방이 아니고 평안도 지방이었다.

  군산 영사관에서는 1904년 10월 다시 동학당의 동향을 다음과 같이 조사 보고했다.[14] 보고의 내용을 몇 가지로 요약하면, 10월 12일 강경에서 1km 정도 떨어진 곳에서 동학당이 집회를 열었다는 것, 수령 최성환은 각지의 지부에서 진보회라는 모임을 결성하고, 단발을 국정개혁의 지표로 삼아 회원을 모았다는 것, 일본에 망명한 한국인이 서울의 정계에 등장할 발판을 만들고 있다는 것, 과거 동학당의 잔당이 일본 세력에 아부하여 단발하면서 이익을 취하려 한다는 것 등이었다. 일본 측은 중심 인물인 임실 장선익張先益과 남원 이병춘李炳春을 주재소로 불러 조사했는데, 그들의 주장은 다음과 같았다.

  한국의 오늘날의 국정 문란은 해당 분야의 대신 등이 오로지 사적인 권한을 마음대로 휘두르고 사욕에 빠짐으로써 임금의 총명함을 가로막아, 우리 진보회원이 대거 경성에 올라가서 표表를 올려 당국의 여러 관을 몰아내고 국정 혁신을 행하려고 한다. 그 표시로써 진보회원인 자는 반드시 단발하는 것이다.

  그들은 경성에 가서 시위를 해야 목적을 관철할 수 있고 만약 그렇게 안 된다면 정부 전복에 나설 것이라고 주장하면서, 일본인이나 양민을 해치려는 것은 아니라고 주장했다. 러시아와 전쟁을 벌이고 있던 일본 측으로서는 안심이 되는 대목이다. 사실 진보회는 손병희가 러일전쟁에서 일본군을 지원하는 한편 대한제국 정부를 비판하기 위해 설립하도록 지시한 정치단체였으므로 일본 측에 해가 될 리가 없었다. 반면 대한제국 정부는 동학당이든 진보회든 활동을 금지했다.

여산군수는 동학거괴 30여 명을 체포했는데, 동학당은 '전북 대접주'라고 크게 쓴 깃발, 태극장에 '용담연원 검악포덕'이라 쓴 깃발, '포덕천하 광제창생 보국안민지대도'라고 쓴 깃발을 가지고 다녔다고 한다.[15] 깃발은 용담 수운 최제우와 검악 해월 최시형의 연원淵源을 제시한 것으로 북접 교단의 정통을 명백히 드러냈다. 진보회는 동학당이라 하지만 과거 동학농민전쟁을 주도한 혁명적인 남접 세력이 아니라 북접 교단 계통임을 깃발을 통해 공포한 것이다.

진보회가 북접 교단 소속으로 지방조직을 결성하여 기세를 높였지만 아직 제2차 동학농민전쟁에 참여했던 행위는 사면받지 못했다. 계속해서 대한제국 정부의 지방관과 정부군의 공격을 받았다. 이에 진보회는 1904년 12월, 독립협회 계열의 일부 개화 세력을 중심으로 서울에서 8월 창립된 친일조직 일진회一進會와 통합했다. 러일전쟁으로 사방에 일본군이 주둔한 상황에서 일진회와 결합한 진보회원에 대한 지방관의 통제와 체포는 힘을 잃었다. 전북 일원에서도 진보회원, 일진회원들이 뒤섞여 수백 수천 명씩 집회를 여는 일이 다반사가 되었다. 전주에서는 일진회원 수백 명이 총도 메고 검도 가지고 말도 타고 전라북도 관찰부의 포정문으로 들어가 선화당으로 올라가려는 지경이었다 한다.[16] 전라도 일진회원 2만 명이 군산항에 모여 단발하고 양복 입고 일제히 상경

한다는 소문도 돌았다.[17]

　진보회는 어디까지나 손병희의 동학교단이 조직하고 지휘한 정치조직이었다. 동학농민전쟁의 진원지인 전북과 충남에서 남접 계열 동학 여당의 변혁운동이 소진된 시공간을 대체하면서 문명개화노선으로 전환한 북접 교단의 진보회가 치고 들어온 것이다.

노선의 전환과 계승 문제

북접 교단 소속의 동학농민들은 진보회운동에 적극 참여했다. 그들은 그동안 지방조직을 복원하여 북접 교단에 접속시키려는 노력을 계속해왔다. 반면 남접 계열의 변혁운동과는 거리를 두었다. 그러한 입장의 대표적인 북접 지도자로 익산의 정용근, 남원의 유태홍, 임실의 이병춘을 들 수 있다.

　익산의 정용근鄭瑢根(1873~1938)은[18] 《동학사》를 저술해 유명한 오지영의 영향을 받아 1894년 3월 동학에 입도해 대접주 김방서 휘하의 집강소에서 사무를 보았다고 한다. 1896년에는 북접 교단의 지방조직이 일부 회복될 때 대접주 장경화 밑에서 활동했다.[19] 남접 출신인 오지영의 영향을 받아 동학에 가입했음에도 북접 소속으로 된 것인데, 이에 대해 오지영은 초기에는 남·북접 분립이 심하지 않아 자신도 손화중포에 소속되었지만 손화중이 권하여 금구의 북접 소속 김방서와 상종했다고 기술했다.[20]

　정용근은 1897년 북접 교단에서 두령으로 임명을 받고, 1900년 대접주 이병춘 휘하에서 손병희와 연결되었고, 1904년 대접주가 되어 태인에서 진보회운동을 전개했다. 강경에서 이병춘이 주도한 진보회에 참여했고, 김봉득과 함께 일본 경찰과 교섭하여 체포된 진보회원을 석방시킨 일도 있었다고 한다. 이후 천도교단에 들어가 활동했으며, 1919년 5월 만세운동에 연루되어 서대문 감옥소에 수감된 적도 있었다.

남원의 유태홍柳泰洪(1867~1950)은[21] 삼례 교조신원운동에 참여하여 전봉준과 함께 소두疏頭로도 나섰고 광화문 상소에도 참여한 인물이다. 제1차 동학농민전쟁에는 참여하지 않고, 김개남 부대가 주둔하던 남원에서 북접 동학교도들을 지휘한 것으로 알려져 있다. 진보회운동에도 적극 참여하고 천도교에 들어가 남원교구 설립에 앞장섰다. 3·1운동 때 남원교구장으로서 독립선언서를 전달 배포하는 역할을 담당하다 체포되었다.

임실의 이병춘李炳春(1864~1935)은[22] 삼례 교조신원운동 때 최시형을 만났다. 후일 대두령이 될 것이라는 격려를 받고, 북접 교단에 소속되어 활동했다. 서울 복합상소에도 임실을 대표하여 참여했다. 제2차 동학농민전쟁 때에는 임실에서 기포했다. 최시형이 피신 중 임실의 이병춘 집에서 9일간 피신할 정도로 신임을 받았다. 최시형과의 밀접한 관계가 계속 유지되면서 임실을 대표하는 접주로 자리 잡고, 1900년 손병희가 도통을 잇는 설법식에 참가한 30여 명에도 포함되었다. 호남 진보회의 결성을 주도했으며, 함열군 진보회장을 맡았다. 이후 손병희를 추종하면서 천도교의 주요 직책을 수행했고, 3·1운동에서는 독립운동 자금을 모금하는 역할을 담당했다.

호남의 북접 세력이 제2차 동학농민전쟁에 참여한 뒤 북접 교단 주도의 진보회, 천도교에서 활동한 것은 당연한데, 남접 세력으로서 농민전쟁 이후 북접 교단에 접맥되어 진보회운동에 참여한 인물도 없지 않다. 금구의 김봉득, 김제의 김봉년, 익산의 오지영이 그들이다.

금구의 김봉득金鳳得은 1894년 7월 남접 지도자 김덕명과 함께 기포했다. 그는 17세 소년으로 모략과 검술, 마술이 뛰어나 3천의 군사를 거느리고 전투에서 많은 승리를 거두었다 한다. 1904년 7월에는 강경포에서 중립회 설립에 적극 참여하고, 9월에는 진보회 태인지회 부회장을 맡는 등 북접 교단에 연결되었다. 1906년 천도교 중앙총부 교령이 되었다.[23]

김제의 김봉년金鳳年은 제1차 동학농민전쟁 때 김덕명포에서 활약한 뒤 공주에서 패한 뒤 변성명하고 전주 인근에 숨어 살았다. 후에 진보회운동에 참여하고, 천도교단의 교역자가 되었다.[24]

남접 세력으로 동학농민전쟁에 참여했다가 후에 천도교단의 간부가 된 대표적인 인물은 단연 오지영(1868~1950)이다.[25] 그는 전라도 무장 출신으로 1892년 8월 두 형인 오하영·오시영 등 손화중포 동학교도들과 함께 무장 선운사 도솔암 석불비결사건을 일으켰다. 이 사건으로 투옥되었다가 탈출하여 처가가 있는 익산으로 이주했다. 1893년 11월에 일어난 익산 민란에서 장두 역할을 하고, 동학농민전쟁이 일어난 뒤 익산 집강소에서 활동했다. 자신의 주장에 의하면 제2차 동학농민전쟁에서 북접 대접주 김방서와 함께 함열에서 봉기했으며, 남·북접 연합에 주도적 역할을 했다고 한다.[26]

1896년경 정용근과 함께 장경화를 통해 북접 교단으로 연결되어 익산에서 북접의 동학 지도자로 다시 활동을 시작했다.[27] 진보회와 일진회에서 활동했는지 여부는 확인되지 않는다.[28] 천도교가 창립되자 이에 적극 참여하여 1908년에는 익산교구장이 되었다. 3·1운동 이후 천도교연합회를 창설하여 천도교 개혁에 앞장서면서 교단 분열의 한 축을 이루었다. 1926년 만주로 이주하여 집단농장을 만들고 천도교 이상촌 건설을 추진했지만 성공하지 못하고 1935년 돌아왔다. 이후 신파가 주도한 천도교단에 맞서 교리서로서 1936년《신인내천》,《새사람과 새한울》, 그리고 역사서로서 1940년《동학사》를 간행했다.

호남 이외의 지역에서는 남접 세력이 없었기 때문에 북접 동학교단의 지시에 순응할 수밖에 없었다. 3·1운동 천도교 민족대표 가운데 손병희를 비롯하여 나인협·나용환·임예환·홍기조·권병덕·이종훈·홍병기·박준승 등은 모두 북접 교단 소속으로 동학농민전쟁에 참여했지만, 제1차 동학농민전쟁과는 무관했다. 청주 출신인 권병덕과 경기도 광주 출신 이종훈, 여주 출신 홍병기는 제2차 동학농민전쟁 때 손병희를 호종했다. 박준승은 전라도 임실 출신으로 북접 교단 주도의 동학농민전쟁에 참여했다. 평안도 출신인 나인협·나용환·임예환·홍기조 등도 북접 교단 소속으로 동학농민전쟁에 참여했다 하지만 분명치 않다. 이들 북접 교단 소속 동학교도들은 1904년 진보회운동에 대부분 적극 참여하고 이후 천도교의 핵심 간부가 되었다.

이상의 논의에서 강조해야 할 점은 1894년 동학농민전쟁을 주도한 남접 계열의 변혁 세력이 그 이후 10여 년 변혁운동을 지속하다가 한계에 도달하여 소진된 시공간에서 노선을 전환한 북접 교단의 진보회가 이를 대체했다는 점이다. 변혁운동은 민중 속으로 해소되고 노선이 다른 문명개화운동이 등장했다. 따라서 천도교의 3·1운동 주도를 내세워 25년 전 동학농민전쟁의 역사로 소급하려 할 때 그사이에 노선의 단절과 분화의 프리즘이 존재한다는 점을 주목하지 않으면 안 된다.

천도교가 1919년 3·1운동을 선도함으로써 이에 참여한 천도교인들은 아주 많다. 그들 중에 북접 교단 소속으로 제2차 동학농민전쟁에 참여한 사람도 있었다. 또 남접 계열로서 제1차 동학농민전쟁에 참여했다가 북접으로 연원을 옮겨 3·1운동에까지 참여한 사람도 많지는 않아도 있을 수 있다. 오지영이 대표적인 인물이다. 그 외에 전봉준과 함께 고부민란에서 사발통문에 참여했던 사람 중에 북접에 연결되어 진보회운동에 참여하고 천도교의 독실한 교인이 된 사람도 있다 한다.[29] 동학농민전쟁 참여자 3,644명과 3·1운동 관련 독립유공자 4,948명 중 21명은 두 운동에 동시에 참여했는데, 그중 2명 정도는 제1차 동학농민전쟁에도 참여했다.[30] 이렇게 동학농민전쟁에 참여한 인물이 25년이 지나 3·1운동에도 참여한 인적 맥락을 찾을 수 있고, 극소수지만 제1차 동학농민전쟁부터 참여한 인물도 찾을 수 있다.

그렇지만 동학농민전쟁에 참여했던 남접 계열의 일부가 진보회운동에 가담하고 천도교로 노선을 전환했다 해서 곧바로 3·1운동이 남접의 변혁운동을 계승했다고 말하기는 어렵다. 제2차 동학농민전쟁에 참여한 북접 교단 소속 지도자들이 3·1운동 민족대표로 등장한다고 해서 양자의 관계를 일직선으로 계승관계에 놓여 있다고 보는 것도 단선적인 해석이다. 천도교가 3·1운동을 선도했다고 동학농민전쟁으로 소급해서 이를 전유해서는 안 된다. 남접의 변혁운동노선도 천도교 주도의 3·1운동을 전유하려 하지 말고 민중의 맥락이 어떻게 3·1운동으로 연결되는지 그 경로를 추적해야 한다. 이렇게 보는 이유는 1900년 이후 손병희의 북접 교단이 문명개화노선으로 전환한 사실이 놓여 있기 때문이다. 더구나 1905년 12월 창건한 천도교단은 변혁운동의 계승을 부정하고 단절하는 역사적 평가를 내렸기 때문이다.

천도교단사의 변혁운동 배제

문명개화노선으로 전환한 손병희는 천도교를 창건하면서 동학의 과거와 단절을 꾀했다.[31] 1905년 12월 1일 신문에 게재한 천도교 창건 광고문은 '천도교 대도주 손병희'의 명의로 나왔으며, 애초에 동학에 대한 언급은 일언반구도 없다.[32] 동학과 단절하려는 의사가 분명하다. 천도교가 창건된 직후 천도교의 입장을 담아 간행된 교리서에 동학 및 동학농민전쟁과의 단절을 꾀하는 언설이 나오기 시작했다. 1906년 간행된 16쪽짜리 교리서인《천도교지天道教志》에는 다음과 같이 기록되어 있다.

> 갑오년 전봉준이 고부에서 기뇨起鬧했다. 이것은 대개 고부군수 조병갑이 포학하여 전봉준의 아버지가 그 폐단을 고치고자 했으나 마침내 민요 장두로 처형당해, 전봉준이 아버지의 죽음을 신원하고 그 원수를 갚고자 무리를 모을 계획으로 임시로 입교한 때문이었다. 전봉준의 봉기는 교문이 정한 바 아니어서 선생이 사람을 보내어 그 죄를 물었다.……성토문을 전봉준에게 보내었으나 전봉준이 반항하여 승복하지 않았다. 이때 거의하여 전봉준을 토벌한 사람이 곧 손병희다.[33]

> 전봉준이 사적인 원한으로 가짜로 동학에 들어가 봉기하므로 교주가

토벌했다는 것이다. 전봉준 등 남접이 주도한 동학농민전쟁의 역사를 폄하하고 평가절하하는 천도교 교단의 입장이 처음 나타났다.

  1907년 간행된 56쪽짜리 최초의 교단사인《천약종정天約宗正》의 관련 내용을 번역하면 다음과 같다.

> 전봉준이 서인주의 도술에 빠져(자칭 남접) 호남에서 민요를 일으켰다. 신사가 의암성사를 보내어 성토했다. [집설集說] 대신사는 일찍이 신사에게 말씀하시기를 오도吾道의 운은 북에 있다. 남북접을 정하면 나는 북접으로 가리라. 또 말씀하시를 옹치격雍齒格이니라. 이때를 당하여 전봉준은 남접인으로서 그 아버지가 민요 장두로 처형당한 것에 한을 품고 남쪽 군을 어지럽히니 신사께서 성사를 보내어 그 죄를 치니 대신사가 하신 말씀이 과연 증험되었다. 김연국이 벌남伐南의 기치를 세워 그 죄를 성토하는 것이 옳다고 말했다.[34]

이 책에서 수운대신사, 해월신사, 의암성사의 계통이 역사적으로 정립되었다. 동학농민전쟁에 대해서는《천도교지》에서 언급한 것에다, 전봉준의 배경에 서인주(서장옥)가 구축한 남접이 있다는 것, 최제우가 이미 도는 북접에 있다고 예언하여 남접을 배척했다는 전설이 추가되었다. 즉, 남북접론이 교단사에서 처음 등장하여 남접이 민요를 일으켰고 북접 교단은 이를 배척했다는 점을 강조했다. 남접의 동학농민전쟁을 배제하여 천도교와 무관한 것으로 선언했던 것이다. 대신사가 도명을 '천도'로 정했으며, 대신사는 '천도교 종조宗祖'라는 점이 강조되었을 뿐, 동학을 계승했다는 말은 전혀 나오지 않는다. "동학을 고쳐 천도교라고 이름했다"라는 딱 한 구절에서 '동학'이 유일하게 언급되었다. 이 책에 한정해서 본다면 '동학농민전쟁'뿐 아니라 '동학'과의 결별이라 해도 과언이 아니다.

이러한 관점은 최초의 본격적인 천도교단 역사책인《본교역사》에 정식으로 계승된다.[35] 한문본《본교역사》에서는 교조신원운동에 대해서는 자세히 기록했으나 동학농민전쟁에 대해서는 전혀 언급하지 않았다. 1894년 갑오년조에는 12월에 최시형이 홍천으로 피신했다는 기록밖에 없다. 반면 한글본《본교력ᄉ》에는 다음과 같이 기록되어 있다.

> 포덕 삼십오년 갑오 삼월에 전라도 고부 사람 전봉준이 속으로는 그 아비가 민요 장두로 죽은 원수를 갚을 계획으로 밖으로는 동학을 자탁하고 민요를 일으킬 새, 자칭 남접이라 하여 신사의 지휘명령을 받지 아니하는 일을 표시하는 고로, 신사 손병희를 보내어 사문의 불준명령하는 죄를 성토케 하였더니 일이 여의치 못하니라. 이때에 김개남이 금구서 일어나고 손화중은 무장군에서 일어나고 최경선은 태인서 일어나서 팔도의 풍운이 크게 요동함은 일일이 기억하기 능치 못하도다.[36]

《천약종정》의 내용이 정식으로 한글본《본교력ᄉ》라는 천도교 역사책에 올라간 것이다. 동학농민전쟁의 성격을 전봉준 등이 동학을 자탁하여 민요를 일으킨 것으로 정리한 것은 이전과 마찬가지다. 그것도 전봉준이 자기 아버지가 민요를 주도하다가 사망한 그 원한을 갚으려는 것이 목적인 것으로 폄하했다. 교단의 명을 거역하면서 남접이라 하므로 손병희가 치려 했지만 성공하지 못했다고 기록했다. 다만 김개남·

손화중·최경선 등 다른 남접 세력이 봉기했다는 점을 추가로 언급하여 동학농민전쟁이 격변을 일으킨 사건임을 인정했다. 그렇지만 북접 교단이 제2차 동학농민전쟁에 합류한 역사적 사실은 언급하지 않았다. 동학농민전쟁은 동학교단과 전혀 무관한 일로 취급된 것이다. 동학의 후신임을 밝히는 것조차 꺼리는 천도교단이 동학농민전쟁과의 관련 여부는 거론할 필요조차 없는 일이었다.

1919년 3·1운동 이후 천도교단에서는 새로운 교단사의 편찬과 그 교육에 나섰다. 천도교 청년교리강연부에서 작성한 《천도교회사초고》(1920)는 이돈화李敦化 등 문명파의 견해를 신고, 천도교 교리 임시강습회에서 편찬한 《천도교서》(1920)는 오지영 등 혁신파가 기술한 것이라는 평가다.[37] 혁신파 오지영은 3·1운동 이후 교단의 운영에 문제를 제기하다가 천도교연합회를 조직하여 천도교단에서 분립해 나갔다. 이후 천도교는 다시 서북 지방을 기반으로 한 신파와 기호 지방을 기반으로 한 구파로 나뉘었다. 1933년 이돈화는 신파의 입장을 관철한 《천도교 창건사》를 집필했다. 그에 대립하여 오지영은 1924년경 집필한 《동학사》(초고본)를 보완하여 1940년 간행했다. 《천도교 창건사》는 천도교를 적통으로 본 역사책, 《동학사》는 동학을 적통으로 본 역사책으로 서로 대립적 입장을 선명히 드러냈다.[38]

천도교 최초의 역사책인 《본교역사》는 동학농민전쟁을 배제했으며, 이후 천도교 교단사는 일부 사실을 소개했지만 지엽적인 흐름 또는 '이단'으로 취급했다.[39] 반면 오지영의 《동학사》는 동학농민전쟁을 중심에 놓고 평가했으며, 오늘날의 동학농민전쟁에 대한 역사상은 이로부터 형성 계승되었다.[40]

서북 지방 포덕과
천도교 창건

서북 지방 포덕의 확대

천도교 창건의 종교적 기반은 서북 지방에서의 포덕 성공이었다. 앞에서 동학농민전쟁이 일어났던 전북·충남을 중심으로 동학교단의 진보회가 변혁적 동학여당의 활동을 대체했음을 논의했지만, 천도교의 창건은 서북 지방, 특히 평안도 지방의 교세 확장을 기반으로 했다.[41]

동학농민전쟁 이후 동학교단은 조직의 재건을 꾀했으나 남부 지방에서는 여의치 않았다. 반면 신천지 서북 지방에서는 활발하게 포덕이 이루어졌다. 1897년 7월 교주 최시형은 황해도와 평안도에 두목을 임명하고, 차도주次道主 손병희·김연국·손천민 가운데 손병희를 '주장主張'으로 삼아 북접대도주北接大道主로 임명했다. 1898년 4월 최시형이 체포된 뒤 손병희는 김연국과의 경쟁에서 승리하여 1900년 동학의 3대 교주가 되었다.

의암 손병희의 도통이 확정되면서 손병희의 연원하에 평안도에 대한 포덕은 더욱 활발해졌다. 평안도에서 포덕한 사례를 홍기조洪基兆의 경우를 통해 살펴볼 수 있다.

홍기조가 포덕한 이정점李貞漸과 강병업姜炳業은 종전과 같이 홍기조에 상종相從하고, 홍기조는 편의장便義丈 이만식과 상종하고, 이만식은 차도주인 구암 및 송암과 상종하고, 구암과 송암은 대도주장大道主張 의암에게로 귀심歸心하니 이로써 잘 헤아려 한결같이 지도를 따라 사이가 벌어지는 일이 없도록 하라.[42]

평안도 동학교도들이 홍기조를 통해 손병희의 연원에 연결되는 계통을 명확하게 한 통문의 내용이다. 평안도의 계통은 [대도주 의암 – 차도주 구암과 송암 – 편의사 이만식 – 평안도 대접주 홍기조]로 이어지는 계통으로 확립되었다. 교단에서는 평안북도의 연원은 대접주 홍기조 한 파의 연원밖에 없다고 선언하기도 했다.[43]

홍기조는 평안남도 용강군 출생으로 1894년 10월 동학에 입도했다. 그는 태천의 이정점·정봉 형제, 사촌형인 용강의 홍기억洪基億을 입도시켰다. 1896년 12월 홍기억과 함께 문경에서 최시형 및 손병희를 만나 두 달간 머무르며 동학의 교리를 습득했다. 그는 평안도 지방에서 포덕에 큰 성공을 거두어 1900년 평안도 대접주가 되고, 1903년에는 1만 호를 포덕한 공로를 인정받아 의창대령에 임명되었다. 이후 진보회 운동에 가담하고 천도교에 참여하여 평양 대교구장을 역임했으며, 3·1 운동 민족대표 33인에 참여하기에 이른다.[44] 홍기조를 평안도 대접주

라고 칭했지만 홍기억이 나란히 등장하여 남북도를 나눈 것으로도 보인다.[45]

홍기조와 비슷한 시기에 동학에 입도하여 평안도 지방의 포덕에 큰 공을 세워 대접주·의창대령을 역임한 인물로는 홍기억과 나용환·나인협·이정점이 있다. 이들도 홍기조와 비슷한 포덕을 했던 것으로 이해하면 될 것이다. 홍기조·홍기억·나용환은 임예환과 함께 지방 지도자로 성장한 대표적인 인물들로서 3·1운동 33인에 선정되었다.

평안도 대접주인 홍기조 아래에는 청북수접주淸北首接主 이정점이 속해 있었다. 청북수접주는 평안북도의 청천강을 경계로 북쪽 지역 책임자인 것으로 보인다. 청북수접주 아래에는 각 군읍을 담당하는 접주가 있었다. 수접주를 차지한 이정점이 동학에 입도시킨 무리는 수천 명에 달했다.[46] 그의 아들 이용성은 진보회를 열 때 태천에서 소년 평의원으로 활동하다 아버지 대신 체포되어 고초를 겪기도 했다. 그 후 이용성은 광무학교, 관립 한성사범학교를 졸업하고 선천보통학교와 사립 명심학교에서 교편을 잡았으며 지방 전교사로도 활동했다.[47]

이정점이 전교한 사람 중에 영변접주가 된 강성택은 1899년 입도한 뒤 동학의 포덕과 조직 활동에 열심이었으며, 그가 포덕한 동학교도만도 천 명에 가깝고, 인척인 박지화를 입도시킨 후 그로 하여금 포덕케 한 수효도 220여 명에 달했다 한다. 강성택이 입도시킨 삼촌 강병업은 문자를 알았기 때문에 삼남의 여러 도주로부터 내려오는 통문을 관장했다.[48] 강성택은 체포되어 심문을 받으면서도 배교하지 않고 떳떳했던 인물로 동학교도의 귀감이 되었다.[49]

접주-수접주 위에 있는 대접주는 몇 개의 도를 관할하는 편의사便義

司의 지시를 받는데 평남·평북·황해도를 관장하는 북삼도 편의사로는 이만식이 임명되었다.[50] 이만식은 진보회운동을 주도한 이용구다. 이와 비슷한 직책으로서 현장에 위급한 상황이 발생하였을 때 중앙의 교단에서 현장 상황을 시찰하기 위해 파견되는 순접주巡接主가 있는데, 당시 평안도 지방에는 손병희의 동생 손병흠孫秉欽이 파견되었다.[51] 편의사는 차도주인 구암 김연국과 송암 손천민의 지시를 받았고 이들은 총괄적으로 대도주 손병희의 지휘를 받았다. 이렇게 [접주−수접주−대접주−편의사−교주]로 이어지는 연원과 위계질서가 형성되었다. 평안 남북도를 중심으로 한 서북 지방 교세의 성장에 대해서는 7장에서 통계적으로 관찰할 수 있다.

서북 지방의 진보회

교주 손병희는 일본에 망명해 있었지만 서북 지방 교세의 확장을 기반으로 동학교단은 완벽하게 재기했다. 이제 정부의 지목과 탄압을 극복하는 것이 과제였다. 일본에서 문명개화노선으로 전환한 손병희는 친러파 광무정권의 타도를 계획하여 일본의 지지를 받고자 했다. 러일전쟁이 일어나자 손병희는 일본군에 군자금을 기부하는 한편 동학교도들을 일본군 병참선에 동원했다. 일본의 신뢰를 얻으면서 손병희는 정치조직을 결성하여 대한제국 정부 비판에 나섰다.

앞에서 언급한 것처럼 1904년 차례대로 대동회−중립회−진보회−일진회를 조직하여 민회운동을 전개했다. 지방의 동학교도들은 일제히 단발하여 세력을 결집한 뒤 국정쇄신을 요구하는 민회를 열었다. 앞에서 전북·충남 지역의 진보회가 변혁적 동학여당을 대체하게 되었다고 설명했는데, 서북 지방에는 이전에 변혁적 동학당이 존재하지 않았다. 처음부터 순수하게 북접 교단 소속으로, 그리고 손병희 연원으로 동학에 입도한 자들이었다. 손병희의 새로운 세력 기반이었다.

진보회는 정확히 언제 결성되었는지 알 수 없지만 대략 8월 말경에 출현한 것 같고,[52] 평안도에서는 9월 초에 움직임이 나타났다.[53] 1904년 9월 초 동학교도들이 평안남도 삼등군에 모여 서울 박남수의 통문에 따라 '거의', 상경하겠다는 움직임을 보였다. 그들은 붉은 색 큰 기에 '인仁'자, 작은 기에 '주周'자를 쓴 깃발 두 개를 들었다. 박남수의 통문은 대한제국 정체를 비판하는 반정부적인 것이었다.[54] 성천 등지의 동학교도는 '지至'자와 '인仁'자 깃발, 또 '대의', '관덕'이라 쓴 깃발을 가지고 삼등군으로 모여 서울로 향하려 했다.[55] 순천군에서는 동학당 1천 명이 일진회를 칭하면서 '보국안민' 넉 자를 쓴 기를 들었고, 맹산·양덕·영유·영원·덕천 등지의 각 군 인민들도 '보국애민'한다 칭하며 소요가 일어났다고 한다.[56]

평안남도 각 군의 진보회민 1천여 명은 10월 14일에 평안남도 관찰부가 있는 평양으로 들어가 '민회'를 열고 단발하고자 했다. 15일에는 주모자 수백 명이 삭발하고 양복을 착용했다.[57] 평안도관찰사는 민회를 엄격히 다스릴 것이라고 고시하고, 물러나지 않으면 군대를 파견해 진압하겠다고 위협했다.[58] 손병희가 문명개화노선으로 전환한 뒤 동학의 지목을 벗고자 계속 노력했지만 1904년 가을인데도 아직 해제되지 않고 있었다. 동학교단으로서는 이 지목과 체포령을 푸는 것이 과제가 아닐 수 없었다.

평안북도에서도 진보회가 결성되어 민회가 열렸다. 정주군에서는 10월 7일 진보회 400명이 삭발하고, 구성군에서는 10월 8일 동학당 1천여 명이 읍중에 들어가 이튿날 일제히 단발하고, 곽산군에서는 10월 8일 진보회 300여 명이 읍중에 들어가 집회를 열고, 박천군에서는 10월 8일 단발하고, 가산군에서는 음력 8월 29일 수백 명이 읍중에서 둔취하고, 철산군에서는 음력 8월 29일 진보회 300여 명이 읍중에서 둔취하고, 태천군에서는 10월 8일 진보회 600~700명이 집회한 뒤 이튿날 일제히 단발했다. 이때는 일본 헌병이 해산을 촉구하고 발포하거나 체포했다. 특히 태천군에서는 진보회의 동학교도들이 도망가다가 6명이 물에 빠져 죽는 참사가 일어났다.[59] 태천군사건은 천도교단사에서 고치강사건으로 크게 다루고 있다.

이후에도 평안남북도 각지에서 동학교도들이 진보회를 결성하여 집회하고 단발하고 상경을 시도하거나 지방 행정의 문제들을 지적했다. 평안남도 관찰부가 있는 평양이 중심이었다. "평양통신을 거한 즉 현금에 진보회가 각 지방에서 평양으로 회집하여 사무소를 정하고 개회 일자는 머지 아니하였는데 종로에 포고문을 써서 게방하며 노상에 삼삼오오로 작반하여 다니는 자 불가승수요 무비 진보회원이라더라"는 보도가 나왔다.[60] 서북 지방의 중심인 평양으로 진보회가 진출하여 지방 정부를 비판했던 것이다. 진보회를 흡수한 일진회는 더욱 맹렬하게 지방 관아를 압박했다. "일진회에서 시정개선하자고 누누이 정부에 충고하여 지우금 한 가지도 실시가 못 된지라. 지금부터는 정부와 상관할 것 없이 곧 일진회에서 자행자지 한다더라"는 보도에서 보면,[61] 진보회에서 변신한 일진회의 지방지회가 지방 행정을 접수할 지경이었다.

천도교의 창건

통설적으로 천도교의 창건은 손병희의 일본 망명과 문명개화로의 노선 전환, 진보회·일진회를 통한 정치적 비판 활동, 일본으로부터의 지지를 통해 가능했던 것으로 논의되어왔다.[62] 천도교의 창건에 대해서는 이렇게 위로부터뿐 아니라 아래로부터, 동학조직의 재건 또는 성장과 관련지어 논의할 필요가 있다. 그래서 여기서는 아래로부터 형성된 인적·물적 기반의 중요성을 강조했다.

통계적으로도 이를 확인할 수 있다. 1904년 11월 11일 일본군의 조사에 의하면, 진보회원 전체 11만 7,735명 중 평안남도 진보회가 18개 군에 4만 9,850명으로 42.3퍼센트, 전라북도 10개 군 2만 2,180명, 18.8퍼센트, 평안북도 12개 군 1만 9,560명, 16.6퍼센트, 함경남도 7개 군 9,240명, 7.9퍼센트, 황해도 13개 군 6,255명, 5.3퍼센트였다.[63] 평안 남북도가 58.9퍼센트로 절반을 크게 넘고, 북부 지방 전체가 72.1퍼센트에 달한다. 남부 지방에서는 전라북도가 건재한 점이 눈에 띈다. 서북 지방에서의 포덕이 대단히 급속한 속도로 확대되고, 평안남도가 동학의 새로운 중심지가 된 것을 통계로 관찰할 수 있다. 또한 동학여당의 변혁운동을 대체한 전라북도의 진보회가 적극 활동한 점도 통계를 통해 확인된다.[64] 이런 인적 기반과 그로부터 형성되는 물적 기반을 통해 천도교의 당당한 창건 선언이 가능했던 것이다.[65]

손병희가 천도교를 창건한 것은 동학이 1894년 동학농민전쟁을 주도했다는 혐의를 벗고 근대적 종교의 반열에 올라 자유롭게 포덕할 뿐아니라 정치·사회적 과제를 실천하기 위한 것이었다. 잘 알려져 있지만 1905년 12월 1일 손병희가 신문에 낸 광고의 원문을 그대로 제시하면 다음과 같다.

> 夫吾敎는 天道之大原일새 曰天道敎라 吾敎之刱明이 及四十六年에 信奉之人이 如是其廣하며 如是其多로되 敎堂之不遑建築은 其爲遺憾이 不容提說이오 現今人文이 闡開하여 各敎之自由信仰이 爲萬國公例오 其敎堂之自由建築도 亦係成例니 吾敎會堂之翼然大立이 亦應天順人之一大標準也라 惟我同胞諸君은 亮悉함. 敎會堂建築開工은 明年二月로 爲始事.　　天道敎 大道主 孫秉熙[66]

손병희는 광고에서 첫째 천도교라는 '종교'를 창립한다는 것, 둘째 교당을 짓겠다는 것 두 가지를 언급했다. 천도교는 이 광고를 19일까지 계속 신문에 실어 천도교의 창건을 지속적으로 선전했다. 그런데 광고에 제목이 없다. 여기서는 천도교단 주류의 입장이 반영된《천도교 창건사》의 책 제목에 따라 '창건'이라 표현하겠지만, 창건, 창립, 설립, 개신, 혁신, 개혁, 개편, 개창 등 여러 가지로 해석할 수 있다. 왜 광고에 제목을 붙이지 않았을까?《천도교 창건사》는 본문에서 "교명을 천도교라 하니 이는 대신사의 도즉천도道則天道라 하신 본명本名을 그대로 내놓은 것"이라고 설명했다.[67] 광고의 첫머리에서 "우리 종교는 천도의 근원이므로 천도교라 한다"는 말과 같다. 최제우는 '논학문論學文'에서 "도는 비록 천도지만 학은 곧 동학"이라고 했는데, 왜 46년 전 최제우가 창명한 종교가 '동학'이었음을 광고에서 언급하지 않았을까? 그렇지 않아도 진보회·일진회가 이전의 동학비류로 지목받고 있는 판에 새로운 근대적 종교를 창립할 때 동학이라는 표현은 거론조차 하고 싶지 않았을 것으로 추정된다.[68]

1897년 평안남도 순안군의 관서문장이라 일컫는 유학자 한석태가 《천도소원天道溯原》(1887년 간행)을 읽고 기독교로 개종했다고 한다.[69] 책의 내용을 떠나 기독교를 '천도'로 번역한 점이 주목된다. 서학이 천시를 알고 천명을 받았기 때문에 최제우도 서학을 천도로 인정했다는 점은 1장에서 살펴보았다. 서학에는 천주교뿐 아니라 기독교도 포함된다고 볼 수 있으니 동학에서 유래한 천도교뿐 아니라 기독교도 똑같이 천도인 셈이다. 천도임에도 불법화되어 탄압받던 동학을 탈피하여 이제 명실공히 천도교가 되었으니 천도의 반열에 있는 서양 근대종교와 같은 반열에 올라간 것인가? 천도교는 서양 근대종교와 새로운 관계 설정을 하지 않으면 안 되는 단계에 돌입했다.

일제 통감부가 설치된 직후인 1906년 1월 28일 귀국한 손병희는 곧바로 교단 정비에 착수했다. 첫째, 친일 매국단체로 전락한 이용구 지배하의 일진회원을 정교분리政敎分離 원칙을 내세워 축출하여 인적 정비를 단행했다. 축출된 이용구 등은 1906년 12월 시천교侍天敎를 창립했고, 후에 김연국 일파를 끌고 갔다. 시천교 교도가 아주 많았기 때문에 이때 천도교의 교세는 크게 위축되었다.

둘째, 손병희는 천도교를 근대적 교단체제로 전환하고자 했다. 동학 교리에서 민간신앙적 요소를 제거하고 근대적 합리성을 갖춘 교리체계를 만들었다. 서양 종교의 의례와 교단조직 방식도 수용하여 현실주의적 교단체제를 만들어나갔다.

오지영은 천도교 창설을 다음과 같이 평했다.

을사년이 돌아오자 천도교라는 이름을 세상에 반포하였다. 천도 두 자에다가 교 한 자를 더함은 근대적 종교 의미에서 그리 한 것이다. 천도교에서 소위 5관(주문·청수·시일·기도·성미)이라고 하는 것 중에 시일예식과 기도며 설교 등과, 조직체에 있어 도주니 교주니 장로니 도사니 전도사니 전교사니 하는 것 등과, 기타 사장司長이니 관장觀長이니 원장이니 구장이니 하는 것 등은 종교식에다가 정치사회적 조직 상태를 모방한 것이라고 할 수도 있는 것이었다.[70]

천도교를 '천도' 두 자에 '교'자를 붙인 것에 불과하다고 평면적으로 소개한 것은 동학의 전통을 무시하고 천도교만 강조한 처사에 대해 불편한 심경을 드러낸 것으로 읽힌다. 중요한 점은 천도교가 '근대종교'에 걸맞은 예배의식, 조직체계를 갖추었다고 평가한 점이다.

천도교는 동학을 천도교로 개명하고, 동학 남접의 변혁운동과 결별함으로써 불법화되어 있던 동학으로부터 완전히 탈피하여 근대종교로 전환하고자 했다. 이를 위해 교리체계의 합리화, 의례의 근대화를 추진했다. 이때 근대 서양 종교, 특히 기독교를 표준으로 삼았다.

천도교의 근대 종교화와
기독교 모델

천도교당의 건축

천도교가 근대종교로 합법화하고자 했을 때 이미 합법 공간에서 교세를 확장하고 있던 서양 종교의 방식을 모델로 삼지 않을 수 없었다. 천주교가 들어온 지는 100여 년이 넘었고 기독교가 들어온 지도 20년이 넘었다. 서양 종교는 한국사회에 안착했고 비약적인 성장의 과정에 놓여 있었다. 갑오개혁 이후 독립협회의 민권운동, 각종 학회의 계몽운동으로 서양과 일본의 문명이 물밀듯이 밀려들었다. 종래의 불교·유교·민간신앙은 비판의 대상이 되었다. 서양 종교가 문명의 보편성, 근대종교의 표준이었다. 천도교가 기독교를 모델로 삼아 서구화 또는 근대화를 꾀한 모습을 교회당 건축, 교리 및 의례의 근대화에서 찾아보기로 한다.

천도교 대도주 손병희가 1905년 12월 1일 신문에 광고를 냈을 때 그것은 천도교의 창건을 알린 것이기도 하지만 그보다는 다른 측면에 목적이 있었다. "현재 인문이 천명闡明하여 어느 교든 자유로 신앙하는 것이 만국의 공례가 되고 그 교당을 자유로 건축하는 것도 역시 성례"가 된다고 하여, 천도교 교당을 1906년 2월부터 건축하겠다는 뜻을 밝힌 것이 핵심이다. 창립된 지 46년이나 되어 교인도 많은데 교당을 건축할 겨를이 없었음을 안타깝게 여기면서, 종교의 자유가 보장되는 상황에서 천도교의 회당을 당당하게 건립하여 종교 자유의 표준으로 삼겠다는 입장을 선언했다. 천도교의 합법화, 근대화를 위한 시각적 상징물을 공표한 것이다. 서울에는 명동성당, 정동교회가 고딕 양식으로 위용을 과시하고 있었다. 천도교가 근대종교가 되려면 그들 종교건축물과 비견되는 건축물이 필요하다고 손병희는 인식했다.

천도교 내적으로 보더라도 후술하듯이 일요일로 정한 시일侍日에 성화회聖化會라는 공개적인 예배의식을 시행하도록 했는데, 전국에 교구를 설정하고 각 면마다 전교실을 마련하고 시일마다 성화회를 열 때 그 장소가 필요했다. 개인의 가옥을 빌려 임시적으로 성화회를 열더라도 궁극적으로는 천도교회당을 건축하는 것이 과제로 되지 않을 수 없었다.

전국에 걸쳐 천도교회당이 건립된다면 그것은 마을마다 세워진 기독교 예배당과 비견되는 일이다. 교회당 건축 양식의 측면에서도 천도교는 기독교를 모델로 삼은 것 같다. 건축 양식은 외면적으로 매우 유사했다. 평안도 지방에서 천도교와 기독교가 교세를 확장하며 성화회실, 교회당을 건축한 양상을 보면 처음에는 한옥으로 짓다가 그다음에는 한식과 양식의 절충식으로 지었다. 교인들이 자발적으로 건립한 교회당의 건물 양식은 8장 천도교 의주 대교구실과 의주 서교회의 사진에서 한식과 양식 절충식으로 유사함을 볼 수 있다. 서울의 정동 감리교회와 천도교 중앙대교당도 서로 고딕식으로 지어 유사하면서 경쟁적이다.[71] 7장 교회당 선립 남론에서도 천도교와 기독교의 유사성을 볼 수 있다.

교리의 체계화

1880년대 《동경대전》의 간행으로 동학이 종교로서 자기 정체성을 형성하기 시작했지만, 교리의 근대적 체계화와 합리화는 천도교가 창건된 이후 본격화되었다. 천도교는 근대화의 대세 속에서 서양 종교와 견주어 포덕에 유리한 논리체계를 합리적으로 구축하고자 했다.

천도교단은 창건 직후부터 양한묵梁漢黙 등을 중심으로 교리체계를 구축하고 이를 교리서의 형태로 간행했다. 1906년 6월부터 1년 동안 발간된 《만세보萬歲報》에 이들 교리서들을 게재하여 교인을 교육하고 일반인에게 선전하기도 했다. 1906년 《천도교전天道敎典》, 《천도교지天道敎志》, 《천도태원경天道太元經》이 간행되고, 1907년 《대종정의大宗正義》, 《천약종정天約宗正》, 《교우자성敎友自省》, 《천도교문天道敎門》, 《현기문답玄機問答》 등이 간행되었다.[72] 양한묵은 전통 학문의 기초 위에 근대학문도 수학한 인물이다. 유·불·도·선 그리고 서학까지 아우른 동학의 교리를 근대화할 때 적절한 학문적 기초를 갖추었다. 천도교는 기독교와 마찬가지로 신문과 잡지를 간행하여 천도교인으로서의 정체성을 구성하고자 했다. 교리서는 기독교의 전도지처럼 포덕 자료가 되기도 하고 교인의 교육 자료도 되었다.

교리서에서 사용하는 용어나 개념은 서양 및 일본을 통해 들어온 근대적인 것들이었다. 《천도교종령존안》에서 보면[73] 도인이라 하지 않고 교인으로 쓰면서, 종도, 신도, 입교인, 신입교인 등의 표현도 사용했다. 종래의 도소와 포접 대신 교당 또는 교회, 교구라고 했다. 천도교단을 종문 또는 교문, 교단으로 표현했다. 제사에서 성화회로, 가사에서 천덕송으로 변했다. '종교'의 '종' 또는 '교' 개념을 사용하여 교리와 조직의 개념을 만들어냈다.

천덕송에는[74] 거룩, 일용, 사랑, 천국, 감사, 육신, 성령, 마음, 신령, 하늘, 하날님, 세상사람, 믿음, 기쁨, 착한 마음, 장수, 복, 시험 등 기독교에서 사용하는 용어도 많이 등장한다. 특히 사랑의 개념은 기독교가 전면에 내세우는데 천도교 교리에서도 확인된다.[75] 천도교와 기독교는 새로운 종교적 용어를 창안하고 공유하며 상호 영향을 끼쳤다. 사실 기독교에서 사용하는 용어나 개념도 전통 종교인 불교·도교의 개념을 차용한 것이며, 천도교도 그런 과정을 따라가면서 모방하고 상호 영향을 끼치게 된 것이다.[76]

천도교 교리도 동양의 종교를 망라하고 서학까지 참조한 것이다. 교리의 핵심은 신관神觀=천관天觀에 있는데 천도교의 그것은 나름의 특성을 지니고 있다. 초월적이고 유일신적인 '천주' 개념과 내재적이고 범신론적인 '지기至氣'의 개념이 병존한다. 천주와 지기라는 이원적 천관은 교인의 신앙생활에서 믿음과 수도修道의 양립을 불가피하게 한다. 불교나 도교에서 보이는 득도를 위한 수도, 민간신앙이나 기독교에서 보이는 초월적 신에 대한 믿음, 이 두 가지가 천도교에는 모두 존재한다. 지도자들은 초월적 인격적인 한울님보다 내 몸 안에 모셔져 있는 생성변화의 과정에 있는 한울님을 강조하여 지상천국의 건설을 추구한다. 이러한 인식은 인내천人乃天과 교정일치敎政一致의 교리에 잘 반영되어 있다.

그렇지만 교인 개인의 신앙생활에서는 인격적 신관이 부각되는 경향이 없지 않다. 3장에서 살핀 것처럼 동학교도들은 동학의 한울님이 기독교의 하나님과 유사하다고 인식함으로써 기독교에 쉽게 접근했다. 천도교에서는 한울님을 부모에 비유하기도 했는데,[77] 한국의 기독교에서는 일상적으로 '하나님 아버지'라고 신을 불러댄다. 절대자 신의 이름에 차이가 거의 없다. 그런 점에서 천도교인으로서는 내재적인 한울님 개념을 수용하는 데 어려움을 겪었다. 초월적 인격적인 한울님에 대한 믿음으로 경사하기 쉬웠고, 그것은 곧 기독교의 신관에 접근하는 것이었다. 천도교의 천관은 기독교의 신관과 분명 달랐지만 초월적 인격적인 한울님 개념은[78] 기독교의 유일신 하나님 개념의 영향을 받기 쉬웠다. 2장에서 살펴보았듯이 기실 기독교의 신은 전통 신앙에서 최고의 절대자 '하나님'을 차용하여 새로 창출된 것이다. 물론 전통 신앙의 '하나님'은 천도교 '한울님'의 개념화에도 영향을 미쳤다. 그러니 기독교의 하나님과 천도교의 한울님은 전통 신앙의 같은 뿌리에 있는 신 개념을 통해 연관되었던 것이다.

천도교의 교리 인내천은 한울이 사람이라는 것이다. 사람이 한울백성이고 사람이 있는 곳이 한울나라다. 성령을 수련하고 마음을 회복하는 도를 닦으면 그곳이 곧 천당이고 생전극락이다. 정성이 지극하면 생전천국 한울나라에서 오래 살 수 있는 복을 받는다. 생전천국에 가는 길은 간단하다. 첫째는 한울님 잘 믿고 포덕하는 것, 둘째는 윤리도덕을 잘 지키는 것이다.[79] 이처럼 천도교는 현세에서 천당을 찾는 길을 제시한다. 이 점은 내세에서 영원히 행복한 삶을 추구하는 다른 종교와 다른 점이다.

그렇지만 아무리 지상천국을 건설해놓아도 육체의 한계는 지상천국과의 이별을 불가피하게 한다. 일반 천도교인은 불안하지 않을 수 없다. 《천도교회 월보》에는 일반 교인들의 그런 모습이 많이 소개되어 있다. 평북 영변군 팔원면 석성리 김준일이 전교사의 책임을 다하고 사망하게 되었을 때 그 부모가 말하기를, "준일은 실로 죽은 것이 아니오라 특별히 천사님을 근시하러 갔사오니, 바라옵건대 거두어 사랑하시와 무형의 목적을 달하옵기로 백배 축원하나이다"라고 했다. 또 "천사님의 사랑하시는 품 가운데로 들어가"라는 표현도 썼다.[80] 최제우가 득도할 때 상제와 문답한 것을 '천사문답天師問答'이라 하는데, '천'은 '한울님', '사'는 '대신사大神師'를 가리킨다. '천사님'이라 부른다면 한울님과 대신사는 거의 동일격의 존재가 될 것이다. 천도교에서는 사망을 환원還元이라 하는데 그때 천사님의 사랑하는 품 안으로 들어간다든지, 천사님을 가까이서 모신다든지 한다면 일반교인들은 그곳을 사후세계라고 인식하는 것인가.

사후세계에 대해 기독교에서는 천당·지옥으로 설명하고 구세주의 강림으로 최후의 심판 날이 온다고 한다. 예수의 부활이나 최후의 심판은 매우 중요한 교리다. 그런데 지상천국을 건설하겠다는 천도교에서도 그와 유사한 언설을 찾을 수 있다. 천덕송 제21절에 보면 "점고하는 그 마당에 어떤 사람 참예할까 선한 사람 참예할까 악한 사람 참예할까 오신다네 오신다네 대신사 오신다네 오신다는 날 작정은 분명이나 모르지만 대신사 오신 후는 우리 필경 점고하네"라고 하여, 대신사가 지상에 하강하여 '점고'라는 심판을 행한다는 내용이다. "대선생 오실 때에 신령으로 오시든지 육신으로 오시든지 시세형편 살펴보니 오실 기약 불원이라. 오실 때를 예비하면 환영도 하려니와 대공덕 대조화를 깨달아 하실세 거룩한 우리 교인 태평성대 보리로다"라고도 했다.[81] "대신사의 선화仙化 후 다시 출세出世라 하신 영훈靈訓과 성사의 대신사가 성령性靈으로 출세라 하신 법훈法訓이 우리 종문이 앙모하던 바이라"에서 보면,[82] 기독교의 부활을 연상하지 않을 수 없다.

천도교는 내재적 범신론적 지기와 초월적 유일신적 천주의 이원적 신관을 유지했지만 포덕과정에서 초월적 유일신관이 부각된 것은 근대종교의 표준이 된 기독교의 유일신관을 의식하고 그와 경쟁하면서 불가피하게 된 것이라고 판단된다.

의례의 근대화

천도교의 의례는 천관보다 더 근대 서양 종교의 영향을 받았다.[83] 의례의 핵심은 주문呪文·청수清水·시일侍日·성미誠米·기도祈禱의 5관款이다. 5관은 시일侍日의 성화회聖化會, 특별기도, 그리고 일상적인 개인 신앙생활에서 반복적으로 실천되어 천도교인으로서의 정체성을 각인시켰다.

먼저 시일 성화회는 종래의 제사와 수도修道에서 변화된 것이다. 즉 "외면적으로 비는 의례인 제사와 내면적으로 닦는 의례인 수도",[84] 즉

비정기적이거나 개인적인 의례가, 정기적으로 그리고 전국의 모든 교구에서 교인들이 일제히 같은 시간에 거행하는 의례로 개편되었다. 시일은 일요일에 행하는 것으로 정했다.[85] 이미 갑오개혁 이후 7일 요일제가 도입되어 일요일은 휴일이었으므로 종교행사를 행하기 편리했다.[86] 전국의 천도교구에서 일요일마다 시일식을 개최하여 중앙총부에서 정해준 예식에 따라 성화회를 개최했다. 성화회 참석은 교인의 의무가 되었다.

기독교에서는 7일마다 돌아오는 일요일을 주일主日로 정하여 주일성수主日聖守를 신자의 의무로 강조했다. 근대종교를 표방한 천도교도 기독교와 마찬가지로 일요일을 시일로 정하여 성화회를 열고 교인의 신앙생활을 생활주기와 맞추어 정례화했던 것이다. 일요일마다 주기적인 시일 예식을 통해 교인으로서의 정체성을 물리적으로 체험하고 정체성을 공유했다. 다만 차이가 있다면, 기독교에서는 신에 대한 믿음을 집단적으로 실천하는 예배의 측면을 강조한다면, 천도교에서는 기독교처럼 집단적 예배의 형식을 취하면서도 그 내용은 천인합일天人合一의 수도 방식을 계승한 측면을 내포한다. 그래서 성화회에서는 5관에도 포함되어 있는 주문과 청수, 기도의 의례가 강조되었다. 주문과 청수는 시일의 성화회뿐 아니라 가정기도를 비롯해 각종 의례와 일상생활에서 결코 결락할 수 없는 핵심 의례였다.

성화회에서 또 한 가지 특징적인 점은 강연을 포함시킨 점이다. 천도교 교리와 함께 사회학문을 강연하면서 비교인이나 일반인에게도 개방한 특징을 보였다. "강원講員은 어떤 교구의 교인을 물론하고 자의로 등참登參"할 수 있고, "교외인敎外人의 방청소傍聽所는 강원들이 차례로 앉은 곳에서 몇 발자국 밖에 정한다"고 규정했다.[87] 그것은 보국안민保國安民 포덕천하布德天下의 성신쌍전性身雙全=교정일치敎政一致의 강령을 준수히고 있음을 의미한다. 천도교 기관지《만세보》에 보면 천도교의 성화회도 안내하지만, 기독교에서 개최하는 저녁 강연도 나란히 소개하여 문명화에 개방적 태도를 취했다.[88] 그러나 점차 기독교의 주일예배 설교처럼 예배의식이 강화되어갔다.[89]

  5관 가운데 성미는 특별하다. 천도교는 처음부터 교당의 설립을 근대적 합법적 종교로서 신앙의 자유를 유지하는 매우 중요한 공간과 표상으로 여겼다. 처음에는 신분금이라는 제도를 만들어 교당 건축비와 일반 재정을 마련했다. 15세 이상의 교인에게 밥 지을 때 각 사람마다 쌀 한 숟갈씩 떼어 납부할 것과, 1개월 중 3일의 수료금手料金을 납부하도록 했다.[90] 이후 전자는 성미誠米로서 교인의 의무가 되었고, 후자는 자발적인 의연금으로 바뀌었지만 역시 의무화되었다.[91] 성미는 천도교 재정의 근본이었고, 교인들은 이를 철저하게 준수했다. 성미의 성과를 교구장, 전교사, 연원주의 평가 자료로 삼았다.[92] 3·1운동에서 천도교가 많은 비용을 감당하고 기독교 측에 지원할 수 있었던 것도 성미로 수취한 재정이 풍부했기 때문이었다.

  천도교의 성미 및 헌금제도는 기독교와 영향을 주고받았다. 천도교의 성미는 기독교 농촌 여선교회 중심으로 성미제도로 그대로 수용되었다. 천도교는 한달 30일 중 3일치 수입을 납부하도록 했는데 30일 중 3일은 곧 10분의 1이 되니 기독교의 십일조와 견줄 수 있다. 기독교의 헌금은 일상적인 수입뿐 아니라 날연보라는 노동시간으로도 계산되었다. 종교에 대한 헌신은 어느 종교든지 요구하는 바인데, 성미는 천도교가 먼저 실시하고 기독교가 모방한 것이고, 10분의 1은 기독교의 영향일 수 있고, 날연보 등 노동력의 헌신은 7장 교회 건축 담론에서 언급할 것이지만 두 종교 마찬가지였다. 재정과 헌신의 요구와 그 제도화는 상호 침투되었다.[93]

 천도교의 의례는 기독교를 모델로 하면서 근대화 또는 서양화했지만 그것을 전적으로 수용한 것은 아니고, 선택과 배제의 과정을 거쳤다.[94] 천도교의 5관 가운데 '청수'는 민간신앙의 정화수에서도 볼 수 있는데 동학시절 제사의 음식 배설을 간소화하면서 수행되다가 천도교에서도 계승한 것이다. '주문'도 동학의 의례를 계승한 것인데, 거기에는 민간신앙적 요소도 있지만 전통 불교에서도 사용되고 서양 종교에서도 사도신경이나 주기도문으로 활용되므로 근대적 의례로 손색이 없었다. '기도'는 전통 신앙의 치성식에서 전래되어 동학시절 널리 활용되었는데 천도교에서도 계승한 뒤 점차 기독교와 영향을 주고받았다. 반면 민간신앙에서 널리 활용되던 동학시절의 검무, 검가, 탄부呑符는 배제되었다. 그것은 근대문명과는 거리가 있었고, 천도교도 기독교의 미신 배제와 같은 보조를 취한 결과다.

6장
천도교와 기독교의 경쟁

연원제에서 교구제로

동학의 연원제

동학의 포덕 방식과 천도교의 포덕 방식에는 큰 차이가 있다. 동학은 불법 사교단체로 치부되어 정부의 탄압을 받은 데 반해, 천도교는 근대 종교가 되어 합법 공간에서 공개적인 종교의례와 포덕 활동을 전개했기 때문이다. 동학시절 비밀리에 포덕하기 적합한 방법이 '연원-연비제淵源-聯臂制'이며, 공개적으로 포덕 활동을 할 수 있을 때 마련된 것이 '교구제敎區制'다.

  동학의 포덕은 연원-연비제의 인적 맥락을 통해 이루어졌고, 천도교의 포덕은 중앙총부-지방 교구제의 형식으로 제도화한 위에서 기왕의 연원-연비제를 점차 극복해나가는 과정으로 진행되었다. 이러한 과정을 서북 지역 중 평안도 지방을 중심으로 구체적으로 살펴봄으로써 기독교의 선교 방법과 대비해보고자 한다.

동학시절 연원-연비제는 속인제屬人制의 인적 연결체계였다. "내게 도를 전해준 이를 연원淵源이라 하고 내게서 도를 받은 이를 연비聯臂"라고 하는데, 말하자면 "스승과 제자라는 말과 같은" 것으로, "제자가 스승이 없으면 도를 깨닫지 못하고 스승이 제자가 없으면 도를 널리 펴지 못하는" 그런 관계를 말한다.[1] 연원제는 도를 전해준 전도인傳道人과 도를 받은 수도인受道人의 관계가 세포분열식으로 끊임없이 이어지는 구조를 지녔다.

오지영은 "연원이라 하는 것은 종교가에서 도 전하는 근본을 들어 말씀함이라. 이것을 물에다가 비유하여 말씀함이니, 물의 처음 나온 곳을 이른 근원이요, 못이라 함이라.……물의 한 근원으로 좇아 천파만절로 나뉘어가는 형상이, 종교가의 도 나던 처음으로부터 천지만엽으로 벌어져가는 것과 일반의 의미"라고 연원의 개념을 수계水系와 나무의 가지에 비유했다.[2] 그러나 수계와 나무의 가지가 끊어지는 것처럼 어느 한 곳에서 연원과 연비가 끊어지면 아래위로 계통이 단절될 수밖에 없는 문제가 있었다.

연원과 연비의 끈끈한 인간적인 관계를 바탕으로 동학의 조직이 포접包接으로 확대되었다. 같은 연원에 닿는 집단 50호 내외를 접으로 조직하여 접주를 두는데, 규모가 더 확대되면 포包로 조직되었다. 접이 속인제=연원제의 인적 관계에 기초한다면 포는 여러 접을 일정한 공간적 권역에서 포괄하는 지역적 단위로서 기능했다. 동학농민군의 봉기가 군현의 경계를 넘어 지역적으로 확산되는 데 결정적인 역할을 한 동학의 조직이 바로 포조직이었다. 한편 교주를 도와 교화를 담당하는 중앙의 행정조직으로 1884년 교장·교수·도집·집강·대정·중정의 육임

제가 마련되었지만, 동학시절의 포덕조직은 기본적으로 연원제를 기반으로 했다.[3]

동학농민전쟁에서 패주하면서 동학의 연원과 연비가 끊어진 경우가 많았다. 정부의 탄압도 심하여 조직 복원이 여의치 않았다. 아래로는 연원과 연비가 끊어졌고 위로는 도통의 계통이 서지 않았다. 1896년 3월 최시형은 도통연원은 모두 최제우·최시형을 연원으로 하는 것으로 하고, 포덕연비는 천주薦主-피천주의 관계로 변경했다.[4] 그것은 전도인-수도인으로도 표현되었다. 이러한 도통연원의 개편은 손병희가 3대 교주가 되어 흩어진 교도를 수합하고 서북 지역에서 단일한 연원으로 창출해나가는 데 유리하게 작용했다.

1897년 말 최시형은 차도주次道主로 의암義菴 손병희, 구암龜菴 김연국, 송암松菴 손천민을 임명하고 그중에서 손병희를 '주장主張'으로 하여 북접대도주北接大道主로 삼았다고 천도교 교단사는 기록하고 있다. 그렇지만 손병희가 도통을 잇는 데는 연비 세력이 막강한 김연국과의 경쟁이 남아 있었고, 손병희의 지도력에 순응하지 않는 황해도의 김유영金裕永도 있었다.

1899년 황해도 강령의 김유영이 서북 지역에 대한 주도권을 내세우면서 손병희와 북삼도편의장 이만식을 배척하는 일이 있었다.[5] 김유영은 동학농민전쟁에도 참여한 인물로 농민전쟁 이후 "관서에 포덕한 대접주大接主"로 일컬어졌다.[6] 그는 최시형 사후 도통 계승의 혼란 가운데서 서북 지역을 자기 수중에 넣고자 손병희를 배척하고 스스로 절목을 만들고 명첩名帖을 발급하는 등 독자노선을 추구했다. 1899년 7~9월경 김유영에 의해 나온 것으로 추정되는 입도문入道文을 살펴보면, 용담대

선생龍潭大先生과 북극해월선생주北極海月先生主의 연원하에 [도접주都接主 김유영-용강접주 홍기조-가산접주 이정점-각 면·각 리의 입도인]의 연원이 제시되어 있다.[7] 해서 및 관서 지방에서 자신의 세력을 과시하면서 의암 손병희를 인정하지 않은 체제를 입도문 형식에서 읽을 수 있다. 송암 손천민은 이러한 김유영의 행동을 강력하게 비판하고 절목과 출첩出帖을 무효로 하는 한편 각 두목에게 그와의 관계를 단절하도록 엄명을 내렸다.[8]

  손병희는 황해도의 김유영을 견제하면서 평안도에서 주도권을 장악하는 한편 연비가 많은 충청도의 김연국과 경쟁하지 않으면 안 되었다. 손병희가 주도해 1900년 4월 치러진 새로운 입도식을 보면 모든 교도는 용담 최제우와 해월 최시형과 함께 '북접대접주' 손병희에게 연원이 닿는 것으로 정해졌다.[9] 손병희는 1900년 5월 최제우와 최시형의 양위 신사의 신위를 설한 후에 신사의 신험으로써 종통연원을 계승하고자 7월 20일 경상도 풍기에서 설법식을 열었다. 이미 최시형이 손병희를 '주장'으로 삼았다는 점을 김연국이 인정하여 굴복함으로써 손병희는 법대도주의 종통을 이어받는 데 성공했다.[10] 의암 손병희의 도통이 확정되면서 그 연원하에 평안도에 대한 포덕이 더욱 활발하여 큰 성공을 거둔 것은 5장에서 살펴본 바 있다. 천도교가 창건된 이후에는 입도할 때 [수운 대신사-해월 신사-의암 성사 대도주]를 차례로 모시고, 끝에 전교인傳敎人의 이름을 쓰는 연원관계의 정식이 정해졌다.[11]

천도교의 교구제

손병희가 합법적인 공간에서 천도교의 창건을 선포하고 근대적 교리와 교단조직을 마련할 때, 조직적인 차원에서 문제가 된 것은 동학 창도 초기부터 시행되어온 연원-연비제였다.[12] 교주를 중심으로 한 위계적인 질서를 마련하고자 할 때 인적 조직인 연원제=속인제는 오히려 걸림돌이 되었다. 속인제는 분권적, 분파적 속성을 지녔기 때문이다. 연원제 개혁을 둘러싸고 갈등이 일어나지 않을 수 없었다.

천도교는 1905년 12월 1일 창건을 선포한 이후 1906년 2월 16일 천도교대헌天道教大憲을 반포하여 조직체계를 재편했다. 서울에 중앙총부를 두고 산하에 각종 기관을 배치하여 행정업무를 분장시키며, 지방에는 72개의 대교구를 두되 5개소의 소교구를 합하여 중교구로, 5개소의 중교구를 대교구로 구성하여 체계적으로 서열화했다. 동학이 포접을 중심으로 상향식으로 조직되었다면, 천도교는 교주로부터 하향식으로 조직된 중앙집권적 체제였다. 종래 연원제에서 유래한 원직原職과 행정적 직책으로 새로 설정된 주직主職으로 나누어 중앙과 지방의 각종 직책을 제도화했다.[13] 연원제를 융합, 흡수하여 중앙집권적 행정체계에 종속시키려는 방향이었다.

그렇지만 분권적 성격의 전통적인 연원제를 배제하기 쉽지 않았다. 의암 손병희보다 연배도 위이고 교단에도 먼저 입도한 구암 김연국을 비롯해 산하에 여러 파벌이 있었다. 최시형의 사망 후 많은 동학교도들이 연원을 의암 손병희와 구암 김연국에게 나뉘어 연결됨으로써 양 파벌의 갈등이 시작되었다.[14] 오지영은 "천도교는 동학 때부터 소위 연원제라는 것이 있어 당파라는 것이 생기기 시작하여 천파만절千派萬節의 옹치격雍齒格을 만들어놓고 말았다"고 하여 반목과 대립은 연원제에 원인이 있음을 지적했다.[15] 손병희가 교단을 장악하여 중앙집권적 체제를 구축하자 구암 김연국 계열은 이에 반발했다. 1907년 8월 손병희가 김연국에게 대도주 자리를 양보했지만, 김연국은 1908년 1월 이용구가 세운 시천교의 대례사로 옮겨가고 말았다. 연원제의 폐단으로 말미암아 교단이 분열한 것이다.

동학의 뿌리 깊은 전통조직인 연원제는 일거에 제거될 수 없었다. 천도교가 동학의 후신임을 드러내지 않고 새롭게 창건된 것처럼 선언했지만 연원제의 존재는 천도교가 동학을 계승한 것임을 증거한다. 남부 지역과 연결된 강고한 연원과, 손병희를 중심으로 서북 지역에서 새롭게 탄생한 연원은 동학 계승과 천도교 창건의 관계가 모순적임을 드러낸다. 천도교의 중앙집권적 체제의 강화는 서북 연원의 손병희 세력이 남부 연원의 동학 세력을 압도해나가는 과정이었다.

천도교단은 1911년 천도교대헌을 개정하여 다시 조직 개편을 단행했다. 교구는 100호 이상 되는 구역에 설치하는데 대체로 군 단위가 되었다. 10개 교구 이상이 합하여 대교구가 되도록 했다. 전교실은 교인수에 관계없이 교구 내의 각 면에 설치하고, 전교사는 교구장의 지휘를 받도록 했다. 중앙으로부터 지방으로 이어지는 조직체계를 상하 위계적 조직으로 강화했다. 특징적인 것은 행정구역과 교구를 일치시킨 점이다. 정부조직인 것처럼 행세한다고 조선총독부가 천도교를 비난한 것은 행정 구역을 바탕으로 중앙집권적 체계를 구축하고 마치 내각인 것처럼 중앙총부를 구성한 때문이었다.[16] 연원제도 재검토하여 포덕에 공로가 있는 사람들을 도사, 도령(5,000호 이상 포덕), 도훈(1,500호 이상 포덕), 교훈(300호 이상 포덕), 봉훈(30호 이상 포덕) 등의 원직에 추대하고 평생 명예직으로 삼았다. 명예직은 명예로운 것이지만 주도권의 상실을 의미했다. 현실의 행정과 포덕은 교주를 정점으로 한 위계질서에 종속된 주직에게 담당시켰다.[17]

이렇게 하여 연원이 깊은 원로들을 명예직의 원직으로 삼고, 주직은 대도주와 교구장 산하에서 중앙 및 지방의 행정을 실질적으로 담당할 직책으로 구성했다. 연원제를 폐지하지 않고 긍정적인 측면을 흡수하여 행정조직을 뒷받침할 수 있도록 하는 한편 실질적으로는 중앙집권적 체제를 강화한 것이다. 연원주가 독자적으로 연비를 관리하던 예전의 제도는 무력화되고, 중앙총부의 관할하에 있는 교구 임원이나 전도사가 교인을 관리하는 중앙집중식으로 변화한 것이다.

이렇게 조직체계를 개편했지만 연원제의 뿌리는 깊었다. 그것을 흔들고 대안을 제시하기 위해 손병희는 1914년 4월 2일 전국의 두목 74인을 불러 공동전수 심법식을 거행했다. "양위 신사의 심법은 단전밀부單傳密符로 내려왔으나 나는 이제 3백만 교도에게 공동히 심법을 전수하노니 군 등은 귀향한 후에 이 식을 가가에 설하고서 나의 심법을 전하게 하라 하시니 이로부터 오교의 도통연원은 1인에게 단전하는 법이 끊어지고 대중의 심에 직접 전파케 되었다."[18] 원래 연원·연비제에 의해 도는 개인에 의해 세포분열식으로 전수되었는데 이제 그것을 배제하고 공동심법으로 간다는 것이다. 그것은 개인적·대외비 형태인 연원제에서 개방적·공개적 형태의 설교와 강연을 통해 곧바로 도를 깨닫는 방식으로 전환하는 것이며, 이는 대부분의 근대종교가 취하는 방식이

기도 하다. 이미 의례도 제사와 수도의 방식에서 공동심법에 적합한 근대적 집회의 방식으로 전환되어 있었다. 이런 노력에도 불구하고 이후에도 연원제는 계속 문제되어 1920년대 천도교 혁신운동의 불씨가 되었지만 여기서는 논의하지 않는다.

기독교의 선교 시스템

네비우스 선교 방법

한국에서의 기독교 선교는 세계사적으로 유례를 찾을 수 없을 정도로 양적 성장에 성공한 사례로 알려져 있다. 그 배경으로 흔히 국망의 위기에 놓인 한국의 정치적 상황, 선교본부의 적극적 지원, 선교사의 헌신적인 희생, 선교 현장 내부에서 작동된 선교 방법 등을 들고 있다. 그 가운데 선교본부의 재정적 한계를 돌파하면서 선교 현장에서 작동한 네비우스Nevius 선교 방법을 주목한다. 장로교를 중심으로 네비우스 선교 방법을 적용한 것이 교세 성장의 가장 큰 요인이었다고 본다.[19]

중국 산동 지방에서 미국 북장로교 선교사로서 30년 동안 선교에 투신한 네비우스는 종래의 선교 방법을 비판하면서 새로운 대안을 제시했다. 종전에는 우수한 현지인을 유급으로 고용하는 부분에 선교기금을 적극적으로 투자하여 교회 성장을 도모하고자 했는데, 중국 선교에서 성공하지 못했다. 이에 네비우스는 처음부터 현지인으로 하여금 재정적으로 자립하여 스스로의 교회를 설립하도록 유도함으로써 유급 조사有給助事를 최소화하는 방식을 제안했다.[20] 일반적으로 네비우스 방법을 자전自傳=自進傳道(Self-Propagation), 자립自立=自力運營(Self-Support), 자치自治=自主治理(Self-Government)의 세 가지로 요약하는데, 그 핵심은 재정적 자립에 있다고 생각한다. 재정적 자립을 위해 선교사를 옆에서 보좌하는 유급 조사를 최소화하려 할 때, '현지 사역인'의 자립성과 자치가 중요해진다.

이 문제를 한국 북장로교 선교 역사를 정리한 로즈Harry A. Rhodes가 기독교 선교의 전개 양상이라고 요약한 것을 가지고 검토해보기로 한다.

① 신자 하나, 믿는 가족 하나, 마을이나 촌락에 있는 작은 신자 집단 하나는 그 주위에 교회를 세우는 핵이 되었다. 최초의 신자들은 주일을 지키고, 주일에 두세 번 정기적으로 모이고, 수요일 저녁에는 함께 모여 성경을 읽고 기도하고 찬송할 것을 요구받았다.

② 때로는 유급 조사가 와서 모임을 이끌기도 하였다. 만일 어떤 강력한 교회나 집단이 가까이 있다면, 그곳의 몇몇 임직원들은 한 달에 두 번은 새 집단을 찾아가 예배를 인도하곤 했을 것이다. 이런 방법으로 교회들이 새로 시작되었다.

③ 순회 구역을 목회할 책임을 맡은 선교사들은 모든 집단들을 일 년에 두 번씩 정기적으로 방문하였고, 가능한 경우 더 자주 방문하였다.

④ 때로는 한국 교회조직들이 기독교인이 없는 지역으로 전도자들을 파송하여 교회가 시작될 때까지 보살폈다. 다르게는 기독교인 가족을 무기

독교인 지역으로 이주시키는 방법도 고안되었다.

⑤ 새 집단은 보통 그들 중의 한 기독교인 가정에서 모였으며, 인접해 있는 두 방을 모임 장소로 사용하였다. 한 방은 남자들을 위한 것이었고, 다른 하나는 여자들을 위한 것이었다. 신자들의 수가 많아지면서 그들은 종종 한옥을 사서 예배당으로 개조했다. 다음 단계로 거기에 칸막이를 설치하고, 방을 늘이며, 입구에 울을 치는 등으로 두세 차례 증축하였다. 마침내는 새 교회건물을 지을 수 있었다.[21]

로즈의 요약을 분석해보면 '선교사-유급 조사-현지 사역인'의 선교 시스템을 발견할 수 있다.

네비우스 선교 방법의 구조를 통계적으로 관찰하기 위해 먼저 1907~1908년 북장로교와 북감리교의 평안도 지방 선교 성과를 선교기지별로 제시하면, 〈표 6-1〉과 같다.

선교사와 조사의 관계

조사助事는 선교사와 토착교회를 매개하는 필수불가결한 존재다. 〈표 6-1〉에는 '한인 조력자'로 표현되어 있다. 선교사와 한인 조력자를 살펴보면 선교사가 130명인데, 이를 돕는 한인 조력자, 즉 조사가 1,034명으로 8배나 더 많다. 선교사 한 명당 조사가 8명이나 되는 셈이다. 한인 조력자의 세부 구성을 살펴보면 〈표 6-2〉와 같다.

지역적으로 볼 때 〈6-1〉에서 보듯이 평양의 장로교 조사가 290명,

감리교 조사가 69명으로 합하여 359명에 이른다는 점은 평양이 선교의 중심지임을 입증해준다. 선천과 진남포도 평양에 버금가는 선교의 중심지가 되어가고 있는 점을 통계적으로 확인할 수 있다. 〈표 6-2〉에서 볼 때 한국인 교사가 아주 많고 비약적으로 증가하고 있는 점은 교육을 통

〈표 6-1〉 1907~1908년 북장로교와 북감리교의 평안도 지방 선교 성과

항목		북장로교(1908)				북감리교(1907)				전국 합계
	교단	평양	선천	강계	전국	평양	진남포	영변	전국	
교세	교회	201	99	20	809	73	36	11	219	1028
	교인	23198	17996	2096	73844	4958	4283	551	23455	97299
	세례인	7642	4971	437	19654	960	1282	119	3553	23207
선교 방법	선교사	21	11	2	90	14	5	3	40	**130**
	한인 조력자	**290**	190	24	847	**69**	48	6	187	**1034**
교육	일요 학교	201	108	21	798	39	76	6	153	951
	일요 학생	10100	14562	1518	61454	5601	2917	3455	12333	73787
	기독교 학교	114	133	15	466	44	34	9	107	573
	기독교 학생	4155	3444	380	12264	1545	1238	185	4787	17051

* 출처: 《통감부문서》 제8권, 8.기독교상황, (1) 북한 지방에 있어서의 기독교학교 시찰 복명, 1908년 12월 5일 학부서기관 隈本繁吉의 俵 학부차관에 대한 보고.
* 비고: 필자가 필요한 항목을 뽑아 재정리한 것이다. 북장로교 항목의 '전국' 통계에는 평양·선천·강계 외에 서울·전주·대구·재령·부산이 포함되어 있는데, 전주는 미국 남장로교 선교 담당 지역이고, 경상도 쪽은 대구는 미국 북장로교, 부산은 호주 장로교의 선교 구역이다. 북감리교 항목의 '전국' 통계에는 평양·진남포·영변 외에 서울·공주 등 미국 북감리교 선교 구역을 전부 포함했지만, 미국 남감리교 선교 구역인 개성·강원도 등지는 포함되지 않았다. 그러므로 '합계'는 이렇게 미국 북장로교와 미국 북감리교를 중심으로 제한하여 작성한 통계이다.

한 기독교인의 확장을 기대할 수 있게 한다. 선교 사역을 직접 담당한 사람은 〈표 6-2〉의 설교자, 전도부인Bible Woman, 기타 조력자인데 이들도 해마다 증가하고, 그중 설교자의 증가가 더욱 가파른 경향을 보인다. 북장로교의 경우 1906년 81명에서 1907년 103명으로, 1908년 131명으로 증가했다. 조사는 처음에는 선교사의 개인 조수로 출발하지만 선교사가 순회조사로 활용함으로써 안수 받지 않은 목사 역할을 담당하게 된다. 〈표 6-2〉의 '설교자'가 여기에 속할 터인데, 이들 "순회 유

〈표 6-2〉 선교사와 한인 조력자의 실태

항목	스테이션	북장로교						북감리교			
		평양	선천	강계	전국(1908)	1907년	1906년	평양	진남포	영변	전국(1907)
선교사	남	9 (의1)	4 (의1)	1	39 (醫8)	37	37	5	2	1	15
	여	12 (의1)	7 (의1)	1	51 (醫4)	45	45	9	3	2	25
	계	21	11	2	90	82	82	14	5	3	40
한인 조력자	설교자	47	21	4	131	103	81	12	9	6	35
	남녀교사	225	165	15	613	316	229	40	15	0	82
	바이블 워먼	12	1	0	26	18	14	–	–	–	–
	기타 조력자	6	3	5	77	54	47	17	14	0	70
	계	290	190	24	847	491	371	38	48	6	187

* 출처: 《통감부문서》 제8권, 8. 기독교 상황, (1) 북한 지방에 있어서의 기독교학교 시찰 복명, 1908년 12월 5일 학부서기관 隈本繁吉의 俄 학부차관에 대한 보고.

급 조사는 담당 교회를 가능한 한, 자주 규칙적으로 방문하여 개교회 영수領袖와 상담하거나 어떤 모범적인 집회를 개최하고 학습교인 훈련을 지도하는 등의 일"을 하도록 요구받았다. 순회 조사는 선교사에게 자신의 사역 내용을 보고해야 하며, 선교사의 순회에도 동행했다. 선교사의 지시와 감독을 받았다. 전도부인 외에 권서인도 조사의 범주에 속할 수 있다. 조사의 특징은 유급이라는 점이다. 선교사는 개인 조사와 권서인의 보수를 직접 지불하지만, 순회 조사와 전도부인은 해당 구역의 교회들이 지불하도록 권했다.[22]

네비우스 방법은 선교사가 조사의 비용을 최소화하면서 한국 교회에 자립을 촉구하는 방법이다. 유급 조사의 비용은 결국 점차 한국 교회의 재정적 부담이 되었다. 떠넘기는 것이지만 한국 교회의 자립이라고 선교사들은 칭송했다. 자립은 주체적이어서 바람직해 보이지만, 자립의 결과 개별 교회의 주도성이 강화됨으로써 통제되지 않은 분란을 초래하기도 하여 오늘날까지 한국 교회의 고질이 되었던 측면을 간과할 수 없다.

조사로서 스스로 선교 활동에 나선 대표적인 인물로, 북장로교 평양 주재 선교사 마펫Samuel A. Moffett의 조사로 출발해 장로교 최초 7인의 목사 중 한 사람이 된 한석진韓錫鎭을 들 수 있다. 그는 마펫을 도와 평양 장대현교회의 설립과 운영에 협력한 뒤, 독립하여 별도로 교회를 개척했다. 한국 교회의 장래가 농촌 교회의 설립에 달려 있다고 보고, 대동군 율리면 장천교회로 분립해 나갔다. 도시 중심의 선교에서 농촌·지방 중심의 선교로 전환해야 한다고 생각했다. 선교사들은 도시를 중심으로 선교 활동을 하고 있지만, 농촌은 한국인 전도인, 교인들이 자전할 수밖에 없는 상황이라는 점을 간파했다. 그는 평원군 자덕교회, 중화군 남창교회, 평원군 통호리교회, 대동군 장천교회를 개척했다. 장천교회에서 구동창교회·추빈리교회·미정리교회·무진교회·대오류리교회 등이 분립해 나갔고, 이들 교회도 그가 순회하며 관리했다.[23] 자전·자립·자치를 내용으로 하는 네비우스 선교 방법의 모범적 실천이었다. 농촌 교회의 세포분열식 확장은 이후 1세기 가까이 한국 교회 성장의 기본적인 모델이었다.

선교사와 현지 사역인의 관계

기독교는 외래 종교로서 현지에 '선교사'를 파송하는 전략을 취하지 않을 수 없었다. 민족종교인 동학·천도교와 비교하면 이 점이 더욱 선명하게 부각된다. 선교사들은 선교 구역을 끊임없이 순회하면서 조사의 사역과 현지 교회를 지도 감독했다. 1년에 두 번 정기적으로 방문하여 현지 사역인이 수행할 수 없는 성례를 집전하고 각종 치리를 행했다(로즈의 요약 ③). 네비우스 방법에는 선교사의 엄격한 감독과 순회지도가 필요하다는 점이 강조되어 있다. 한국 교회는 재정적으로 자립하고 스스로 자전의 의무를 지면서도 선교사의 지도 감독을 받는 것으로 순치되었다. 선교사가 강력하게 지도 감독할 수 있도록 조직된 센터가 바로 선교기지Mission Station였다.[24]

    선교사들은 선교기지에 머물며, 그곳에 교회와 학교를 설립하고, 외곽에 설정된 선교 담당 구역의 농촌 마을 교회와 집회소를 순회하면서 세례를 베풀거나 의례를 집전하고, 또 전도여행도 수행했다. 하지만 이런 업무보다는 선교기지에서 실시하는 사경회·신학반 등의 각종 프로그램을 통해 농촌 교회의 시도사들을 훈련시키고 양성하는 것을 더 중시했다. 농촌으로 나아가 스스로 선교하고 교회를 개척할 지도자들이 여기서 양성되었기 때문이다. 재정적 부담을 최소화할 수단이었다. 이들 현지 사역인들은 〈표 6-1〉에 별도로 집계되어 있지 않지만 아주 많고 무급 봉사자들이었다.

한국의 농촌에서 마을 교회가 형성될 때 현지 사역인은 어떤 역할을 담당했을까? 로즈의 요약을 보면, 신자 한 사람, 한 가족, 작은 집단으로부터 교회가 시작된다①. 최초의 신자는 선교사의 전도여행이나 한국인 조사 또는 인근 평신도의 전도를 받아 우연적으로 등장한다. 기독교인이 없는 지역에 전도자를 파견하거나 신자 가족을 이주시키는 경우도 있었다④. 직업상의 이주도 있었다. 다른 마을의 교회에 다니다가 자기 마을에 교회를 세우는 지교회支敎會의 세포분열도 있었다.

예컨대 북감리교는 평양을 중심으로 하면서 대동강의 상하류를 따라 교회를 확장해갔는데, "유동은 곧 칠산교회의 지회요, 칠산은 봉룡동교회의 지회이며, 봉룡동은 곧 평양 남산현교회 지회"라는 식이다.[25] 칠산교회는 봉룡동교회에서 10리 거리에 설립되었는데, 1899년 봉룡동교회 교인 몇 사람이 칠산 김태영의 집을 수리하여 예배 보면서 독립하게 된 교회다. 교인이 몇 달 만에 70명이 되자 헌금을 모아 4간짜리 예배당을 세웠다. 1904년경 칠산교회로 모이는 동네가 이삼십 리 범위에서 열다섯 동네에 이르고 교인이 300여 명으로 늘어 예배당이 비좁게 되자, 유동과 문수골이 몇 동네를 아울러 별도의 교회로 떨어져 나갔다.[26]

이런 세포분열을 네비우스 방법에서는 "딸기처럼 도처에 새로운 싹을 틔우고 가지를 뻗어나가는" 휘문이법layering method이라고 했다.[27]

예배당이 건립되는 과정을 일반화하면 '가정집→한옥 예배당 및 그 증축→새로운 예배당 건축'의 방식으로 진행된다(⑤). 중요한 것은 예배당 마련이나 건축 비용은 전적으로 신자들의 기부와 헌금에 의해 조달된다는 점이다. 중국에서의 전통적 선교 방법은 "새로운 마을에 들어갈 때마다 외국의 자금으로 건물을 사거나 세내어 집회처를 확보한 다음 외국의 돈으로 현지인 전임 사역자를 고용해서 그곳을 관리하게 하는 형식"이었지만, 한국에서는 네비우스 방법을 채용해 전적으로 농촌의 마을 교회 구성원이 자립적으로 예배당을 마련하도록 했던 것이다.[28]

농촌에 인구가 집중되어 있는 아시아에서 선교 전략으로 채택된 것은 먼저 도시 선교에 성공한 다음 시골로 뻗어나가는 방식이었다. 일본의 경우 농촌 인구가 80퍼센트이지만 기독교 사역의 80퍼센트는 도시에서 진행되었고, 농촌 선교에서는 실패했다.[29] 그러나 한국에서는 농촌 교회가 훨씬 많은 비중을 차지하는데, 이는 네비우스 방법으로 농촌에 파고들어 거기에 토착 교인이 자립적으로 마을 교회를 세우게 했기 때문이었다.

주목할 점은 농촌의 마을 교회가 형성 유지 발전하는 과정에서 '현지 사역인'이 출현하게 되는데, 이들을 무급으로 조직한다는 점이고, 이것이 네비우스 선교 방법의 핵심 중 하나다. 네비우스에 의하면, 중국에서처럼 선교기금을 활용해서 지교회에 상주할 유급 설교자를 세우지 말고, 일상적인 생업을 영위하는 평신도를 훈련시켜 그 가운데서 자연

스럽게 현지 사역인을 세워 선교사의 감독하에 자발적으로 교회를 인도하도록 하라는 것이다.[30]

현지 사역인 중 최고의 리더는 장로교의 영수領袖, 감리교의 본처전도인本處傳道人이다. 이들이 목회자가 없는 토착 교회를 '자치'한다. 그런데 자치란 구체적으로 어떤 의미일까? 무보수 영수 또는 본처전도인의 지도하에 교회가 운영되는 것을 의미하지만, 순회하는 유급 조사의 지도와 미국 선교사의 엄격한 감독을 받는다는 점에서 상식적인 의미의 '자치' 개념과는 거리가 아주 멀다. 특히 북장로교는 선교사들이 엄격한 규범을 마련해 신자의 행동과 지교회의 자치를 제약 통제했다.[31]

현지 사역인은 네비우스 방법에서 도입한 사경회제도를 통해 양성되었다. 이 제도를 통해 성경의 권위가 확보되고, 성경을 연구한 지도자들이 토착 교회를 지도할 뿐 아니라 선교의 사명을 감당할 전선에 나서게 된다. 처음부터 선교를 기독교인의 의무로 교육했다. 설교를 잘 하고 토착 교회를 잘 지도할 수 있는 지도자로 성장시키기보다는 성경을 배운 뒤 밖으로 나아가 선교하는 것을 기독교인의 중요한 사명으로 가르쳤다.

사경회의 종류는 여럿이지만 선교사가 거주하는 선교기지로 현지 사역인을 불러 모아 교육한 뒤 현지 교회로 보내는 것이 핵심이다. '자비량自備糧'이라 하여 자기가 먹을 식량과 노자를 스스로 마련하도록 했다. 선교기금을 투입하지 않고 재정 자립의 형태로 운영했다. 이렇게 사경회를 통해 현지 사역인을 재교육할 뿐 아니라 조사·권서인·전도부인 등을 발굴했다. "성경연구반의 목적은 여러 종류의 현지인 사역자들에게 사역을 위한 자질을 제공하는 데 있으며, 특히 현지인들이 자신들의 다양한 직업으로부터 떠나지 않고 남을 가르치는 자립적인 교사가 되도록 그들을 준비시키는 데 있다"는 것이다. 자전의 의무를 수행할 수 없을 때 다른 사람이 대신할 수 있도록 물질을 기부하는 것은 자연스러웠다. 여기서 유급 조사의 보수가 확보되었으니, 선교사가 선교 기금을 투입하지 않고 한국인 스스로 재정적으로 자립토록 한 것은 자전의 의무에서 비롯되었던 것이다.[32]

토착 교회의 설립과 확대재생산 못지않게 장기적인 전망에서 중요한 것은 교육을 통해 선교 확장의 미래를 준비한 점이다. 기독교 교육은 교회학교를 통한 신앙 교육의 방법과, 학교 교육을 통한 신학 및 일반 교육을 시행하는 두 가지 방식이 병용되었다.

〈표 6-1〉로 돌아가보면, 1907~1908년 평안도 지방의 기독교인은 9만 7,299명인데, 일요학교, 즉 교회학교 학생이 7만 3,787명, 기독교학교의 학생이 1만 7,051명으로 합해서 학생이 9만 838명이 된다. 기독교 교육을 받고 있는 학생들이 성인 교인에 버금가는 규모에 이르고 있다. 평안도 지방에서 아이들의 종교 교육과 계몽을 얼마나 중시했는지 통계상으로 확인할 수 있는 대목이다. 〈표 6-2〉에서 1906년 북장로교 229명의 교사가 1907년에는 316명으로 증가했고, 1908년에는 613명으로 늘어난 것은 매우 놀라운 현상이다. 북장로교 평양의 설교자가 47명인데 비해 교사가 225명인 점도 놀랍다. 선천도 설교자는 21명인데 교사는 165명이다. 기독교 교육의 활성화는 한국 교회의 성장과 그 지도자의 배출에 결정적인 조건이 되었다. 기독교세가 천도교세를 앞지른 요인이 교육 실적의 차이에서 비롯된 것이라는 점은 7장에서 확인할 수 있다.

현장의 경쟁

기독교의 교회 설립

북장로교를 비롯해서 기독교 교단들은 네비우스 선교 방법을 선택함으로써 자립적으로 교회 설립을 추진해야 했다. 학교와 병원의 경우 선교사의 자금으로 지원되었지만 교회의 경우는 자립이 기본 원칙이었다. 황해도 장연의 송천에서 매켄지 선교사가 외부의 지원 없이 마을 기독교인의 헌금과 노동력을 동원하여 자립적으로 교회를 설립한 사례는 3장에서 살펴본 바 있다.

자립적인 교회 설립을 장려하기 위해 교계 신문과 잡지는 끊임없이 모범적인 사례를 게재했다. 신문과 잡지의 지방소식란에는 지방의 신실한 교인들이 신앙생활에 충실하고 이웃을 전도하여 개종시킨 일, 그리고 자발적으로 비용을 부담하고 노동력을 동원하여 교회를 건축하거나 종교학교를 설립한 일을 찬양하고 장려하는 기사들이 넘쳐난다. 연보·의연·기부에 대한 기사도 많다. 자립적이고 성공적인 교회 건축은 교인들의 독실한 신앙과 하나님의 섭리로 해석된다.

베네딕트 앤더슨은 《상상의 공동체》에서 근대적 민족(또는 국민)의 형성과정을 분석했다.[33] 그는 멀리 떨어져 살며 서로 본 적도 없고 관계도 없는 사람들이 하나의 민족으로 인식하게 되는 것은 같은 언어로 쓰인 신문이나 잡지·소설 등 매체의 덕택이라고 주장했다. 다른 사람의 경험을 신문을 통해 동시에 경험하며 같은 민족으로서의 연대의식을 가지게 된다는 것이다. 이러한 논리를 근대 전환기 종교지형의 변동 상황에 대입해본다면, 기독교와 천도교의 신문잡지들은 반복되는 논설과 기사를 통해 자기 종교의 내적 정체성을 다지고 교인으로서의 연대감을 형성해갔다고 볼 수 있다. 교인의 생활과 행동은 패턴화되고 모델화되었다. 각종 전도 활동이나 건축 활동의 감동적인 기사를 통해 종교적 의례와 신앙생활의 양식이 정형화되었다. 그럼으로써 같은 신앙을 가진 종교인으로서의 연대가 형성되고 말하자면 종교적 종족이 형성되는 것이다.

기독교계 신문에 게재된 교회 설립 담론으로 평안도의 한두 사례를 소개하기로 한다. 다음은 1908년 압록강변 초산의 산골마을 이야기다.

경계자. 이 고을은 산읍인고로 풍속이 무무하와 항상 죄 짓는 일이 많삽더니, 칠팔 년 전부터 비로소 예수교가 설립된 후에 외인의 비방 핍박이 많사오나, 힘써 전도함으로 믿는 사람이 점점 흥왕하와 지금은 삼백여 명이 되옴으로 항상 예배당이 좁아 걱정하옵더니, 형제들이 열심을 내어 재작년 사경회와 작년 사경회에 양자 연보하온 것이 이천여 냥이 됨으로, 1,600여 냥을 주고 예배당 기지를 서문 안에 사서 원채와 가삼간은 전대로 두고 와가 십간을 더 늘려 건축할 때에 모든 교우들이 열심으로 일을 돕는 중, 김유동 씨는 자기 사무를 전폐하고 이월부터 오월까지 밤낮 쉬지 않고 감역하였사오니 감사하오며, 또 목수 김경호 씨는 적은 공전을 상관치 않고 즐거운 마음으로 일을 잘 보았아오니 감사하오며, 각처 형제 자매들께옵서는 이곳 교회를 위하여 기도로 도와주옵소서.[34]

다음은 1912년 태천군의 사례다.

평북 태천군 이윤영 씨의 통신을 거한즉, 본 교회는 1908년에 하나님의 은혜를 주심이 시작되어 믿는 자 5, 6인이 열심으로 전도한 결과로, 불과 1년에 믿는 이가 40여 명에 달한지라. 그러나 예배당이 없음을 한탄하여 본 교회 속장 이정화·박응학 제씨가 하나님께 간구하였더니 하나님께서는 믿는 자의 기도를 들으시는지라. 과연 그해에 모든 교우가 힘을 다하여 예배당 짓기를 시작할 때, 힘대로 연조하며 흙도 지며 나무도 메어 400환 가치 되는 와가 12간이 낙성되었으며[35]

기독교의 경우 수많은 개별 교회의 역사책에 자립적으로 교회를 설립한 이야기가 소개되어 있고, 당시의 기독교계 신문에도 수많은 기사가 소개되어 있어 더이상의 사례는 들지 않기로 한다.

천도교의 교회 설립 담론

천도교는 창건하면서 서울에 천도교회당을 건축하겠다고 공개적으로 선언했다. 자유롭게 종교를 믿을 수 있고 자유롭게 교당을 건축할 수 있는 시대인데 천도교는 창립된 지 46년이나 지났어도 교당 하나 건축하지 못한 것을 안타깝게 생각하고, 1906년 2월부터 교회당 건축에 나서겠다는 선언이었다. 교당 하나 합법적으로 갖지 못하던 저항단체로서의 오랜 동학시절을 벗어나 근대적 종교단체로 전환하면서 합법 공간에 교회당을 설립하기로 한 것이다. 전국을 교구제로 조직하고 시일성화회를 거행하고자 할 때 그 공간을 교회당으로 정했다.

처음에는 한 교인의 집이든 어떤 곳이든 전교실을 마련하고, 모일 수 없다면 가정에서라도 성화회를 열도록 했다. 전교실 마련 및 건축은 시급한 과제로 떠오르지 않을 수 없었다. 전국의 교구 및 면 단위 전교실은 독립된 가옥을 구하지 않으면 안 되었고, 교인이 증가하면 기독교와 마찬가지로 교회당을 건축해야 했다. 외면적으로 관찰하면 전국에 걸쳐 천도교회당 설립 붐이 일어났다고 말할 수 있다. 천도교회당은 시일예식을 거행할 수 있는 성화회실, 종교적 훈련을 시킬 수 있는 교리강습소, 그리고 각종 집회실, 사무실로 구성되었다. 성화회실과 교리강습소는 겸하기도 하고 별립되기도 했다.

동학이 연원제에 의거해 서북 지역에서 비밀리에 포덕하고 있을 때, 기독교는 네비우스 방법으로 역시 서북 지역을 중심으로 공개적으로 자립적인 교회 설립에 박차를 가했다. 이를 목도한 천도교는 기독교와 마찬가지로 교회당을 자립적으로 설립하도록 촉구했다. 천도교는 중앙집권적 체제를 구축하고 성미제를 실시하여 재정을 안정적으로 확보했지만, 중앙대교당의 건축을 위해 신분금이나 의연금을 걷어야 한 처지에서 전교실이나 지방 교회당의 건축을 지원할 수는 없었다. 전교실의 마련 및 건축은 교인들의 자율적 실천에 맡겨졌다. 교회당 설립을 장려하기 위해 등장한 담론이 '자담自擔론'이다. 기독교의 네비우스 방법에 나온 '자립론'과 비슷한 논리다.

  교회 설립을 위한 자담론을 전파하기 위해 기독교와 마찬가지로 교계 잡지가 동원되었다. 《천도교회 월보》의 지방소식란에는 지방의 신실한 교인들이 스스로 전교실 또는 교회당을 건축한 사례를 많이 실었다. 건축을 위해 기부한 사연과 내역을 자세히 수록했다. 건축의 성과는 기독교에서 '하나님의 섭리'로 돌리는 것처럼 천도교에서는 '한울님의 감화'로 해석되었다. "근일 본보 지방소식란을 보더라도, 지방 각 교구실 전교실 강습소 설시함에 대하여, 금전이 있는 대로 전토가 있는 대로 마소가 있는 대로 혹 자기가 거생하는 단맛집 내놓기를 헌신짝 버리듯 하나니, 이것이 무슨 능력으로 된다 하겠는가, 한우님 감화 받아 우리 누백만 종도의 마음이 한마음 되는 까닭이로다"라고 해설했다.[36]

  천도교에서 교회 설립을 위해 잡지의 지방소식란에 수록한 자담론을 몇 가지 살펴보기로 한다.

평남 강동군 마산면 제상리 거하는 조진상 씨는, 한울이 주신 성품을 온전히 지켜두었다가 우리 교에 들어온 지 근 십 년에, 무한한 고난을 무릅쓰고 포덕의 일과 수도범절을 극진이 하되 집안일은 밖으로 알고 교무를 안으로 알더니, 포덕 48년 봄에 전교실과 강습소 설립하기를 의논되

매, 일반 교우의 의논이 한결같지 못하여 마침내 결정치 못한지라. 조씨는 분발심을 이기지 못하여 자기 집을 전교실과 강습소로 기부하고, 자기는 소장이 되어 생도 70~80명을 모집하고 제반 경비를 자담하여 써가며 겸하여 강사의 식비와 시유등절까지 자담하니, 원근 교우가 감복지 않는 자 없다.[37]

전교실과 강습소를 마련할 때 교인들이 자금을 모으고 노동력을 제공하여 건립하기도 했다.

희천군 신풍면 서리 사는 교우 이윤도……제씨는, 한울이 주신 천성을 조금도 잃어버리지 않고 온전히 지켜두었다가, 우리 교에 들어온 지 십여 년에 한정 없는 풍파를 무릅쓰고 지리한 상설을 지내되 그 마음이 한결같이 굳센지라. 자기의 가산은 불고하고 종교의 길을 넓히기로 의무를 삼아, 집에는 삼일 양식이 없고 뜰에는 오일 땔 나무가 없으되 조금도 걱정하지 않고 백절불요하는 성심으로 종교의 발전을 연구하더니, 그 나머지 결과로 포덕 51년 3월에 성사주 명교를 받자와 교리강습소를 설립하기로 의론이 한결같이 결정되어, 각각 재목 채벌에 착수하여 메는 자는 메어오고 지는 자 져오며 끌어오는 자 끌어오고 치목하는 자 치목하여, 6월 1일에 상량하고 8월에 낙성한 후에, 또한 자본금을 10여 원씩 출의하매 각방 교우가 그 성의에 감동하여 각기 사력대로 연조하고, 유창섭 씨는 각처 교인이 쌀 되씩이라도 연조하는 것을 몸소 걷어온 것이 200여 환이라. 그 돈을 기본금으로 세우고, 강성삼 씨는 보수금을 받지 않고 자원 강사가 되어 교인의 자제나 교외인의 자제를 물론하고 천도

의 진리와 보통의 지식을 무한히 가르쳐……[38]

평북 구성군에서도 교인들이 자담하여 성화실을 건축했다. 1899년 입교한 허인찬의 부인 이찬화가 앞장섰다. "일면 교인은 이 이 씨의 성력 바람에 일제 집합하여 나무를 들거니 돌을 들거니 쟁기를 들거니 무엇을 들거니, 이와 같이 각기 열심 성령"했다.[39]

그렇다면 전교실 건축과 교세 확장의 은공은 누구에게 돌려야 할 것인가?

납작한 초가삼간이 이십여 간의 와가요 삼사십 명 교우가 수천에 달하였으니 이것이 뉘 공인가. 이상 몇몇 분의 공이로다. 아니오. 수천 교우의 성력이로다. 그도 또한 아니오. 천사의 감화력이로다. 임원 제씨의 근고가 있다 하나 수천 교우의 일심이 아니면 될 수 없고, 교우의 일심 성력이 있다 하나 천사의 감화력이 아니면 어찌 성공하기를 바라리오만은, 사람의 성력이 아니면 천사의 감응이 없나니, 또한 임원과 일반 교우의 힘이라 단언함이 가하도다.[40]

사업을 주도한 사람들의 공도 아니고 수천 교인의 성력도 아니다. 천사天師의 감화력이라고 선언한다. 아니 사람의 성력과 천사의 감응이 일체화된 것이라 한다. 이러한 감화 담론은 전교실이나 강습소가 없는 지역의 교인들을 부끄럽게 만들고 결단을 내리라고 촉구하는 역할을 했다. 천도교에서 말하는 천사의 감화는 기독교에서 말하는 하나님의 감화와 꼭 같은 것은 아니다. 기독교에서는 하나님의 감화력이 절대적이며 천도교에서는 한울인 사람의 성력이 중요하다. 교리의 차이에서 비롯되는 담론의 차이지 교회 건축을 위해 교인의 헌신을 장려하고 표창하는 정신은 동일하다.

교회당을 스스로 건축하고 교인을 확장하여 기대하는 것은 무엇일까? 자기 종교의 세계를 구축하기 위한 것이었다. 천도교의 세계를 구축한 사례로, 평안남도 어느 작은 마을 30여 호 주민들이 시일마다 궁을기를 내거는 궁을촌이 된 이야기를 소개한다. 장유성이란 청년이 성화실을 건축하고 강습소도 열어 주민들을 천도교인으로 만들어나갔다. 처음에는 믿지 않는 사람들이 많이 나왔으나 강습을 받으면서 모두 진실한 교인이 되었다. 한글도 배워 교서나 신문·잡지도 다 읽게 되었다. 동리 사람이 다 교인이 된 후로는 남녀노소가 한 집안 같이 되었다. 인내천주의를 알게 된 까닭으로 아무리 젊은 부인도 내외를 아니하고 아무리 노인이라도 교만하지 않았다. 다 같이 한 아버지·어머니·형·누이가 되었다. 다 같이 한 한울이 되었다.[41] 이 마을의 시일 풍경을 살펴보면 다음과 같다.

궁을촌의 남녀노소는 각각 하던 업을 쉬고 하루 동안을 오직 거룩한 시일에 맡겼다. 아침부터 이집 저집에서 나 새 의복 주셔요, 내 천덕송은 어디 있소? 내 교서 이리 가져 오너라 하며 모두 시일 볼 준비를 하며, 남녀노소가 깨끗한 의복을 입고 단정한 태도로 교서와 천덕송을 옆에 끼고, 오전 8시쯤 되어서는 성화실로 간다. 성화실에는 높다란 깃대에 커다란 궁을기를 보기 좋게 달아 불어오는 바람에 이리저리 너훌거리고……오전 10시가 되기 전까지는 거개 마당에서 혹 이야기도 하고 웃음도 웃고 어린이들은 뛰기도 하다가, 10시가 되면 모두 성화실내로 들어가서 서로 모여 앉아 교서를 펴놓고 교리를 서로 토론한다, 소년들에게는 특별한 위원이 있어서 자미 있는 수신담을 하여 준다, 시간이 되면 정숙 단좌하여 순서대로 예식을 거행한다, 교인의 수가 항상 4, 5백 명씩 됨으로 오히려 성화실의 좁음을 느끼게 된다.[42]

궁을촌, 즉 천도교촌의 교인들이 일요일 하루의 일을 쉬고 하루 동안 오직 시일을 거룩하게 지킨다는 관념은 기독교의 주일성수와 전혀 다를 바 없다.

마을 현장의 경쟁

천도교와 기독교는 치열하게 경쟁했지만 교인 간에 충돌이 일어난 사건은 거의 없었다. 동학시절과는 달리 천도교가 합법 공간에서 포덕 활동을 전개하면서 서로 경쟁하기는 했지만 충돌과 갈등이 기본 구도는 아니었다.

천도교와 기독교는 모두 전통 종교를 비판하면서 거기서 탈피하려는 입장에서 공통적이었다. 당시 농촌마을의 종교적 분위기는 전통 민간신앙과 불교가 우세했다. 예를 들어 대도회인 평양의 서촌 외서창에서조차 부유하고 유식한 감영 사람들이 많이 살아 명분과 상하 구분이 분명한 마을인데, 종교적 분위기는 다음과 같았다.

한 마을을 육동에 나누매 성황당이 여섯이오, 처처에 산신당과 대감당이며, 또 동구 안에 관음사라 하는 절이 있고 일개 여보살이 있는 고로, 동중지인이 태반이나 불도를 봉공하는지라.[43]

유학으로 무장했을 관료들이 많이 사는 마을도 민간신앙과 불교적 분위기에 젖어 있었다. 유교가 종교적 영향력이 약하므로 민간신앙과 불도가 민간의 의식을 지배하는 분위기가 조성되어 있었다. 이런 분위기에서 기독교인은 어떤 태도를 취했을까? 평안북도 창성군 창주면 상단리의 김관현이 '주의 도'를 받은 뒤 처음으로 주일을 지킬 때 주민들이 반대한 모습을 다음에서 볼 수 있다.

그 동리 불신자들이 동리 제향에 참예하라 하는 고로 믿는 자 9인이 편지로 회답하기를, 우리는 예수를 믿고 참신 하나님을 공경하니 우상에 제사하는 데는 참예할 수 없다 하매, 우상 섬기는 자들이 분하여 후욕하며 핍박하다가 제사를 지낼 때에 교인의 열명 편지를 우상 앞에 펴놓고 빌기를, 이 예수교인들을 하나도 없이 하여 달라 하였는데, 믿는 이들이 그 말을 듣고 더욱 열심을 내어 주를 믿으며 기도와 전도를 부지런히 하는 중이오.[44]

재미있는 것은 기독교인과 마을 주민이 물리적으로 직접 충돌하지 않고 각자의 종교적 의례를 통해 상대를 배척하면서 세력을 확장하려는 자세를 보이고 있다는 점이다. 주민들은 제사라는 종교의식을 통해 기독교인의 소멸을 기원한 반면, 기독교인들은 더욱 기도와 전도에 매진했다.

기독교의 선교는 매우 적극적이고 공세적이었다. 타종교의 사정을 고려하지 않고 개종을 촉구했다. 천도교가 창건되어 공공연히 포덕에 나서자 기독교세가 센 평양 지방에서는 천도교를 이단으로 배척하기도 했다.

> 금년하여는 각 촌에서 이단을 전하는 자들이 열심히 일하는 것을 보고, 각 형제자매들이 각각 경성할 때인 줄 알고, 일반 열심을 새로이 더하여 어둔 데 있어 갈 길을 알지 못하여 이단에 미혹하는 백성들을 불쌍이 여기어 속히 구원할 마음이 격발하여, 음 이월 초사일 주일에 여러 형제자매들이 장천예배당에 모여 날연보 하여 전도하기를 작정하는데[45]

평안도에서 괄목할 만한 포덕에 성공한 동학은 천도교 창건 이후에도 여세를 몰아 확장일로에 있었다. 이때 기독교인들은 '날연보'를 작정하여 선교에 적극 나섰다. 날연보는 "교우들이 달마다 자기 육체를 위하여 사무 보는 날 중에 몇 날씩 연보하여 하나님을 위하여 쓰게 하는 날"을 의미한다.[46]

평안남도 강동군에서는 천도교 마을이 기독교 마을로 변한 모습을 강동교회 조사 이태항이 다음과 같이 소개했다.

> 강동군은 면이 팔방이오 읍중 호수는 이백여 호나, 뒤에 아달산이 있고 앞에 수정천이 있고 서로 단군능이 있고 광활한 들이 있으니 가히 사람이 살만한 곳이라. 남녀 인물이 준수하고 풍속은 항상 고습만 숭상하더

니, 근년에 읍리 동편에 천도교가 성하여 "시천주조화정" 소리뿐이러니, 하나님이 권고하사 지금은 "죄악 벗은 우리 영혼은 기뻐 뛰며 주를 보겠네" 소리가 집집이 나오니 참 이상하도다.[47]

천도교인들은 5관을 행하는데 그 가운데 소리로 내는 것은 '주문'이다. 마을에서 '시천주조화정'의 주문을 외는 소리가 진동하더니 기독교의 적극적인 선교 결과 그 주문 소리가 기독교인의 찬송 소리로 바뀌어 기독교 마을이 되었다는 것이다.

평안북도 용천 원성리 교회에서는 믿지 않는 부친이 13세의 처녀 하문도를 천도교인에게 금화 90원을 받고 혼인시키니, 천도교인 집에서 예배당 출석을 허락하지 않는 일이 발생했다. 시부가 술을 먹고 며느리를 꾸짖다가 화가 나 아편 먹고 쓰러졌는데 깨어나 회개하면서, "내 집안이 어지러운 것은 예수를 믿는 며느리를 얻은 까닭이라. 그러나 내가 천도교인이 되어 술을 많이 먹고 이러한 해거까지 한 것은 나의 하는 도가 아름답지 못함이니 지금부터는 내가 며느리의 믿는 예수를 믿으리라"고 개종을 선언했다.[48] 이러한 기사는 천도교인에게 다소 불쾌감을 줄 수 있는 내용으로 보이는데 기독교의 천도교에 대한 부정적 인식의 한 단면으로 볼 수 있겠다.

천도교인 중에 기독교인이 된 사례는 적지 않을 것이지만 이에 관한 기사는 잘 보이지 않는다. 평안북도 창성군에서는 용천에서 파견된 백봉수 전도인이 창성 각처로 다니며 열심히 전도하는데, "천도교인도 조사 앞에 와서 그 숭배하던 것을 버리고 회개 자복하는 자도 있다"고 했고,[49] 평양 덕천읍 교회에서는 "천도교인 박성건 씨는 천도교를 버리고 주를 독실히 믿어 좋은 일군이 되었다"고[50] 하는 정도다.

기독교가 천도교에 밀린 사례도 있다. 평안남도 순안군 신중리에서는 자녀 교육을 위해 학교를 모집하고 5~6년 교육했는데, "불행이 천도교인에게 미혹하는 형제도 있고 배교하는 형제도 있음으로 학교까지 2년 동안 폐지한지라. 그러나 그중에 진실한 형제자매 몇몇 분은 그 꾀임에 들어가지 않고 더욱 독실한 믿음으로 눈물을 흘리며 떨어진 자들을 위하여 간절히 빌더니, 하나님께서 그 기도를 들으시고 그 사람의 마음으로 하여금 부흥케 하셨다더라"는 기사가 나왔다.[51] 천도교세에 밀려 기독교인들이 천도교로 개종하고 학교가 폐교되는 어려운 사정을 전하고 있다.

천도교와 기독교 사이 경쟁의 한 양상을 황해도 황주군 구림면 화동리의 경우에서 볼 수 있다.

그 동리 팔십여 호 대촌 중에 예수교학교도 있고 한문학당도 있어서, 종교의 승강과 학교의 경쟁이 날로 일어나서, 이 교가 저 교를 비방하며 이 학생이 저 학생을 흉보아 피차간에 흑백과 우열의 구별을 알 수 없더니, 그 강습소장 나학점과 소감 김응렬 등이 일층 분려하여 왈, 우리 교와 강습소가 진흥치 못함은 우리의 교 믿는 마음과 생도 가르침이 충분치 못한 원인이라 하고, 교 믿는 마음과 생도 권장하는 사무를 더욱더욱 근실이 하고……학생의 학식이 날로 늘어가는지라. 이 소문이 원근 동에 낭자하매, 근처 한문학당에서 학동의 부형들이 작년 추봉을 채우기 기다리다가, 근일에는 우리 강습소에 입학시키는 자 많은 고로 전일 십여 명 학생이 지금 삼십여 인의 증가함을 얻은지라.[52]

황주의 한 마을에 한문학당, 기독교학교, 천도교 교리강습소가 나란히 개설되어 있으니 학생들은 어느 학교로 가야할지 망설였을 것이다. 한문학당은 전통 학문을 고수하는 것이고, 기독교학교는 성경과 교리를 중심으로 한글과 근대 학문을 가르쳤을 것이다. 천도교 강습소도 기독교 학교와 스타일이 비슷했다. 그러니 기독교학교와 천도교 강습소가 성장하면 한문학당의 학생은 줄어들 수밖에 없다. 기독교의 학교 교육이 천도교보다 한참 앞서 나가고 있었으니 천도교도 분발하는 상황을 보인다.

황주군 전주면 외두리 천도교 전교실 제518강습소의 경우에도, 열심히 교육하여 "대촌 중에서 우리 교를 조롱하며 단발 학생을 배척하더니, 지금은 한문만 배우는 학동의 부형들이 서당을 파하고 몰수히 강습소로 들어옴으로 상황이 차차 흥왕한다더라"라고 했다.[53] 천도교의 포덕도 왕성했다.

기독교는 본질적으로 공세적으로 선교했기 때문에 천도교인도 개종 대상으로 삼아 적극 선교한 데 반해, 천도교는 동학시절 정부의 탄압을 받은 경험 때문에 타종교와의 충돌도 피하고 단속하면서 스스로 포덕에 전념하는 모습을 보였다.

6장. 천도교와 기독교의 경쟁

7장

천도교와 기독교의 교세 비교

교세의
양적 성장

동학·천도교의 교세

정부의 탄압을 받던 동학시절 교인의 수를 알 수 있는 통계는 없고 천도교가 된 이후에도 명확한 통계를 확보하기 어렵다. 그래서 조선총독부가 통제를 목적으로 파악한 자료를 통해 검토할 수밖에 없다.

　조선총독부는 동학·천도교를 '유사종교'로 규정하여 기독교·천주교 등의 '종교' 범주에서 제외했다. 식민체제에 해를 끼칠 수 있는 불온한 '사이비' 종교로 간주했다. 일본인 민속학자 무라야마村山智順는 유사종교를 동학계·훔치계·불교계·숭신계·유교계 등으로 나누고, 교단본부, 조선총독부 경무국, 각 도 경찰부의 자료를 조사하여 교인 수에 관한 통계를 작성했다. 구체적으로 어떤 자료에 근거하여 어떤 방법을 동원해 통계를 작성했는지 밝히지 않아 신뢰도를 말하기는 어렵다. 사실 조선 정부의 불법단체에서 출발해 일제의 감시 대상이 되었으므로 이들 종교에 대한 어떤 자료도 시계열적으로 교인 수를 파악하여 제시하는 것은 불가능하다. 박해 기간 중에도 영세자의 명단을 작성하여 교황청까지 보고했던 천주교의 경우와는 같지 않다.

무라야마의 조사에 의거해 유사종교 여러 계열의 전체 교인 수, 동학계, 그리고 천도교 교인 수를 살펴보기로 한다. 유사종교 전체 교인은 1894년경까지는 주로 중부 이남 지방에 신도가 많았고, 그 이후 평안남북도·함경남도·황해도 등 북부 지방으로 교세가 확장된 양상을 볼 수 있다. 1906년에는 10만 명에 이르고, 1920년대에는 충남과 경남에서 크게 늘어 최고 정점인 62만 5,000명에 달했다. 그러나 그 뒤 경남에서 급감한 뒤 서서히 감퇴되어 1934년에는 17만 2,858명에 머물렀다고 추계되어 있다.[1]

유사종교의 여러 계열 가운데 '동학계'만 따로 떼어 살펴보자. 동학계는 천도교를 비롯해 시천교·상제교·원종교·천요교·청림교·대화교·동학교·인천교·백백교·수운교·대동교·천명교·평화교·무궁도·무극대도교·천법교·원종교 등이다. 1934년 현재, 동학계 교인의 수는 남자 7만 934명, 여자 4만 6,651명, 합계 11만 7,585명으로 산정되었다.[2] 지역적 분포의 변화를 살펴보면, 동학계 종단은 1884년경 경북에서 일어나 전남·충북·전북으로 전파되고, 이어 강원·경남을 넘어 충남에서 황해·평안남북도로 뻗어나갔다. 그 후 함경남북도를 거쳐 마지막으로 경기도에 이르러, 1905년경에는 전국적으로 분포한 양상을 보였다.

1894년경 30교구에 1만 6,000여 명이던 동학계 교인은 1906년 10만 명을 넘어서 계속 증가했으나, 3·1운동 전후 감퇴했다가, 1923년 336교구에 교인 54만 명의 최고조에 달했다. 이후 줄어드는 추세를 보이면서 1934년에는 11만 7,585명이 되었다고 한다.[3] 1934년의 경우, 유사종교 총 교인 수 17만 2,858명 가운데 동학계가 68.0퍼센트로 약 3분의 2에 이르러, 소위 유사종교 가운데 동학계의 종교 활동이 가장 활발했던 것을 알 수 있다. 최고조에 달한 1923년 동학계 교인 수가 54만 명에 이른 점에 일단 주목해둔다.

이제 동학계 중에서 '천도교'만을 떼어 조사해보기로 한다. 천도교인의 도별·연도별 수는 〈표 7-1〉과 같다.

천도교인의 수는 초기에는 통계가 불확실한데, 1898년 평북의 교인이 늘면서 2만 4,000여 명에 이르고, 1902년 함남의 교인이 늘면서 7만 8,000여 명이 되었다. 1904년에는 그때까지 지속적으로 평북의 교인이 늘어난 효과로 8만 5,000여 명에 달하고, 1910년 11만 2,567명, 그리고 1919년에 13만 884명으로 최고 정점에 이른다. 이후 감소세로 돌아서 1934년 현재, 천도교인은 남자 5만 5,547명, 여자 3만 7,861명, 합하여 9만 3,408명인데, 동학계 11만 7,585명 중에서는 76.9퍼센트라는 압도적 다수를 차지한다.

1904년, 1910년, 1919년 천도교인을 비교해보면 평북이 40퍼센트를 상회하여 압도적으로 많고, 다음으로 함남이 30퍼센트를 넘는다. 황해도와 평남이 지속적으로 증가하여 10퍼센트 이상씩을 확보했다. 천도교인은 1919년까지 평북·함남·황해·평남의 순으로, 한반도의 북부 지방에 대부분 분포하고 있다. 남부 지방에서는 동학농민전쟁이 일어난 전북·충남보다는 충북·전남에서 명맥을 유지하고 있는 실정이다. 진보회운동이 일어났을 때에는 북부 지역에서는 평남, 남부 지역에서는 전북이 많았으나 일진회와 통합되고 천도교에서 일진회원을 축출하면서 평북이 많아졌고 전북도 위축된 것이다. '동학'의 중심 지역이 전라도와 충청도였다면, '천도교'의 중심 지역은 평북과 함남 등 북부 지역이었음을 통계를 통해 관찰할 수 있다.

〈표 7-1〉 천도교의 도별·연도별 교세의 변화

	경기	충북	충남	전북	전남	경북	경남	황해	평남	평북	강원	함남	함북	합계
1890				8										8
1891				106										106
1892				118										118
1893				491				20						511
1894		200	88	478				10020				1000		11786
1895		130	88	410				6420			5	2001		9054
1896		130	88	435				6420			5	2001		9079
1897		130	88	455				6420		300	5	2001		9399
1898		130	78	455				6438		15300	30	2001		24432
1899		130	78	2000	455			6438		15300	30	2001		26432
1900		130	78	2000	455			6838	1000	17750	30	2001		30282
1901		130	78	2000	455			6838	1000	31150	30	2016		43697
1902		130	78	2000	497			6851	1920	42180	30	24705		78391
1903		6130	78	2000	577			6851	2111	37327	30	25463	41	80608
1904		6130	78	2000	642			7351	2111	40027	30	27323	41	85733
퍼센트		7.2	0.1	2.3	0.7			8.6	2.5	46.7	0.0	31.9	0.0	100.0
1905		6068	118	2000	1236			5341	2383	40027	1685	29779	41	88678
1906		6076	119	2000	2808	60		8572	3648	50336	2435	26469	81	102604
1907		6076	1431	2000	2858	60		8691	4924	54383	2509	27182	111	110225
1908		6076	1441	2216	3163	60		8191	5617	50876	2583	26318	566	107107
1909		6076	1441	2275	3183	662		8191	5827	50876	2538	26405	566	108040
1910	100	6076	1282	2275	4195	662		7465	7105	53375	2538	26928	566	112567
퍼센트	0.1	5.4	1.2	2.0	3.7	0.6		6.6	6.3	47.4	2.3	23.9	0.5	100.0

연도														
1911	300	6076	1379	2275	4262	662		7903	8156	48722	2541	27088	925	110289
1912	500	6085	1379	2275	4817	707	160	8191	8322	57951	2795	24647	956	118785
1913	973	6312	1789	2275	5102	845	160	8564	8753	55702	3332	22757	1100	117664
1914	1028	6342	2463	2275	4769	845	160	9004	8766	58462	3408	22389	1100	121011
1915	869	6575	2511	2557	4519	845	160	8896	8801	59439	3508	22215	1100	121995
1916	787	6575	2506	2557	4872	845	178	9225	8895	59697	4398	19864	1100	121499
1917	677	6575	2583	2557	4609	845	218	10075	8976	59195	4454	16770	1100	118634
1918	612	6659	3059	5983	5583	343	294	15686	9184	60334	4586	17210	1228	130761
1919	588	6740	2861	4197	6287	636	660	16656	14627	53136	4430	18888	1178	130884
퍼센트	0.4	5.2	2.2	3.2	4.8	0.5	0.5	12.7	11.2	40.6	3.4	14.4	0.9	100.0
1920	709	3836	2843	4597	4758	811	658	10872	20821	49870	2285	18225	983	121268
1921	707	3862	2389	4197	4914	851	922	10500	20433	45803	2453	17073	1045	115149
1922	706	808	2162	4554	4162	815	934	10402	20952	46340	1452	21387	1117	115791
1923	706	808	2129	4045	4335	803	998	5417	11530	46340	767	21764	1027	100669
1924	705	790	1906	4304	4028	694	1127	5004	10824	41315	701	17199	1053	89650
1925	692	847	1891	4304	3678	639	1315	4722	9363	37423	667	17699	1262	84502
1926	1099	710	1642	2983	3614	533	903	3237	9681	36482	705	17591	1132	80312
1927	1704	656	1358	2594	2199	449	703	2614	8340	37075	552	20917	1622	80783
1928	1677	710	1335	2673	2083	384	1358	5723	10203	40254	585	24500	1973	93458
1929	1736	623	1335	2826	1960	592	1329	5847	11091	42134	593	23534	2039	95639
1930	2000	584	1207	3027	2532	295	1384	11335	11908	40956	614	26373	2335	104550
1931	2177	637	1182	1736	2590	343	1159	9057	14821	41596	603	24307	2736	102994
1932	2444	532	1099	987	2634	285	968	9988	16186	40758	577	22863	3175	102496
1933	2458	508	1017	913	2616	214	927	10262	14918	38395	527	20042	2528	95325
1934	2458	415	837	986	2544	221	912	10282	15030	38491	495	18643	2092	93406
퍼센트	2.6	0.5	0.9	1.1	2.7	0.2	1.0	11.0	16.1	41.2	0.5	20.0	2.2	100.0

* 출처: 村山智順, 최길성·장상언 공역, 《조선의 유사종교》, 1991, 470~620쪽.
* 비고: 충북 1894~1902년, 경남 1912~1915년, 강원도 1895~1904년 부분은 남자 교도만 조사되어 있다.

기독교 교세

기독교에는 장로교와 감리교, 영국성공회, 구세군 등의 종파가 있는데, 장로교는 미국 북장로교를 시작으로 호주 장로교, 미국 남장로교, 캐나다 장로교가 한국 선교에 참여하고, 감리교는 미국 북감리교와 미국 남감리교가 각각 한국에 선교사를 파송했다. 1885년 미국 북장로교와 미국 북감리교의 선교사가 제일 먼저 입국한 이후 한국 기독교의 교세는 이 두 교파를 중심으로 확장되었다. 북장로교는 서울과 평안·황해·충북·경북 지방에서 선교하고, 북감리교는 서울과 평안·황해·충남 지방에서 선교 활동을 전개했다. 처음에는 서로 경쟁했지만, 나중에는 선교 지역을 분할하여 선교의 효율성을 높였다.

  기독교의 각 교파 교인 수의 변화를 한 곳에서 살피기는 어려우므로 일찍부터 동시에 선교를 시작하여 대다수의 기독교인을 확보한 북장로교와 북감리교의 교세를 통해 전반적인 경향을 살피기로 한다. 북장로교와 북감리교의 연도별 교세의 변화를 살펴보면 〈표 7–2〉와 같다.

  기독교인의 통계는 장로교의 총회나 감리교의 연회 자료를 종합해서 살펴볼 수 있지만, 대상 지역의 범위, 작성 시기, 작성 목적 등에 따라 기준도 다르고 전거 자료도 달라 정확한 통계의 산정에 어려움을 겪을 수밖에 없다.[4] 남감리교 선교사로 활동했던 스탁스Charles D. Stokes는 박사학위논문에서 한국의 북감리교와 남감리교, 그리고 북장로교의 교세 통계를 작성했다. 그는 많은 자료를 수집하여 통계의 정확성을 기하려 했지만 오류를 피하기 어려웠다고 고백하고 있는데, 그의 노력을 인정하여 그 통계를 활용했다. 저자가 오류의 가능성을 우려한 바와 같이, 이 통계를 절대적으로 믿을 수는 없으므로 많은 조사 보고와 설명들을 참조해야 할 것이다. 1885~1896년까지의 통계는 빠진 부분이 많아 생략했다.

〈표 7-2〉 북장로교와 북감리교의 연도별 교세 변화

교인 연도	북장로교				북감리교				교인 수 합계
	입교인	학습인	교인 수	선교사	입교인	학습인	교인 수	선교사	
1897	932	2344	6800	33	305	1074		25	
1898	2079	2800	7500	42	556	1512		24	
1899	2804	3426	9634	43	649	1967		22	
1900	3690	4000	13569	49	792	3105		23	
1901	4793	4480	13694	53	948	3820		27	
1902	5481	5968	16333	58	1296	4559		27	
1903	6491	6197	22662	61	1616	5299		26	
1904	7916	6295	23356	66	2006	4979		32	
1905	9756	7320	30386	78	2457	5339	14309	34	44695
1906	12546	11026	44587	79	2810	9981	18107	39	62694
1907	15153	16721	54987	81	3885	19570	39613	41	94600
1908	19654	19336	73844	87	5298	18964	44064	43	117908
1909	25057	23892	96668	101	6251	16992	43814	57	140482
1910	32509	26981	110362	113	6590	18134	47181	54	157543
1911	36074	25948	108470	117	8362	16674	51248	77	159718
1912	39475	22503	96488	126	10373	15445	47367	73	143855
1913	42913	18441	92612	128	10822	9548	40548	76	133160
1914	46804	19264	109521	126	10961	9828	43204	73	152725
1915	47090	18438	104926	131	12125	8926	44390	67	149316
1916	49554	17434	107858	128	12124	8456	43419	76	151277
1917	52665	17031	116322	130	12271	7993	43901	68	160223
1918	53141	16701	117137	137	12346	7195	40890	67	158027
1919 (퍼센트)	52707 (49.5)	13749	106429 (74.8)	138 (68.7)	12667 (35.3)	6067	35912 (25.2)	63 (31.3)	142341

* 출처: Charles D. Stokes, 장지철·김흥수 옮김, 《미국 감리교회의 한국 선교 역사 1885~1930》, 한국기독교역사연구소, 2010, 361~367쪽.

〈표 7-2〉의 항목 가운데 '입교인'은 '세례인' 중 당해 교회의 교인이 된 자로서 진정한 교인에 해당한다. '학습인'은 세례를 받기 위한 훈련 과정에 들어간 교인이다. 교회에 출석하는 일반 교인은 '원입인'이라 하는데, 〈표 7-2〉에는 별도의 난이 없고, 입교인·학습인과 함께 '교인 수'에 포함되어 있다.[5] 주일학교의 학생 통계는 따로 잡히는 경우가 많지만 경우에 따라 교인 통계에 반영되었을 가능성도 배제할 수 없다.

1919년 북장로교의 경우 입교인은 5만 2,707명으로 교인 수 10만 6,429명의 절반에 이르고, 감리교는 입교인 1만 2,667명, 교인 수 3만 5,912명으로 입교인이 3분의 1을 조금 넘는다. 입교인 자격을 주는 데 장로교가 엄격한 것을 의미하는지, 감리교의 교인 수에 교인으로서의 자격이 미흡한 사람이나 주일학생이 포함된 것을 의미하는지는 정확히 알기 어렵다. 북장로교와 북감리교의 전체 교인 수를 보면 1919년의 경우 북장로교가 10만 6,429명으로 4분의 3 정도, 북감리교가 3만 5,912명으로 4분의 1 정도를 차지하여 북장로교의 교세가 훨씬 크다. 선교사도 북장로교가 북감리교보다 2배 정도 많다.

북장로교는 1907~1910년 사이에 2배 이상의 급속한 증가세를 보이지만 이후 식민지에 들어가 크게 위축되었다가, 1917년에 가서 회복된다. 북감리교는 1906~1907년 사이 2배 이상 확장되었다가 이후 점진적인 증가세를 보이고 역시 식민지에 들어가 위축되는데, 1919년까지 지속적으로 줄어들어 회복하지 못한다.

〈표 7-2〉는 북장로교와 북감리교만을 포함했기 때문에, 성공회나 구세군·성결교·침례교 등은 물론 전라도와 충남에서 선교한 남장로교, 경남의 호주 장로교, 함경도의 캐나다 장로교, 그리고 강원도와 경

기도를 중심으로 활동한 남감리교의 교세는 빠져 있다. 그중 남감리교에 대해서는 스탁스가 통계를 정리해두었는데, 1897년 156명에서 시작하여 1908년 6,061명, 1910년 9,809명, 1919년 9,460명에 머물고 있다.

한국에 통감부를 세워 내정을 장악한 일제 당국도 기독교의 교세를 조사했다. 일본 헌병대에서 1909년 기독교 각 교파의 교세를 조사한 결과는 〈표 7-3〉과 같다.

〈표 7-2〉에서 1908년 북장로교인과 북감리교인을 합한 수가 11만 7,908명, 1909년 14만 482명인 것과 비교하면, 일본 헌병대가 1909년

〈표 7-3〉 1909년 기독교 각 교파의 도별 교세

도	장로교	감리교	영국교회	구세군	계(%)	천주교
경기	5630	22474	4061	1030	33,195/26.1	10893
충청	4245	2810	100	–	7,155/5.6	6750
전라	7843	3150	–	–	10,993/8.6	4643
경상	19500	6000	–	–	25,500/20.1	1200
황해	10948	1970	4101	–	17,019/13.4	1423
평안/퍼센트	20949/81.8	4662/19.2	–	–	25,611/20.1	180
강원	357	1989	540	–	2,886/2.3	649
함경	4522	350	–	–	4,872/3.8	155
합계/퍼센트	73,994/58.2	43,405/34.1	8,802/6.9	1,030/0.8	127,231/100.0	25,893

* 출처:《통감부문서》제6권, 1. 헌병대 기밀보고, (650)한국의 기독교 현황 시찰결과 보고, 1909년 월 2일 憲機 제1707호.
* 비고: 교회당·부속학교·학생·외국 선교사·한인 목사·신도·부속병원의 수가 도별로 기록되어 있는데, 여기서는 그중 신도 수만 도별로 제시했다.

기독교인 수를 12만 7,231명으로 파악한 것은 다소 과소평가한 셈이지만 대략 근사하다. 교파별로 교인 수를 보면 장로교가 압도적으로 많아 60퍼센트에 육박하며, 감리교는 3분의 1 수준에 머물고 있다. 나머지 교파는 미흡하다. 도별 분포는 서울·경기·평안·경상도의 순으로 많고 나머지 지역은 훨씬 적다. 장로교는 평안·경상·황해도에서 많고 감리교는 서울·경기도에서 많다. 이런 차이는 선교 지역을 분할했기 때문에 나타난 현상인데, 장로교 선교 구역인 경상도와 전라도에서 감리교인이 다수 발견된 것은 의문이다.

기독교의 교세를 교회당·선교사·학생 등으로 확장하여 살펴보면 〈표 7-4〉와 같다.

교회당이나 부속학교·학생·선교사·목사 등 모든 부분에서 장로교 쪽의 숫자가 압도적으로 많고, 다음으로 감리교다.[6]

〈표 7-4〉 1909년 기독교의 상황

구분	장로교	감리교	영국교회	구세군	계	천주교
교회당	379	219	149	2	749	58
부속학교	192	104	37	-	333	23
학생	6471	4905	1270	-	12646	1772
외국인 선교사	98	59	12	3	172	33
한국인 목사	180	135	45	5	365	47
교인	73994	43405	8802	1030	127231	25893

* 출처: 《통감부문서》 제6권, 1. 헌병대 기밀보고, (650)한국의 기독교 현황 시찰결과 보고, 1909년 9월 2일 憲機 제1707호.

교세 추정의 문제점

천도교인의 수는 〈표 7-1〉에서 보듯이 1908~1909년 조금 주춤하기도 하고 또 지속적으로 증가하는 것은 아니지만, 전체적으로 보면 점진적 확장세를 보여준다. 종래 동학과 진보회·일진회의 정치 관여로 큰 피해를 본 천도교는, 이후 조선총독부와의 관계를 원만하게 유지하면서 내적 역량을 강화함으로써 교인 수의 안정적 확보와 점진적 확장을 꾀했다고 평가할 수 있겠다.

반면 기독교인의 수는 1900년대에 들어와 크게 증가한다. 그 배경으로 1906~1907년 대부흥운동, 1909년 백만명 구령운동이 자주 거론된다. 그러나 일본의 정보 보고는 이와 다른 견해를 제시한다. 한국인들이 기독교에 가입한 것은 "신교信敎에 있는 것이 아니라 생명·재산을 보호하는 데 있고, 반면 교회는 신도들의 생명·재산을 보호하는 것을 주로 하는 것이 아니라 신도의 증가를 도모하는 데 있어" 상호 이용한다는 것이다. 즉 일진회가 한국인의 생명과 재산을 보호하는 데 앞장서서 가입자가 증가하는 것을 보고 기독교회도 적극 입교자의 비호에 나섰다고 본다. 기독교가 유리했던 점은 러일전쟁 때 일본군이 선교사와 기독교에 해를 끼치지 않아 한국인들이 선교사와 기독교의 위력을 체험함으로써 기독교에 가입하는 사람들이 많아졌기 때문이라고 진단했다.[7] 기독교인의 수는 아마도 19011년 105인사건 등의 영향을 받아 줄어들다가, 이후 소폭의 상승과 하강을 거듭하는 보합세를 보여 기복이 심한 편이다. 기독교가 조선총독부의 탄압을 받음으로써 믿음이 약한 일시적 교인 또는 가짜 교인들이 이탈한 때문이었다.

천도교인의 전체 규모는 〈표 7-1〉에서 보듯이 1905년에 9만 583명, 1910년에 11만 4,477명, 1919년에 13만 2,803명으로 집계되었다. 반면 기독교의 경우 북장로교와 북감리교 교인 수만 통계한 〈표 7-2〉에서 볼 때 1905년 4만 4,695명, 1910년 15만 7,543명, 1919년 14만 2,341명으로 되어 천도교인보다 더 많은 것으로 집계되어 있다. 천도교에 시천교를 합하거나, 북장로교와 북감리교 외에 기독교의 다른 교파까지 합한다면 통계는 달라질 수 있다. 그렇지만 한말·일제 초기의 기록들을 살펴보면 일반적으로 천도교세가 매우 강하고 기독교세가 추격하는 모습으로 나타나는데 〈표 7-1〉·〈표 7-2〉의 통계는 그러한 일반적 인식과 괴리가 있다.

1910년 창간된 《천도교회 월보》에 제시된 통계를 보면 1910년 1년간 천도교인은 2만 7,760호가 증가되었고, 1911년 1~2월의 불과 2개월 사이에 무려 1만 2,581호가 증가되었다고 한다.[8] 이때 천도교는 온전한 가정의 입교를 온전한 교인으로 취급했으므로 '호'를 계산했다. 교인 수로 계산하면 더 증가할 수 있다. 〈표 7-1〉에는 이런 증가 상황이 전혀 반영되어 있지 않다.

1916년 7월 말에 조사했다는 어떤 통계에 의하면, 만주를 제외하고 한반도의 천도교인 수는 197개 區에 103만 2,494명으로 집계되었다. 시천교도는 135개 구에 27만 4,733명이었다고 한다.[9] 천도교의 경우 평북·평남·함남이 중심을 차지하고 있는 것은 다른 통계와 마찬가지다. 성인 남녀를 중심으로 작성된 〈표 7-1〉에서 1916년 겨우 12만여 명으로 집계한 것과 비교되지 않을 정도로 많다.

교인 수에 대한 통계와 일반적 인식이 괴리를 보이는 이유는 통계 자료의 성격이나 통계 작성의 방식에 있겠지만, 과연 '교인'이란 누구인가라는 개념 정의의 차이에서도 살펴볼 수 있다. 일본인 학자의 조사에 의하면 동학농민전쟁 당시 동학교도는 300만 명을 돌파했을 것이라 한다. 그러나 이들 중 "종교적으로 동학을 신봉하는 교도" 외에, "기세를 타고 사욕을 만족시키려는 자", "생명과 재산의 위험을 피하는 자기 방어상의 방편에서 일시적으로 교도를 가장하는 자" 등 '가짜 교도'가 상당히 많았다고 본다. "제1종의 진정한 교도는 교조신원운동에서부터 관헌·토호의 압박에 대한 분노에 불타고, 제2종의 가짜 교도는 기세를 타고 개인의 원한을 풀고 무리의 힘을 빌려 약탈 폭행을 자행하는 자였고, 제3종의 가짜 교도는 그 목적, 기세에 순응해서 자기의 안전을 꾀하려는 자"라고 부연했다.[10] 황해도 동학당을 진압한 일본군 장교도 동학교도를 진정동학당, 일시적 동학당, 위동학당偽東學黨의 세 부류로 나눈 바 있다.[11]

통감부의 일본 헌병대도 기독교에 가입한 동기를 가지고 교인을 구분했는데, 첫째 진실로 기독교의 교의에 귀의하여 가입한 자, 둘째 폭리暴吏의 주구誅求를 면하고 의병의 박해를 피하려고 가입한 자, 셋째 한국이 일본의 보호국이 된 것을 혐오하다가 선교사에게서 배일排日의 기색을 보고 가입한 자, 넷째 서양 숭배 혹은 유행을 쫓아서 가입한 자 등이었다.[12] 진정한 교인, 이기주의자, 민족주의자, 서양 문명 신봉자 이런 식으로 구분할 수 있다고 본 것이다.

교인을 누구로 보는가에 따라 통계에는 차이가 날 수밖에 없다. 박은식도 천도교인이 날마다 증가하여 300만 명 정도를 헤아린다고 언급했다.[13] 그렇지만 수많은 일반 민중이 포함되어 진정한 수는 측량하기 어렵다. 기세가 대단한 만큼 이를 과장해서 표현한 말이다.

기독교에서는 '원입인→학습인→세례인→입교인'으로 교인을 구분하여 진정한 교인으로 훈련시키는 과정을 제도화했다. 천도교도 교단조직을 정비하면서 교리 강습 등의 훈련과정을 마련해 교인의 신앙 수준을 향상시켰다. 이와 관련하여 〈표 7-2〉의 기독교 입교인과 학습인 통계를 주목할 필요가 있다. 1910년 이후 식민지 초기를 보면, '교인 수'의 위축에 '학습인' 수도 동반하여 위축되는 경향을 보이는 것과는 달리 '입교인'은 변함없이 지속적이고 안정적인 증가세를 보여준다. 내외의 정치 환경으로 말미암아 새 교인은 늘지 않지만 내적 훈련에 의해 진정한 교인은 유지되면서 증가세를 보인 것이다. 기독교는 내부적으로 보다 단단한 신앙 공동체를 형성해가는 과정에 있었다고 평가할 수 있다.

영변 지방에서 교인과 학생 수가 급속히 줄어들자, 일본 관리가 이를 "일시 오해를 하여 서로 이끌고 기독교에 투입한 자가 시일이 지남에 따라서 점차 그 진상을 간파하여 이탈한 것으로 생각됩니다만, 정말 기독교에 귀의한 자는 이전과 큰 차이가 없다"라고[14] 평한 것도 유사한 해석이다. 이런 사례들을 볼 때 진정한 교인 외에 일시적 교인, 가짜 교인들이 많았고, 따라서 통계를 작성할 때 어디까지 교인으로 간주할 것인가에 따라 교세 규모에 차이가 날 수밖에 없는 것이다.

1909년 일제 헌병대는 일반적으로 기독교인의 수는 20만 명을 운위한다고 하며, 그에 비해 천도교인은 약 30만 명, 시천교인은 약 10만 명으로 추산했다.[15] 동학 계열의 교인이 기독교보다 2배 정도 많다고 보았다. 〈표 7-1〉〈표 7-2〉의 통계도 참고하여 판단할 때 이러한 추산이 당시의 상황에 근접한 것으로 지지하고 싶다.[16]

평안남북도 지방의 교세

천도교 교세

동학이 정치조직을 만들고 근대종교의 성격을 지닌 천도교로 변신할 수 있었던 배경에는 교인의 양적 성장이 놓여 있다. 특히 1890년대 말부터 크게 확장된 서북 지역 동학교도들이 든든한 기반이었다. 천도교 창건 이후에도 서북 지역을 중심으로 교단이 크게 성장했다. 여기서 천도교의 수많은 간부들이 배출되었다. 동학·천도교와 기독교는 20세기에 들어서면서 평안남북도에서 크게 발전하고 치열하게 경쟁했기 때문에 이곳을 중심으로 교세의 양적 팽창과정과 그 특성을 비교해보기로 한다.

먼저 동학·천도교의 평안도 지방 교세를 전국과 비교하여 그 변화의 양상을 살펴보면 〈표 7-5〉와 같다.

평안남북도 동학·천도교인의 수는 1900년 평북이 1만 7,000여 명, 평남이 1,000명에서 시작되는데, 당시 이 비율은 전국의 60퍼센트를 상회하는 숫자다. 전반적으로 1919년에 이르기까지 평안남북도 교인

〈표 7-5〉 동학·천도교의 평안도 지방 교세 변화

연도\지방	평남(퍼센트)	평북(퍼센트)	평남북(퍼센트)	전국 합계
1897	-	300	300	9399
1898	-	15300	15300	24432
1899	-	15300	15300	26432
1900	1000(3.3)	17750(58.6)	18750(61.9)	30282
1901	1000(2.3)	31150(71.3)	32150(73.6)	43697
1902	1920(2.4)	42180(53.8)	44100(56.3)	78391
1903	2111(2.6)	37327(46.3)	39438(48.9)	80608
1904	2111(2.5)	40027(46.7)	42138(49.2)	85733
1905	2383(2.7)	40027(45.1)	42410(47.8)	88678
1906	3648(3.6)	50336(49.1)	53984(52.6)	102604
1907	4924(4.5)	54383(49.3)	59307(53.8)	110225
1908	5617(5.2)	50876(47.5)	56493(52.7)	107107
1909	5827(5.4)	50876(47.1)	56703(52.5)	108040
1910	7105(6.3)	53375(47.4)	60480(53.7)	112567
1911	8156(7.4)	48722(44.2)	56878(51.6)	110289
1912	8322(7.0)	57951(48.8)	66273(55.8)	118785
1913	8753(7.4)	55702(47.3)	64455(54.8)	117664
1914	8766(7.2)	58462(48.3)	67228(55.6)	121011
1915	8801(7.2)	59439(48.7)	68240(55.9)	121995
1916	8895(7.3)	59697(49.1)	68592(56.5)	121499
1917	8976(7.6)	59195(49.9)	68171(57.5)	118634
1918	9184(7.0)	60334(46.1)	69518(53.2)	130761
1919	14627(11.2)	53136(40.6)	67763(51.8)	130884

* 출처: 村山智順, 최길성·장상언 공역, 《조선의 유사종교》, 1991, 470~620쪽.

수는 전국의 50퍼센트를 상회하여 천도교의 중핵 지역으로 자리 잡았다. 평북이 평남보다 비교할 수 없을 정도로 압도적으로 교도 수가 많은 점은 천도교의 지역적 편차를 이해하기 위해 주목해두어야 할 부분

〈표 7-6〉 동학교도·천도교인과 진보회원·시천교인 비교

도별	1904년		1916년:《조선의 유사종교》		1916년:《반도시론》	
	동학교도	진보회원	천도교인	시천교인	천도교인	시천교인
경기	–	4980/4.2	787/0.7	100/1.2	47507/4.6	3440/1.2
충북	6130/7.2	300/0.3	6575/5.4	46/0.6	12238/1.2	25704/9.4
충남	78/0.1	200/0.2	2506/2.1	59/0.7	16219/1.6	51025/18.6
전북	2000/2.3	22180/18.8	2557/2.1	147/1.8	68905/6.7	56763/20.7
전남	642/0.7	810/0.7	4872/4.0	33/0.4	55925/5.4	44178/16.1
경북	–	–	845/0.7	1334/16.3	3603/0.4	9468/3.4
경남	–	1400/1.2	178/0.1	78/1.0	7714/0.7	15531/5.7
황해	7351/8.6	6255/5.3	9225/7.6	1915/23.4	65113/6.3	46835/17.0
평남	2111/2.5	49850/42.3	8895/7.3	1560/19.0	219451/21.3	7969/2.9
평북	40027/46.7	19560/16.6	59697/49.1	1200/14.6	341139/33.0	5258/1.9
강원	30/0.0	2960/2.5	4398/3.6	383/4.7	47173/4.6	8562/3.1
함남	27323/31.9	9240/7.9	19864/16.4	1249/15.2	118149/11.4	–
함북	41/0.0	–	1100/0.9	90/1.1	29358/2.8	–
합계	85733/100.0	117735/100.0	121499/100.0	8194/100.0	1032494/100.0	274733/100.0

* 출처: 1904년 동학교도의 통계는 《조선의 유사종교》. 진보회원의 통계는 《주한일본공사관기록》 제21권, 7. 陸海軍往復附一進會, (34)일진회현황에 관한 조사보고, 1904년 11월 22일 한국주차군 사령관 落合豊三郎의 특명전권공사 林權助에 대한 보고. 1916년 통계는 《조선의 유사종교》 및 《반도시론》 제2권 제1호, 1918년 1월, 백대진, '天道·侍天 兩敎의 내부를 해부하여 공평을 促함(3)', 54~55쪽.
* 비고: '인원 수/퍼센트'로 표시함.

이다. 1919년에 이르면 평남의 교인 수도 1만 4,000여 명에 이르고 전국의 11퍼센트를 차지하여 상당히 증가한 셈이지만 평북의 40퍼센트에는 그게 미치지 못한다.

천도교인의 도별 편차를 이해하기 위해 1904년 진보회원, 1916년 시천교인과 비교하여 도별 분포를 살펴보면 〈표 7-6〉과 같다.

이용구의 진보회는 동학교도들을 조직한 것이고 그 중앙조직이 필요하여 송병준의 일진회와 통합했다. 1904년 말 진보회원은 11만 7,735명이고 표에는 제시하지 않았지만 일진회원은 3,700여 명에 불과하다. 〈표 7-1〉의 《조선의 유사종교》에서 추정한 동학교도 수 8만 5,733명보다 진보회원은 11만 7,735명으로 훨씬 더 많다. 문제는 두 자료 사이에 지역별 인원 수의 편차가 너무 큰 점이다. 〈표 7-1〉에서 보면 동학교도는 평북과 함남에 집중된 데 반해, 〈표 7-6〉의 진보회원은 평남이 가장 많고 전북·평북에도 많은 상황이다. 평북과 함남을 합해서 동학교도는 78.6퍼센트, 진보회원은 24.5퍼센트로 격차가 크고, 평남과 전북을 합한 경우 동학교도가 4.8퍼센트, 진보회원이 61.1퍼센트에 달해 역시 격차가 크다. 두 통계의 신빙성을 어느 정도 인정한다면, 이러한 불균형은 도저히 동학교도와 진보회원을 동일한 집단으로 간주하기 어렵게 한다. 진보회원 숫자에는 동학교도 이외의 다른 세력이 포함되어 있다고 보아야 할 것이다.

평북과 평남만 비교하면 동학교도는 평북에, 진보회원은 평남에 압도적으로 많다. 평북의 동학교도는 진보회원에 가담한 비율이 낮고 평남의 진보회원에는 일반 평민이 압도적으로 많이 가담했다고 추정해야 할 것이다. 전북의 경우 동학농민전쟁 직후에는 동학교도들이 배교하거나 고향을 떠났을 것인데, 1904년 새롭게 진보회원이 크게 증가했다. 옛 동학교도가 돌아와 가입했을 수 있으나 진보회는 동학교도들로만 조직된 것이 아니라는 추정에 더 무게가 실린다. 일진회로 통합된 진보회는 처음부터 동학·천도교와는 다른 정체성을 지닌 것일까? 그동안 진보회원을 동학교도로 간주하여 진보회원의 양적 규모를 동학교도의 것과 등치시켜왔는데 재검토하지 않으면 안 될 것이다.

 1916년의 사정을 살펴보자. 《반도시론》(1916년 7월 말 조사)의 통계를 보면, 만주를 제외한 한반도의 천도교인 수는 103만 2,494명으로, 시천교인은 27만 4,733명으로 집계되었다. 《조선의 유사종교》의 규모와 비교하면 어마어마하게 큰 차이를 보인다. 도별 편차를 살펴보면 《조선의 유사종교》에는 천도교인은 평북에 절반, 그리고 함남에 많고 나머지 지방은 미흡한 것으로 나온다. 반면 《반도시론》에는 평북에 못지않게 평남에도 많아 두 도를 합하면 절반을 상회하는 것으로 추산된다. 이렇게 평가된 배경에 시천교를 어떻게 볼 것인가 하는 문제가 놓여 있는 것 같다. 1916년 시천교인의 수를 《조선의 유사종교》에서는 황해·평남·경북·평북·함남 등지에 주로 분포한 것으로 본 반면, 《반도시론》은 전북·충남·황해·전남에 많고 평안남북도 지방에는 극히 적은 것으로 되어 있다. 시천교를 주도한 김연국과 이용구가 충청도 출신이어서 남부 지방에 교인이 더 많을 것으로 추정되지만 통계 자료가 일치하지 않는다. 시천교는 1911년 이용구가 사망하고 이후 김연국이 분리해 나가면서 급격히 교세가 위축되어 교인들이 다시 천도교로 돌아가기도 했었다. 1916년 《조선의 유사종교》에는 시천교인들이 천도교인으로 돌아가 얼마 남지 않은 사정이 반영된 것으로 보이고, 《반도시론》은 이와는 차이가 있어 신뢰하기 어려운 측면이 있다.

기독교 교세

기독교가 지방 선교를 개시한 1890년 이후 북장로교와 북감리교가 서울 이외에서 경쟁적으로 선교한 곳은 평안도 지방이었다. 본격적인 선교는 청일전쟁 이후에 시작되었다. 그런데 불과 몇 년 지나지 않은 1902년의 기사를 보면, "평양서 의주까지 가는 길에 고을마다 예배당이 있고, 오직 안주와 가산만 없더니 지나간 달에 안주 서문 밖에 특별히 하나를 세우고, 오직 가산만 아직 없다더라"라고[17] 한 것을 보면 짧은 기간에 평안남북도 지방의 선교가 크게 성장한 것을 알 수 있다.

1907년 일제의 정보원은 "평양은 기독교의 소굴", "평양의 한국인은 반수 이상이 기독교도"라고 평하기도 했다.[18] 1908년 당시 교회나 교인·학교 등 모든 면에서 평양은 서울을 압도했다.[19] 물론 시간이 지나면서 한국의 다른 각 지방에서도 선교가 적극 이루어져 평안도의 교세가 차지하는 비율은 낮아져갔다. 그렇지만 기독교의 선교 초기에는 평안도의 교세가 가장 강했고, 1919년 3·1운동에서 평안도 기독교인이 적극적으로 참여하는 기반이 여기서 마련되었다고 볼 수 있다.

기독교의 평안도 지방에 대한 선교는 북장로교와 북감리교가 앞장섰다. 두 교파는 평안도 지방에 대한 선점 경쟁을 벌였지만, 한편으로 선교 구역을 조정하면서 경쟁을 완화해나갔다. 1893년 북장로교와 북감리교가 선교 분할을 협의할 때 개항장과 인구 5천 명 이상의 대도시는 공동으로 선교하고, 5천 명 이하의 소도시와 농촌은 선교 지역을 나누기로 했다. 두 교파의 선교사들은 핵심 지역에 선교기지를 건설하고 그곳에 거주하며 사방에 담당 구역을 설정하여 선교했다.

북장로교의 선교기지는 1890년대 초 평양에 개설되고, 이후 1901년 선천, 1906년 강계에 설치되었다. 처음에는 만주의 중국 선교사와 소통하기 편리하고 일찍이 기독교인이 존재하던 의주를 주목했지만, 북장로교 마펫 선교사는 개항 이후 쇠퇴해가는 의주보다는 평안도의 첫째 도시인 평양을 선교기지로 선택했다. 이후 평양은 서북 지방 선교의 전초기지가 되었다. 선교기지는 안주나 정주, 황주나 사리원 등 행정 중심지보다는 지리적 중심 지역으로 선정되었다. 산지가 많고 교통이 불편한 한국의 지리적 조건을 고려한 조치였다. 평안북도 선천은 평양과 의주를 잇는 중간 지점에 위치했다. 과거 중국 사행로에 위치하여 교통이 편리하고 해안과 평야를 끼고 있어 선교기지로 적합하다고 보았다. 그리고 후에 적유령산맥 북쪽 평안북도 산간 지방 선교를 위해 강계를 추가로 선정했던 것이다.[20]

북감리교도 북장로교와 마찬가지로 평양에 경쟁적으로 선교기지를 구축했다. 특히 대동강 하구에 진남포가 개항하면서 그곳에 선교기지를 개설하고 대동강의 남북을 따라 선교했다. 내륙 선교를 위해서는 청천강 중류의 영변을 선교기지로 정했다.[21]

선교사들이 선교기지로 선정한 곳은 한국의 행정 구역 '도-군' 체제와 무관하다. 교통의 편리함, 선교 확장을 위한 지리적 중심성을 중시했다. 선교기지를 중심으로 방사선형으로, 또는 동심원적 선교가 이루어지는 경향이 강하다. 물론 지리적 문제 때문에 문자대로의 동심원은 아니지만 한국의 행정 구역·도읍지·도회지와는 무관한 선교 방식이다. 동학이 탄압을 피하여 산간을 중심으로 하다가 천도교 창건 이후 행정 구역에 따라 군을 중심으로 교구를 설정하고 면마다 전교실을 둔 것과는 다르다.

북장로교와 북감리교는 평안도 지방에서 그 역량에 따라 선교 구역을 자연스럽게 분할해나가다가, 1909년 기독교단 사이의 선교 분할 협정에 따라, 평안도에서도 영변과 안주의 경계선을 재조정하면서 북장로교와 북감리교 사이의 선교 구역이 명확하게 구분되었다.

미국 북장로교는 평안남북도와 황해도, 서울·경기, 충청남북도, 강원도 일부를 미국 북감리교와 나누었다. 경상북도는 북장로교, 경상남도는 호주 장로교, 전라남북도 및 충청도 서남부는 미국 남장로교, 경기도 일부와 강원도는 미국 남감리교, 함경도는 캐나다 장로교가 맡았다. 평안남북도의 경우 북감리교는 평안북도 영변, 태천, 희천, 박천 일부, 평안남도 진남포, 강서 용강, 중화 일부를 담당하고, 나머지는 모두 북장로교가 맡았다. 평양은 공동 선교 구역이었다.

북장로교와 북감리교의 평안도 지방 교세를 선교기지별로 살펴보면 〈표 7-7〉·〈표 7-8〉과 같다.

〈표 7-7〉·〈표 7-8〉에서 볼 때 평안도 지방에서 북장로교와 북감리교가 경쟁관계에 있지만 장로교세가 감리교세를 압도하고 있는 점은 분명하다. 북장로교의 경우 1906년과 1907년 통계가 1908년 통계와 대조되어 있는데 전반적으로 양적 증가를 보인다. 예컨대 교인 수는 1906년 4만 4,587명, 1907년 5만 9,787명이 1908년 7만 3,844명으로 확대일로에 있다. 1907년 평양대부흥을 전후한 2~3년 사이에 상당한

성장세를 보인다. 반면 북감리교는 1906년의 통계가 확보되지 못하여 비교가 안 될 뿐더러, 〈표 7-8〉의 통계도 1907년분에 해당하여 성장세가 확인되지 않지만 열세인 것은 분명하다.

보고서를 작성한 일본 관리는 "이들 두 큰 파의 세력을 비교하면 장로파가 대개 감리파에 비하여 약 3배의 인원 수를 가지고, 예배당 수·헌금액·학생 생도도 1.5 내지 2배에 달하고, 학교 수에서는 일요학교

〈표 7-7〉 1906~1908년 평안도 지방 북장로교 교세

	평안도 지방(1908)				전국 합계		
	평양	선천	강계	계	1908년	1907년	1906년
교회당	201	99	20	320	809	767	608
교인	23198	17996	2096	43,290	73844	59787	44587
세례인	7642	4971	437	13,050	19654	15153	12546

〈표 7-8〉 1907년 평안도 지방 북감리교 교세

	평안도 지방				전국 합계
	평양	진남포	영변	계	
교회당	73	36	11	120	219
교인	4958	4283	511	9752	23455
세례인	960	1282	119	2361	3553

* 출처: 《통감부문서》 제8권, 8. 기독교상황, (1)북한 지방에 있어서의 기독교학교 시찰 복명, 1908년 12월 5일 학부서기관 隈本繁吉의 俵 학부차관에 대한 보고.
* 비고: 1. '교회당'은 정기 설교소, '세례인'은 성찬에 참여하는 자이다. 2. 북장로교의 '전국' 통계에는 평양·선천·강계 외에 서울·전주·대구·재령·부산이 포함되어 있는데, 전주는 미국 남장로교 선교 담당 지역이고, 경상남도는 호주 장로교의 선교 구역이었다. 그리고 캐나다 장로교 쪽의 함경도 통계는 잡히지 않았다. 3. 북감리교의 '전국' 통계에는 평양·진남포·영변 외에 서울·공주가 포함되어 있다. 남감리교의 선교 구역인 개성, 강원도 등지는 포함되지 않았다.

를 제외하면 3배 반에 미친다. 이들 2대 종파는 한국의 남북에 걸쳐 매년 세력을 확장하고 있지만, 그 우세지는 표와 같이 모두 북한에 있고, 그중 장로피에시는 평양·선천의 두 구역, 감리파는 평양 및 진남포의 두 구역이 가장 현저하다"고 평했다.[22] 장로교는 복음전도에 집중하고, 감리교는 도시에서 학교와 병원·출판·여성 분야에 더 치중하여[23] 평안도 지방에서와 같은 격차가 발생한 원인이 되기도 했다.

한 가지 더 지적할 것은 〈표 7-7〉·〈표 7-8〉의 원자료를 보면 평양과 서울을 비교할 때 평양의 교세가 모든 면에서 서울을 압도하거나 앞서고 있다는 점이다. 1900년 이후 평안도 지방에 대한 선교는 대단히 큰 성공을 거두어 그곳이 한국 기독교의 중심지가 되었고, 그 중심에는 북장로교가 있었다. 선교기지별로 보면 북장로교는 늦게 선교한 강계

〈표 7-9〉 1909년 평안도 지방의 북장로교와 북감리교

	장로교		감리교		합계	
	평안도	전국	평안도	전국	평안도	전국
교회당	107	379	16	219	123	598
교인	20949	75994	4662	42405	25611	118399
야소교 학교	74	192	12	104	86	296
학생	2957	6471	380	4902	3337	11373
외국 선교사	33	98	16	59	49	157
한국인 목사	19	180	7	135	26	315
부속병원	1	8	0	4	1	12

* 출처: 《통감부문서》 제6권, 1. 헌병대 기밀보고, (650)한국의 기독교 현황 시찰결과 보고, 1909년 9월 2일 憲機 제1707호.

가 약하고, 북감리교는 영변이 취약하다. 북장로교의 선천은 평양에 버금간다.

교인 수 외에 다른 지표를 가지고 평안도 지방의 북장로교·북감리교의 선교 실태를 살펴보면 〈표 7-9〉와 같다.

이것은 일제의 헌병대에서 작성한 보고서에 나오는 내용으로, 평안도의 장로교는 평양이 가장 성행하고 선천·강서·정주·용천·의주에 신도가 많고 강계도 성황이고, 북감리교는 평양·영변에서 가장 성행했음을 보여준다.

평안북도 군 단위
지역적 분포

교인 수 분포 비교

천도교와 기독교의 중심 근거지가 된 평안도 지방에서 교인의 지역적 분포는 어떻게 나타날까? 반목하던 동학과 기독교의 관계를 벗어나 천도교와 기독교가 이제 서로를 인정하고 건전한 '경쟁' 단계에 돌입했을 때, 어느 지역, 어느 군, 어느 마을에서 성공했는지 그 지역적 분포와 차이를 통계를 통해 관찰해보기로 한다.

 천도교와 기독교 각각의 교세 확장에 관한 자료들은 없지 않지만, 양자를 같은 시선으로 평가한 자료를 얻기는 어렵다. 그런데 러일전쟁 이후 한국을 보호국으로 삼은 일제 통감부에서는 기독교와 천도교가 배일排日사상의 온상이 될까 이들의 동태를 감시했는데, 그 과정에서 두 종교의 실태를 함께 조사한 자료를 얻을 수 있다. 일제는 기독교와 천도교를 불온하다고 보고 동일한 시기에 동일한 기준을 적용하여 조사

〈표 7-10〉 1909년 평안북도 각 군 기독교·천도교 교인 수의 비교

수효 각군	기독교				천도교				인구
	교회	남	여	계	강습소· 교구실	남	여	계	
가산	2	134	64	198	10	1125	892	2017	29204
강계	3	500	405	905	16	1635	1212	2847	82005
곽산	4	630	413	1043	1	825	688	1513	26397
구성	5	356	242	598	12	2157	1852	4009	43519
박천	4	117	108	225	1	56	10	66	25084
벽동	6	266	238	504	27	2132	1804	3936	35312
삭주	3	105	115	220	12	2512	1265	3777	25105
선천	16	2367	1744	4111	7	60	50	110	58020
영변	1	205	60	165	1	870	730	1600	97616
용천	21	2803	2704	5507	10	858	665	1523	61126
운산	5	187	128	315	2	291	311	602	31672
위원	3	200	100	300	0	648	494	1142	22584
의주	42	3954	2914	6868	19	1364	833	2197	106352
자성	9	220	130	350	1	500	364	864	21326
정주	7	377	353	730	19	2393	2307	4700	67265
창성	3	28	49	77	1	1009	897	1906	29882
철산	8	1107	630	1737	6	344	172	516	44833
초산	5	388	192	580	2	2318	1912	4230	44065
태천	2	120	80	200	10	1324	1179	2503	38584
후창	0	5	0	5	0	4	0	4	11750
희천	8	192	91	283	0	0	0	0	46191
계 /퍼센트	157	14261 /57.0	10760 /43.0	25021	157	22425 /56.0	17637 /44.0	40062	

* 출처: 1. 기독교와 천도교의 통계는 《통감부문서》 제8권, 8. 기독교상황, (44)外敎 세력에 관한 평안북도 내무부장 보고서, 1909년 10월 7일 地收 제968호. 2. 인구는 《민적통계표》(내부경무국 편찬, 1910년 5월); 이헌창, 《민적 통계표의 해설과 이용방법》, 고려대학교 민족문화연구소, 1997, 178~185쪽.

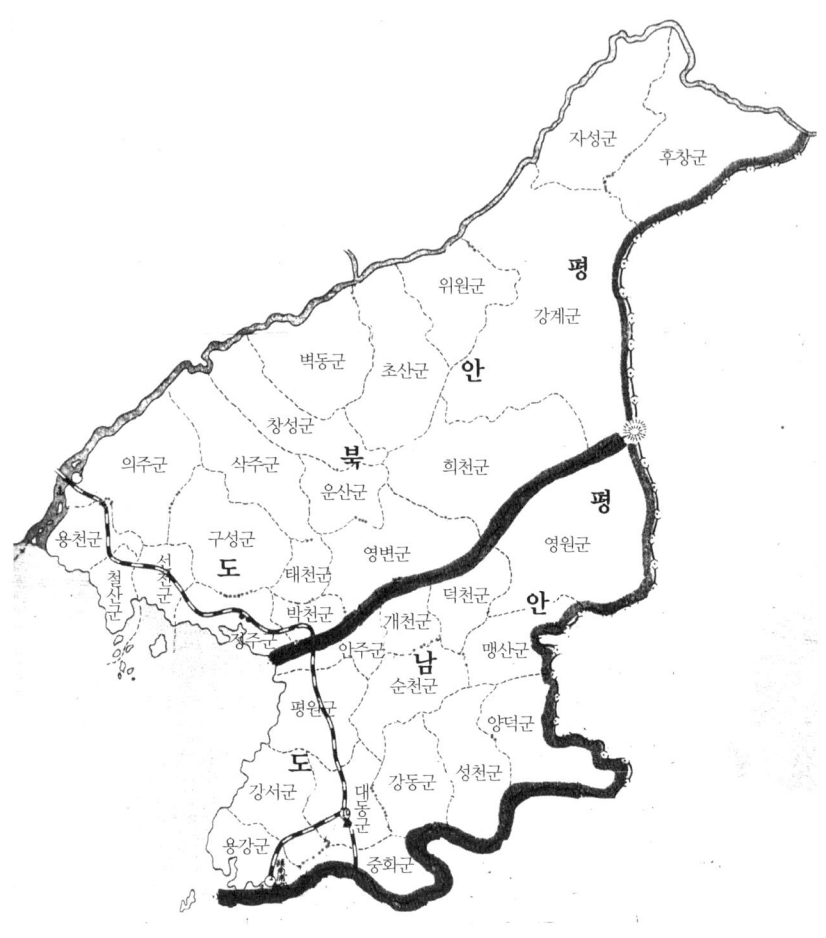

〈그림 7-1〉 평안남북도 각 군의 지리적 위치.
* 출처: 〈秘각도자산가분포도〉(일제시기, 학습원대학 소장, 365.5(368.2)-75).
* 비고: 1914년 일제의 지방 행정 개편에 의해, 〈표 7-10〉의 가산군은 박천군에, 곽산군은 정주군에 포함된 것을 제외하고 나머지는 동일하다.

했다. 〈표 7-10〉은 1909년 평안북도 각 군의 기독교와 천도교의 교세를 비교한 것이다.

이 통계에 의하면 1909년 당시 평안북도 천도교인의 수가 4만 62명으로 기독교인 2만 5,021명보다 1만 5,000여 명 더 많다. 기독교가 청일전쟁 이후 평양을 중심으로 평안도 지방에 대한 선교에 본격적으로 나서고, 동학도 1890년대 말부터 서북 지방에서 본격적으로 포덕했는데, 동학의 에너지가 훨씬 강렬했던 결과를 보여준다. 이 통계를 수록한 보고서는 1909년 단계에서 수년 전과 비교해볼 때 천도교는 신자와 소속 학교·학생 수가 점차 증가세지만 기독교는 감소세라고 평가했다. 1907년 평안도의 대부흥운동과 1909년 백만명 구령운동이 전개되었음에도 불구하고 기독교가 감소세라는 점은 의외다. 그렇다면 백만명 구령운동은 이러한 감소세에 자극받아 전개된 운동일 수도 있을 것이다.

교회나 교구실 및 강습소의 수는 157개소로 똑같다. 천도교인 수가 훨씬 많으니 단위당 교인 수는 천도교가 상대적으로 클 것이다. 기독교는 한 교회당 교인 수는 159명, 천도교는 252명이다.

교인의 남녀 비율을 보면 기독교인은 남성 57.0퍼센트, 여성 43.0퍼센트이고, 천도교인은 남성 56.0퍼센트, 여성 44.0퍼센트로서 차이가 없다. 대체로 6대 4의 비율로 남성이 더 많다. 천도교의 경우 전통 민족종교로서 남녀평등사상을 품고 있어도 1905년 말 천도교의 창건 이전에는 불법조직으로 탄압받고 있었던 사정, 또 전통사회의 남녀구별이나 사회관습의 영향으로 여성들의 사회 활동이 원활하지 못한 측면을 고려할 때 여성은 실제보다 적게 반영되었을 가능성을 열어두어야 할 것이다.

 기독교의 경우 여성이 더 적다는 것은 통념에 반한다. 예배당 한가운데에 휘장을 쳐 남녀석을 구분하기는 했으나 여성들의 조직과 선교 활동이 활발한 증거가 많기 때문이다. 기독교 지도자는 남성이더라도 교인은 여성이 압도적으로 많을 것으로 추정하는 것이 통념이었다. 그렇지만 1909년 평안북도의 통계는 기독교도 천도교와 마찬가지로 남녀 비율은 6대 4로 남성이 많아, 여성이 남성보다 앞장섰다고 보기 어렵다.

 1919년 3·1운동 당시, 천도교를 비롯해 시천교·청림교·상제교·수운교·인천교·동학교 등 동학 계통 교인의 수는 남성 9만 334명, 여성 5만 9,482명, 합계 14만 9,816명으로 남성 60.3퍼센트, 여성 39.7퍼센트로 남녀 비율이 6대 4 정도로 역시 남성이 많다. 천도교인만 보면 13만 884명 중 남성 7만 8,268명(59.8퍼센트), 여성 5만 2,616명(40.2퍼센트)으로 마찬가지로 6대 4 비율로 남성 교인의 수가 더 많은 특징을 보인다.[24]

 〈표 7-10〉의 자료는 무엇보다 평안북도 각 군의 교세를 비교할 수 있게 정리되어 있다는 점에서 가치가 높다. 지역에 따른 기독교와 천도교 교세의 차이에 대해서는 《천도교 창건록》(1934)과 북장로교 및 북감리교 연례 보고서를 토대로 평북의 의주·구성·정주·삭주·태천에서 동학교세가 강하고, 의주·선천·철산·용천에서 기독교세가 강하며, 평안남도까지 포함하여 "동학은 도회지와 철도 주변보다 농촌, 산악지대에서 성하였다"는 평가가 나와 있다.[25] 이러한 평가를 〈표 7-10〉을 통해 좀 더 천착해보기로 한다.

〈표 7-10〉에서 천도교는 정주·초산·구성·벽동·삭주·강계·태천·의주·가산의 순으로 교세가 세다. 기독교는 의주·용천·선천·철산·곽산 순이다.

지형적으로 볼 때 평안북도는 적유령산맥이 동에서 서로 중심부를 가르고 그 남북으로 청천강과 압록강을 향해 수많은 수계水系가 형성되어 있다. 이 산맥을 넘어가는 고개와 수계가 지역 간 소통 여부의 결정적 요인으로 작용한다. 천도교세가 강한 곳은 이 산맥의 북부, 압록강 유역에 있는 강계·초산·벽동·삭주·의주에 걸치는 산골들과, 산맥의 남쪽인 구성과 태천의 산골 및 그로부터 해변으로 흘러내려간 정주·가산이다.[26]

반면 기독교는 선천에서 의주를 잇는, 철도가 지나가고 해안을 낀 지역에서 교세가 강하다. 교통의 편부는 이국 땅에서 선교하는 선교사에게 매우 중요한 변수였다. 선교사들이 크게 고충을 토로했던 교통의 불편함을 해소할 수 있는 곳, 근대문물이 운송되는 곳 등지에서 기독교의 선교가 우선적으로 이루어졌다. 북장로교는 의주와 평양을 놓고 고심하다가 평양에 선교기지를 구축하는 것으로 결정한 뒤 평양에서 의주 사이의 중간 지점인 선천을 지목하여 선교기지를 구축했다. 그러므로 선천과 의주 사이인 곽산·철산·용천에서 선교가 집중적으로 이루어진 것은 지정학적으로 볼 때 당연한 일이다.

기독교의 경우 의주 6,868명, 용천 5,507명, 선천 4,111명 등으로 이들 지역의 교인 수가 압도적으로 많고 나머지 지역은 미미한 데 비해, 천도교는 자기 영역에서는 지역별로 비교적 고른 편이다. 민족종교로 발흥한 동학이 정부의 탄압을 피하여 산간 지역에서 연원제 방식으로 포덕하여 큰 성공을 거둔 것을 통계상으로 확인할 수 있다. 천도교는 평안북도의 많은 곳에서 교세를 고르게 확장해간 반면, 기독교는 선천과 의주를 잇는 철도가 지나가고 해안을 낀 지역에서 집중적으로 성장했다. 이러한 한계를 인식하고 북장로교는 1906년 선교기지를 강계에 추가로 설치하여 적유령산맥 북부 산골 마을들에 대한 선교에 나서게 된다.

학생 수 분포 비교

일제 통감부는 학교가 배일사상을 고취·재생산하는 기관으로 보고 이에 대한 조사도 진행했다. 〈표 7-11〉은 〈표 7-10〉과 동시에 작성된 것으로, 학교와 학생 수에 대한 통계이다.

전반적으로 교세와 학교 및 학생 수가 비례하고 있음은 말할 필요도 없다. 학생 수는 기독교 학교에서 4,651명, 천도교 시설에서 881명으로 기독교 쪽이 압도적으로 많다. 천도교도 학교를 통한 교리 및 근대학문 교육에 적극적이었지만 기독교 쪽과 비교하면 상대적으로 약한 모습을 보인다. 남녀평등사상을 자랑하는 기독교·천도교지만 모두 여학생의 비율은 극히 저조하다. 천도교는 1911년 교리강습소를 설치하면서 교리 지도와 보통 교육에 본격적으로 나섰다.

기독교에서는 학교의 개설을 통해 기독교 신자뿐 아니라 한국사회 및 교회의 지도자를 양성하는 데 많은 관심을 기울였다. 1909년 당시 평안북도의 교세는 천도교가 훨씬 우세하지만 교육에 대한 투자는 기

〈표 7-11〉 1909년 평안북도 기독교와 천도교 학생 수 비교

수효 각군	기독교				천도교			
	학교수	남	여	계	학교수	남	여	계
가산	4	100	18	118	0	0	0	0
강계	4	118	50	168	2	56	0	56
곽산	9	165	57	222	4	60	0	60
구성	3	73	10	83	0	0	0	0
박천	5	27	12	39	2	17	0	17
벽동	2	50	20	70	강습소	158	0	158
삭주	2	41	18	59	0	0	0	0
선천	17	428	152	580	0	0	0	0
영변	2	50	37	87	1	30	0	30
용천	26	773	173	946	2	126	20	146
운산	5	95	30	125	0	0	0	0
위원	2	30	0	30	0	0	0	0
의주	35	1281	102	1383	3	48	0	48
자성	3	32	0	32	0	0	0	0
정주	7	104	39	143	강습소	286	0	286
창성	0	0	0	0	0	0	0	0
철산	11	287	61	348	2	36	0	36
초산	3	111	10	121	2	42	0	42
태천	4	50	12	62	0	0	0	0
후창	0	0	0	0	0	0	0	0
희천	2	35	0	35	0	0	0	0
계 /퍼센트	146	3850 /82.8	801 /17.2	4651	18	861 /97.7	20 /2.7	881

* 출처:《통감부문서》제8권, 8. 기독교상황, (44)外敎세력에 관한 평안북도 내무부장 보고서, 1909년 10월 7일 地收제968호.

독교가 훨씬 컸다. 그것은 미래에 있어 교세의 차이를 초래할 기본적 투자에 격차를 보이고 있음을 의미한다. 1923년 천도교인의 논평은 두 종교의 상황을 극명하게 보여준다.

우리 천도교회, 무슨 까닭으로 금일에 위미부진萎微不振하는가! 이 부운 否運이 도래한 소이인가. 아니라 교육이 없는 까닭이니라. 우리 반도 종교계에 우위를 점하는 외래적 기독교황과 자유적自有的 천도교황이 여하한가? 반도 강산 어디를 물론하고 기독교회가 유한 지방에는 적어도 반드시 1~2개소의 학교가 있지 아니한가. 그리하여 그 신도의 반수 이상은 학생 또는 청년신사가 이를 점하지 아니하였는가. 이에 반하여 소위 반천만대단半千萬大團이라 칭하는 우리 교회에 과연 상당한 교육기관이 경성의 인계교引繼校 몇 개를 제하고 전선全鮮을 통하여 다시 2, 3개소도 없지 아니한가. 그리고 진실한 신도는 십중팔구 백발이 ○○한 노옹노파 아닌가. 이것이 교세 부진의 대인大因이라.[27]

이 논평은 호교론적으로 과장한 느낌을 주지만 교육이 가져올 변화의 가능성을 시사해주고 있다. 기독교는 학교를 개설하고 기독교인을 양성하여 교세가 양양하게 뻗어나가는 데 비해, 천도교는 노인들이 가득한 노쇠한 종교로 전락하고 있다고 걱정한다.

평양의 북감리교 선교사 무어John Z. Moore는 기독교가 교육사업에 열심인 이유는 기독교학교에 입학한 학생은 교육과정에서 자연히 기독교 신자가 되고, 그들 중에서 기독교 목자가 배출될 뿐 아니라 기독교학교 및 일반 사립학교의 교사가 배출되어 기독교 전파에 앞장서게 되기 때문이라고 주장했다. 이런 방식으로 기독교 지도자를 배출하면 20년 후에는 기독교인이 수백만 명에 이를 것이라고 전망했다.[28] 1919년까지 천도교의 교세가 더 세지만 시간이 지날수록 기독교세가 확장된 것은, 무어가 전망했듯이 기독교학교의 설립과 교육을 통해 기독교 지도자를 양성하고 이들 한국에서 양성된 지도자들에 의해 기독교 선교가 가속화되었기 때문이다.

8장

천도교와 기독교의 3·1운동 연대

천도교와
기독교의 연대

민족대표의 연대

1909년 5월 18일 통감부 헌병대의 보고에 의하면, 어떤 천도교도가 말하기를 천도교주 손병희가 상동감리교회 전덕기 목사를 만나, "차후 기독교와 천도교는 서로 악수하고 천도교의 대기도회에는 기독교에서도 참여하고 기독교의 기도회에는 마찬가지로 천도교에서 참여하여 서로 도와 교세의 발전을 기할 것을 협약했다"고 한다.¹ 천도교의 최고 지도자인 교주가 감리교 목사와 함께 상호 소통하여 기도회에 서로 참여하자고 협의했다는 소식은 첩보 수준에 불과한 것이라 하더라도 놀랄 만한 일이다. 상동교회 청년회를 조직하여 민족운동에 나선 전덕기 목사로서는 계몽운동과 같은 공동 목적을 수행하기 위해 천도교와 집회를 함께할 수도 있다고 생각했을 가능성이 없지 않아 보인다. 천도교의 기관지 신문 《만세보》는 천도교 집회만이 아니라 기독교의 대중강연도 기사로 소개했다. 무시해버려도 좋을 이 첩보로부터 기독교와 천도교 연대의 가능성을 엿보게 된다. 그것은 실제로 10년 뒤 3·1운동에서 실증되었다.

천도교와 기독교가 3·1운동을 준비한 과정에 대해서는 이미 많은 연구가 있다. 여기서는 천도교인와 기독교인이 평안도 지방의 3·1운동에서 어떻게 연대했는지 검토하기 위한 전제로서, 먼저 천도교와 기독교 지도자들을 중심으로 3·1운동의 발화과정을 개관해둔다.

3·1운동은 1918년 1월 미국 대통령 윌슨이 평화조건 14개조를 천명한 뒤 민족자결론이 등장하고, 11월 11일 제1차 세계대전이 종전을 고한 뒤 1919년 1월 18일 파리강화회의가 개최되는 국제정세의 변화를 배경으로 한다. 이러한 변화된 정세를 활용하여 1918년 8월 20일 중국 상하이에서 여운형·장덕수·선우혁 등이 신한청년당을 조직하는 등 국내외 민족운동가들이 조국의 독립 방략을 모색했다.[2]

윌슨의 민족자결주의와 파리강화회의 개최 소식이 전달되면서 국내외 지식인 사회가 동요하기 시작했다. 천도교에서는 손병희와 권동진·오세창·최린 등이 내외 정세를 주시하며, 1919년 1월 5일 49일간의 특별기도회를 개최하는 한편 각계 인사를 접촉하고 독립운동 방략을 모색했다. 자치·독립청원·독립선언 등의 방안을 놓고 고심했다. 1월 21일에는 고종이 돌아가면서 일제의 독살설이 유포되어 사태가 심각해졌다. 1월 하순 천도교 측은 독립선언서를 발표하기로 하는 한편 일제 당국에는 독립에 대한 의견서, 윌슨 대통령에게는 독립청원서를 보내기로 결정했다. 그리고 독립선언의 3대 원칙으로 대중화·일원화·비폭력의 원칙을 내세웠다. 이후 최린이 각계각층과 직접 접촉에 나섰다.[3]

기독교 측에서도 국제정세의 변화에 따라 지도자들이 동요했다. 천도교와 달리 장로교와 감리교로 나뉘어 있을 뿐 아니라 중앙집권적 조직이 아니기 때문에 독립선언에 대한 논의는 여러 갈래에서 나왔다. 그 가운데 평북 정주의 오산학교장 이승훈李昇薰이 매개가 되어 천도교와 연대하게 되었다. 1월 말 선천 남교회에서 개최된 평북노회 사경회에서 이승훈·양전백 등이 국제정세에 대한 의견을 교환하기 시작했다. 2월 6일에는 신한청년단에서 파견된 선우혁이 선천을 방문하여 이승훈·양전백·이명룡을 만나 파리강화회의에 김규식을 파견했다는 소식을 전하고 독립운동 방략을 의논했다. 선우혁은 이승훈·양전백과 105인사건에 연루된 동지였다. 그는 2월 9일 평양에서 길선주를 비롯해 역시 대부분 105인사건 동지들인 강규찬·안세환·변인서·이덕환·도인권·윤원삼 등과 만나 독립운동 방략에 대해 협의했다.[4] 이렇게 기독교 지도자들의 독립운동 계획도 착착 진행되었다.[5]

한편 도쿄 유학생들이 2·8독립선언을 발표한 후 국내에서 독립운동을 추진하려는 움직임은 더욱 활발해졌다. 천도교의 최린이 나서서 거족적인 독립선언이 될 수 있도록 세력을 규합했다. 그러나 윤치호·김윤식 등 당시 사회적 명망가들의 동의를 얻지는 못했다. 최린은 최남선을 통해 기독교 측과 접촉했다. 최남선은 친분이 있는 이승훈과 접촉했다. 이승훈은 2월 11일 상경하여 천도교 측과 협의한 후 선천으로 돌아가 양전백·이명룡·유여대·김병조를 만나고, 평양에서 신홍식·길선주를 만나 동의를 얻었다. 이리하여 천도교와 기독교는 2월 24일 함께 독립선언을 하기로 합의하기에 이르렀다. 천도교 측에서는 손병희의 참모들이 교구제의 조직을 동원하여 일사불란하게 추진했다. 이에 반해,

기독교 측은 평안도 지방의 지도자들이 여러 가지 방식으로 협의하여 결정한 후 서울의 장로교와 감리교 지도자들의 동의를 구하고, YMCA 및 학생들과 연대했다.[6]

천도교는 중앙집권적 체제로서 교주 손병희와 참모들이 중앙과 지역을 안배하여 도사들을 중심으로 민족대표를 선정했다. 지역의 민족대표는 교구 대표라기보다는 도사라는 원직을 가진 원로로서 선정되었다. 한편 기독교는 이승훈을 중심으로 105인사건에 연루된 평안도 장로교 지도자들이 중심에 서고, 박희도 전도사가 매개가 되어 감리교 지도자들이 합류했다. 천도교는 민족대표를 위로부터 조직적으로 선정했지만 기독교는 민족운동에 동의하는 인적·지역적 네트워크를 중심으로 형성된 특징을 보인다.

천도교는 교주의 결정과 지휘에 따라 대교구와 교구 및 전교실로 이어지는 위계조직이 일사불란하게 움직여 3·1운동 초기에 효율적인 운동의 발화가 가능했다. 반면 기독교의 총회나 연회조직은 조선인 지도자와 선교사들을 구성원으로 한 협의체적 조직이었다. 또한 네비우스 선교 방법에 의해 도시와 마을에 설립된 개별 교회는 자치적 성격을 강하게 지녔다. 따라서 기독교의 경우 지역 내에서 교회와 학교의 연계구조는 발달했지만 전국적인 지휘체계는 갖추지 못했다.

평안도 지방에서 독립선언서에 서명한 기독교인은 길선주(장로교 평양 장대현교회 목사), 신홍식(감리교 평양 남산현교회 목사), 양전백(장로교 선천 북교회 목사), 유여대(장로교 의주 동교회 목사), 이승훈(장로교 정주교회 장로), 이명룡(장로교 철산 덕흥교회 장로), 김병조(장로교 의주 관리교회 목사) 등 7명이고, 천도교인은 나용환(중화 도사), 나인협(성천 도사), 임례환(중화 도사), 홍기조(용강 도사) 등 4명이었다.

기독교 측의 연대 논의

최근 천도교와 기독교의 3·1운동 연대에 대한 연구가 활발하다.[7] 여기서는 3·1운동 당시 기독교 지도자들이 천도교와의 연대에 대해 문제를 제기한 부분에 주목해보기로 한다. 기독교와 천도교 사이 수십 년간 이어져온 관계의 본질과 무관하지 않기 때문이다.

이승훈이 서울로 와서 천도교와 기독교가 합작하여 운동을 전개하자는 제안을 받은 것은 2월 12일이었다. 다음 날 이승훈은 선천에서 양전백·이명룡·유여대·김병조와 만나 동의를 얻었다. 그러나 감리교 지도자와는 연결이 되지 않았으므로 이승훈은 "야소교와 천도교는 신앙을 달리하므로 다른 야소교인이 찬성하겠는지 안 하겠는지 상의하여 보아야 한다"고 유보했다.[8] 당시 사정을 최린은 다음과 같이 진술했다.

> 나(최린)는 이승훈에 대하여 야소교에서 조선 독립운동의 결의가 있었다는데 사실인가고 물었다. 그는 사실이라고 말하므로 우리들과 따로 운동하려 했는가고 다시 물은즉 이승훈은 그것은 나 한 사람의 생각이 아니고 다른 사람들이 천도교와는 종파를 달리하여 그 인물을 알지 못하기 때문에 진의를 모르겠으니까 따로 운동함이 좋을 것이라는 의논이 있었다고 하였다. 나는 이 일은 종교상의 문제가 아니고 조선민족 전체의 일인 만큼 종교가 다르다 하여도 관계없으며 따로따로 운동하는 것은 좋

지 않으니 합동하여 운동하자고 한즉 이승훈은 동지와 협의하겠다고 말하고 돌아갔다.[9]

천도교 측에서는 독립운동이 종교적인 문제가 아니고 민족적인 문제이므로 힘을 합하는 것이 좋겠다고 생각했다. 교주 손병희의 참모인 최린이 앞장서서 기독교 측에 연대를 적극 제안했다.

일찍이 오산학교를 설립하고 서북학회와 신민회에 참여하고 105인 사건에도 연루된 이승훈은, "일한병합 이래 언론·출판·교육 등의 자유를 피탈당하였으므로 한일병합에 대하여 불만의 감회를 가지고 있었다. 금번 천제天帝가 행복을 내려주는 시기에 조우하여 천하 일반의 사람이 같이 생을 하도록 된 것을 기쁘게 생각하였다"고 진술했다.[10] 즉 독립선언에 참여하게 된 것을 천제=하나님이 만들어준 기회로 생각했다는 것이다. 이승훈의 경우 기독교인으로서 민족운동에 참여하는 것은 전혀 상충되지 않고 오히려 기쁜 일이라고 생각했다. 기독교 민족운동의 지도자다운 생각이었다.

이승훈 주변에 있던 평안도의 장로교 지도자들, 즉 민족대표로서 서명한 선천의 양전백, 의주의 유여대, 평양의 길선주, 철산의 이명룡, 의주의 김병조 등도 모두 이승훈의 주의에 동의했다. 안세환은 "독립운동은 천도교니 야소교니 교파를 논할 것이 아니라 조선민족 전부에 관한 사건이니만큼 누구든지 동지자는 합치하는 것이 좋다"고 주장했다.[11] 이명룡은 "이승훈과 나는 같은 야소교 신자이기 때문에 전에 야소교 신자로서 독립운동을 하자는 말이 있었으나 야소교뿐으로서는 도저히 실행되지 못할 것이니 천도교 신자를 가입시키자고 하였다"라며, 천도교

와의 연대에 찬성했다.[12]

반면 교류가 없던 감리교 지도자들과는 의견을 모으기 위한 논의가 필요했다. 감리교 지도자들은 연대에 대해 의구심을 품는 이들이 많았다. 감리교 지도자들의 의견을 그들의 진술서에 찾아보면 다음과 같다.

- 정춘수: 천도교와 합동하는 것은 불가하다고 하였다. 그것은 우리는 기독교 목사의 신분이므로 감정으로써 일을 하면 그것은 인도 정의에 의한 일을 하는 것이 아니라 하였다. 그리고 또한 천도교에서는 어떠한 생각으로 하려는지 알 수 없으므로 합동하는 것이 불가하다고 한즉 다른 사람들도 나의 말에 찬성하여 동교와 합동하지 않기로 하였다.[13]
- 신석구: 나는 나의 몸을 상제께 맡겼으니 신이 좋다고 한다면 찬성하겠다 하고 4, 5일간 생각할 여유를 달라고 말하였다.[14] ······나는 조선은 조선민족으로 통치하도록 하려고 생각하였다. 조선은 일본이 약탈하기 때문에 일본은 조선의 원수라고 하지마는 우리들은 신에게 몸을 바치고 있으니까 그 원수를 갚겠다고는 하지 않고 신의 마음으로 조선을 독립할 것이다.[15]
- 박희도: 천도교는 교의가 다르고 단체도 다른데 그 교의 사람은 어떠한 생각으로 어떠한 방침에서 하는가를 잘 알며 우리 야소교와 같이 할 수 있는가 하고 말하였더니······.[16]
- 박희도(정춘수의 진술 중): 박희도는 천도교와 합동하는 것은 안 된다고 하였다. 그것은 우리 야소교들뿐으로 언제까지든지 인도 정의와 평화적 수단으로써 할 것이고 배타적 행동을 하여서는 아니 된다고 하면서 천도교의 심리를 우리는 판단할 수 없으므로 합동할 수 없다고 하였

다.[17]

- 오화영과 기타 여러 사람(정춘수의 진술 중): 평화적 주의와 인도 정의의 원칙에서 일을 하되 어디까지나 일본에 대하여 배척할 의사를 가져서는 아니 되며 우리는 이 기회에 종교와는 관계없이 국민의 자격으로할 것이라는 것을 제의하였다.[18]

정춘수는 천도교와의 연대에 가장 심하게 반대하고 끝까지 동의하지 않았으나, 문제를 일임하고 원산으로 향했는데 서명자에 오른 사실을 알고 반발심을 가졌다. 그는 자신이 '목사의 신분'이라는 점을 강조했다.

신석구의 경우 천도교와 연대하여 독립운동하는 것이 기독교인에게 있어 왜 문제가 되는지 좀 더 구체적으로 드러난다. 그는 사서전에서, "첫째, 교역자로서 정치운동에 참가하는 것이 하나님의 뜻에 합할까? 둘째, 천도교는 교리상으로 보아 상용(相容)키 어려운데 그들과 합작하는 것이 하나님의 뜻에 합한가?"를 고민했다고 당시 상황을 적어놓았다.[19] 천도교가 근대종교로서 합법 공간에 나온 이후 기독교를 모델로 모방하기도 하고 함께 경쟁하며 교세를 확장해왔는데, 그러면서도 신관이나 교리의 차이는 양자가 갈등·대립하는 배경이었다. 다른 기독교인에게서도 나타날 수 있는 그런 점이 신석구에서 잘 드러난다.

감리교 측의 매개고리였던 박희도도 처음에는 천도교와 교의가 다르고 천도교 측의 운동 방략을 알 수 없어, 아마도 과격해질까 우려하여 연대에 반대했지만, 곧 연대에 동의했다. 온건한 청원을 원하던 오화영 등 여러 기독교인들은 '국민의 자격'을 내세워, 독립선언은 종교 신앙과 무관하며 국민 된 도리로서 불평등한 압제로부터 자유를 찾아야 한다고 생각했다. 정춘수·신석구·박희도 등 감리교 지도자들은 독립선언의 과격화, 종교가 다른 천도교와의 연대 등에 처음에는 우려를 표명했으나, 독립선언은 조선 민족의 문제임을 인식하고 종교운동이 아닌 점을 분명히 하면서 참여할 수 있었다.

요약해본다면, 천도교 지도자 중에도 정교분리의 원칙을 지지하는 이들은 독립선언과 같은 정치운동에 가담하는 것을 꺼렸지만 교주의 지도력이 관철되는 구조였다. 반면 기독교는 교단이나 교파 차원에서 참여한 것이 아니라 민족운동의 선두에 섰던 이승훈을 매개로 연대에 나선 것이다. 연대에 부정적인 견해도 없지 않았다. 이러한 괴리는 이미 두 종교가 대립 또는 경쟁하는 과정에서 드러난 공통점과 차이점에서 기인하는 것이었다. 기본적으로 신관에서 천도교의 한울님과 기독교의 하나님의 차이, 천도교의 지상천국과 기독교의 내세천국의 차이, 그리고 기독교의 배타성 등 교리적 차이가 내재해 있었다.

지역 만세시위의 연대 실태 통계

천도교와 기독교가 3·1운동의 만세시위를 주도하거나 연합한 실태에 대한 통계는 명확한 것이 없다.[20] 1919년 4월 말의 일제 측 정보를 활용하여 그 실태를 살펴보기로 한다. 먼저 〈표 8-1〉은 종교계가 만세시위에서 차지하는 비중을 1919년 3~4월 두 달 동안 살펴본 것이다.

만세시위운동에서 종교계가 차지하는 비중을 살펴보자. 1919년 3~4월, 두 달 동안 만세시위는 827회에 58만 5,691명이 참가했고 1만 3,021

명이 체포되었다. 그 가운데 천도교도와 기독교도가 주도한 경우는 353회(42.7퍼센트)에 32만 6,753명(55.8퍼센트)이 참가했고 7,186명(55.2퍼센드)이 체포되었다. 이 경우 학생과 보통민도 참가했으므로 순수한 종교인은 이보다 더 적을 것이다. 첫 두 달 동안 종교인이 주도한 만세시위는 전체의 절반 수준을 차지하고 있다. 물론 1919년 12월 말까지 시간을 연장하면 종교계의 만세시위 비율은 더 줄어들 것이다. 첫 두 달을 넘기면서 만세시위는 지방의 민중들에 의해 진행되는 경우가 훨씬 많았기 때문이다.

종교계 중에서 천도교 주도의 경우, 73회(20.7퍼센트)에, 4만 4,000명(13.5퍼센트)이 참가하고, 1,961명(27.3퍼센트)이 체포되었다. 회당 참가인원은 적은 편이고 체포된 자는 참가인원에 비해 많았다. 기독교 주도

〈표 8-1〉 만세시위에서 종교계가 차지하는 비중

	천도교 주도	야소교 주도	천도교와 야소교의 연대	종교계 합	총계
횟수/퍼센트	73/20.7	164/46.4	116/32.9	353/100	827
				42.7퍼센트	100퍼센트
참가인원/퍼센트	44,000/13.5	135,575/41.5	147,178/45.0	326,753/100	585,691
				55.8퍼센트	100퍼센트
검거인원/퍼센트	1,961/27.3	3,327/46.3	1,898/26.4	7,186/100	13,021
				55.2퍼센트	100퍼센트

* 출처: 조선헌병대사령부·조선총독부경무총감부, 《조선소요사건일람표》(1919년 4월 말일 작성) [《한국민족운동사료(3·1운동편)》 1, 대한민국국회도서관, 1977, 357~441쪽].
* 비고: 미수에 그친 것, 즉 참가인원이 없는 것은 제외했다. '종교계 합'의 아랫부분 퍼센트는 시위 전체, 즉 '총계'에 대한 비율이다.

의 경우, 164회(46.4퍼센트), 13만 5,575명(41.5퍼센트) 참가, 3,327명(46.3 퍼센트) 체포였다. 천도교 주도보다 2배 이상 많다. 천도교와 기독교가 연대하여 주도한 시위의 경우, 116회(32.9퍼센트)에, 14만 7,178명(45.0 퍼센트)이 참가하고, 1,898명(26.4퍼센트)이 체포되었다. 횟수에 비해 참가인원이 많았고 체포된 자는 상대적으로 적었다. 연합시위를 벌였을 때 많은 호응을 얻었으며 그 기세 덕인지 체포된 인원은 더 적은 결과로 나타났다.

 각 도별 종교인이 주도한 시위의 실태를 살펴보면 〈표 8−2〉와 같다. 도별로 종교인의 만세시위 참가 실태를 살펴보면, 횟수로는 평북이 가장 많고 황해·경기·평남·함남의 순이다. 참가인원으로는 평북·경기·평남·경남·황해의 순이고, 체포된 사람은 평남·평북·황해·함남·경북의 순이다. 종교인의 만세시위는 평북이 으뜸이고 경기와 평남에서 많은 편이다.

 천도교도가 주도한 시위는 평북에서 압도적으로 많다. 기독교도가 주도한 시위는 횟수로는 황해가 압도적으로 많고 경기·경남·평북·평남 순이며, 참가인원으로는 경남·경기·황해·평남·평북 순이다. 천도교는 평북에서 압도적으로 많고 기독교는 황해·평남·평북에서 활발했다. 그런데 천도교도와 기독교도가 연대한 만세시위는 평북에서 압도적으로 많고 경기와 평남에서도 많다. 연대 만세시위는 평안남북도에서 두드러진 것으로 나타났다.

 특이한 점은 남쪽 지방에서는 천도교 또는 기독교의 시위에 반드시 보통민 또는 학생이 결합되어 있다. 반면 강원도를 포함하여 북쪽 지방에서는 천도교 또는 기독교 단독으로 벌어진 시위가 많고, 천도교와 기

〈표 8-2〉 천도교인과 기독교인이 참가한 시위의 실태

도별	천도교와 학생 모두 보통민		야소교와 학생 모두 보통민			천도교와 학생 모두 보통민		천도교·야소교와 학생, 보통민		종교계 참가 합계		총계		
	횟수	참가인원	횟수	참가인원	참가인원	횟수	참가인원	횟수	참가인원	횟수	참가인원	횟수	참가인원	검거인원
경성	–	–	1	200	10	1	10,000	174	2	10,200	184	12	12,961	404
경기	4	4,540	28	29,460	264	18	43,230	134	50	77,230	465	213	156,239	2,289
충북	–	–	–	–	–	–	–	–	–	–	–	37	26,420	325
충남	1	400	4	3800	121	–	–	–	5	4,200	152	65	35,505	579
경북	–	–	9	6,065	735	1	2,500	85	10	8,565	820	29	16,573	1,532
경남	–	–	19	29,850	216	3	4,580	120	22	34,430	336	85	108,912	1,316
전북	–	–	2	600	33	1	1,500	2	3	2,100	35	13	6,150	176
전남	–	–	3	1,100	105	–	–	–	3	1,100	105	14	3,240	130
강원	10	2,780	3	2700	5	2	2605	23	15	8,085	168	41	16,349	530
황해	9	2,200	52	19,390	799	8	4,150	62	69	25,740	1,172	104	37,598	1,646
평남	6	1,776	12	17,050	331	21	27,692	519	39	46,518	1,366	39	46,518	1,366
평북	24	23,434	18	14,810	331	49	46,985	581	91	85,229	1,241	94	86,629	1,269
함남	17	7,570	11	9,050	373	10	3,036	110	38	19,656	904	60	24,217	1,069
함북	2	1,300	2	1,500	4	2	900	88	6	3,700	238	21	8,380	390
합계	73	44000	164	135575	3327	116	147178	1898	353	326753	7186	827	585691	13021

	횟수	참가인원	검거인원
경성	–	–	–
경기	–	67	–
충북	–	–	–
충남	–	31	–
경북	–	–	–
경남	–	–	–
전북	–	–	–
전남	–	–	–
강원	–	140	–
황해	–	311	–
평남	–	516	–
평북	–	329	–
함남	–	421	–
함북	–	146	–
합계	–	1961	–

*출처: 조선헌병대사령부·조선총독부 정무총감부, 《조선소요사건일람표》(1919년 4월 말일 작성) 《한민족독립운동사자료집(3·1운동편)》 1, 대한민국국회도서관, 1977, 357~441쪽.

* 비고: 미수에 그친 것, 즉 참가인원이 없는 것은 제외했다.

독교의 연대시위에는 교인만으로도 충분히 많은 인원을 결집시켰다. 그만큼 천도교와 기독교의 교세가 강했던 것을 말한다.

평안북도 지방을 별도로 살펴보면 〈표 8-3〉과 같다. 평안북도의 경우, 종교계가 참여한 시위횟수가 96.8퍼센트, 참가인원이 98.4퍼센트, 체포인원이 97.8퍼센트에 달하여, 거의 모든 시위를 종교계가 주도했다고 해도 과언이 아니다. 세 번을 제외하고 모두 종교계가 개입했다. 참가인원에는 보통민과 학생이 결합한 경우가 일부 없지는 않지만, 종교계만으로 시위가 이루어진 경우가 앞에서도 언급했지만 압도적으로 많다. 또한 천도교 주도가 기독교 주도보다 많은 편인데, 그것보다 두 종교가 연대한 연합시위가 절반을 상회하고 있는 점이 주목된다.

이런 현상은 평안남도에서도 마찬가지로 나타난다. 평안남도 지방의 실태는 〈표 8-4〉와 같다. 평안남도에서는 3~4월 두 달 동안 종교계가

〈표 8-3〉 평안북도 지방의 실태

	천도교주도	야소교주도	천도교와 야소교의 연대	종교계합	총계
횟수/ 퍼센트	24/26.4	18/19.8	49/53.8	91/100	94
				96.8퍼센트	100퍼센트
참가인원/ 퍼센트	23,434/27.5	14,810/17.4	46,985/55.1	85,229/100	86,629
				98.4퍼센트	100퍼센트
검거인원/ 퍼센트	329/26.5	331/26.7	581/46.8	1,241/100	1,269
				97.8퍼센트	100퍼센트

* 출처: 조선헌병대사령부·조선총독부경무총감부, 《조선소요사건일람표》(1919년 4월 말일 작성) [《한국민족운동사료(3·1운동편)》 1, 대한민국국회도서관, 1977, 357~441쪽].
* 비고: 미수에 그친 것, 즉 참가인원이 없는 것은 제외했다.

개입하지 않은 만세시위가 한 번도 없었다. 100퍼센트다. 종교계가 주도했더라도 보통민과 학생이 일부 결합되어 있지만, 종교인만으로 이루어진 시위가 압도적으로 많은 점은 평안북도와 마찬가지다. 평안남도에서는 천도교보다는 기독교 주도가 훨씬 많지만, 연대시위가 절반을 넘어 평안북도보다 더 강한 편이다.

이상에서 볼 때 1919년 3~4월 평안남북도의 만세시위는 천도교와 기독교가 거의 다 주도했고, 연대시위도 절반을 확실하게 상회했다.[21] 7장에서 평안남북도에서 천도교와 기독교의 교세가 급성장한 것을 확인한 바 있고, 6장에서 천도교와 기독교가 평안남북도에서 경쟁한 방법과, 경쟁하며 소통하고 닮아가는 모습을 살펴본 바 있었다. 3·1운동에서 천도교와 기독교가 만세시위를 주도하면서 평안남북도에서 연대시위가 강하게 나타난 점은 이러한 교세의 성장과 경쟁 및 소통을 배경으

〈표 8-4〉 평안남도 지방의 시위 실태

	천도교주도	야소교주도	천도교와 야소교의 연대	종교계합	총계
횟수/퍼센트	6/15.4	12/30.8	21/53.8	39/100	39
				100퍼센트	100퍼센트
참가인원/퍼센트	1,776/3.8	17,050/36.7	27,692/59.5	46,518/100	46,518
				100퍼센트	100퍼센트
검거인원/퍼센트	516/37.8	331/24.2	519/38.0	1,366/100	1,366
				100퍼센트	100퍼센트

* 출처: 조선헌병대사령부·조선총독부경무총감부, 《조선소요사건일람표》(1919년 4월 말일 작성) [《한국민족운동사료(3·1운동편)》1, 대한민국국회도서관, 1977, 357~441쪽].
* 비고: 미수에 그친 것, 즉 참가인원이 없는 것은 제외했다.

로 한 것이다.

평안도 지방의 3·1운동 연대

3·1운동에 대한 연구는 1960~1970년대 거족성을 강조하는 연구에서 시작하여[22] 민중적 성격을 강조한 연구를 거쳐,[23] 지역적 사례를 집적하고,[24] 이제 기억과 표상의 방면으로까지[25] 확장되었다.[26] 3·1운동과 종교의 관계에 대한 연구도 해당 종교계를 중심으로 꾸준히 진행되어 왔다.[27] 여기서는 종교적 연대의 장소성에 주목하여 평안도 지방의 사례를 검토하고자 한다. 평안도 지방 3·1운동의 지역적 전개에 관한 연구 성과를 활용하면서[28] 천도교와 기독교가 만세시위를 주도하고 연대한 양상을 확인해보고자 한다.

평안도에서 기독교는 도회지나 철도연선 또는 평야·해안 지역에서, 천도교는 산간 지역에서 교세를 확장했다는 점은 7장에서 언급했다. 기독교 북감리교는 평남의 평양에서 대동강의 상류와 하류로 확대하여 강동·강서·용강·진남포, 그리고 안주와 평북 영변에서 선교했다. 안주는 나중에 장로교로 넘어갔고 영변의 선교도 성공적이지는 못했다. 북장로교는 북감리교 선교 구역을 제외한 평안남북도 전역에서 선교 활동을 전개했다. 평양에서부터 철도를 따라 의주로 가면서 선천으로부터 철산·용천·의주에서 교세를 크게 확장했다. 한편 천도교는 평안남도에서는 중화·상원·성천·양덕·맹산·덕천의 산간 지역, 평안북도에서는 적유령산맥의 남쪽 구성·태천·가산·영변, 북쪽의 강계·창성·

삭주·벽동에서 동학시절부터 교세가 강했다.

1919년 3월 1일 서울과 함남의 원산을 비롯하여 평남의 평양·진남포·안주, 평북의 의주·신천 등 일곱 곳에서 동시에 만세시위운동이 일어났다. 평안남북도 다섯 곳에서 선도한 장소성에 주목하지 않으면 안 될 것이다. 특히 천도교 또는 기독교의 종교 세력이 주도하고 연대한 점에 주목하게 된다.[29] 그 가운데 첫째 천도교의 포덕 중심지 또는 기독교의 선교 중심지인 평양, 둘째 기독교가 선점했으나 천도교가 추격하여 치열한 경쟁이 일어난 국경도시 의주, 그리고 셋째 철도연선 지역의 기독교 중심지 선천과 산간 지역의 천도교 중심지 정주가 경계를 이루면서 경합하던 선천-정주를 사례로 선택하여 만세시위와 연대의 실상을 검토하고자 한다. 기독교와 천도교의 선교 또는 포덕과정을 검토하여 연대의 배경으로 삼았다. 평양과 선천에는 기독교의 선교기지가 설치되어 있었고, 평양·의주·정주·선천에는 천도교 대교구가 설치되어 이곳들은 천도교와 기독교의 중심센터였다.

중심 지역 평양의 3·1운동과 연대

평양의 기독교 선교와 대부흥

북장로교와 북감리교는 1893년부터 평양 선교를 시작했다. 조선인 명의로 가옥을 구입하여 겉으로는 병원이나 학교를 열면서 안으로는 선교 활동을 수행했다. 청일전쟁이 끝난 이후 선교가 본격화되었다. 평양의 교세가 급격히 성장한 모습은 7장 〈표 7-7〉·〈표 7-8〉에서 살펴본 바 있다. 장로교·감리교 공히 평양의 교세가 나머지 다른 선교기지의 교세를 압도하여 평안남북도의 교세는 평양이 절반 이상을 차지했다.

북장로교의 평양 교회는 장대현교회로부터 시작되었다.[30] 청일전쟁 이후 평양 교회의 양적 성장은 놀라운 것이었다. 이 교회로부터 남문밖교회, 산정현교회, 서문밖교회, 창동교회 등이 분립되어 나갔다. 1910년대에 이르면 서문밖교회에는 2,300명이 출석했으며, 평양의 18개 장로교회의 참석자는 1만 2,000명에 이르렀다 한다.[31] 그리고 평양의 도

〈그림 8-1〉 평양 장대현교회(1909).
* 비고: 이 교회 옆 숭덕학교에서 3·1운동이 일어났다.

〈그림 8-2〉 평양 남산현교회의 성경 강습회(1904).
* 비고: 이곳에서 3·1운동이 일어났다.

시로부터 주변 농촌마을로 지교회가 세포분열식으로 개척되어나갔다. 평양 주변 선교 구역을 나누어 동부 순회 구역은 마펫, 강동은 번하이 즐Bernheisel, 북부는 블레어Blair, 서쪽 근교는 베어드Baird, 서부 순회 구역은 스왈른Swallen, 남동쪽은 리G. Lee, 남쪽은 맥큔McCune이 담당했다.[32] 1907년 평양 대부흥운동은 바로 이 장대현교회의 사경회에서 시작되어 기독교의 양적 성장에 기폭제가 되었다.

북감리교의 평양 교회는 남산현교회를 중심으로 발전했다.[33] 1905~1909년 남산현교회의 교인은 3,000명 수준에 이르렀다. 남산현교회로부터 이간동교회, 구골교회, 유동교회, 이문골교회, 신양리교회 등이 분립해 나갔다.[34] 그리고 평양 지역에서 주변 농촌마을로 교회들이 분립되고 확장되었다. 순회 구역은 평양, 삼화, 영변, 여포에 설정되었다. 평양 순회 구역에는 평양을 중심으로 봉룡동·칠산·강서 등 8개 지역을 포괄하는 계삭회가 조직되었다.[35] 남산현교회에서도 대부흥운동이 일어나 양적 성장을 이루었고, 북장로교의 장대현교회와 쌍벽을 이루었다.

교육기관으로 북장로교에서는 숭실학교와 숭의여학교를 설립 운영했고, 북감리교에서는 광성학교와 정의여학교를 설립했다. 고등교육 기관으로는 북장로교에서 숭실전문학교를 설립 운영했다.

평양은 서울과 함께 기독교 선교의 핵심기지였다. 교회와 학교 외에 언급하지 않았지만 병원이 설립되어, 세 분야에 걸쳐 기독교 선교의 기초가 마련되었다. 이들 기관에 소속된 교인·학생·직원들이 3·1운동에 앞장섰다.

천도교의 평양 진출

기독교와는 달리 동학은 대한제국 정부의 탄압을 받아 산간 지역에서 은밀하게 포덕 활동을 전개했기 때문에 평양에 진출할 수 없었다. 그런데 1904년 진보회운동을 전개하면서 평양을 공략했다. 1904년 10월 14일 평안남도 각 군의 진보회원 1,000여 명이 평안남도 관찰부가 있는 평양으로 들어가 '민회'를 열고 단발했다. 평안도관찰사는 군대를 동원하겠다고 하여 충돌했다.[37] 11월에 이르러서는 "진보회가 각 지방에서 평양으로 회집하여 사무소를 정하고……종로에 포고문을 써서 게방하며 노상에 삼삼오오로 작반하여 다니는 자 불가승수"라는[38] 보도도 나왔다. 진보회가 평양 시내 깊숙이 진출했다. 교단사에서는 "나용환, 임예환, 홍기조, 임정순, 홍기억은 2만여 인의 도중을 거느리고 평양에서 개회했다"고 기록했다.[39] 진보회는 평양에 회장 김광수, 부회장 김성일을 두고 4,200명의 회원을 거느렸다고 한다. 평안남도 18개 지역 가운데 양덕·성천에 이어 세 번째 규모였다.[40]

천도교 창건 이후에는 마땅히 대도회인 평양에도 포덕이 이루어졌겠지만, 평양의 진보회원(일진회원)은 다수가 이용구의 시천교로 넘어갔다가 이용구 사후 다시 복귀하는 과정을 밟았으므로 평양의 천도교세는 부침이 있었을 것으로 보인다. 1912년 평양에 대한 다음의 기사를 살펴보자.

평양군 천도교구는 교인이 다수함으로 면면이 전교실과 강습소가 있을 뿐 아니라 큰 동리는 동리마다 전교실이 있으니 합이 80여 처이오, 성내

성화실에는 시일 참여하는 교인이 다수하여 남녀가 한 성화실에 용납할 수 없는 고로 남녀를 분하여 남자는 상오에 모여 설교하고 부인들은 하오에 모여 설교하더라.[41]

평양에서도 천도교가 크게 성장했다는 기사다. 천도교는 교인의 다수를 불문하고 면마다 전교실과 강습소를 두는 제도를 마련했으니 대도회인 평양에 그 숫자가 많은 것은 당연하다. 정부의 행정조직과 같이 전교실과 강습소를 두었으니 그 수효를 가지고 교세를 말할 수는 없다. 천도교는 군 단위 교구 아래 면 단위 전교실을 크든 작든 운영하면서 포덕하는 방식이었다. 기독교처럼 평양 성내에 교파별로 교회가 서고 교회가 커지면 다른 지역에 새로운 교회를 개척하는 방식과는 달랐다. 그렇지만 평양 성내에 있는 성화실은 교인이 많아 시일에 남녀를 나누어 모일 정도로 성장했다.

〈그림 8-3〉 1930년대의 평양종리원.

천도교에서는 군 단위로 교구를 두고 그 가운데 대교구를 설치했다. 1914년 37개 대교구를 설치할 때, 평남에는 평양·강동·성천·안주·중화·덕천 등 6곳에 대교구가 설치되었다. 평양대교구 산하에는 평양부·용강군·강서군·평원군 순안교구가 소속되었다. 평양이 중심 도시이기는 했지만 평안남도 6개 대교구를 거느린 것은 아니었다. 평양을 선교기지로 삼아 이를 중심으로 사방으로 확장시켜나갔던 기독교보다는 중심성이 약했다.

평양의 3·1운동

평양에서는 서울과 마찬가지로 3월 1일에 선도적인 만세시위운동이 일어났다. 특히 기독교와 천도교의 연대시위운동이 일어난 대표적인 곳이다. 장로교의 장대현교회, 감리교의 남산현교회, 그리고 천도교 교구당에서 각각 고종황제 봉도식을 거행하고 독립선언식을 개최한 뒤 평양 시내로 나가 행진하면서 연대하여 만세시위를 전개했다.[42]

평양에서의 3·1운동은 신한청년당 선우혁이 1919년 2월 9일 평양에서 산정현교회 강규찬 목사, 장대현교회 길선주 목사, 이덕환·윤원삼 장로를 만나면서 준비되었다. 이후 장대현교회 변인서 부목사, 평양 태극서관 안세환, 서문외교회 김선두 목사, 산정현교회 도인권 목사 등 장로교 지도자들이 합류하여 독립선언을 준비했다. 장대현교회 길선주 목사와 남산현교회 신홍식 목사는 민족대표로 서울로 올라갔다.

먼저 장로교에서 3·1운동을 준비하고 진행한 과정을 살펴본다.[43] 2

월 26일 평양의 장로교는 각 교회에 숭덕학교에서 열릴 봉도식 행사를 통보하고, 숭덕학교와 숭현여학교 교사들과 학생들이 태극기와 전단을 만들었다. 2월 28일 윤원삼이 독립선언서를 받아 다른 교회에 전달하고, 또 3월 1일 배포하기 위해 등사하여 준비했다. 평양 시위를 주도한 강규찬·이덕환·윤성운·김동원·윤원삼 등은 105인사건에 연루된 인사들이었다. 105인사건 동지들이 중심이 되어 평양의 만세시위를 계획하고 주도했던 것이다.

3월 1일 오후 1시 장대현교회 옆 숭덕학교 운동장에서 평양의 장로교인 1,000여 명이 서문밖교회 김선두 목사의 사회로 광무황제 봉도식과 독립선언식을 개최했다. 단상에 대형 태극기를 걸고, 서문밖교회 정일선 장로가 독립선언서를 낭독하고, 산정현교회 강규찬 목사가 연설하고, 윤원삼 장로가 만세삼창을 선도했다. 그리고는 시내를 향해 행진을 시작했다. 여기에 마펫, 모우리E. M. Mowry, 번하이즐, 선천의 로버츠S. L. Roberts 선교사가 참석했다.

감리교에서는 남산현교회 신홍식 목사가 박석훈 부목사와 독립선언을 준비했다. 숭의여학교 교사 박현숙, 광성학교 교사와 학생들이 태극기를 제작했다. 신홍식 목사가 민족대표로 되어 서울로 올라간 뒤에는 박석훈 부목사가 독립선언을 주도했고, 체포된 뒤 옥중에서 순국했다. 3월 1일 오후 남산현교회에 800여 명의 교인이 참석한 가운데 이향리교회 김찬흥 목사의 사회로 남산현교회 박석훈 부목사가 연설하고 채관리교회 주기원 목사가 독립선언서를 낭독했다. 의식 도중 젊은 여성들이 "신 대한의 애국 청년, 끓는 피가 뜨거워……"라는 박현숙이 작사한 혈성가를 불렀다 한다. 독립선언식을 마친 감리교 신자들은 독립만

세를 외치며 역시 시내를 향해 행진을 시작했다.[44]

장로교 산정현교회 도인권 목사는 독립선언을 끝낸 뒤 시가행진으로 전환된 과정을 다음과 같이 회고했다.

이 회합이 진행된 때는 일본 경관 수십 명이 달려와서 이 운동의 지도자들을 체포하려 하였으나 수천 군중이 달려들어 우리를 전체로 잡아가라고 고함과 반역을 하니 그들은 실색을 하고 달아나버리고 말았다. 큰 태극기를 선두에 내세우고 해추골로 시가행진을 하려고 나와 본즉 거리는 인산인해를 이루고 만세를 부르고 있었으며 좌우 상점에는 눈부시리만큼 태극기가 게양되어 있었다. 일장기가 삽시간에 변하여 태극기가 된 것은 장차 일본이 한국의 국권 앞에 머리 수일 에표인 양 보였다. 그날 평양에서는 세 곳에서 모여 이런 집회를 갖고 만세를 불렀는데 다른 두 곳은 감리교회와 천도교이다. 이것을 본 일본 경찰은 무척 당황하였다.[45]

일본의 헌병경찰은 조선인의 동향을 감시하고 있었으므로 독립선언의 현장에서부터 제지하려 했지만 교인들과 민중들의 기세가 이전 같지 않았다. 시내에는 태극기가 내걸리고 사람들이 인산인해를 이루면서 만세를 부른 감격적인 모습이 참여자의 증언을 통해 볼 수 있다.

장로교와 감리교의 평양 3·1운동은 다음과 같은 신문보도를 통해 잘 알려져 있다.

3월 1일 오후 1시부터 평양 야소교 감리파와 장로파 신도는 이태왕 봉도회라 일컫고 전자는 교회당에 800명, 후자는 학교에 약 1,000명이 모여서 봉도회를 거행한 후 돌연히 선언서를 낭독하고 계속하여 각기 손에 태극기를 들고 독립만세를 불러 그 형세가 불온하므로 경찰서에서는 해산을 명하였는데 해산된 사람들은 다시 시중을 배회하였더라. 1일 저녁 때에 이르러 군중은 갑절이나 늘어서 해산하기를 설유하나 듣지 아니하고 마침내 경찰서에 돌을 던져 유리창을 부수는 등 경찰서가 매우 위험할 때에 수비대의 보병 중위 이하 7명이 응원하러 왔으므로 드디어 해산하였는데 이날 주모자 10명과 폭행자 중 40명을 체포하였고 3월 3일 오전에 2~3개소에서 수백 명이 모여서 만세를 부르매 경찰 당국은 이것을 해산케 하였더라.[46]

감리교와 장로교 신도들이 각각 독립선언식을 거행한 뒤 태극기를 들고 독립만세를 부르면서 평양 시내에서 시위를 벌였다는 3·1운동에 대한 최초의 신문보도에 나오는 기사다. 시위대는 해산하지 않고 저녁이 되어 더 늘어나 경찰서에 돌을 던져 유리창을 부수므로 군대를 동원했다는 것이다.

이 기사에는 나오지 않지만 평양 시내의 시위에는 천도교인들도 가담했다. 천도교 평양대교구는 산하 교구장회의를 소집하여 준비하는 한편, 2월 28일 선천교구장인 김상열로부터 독립선언서를 전달받아 교구를 통해 각 지역에 배포했다.[47] 장로교 및 감리교와 마찬가지로 교구당에서 독립선언식을 개최한 뒤 시내로 진출했다.

장로교인, 감리교인, 천도교인들의 만세시위에 대해서 평안남도에서는 3월 2일 다음과 같이 파악하여 조선총독에게 정보 보고를 했다.

어제 오후 1시 남산현교회(감리파 소속) 및 장대현교회(장로파 소속)에서 이태왕전하의 봉도회를 개최하여 민족자결·한국독립의 선언서를 배포하고 불온한 연설을 하는 자가 있으므로 입회한 경무 관헌은 곧 해산을 명했다. 그들은 태극기를 손에 들고 한국만세를 고창高唱하고 뇌동자雷同者들이 이에 호응했다. 부인, 학생(신도 및 사립학교생도)도 이에 가담해 남문통, 대화정, 부청府廳, 도청, 경무부 앞을 행렬을 이루어 돌아다녔다. 한편 구시가 소재 주재소 앞에서는 군중이 모여 폭행하지는 않았지만 만세를 외쳤다. 특히 경찰서 앞에는 장로·감리 두 파와 천도교 신도를 주로 하여 남녀 학생 합하여 천 명에 이르렀다. 오후 3시경부터 모여들어 한국만세를 외치고 태극기를 흔들며 독립가를 불렀다. 점차 세력이 늘어나 해산할 상황이 아니었다.[48]

이 보고에 시위대의 경로가 잘 나타나 있다.

평양은 평양 내성을 중심으로 한 구시가지, 외성과 중성의 신시가지로 구분되어 있다. 일본인은 주로 외성의 신시가지에 거주하고 있고, 선교사들은 내성 및 그 경계의 중성에 근거지를 두었다. 구시가지는 내외국인의 잡거지지만 대부분 조선인이 거주했다. 감리교 선교기지는 서문의 안팎 경계 지역에 자리했고, 장로교 선교기지는 서문 밖 중성 일대 200여 정보의 넓은 부지에 양촌洋村을 이루었다. 남산현교회는 감리교 선교기지가 있는 서문 안쪽 남산현에 자리 잡았다. 장대현교회는 장로교 선교기지와는 거리가 떨어져 있는 곳으로 서문에서 북쪽으로 올라간 장대현에 위치한 것으로 추정되며, 천도교 교구당은 옛 대성학교 뒤편에 자리 잡았던 것으로 추정되고 있다.[49]

광무황제 봉도식과 독립선언식을 마친 관후리 장대현교회, 수옥리 남산현교회 교인들은 시내로 행진하면서 합류했다. 설암리의 평양교구 천도교인들도 구시가지인 평양 내성 중심부로 행진하여 기독교인들과 합류했다. 미션스쿨 외의 보통학교 학생들과 평양 주민도 합세하여 천여 명의 시위대가 구성되었다. 시위대는 평양의 지배권력을 상징하는 남문 근처의 평양경찰서에서 전선을 형성했다. 그리고 남문을 지나 평양역으로 뚫린 중심가로도 진출했다. 그곳 중성에는 평양부청, 평안남도청 등 식민지배 기관이 위치했다. 평양의 3·1운동은 이후에도 계속 격렬하게 진행되었지만 여기서는 첫날 천도교와 기독교의 연대시위에만 언급하고 그친다.

경쟁 지역 의주의
3·1운동과 연대

의주의 기독교 선교와 성장

의주에는 일찍이 기독교가 들어왔다. 의주 사람 서상륜·이응찬·백홍준 등이 만주로 상업 활동을 나갔는데, 거기서 만주 선교에 나선 로스 John Ross 선교사를 만나 기독교를 수용했다. 의주 기독교회 설립의 선구자들이었다. 의주의 한석진은 서상륜으로부터 기독교를 소개받았고, 북장로교의 마펫이 의주로 답사를 왔을 때 안내했다. 이후 한석진은 마펫의 조사로 평양으로 이주하여 평안남도 각지의 선교에 큰 역할을 수행했다.

 의주에는 선천 선교기지 산하의 7개 순회 구역 가운데 의주 서부와 의주 동부의 두 순회 구역이 들어서 있었다. 의주의 두 순회 구역은 휘트모어Norman. C. Whittemore 선교사가 담당했다. 순회 구역 안의 교회 사역은 한국인 목사들이 안수를 받으면서 점차 인계를 받았다.[50]

국망의 위기와 함께 국경에 위치한 의주가 중요하게 되면서 적극적으로 선교가 이루어졌고 큰 성공을 거두었다. 7장 〈표 7-10〉에서 보면 1909년 의주의 기독교인은 42개 교회에 6,868명으로, 선교기지가 있던 선천의 16개 교회, 4,111명보다 훨씬 많았다. 인구가 2배 정도 더 많았기 때문이기도 하지만 의주의 기독교세가 강한 것은 분명하다. 1906년경 의주에는 기독교인이 인구의 3분의 1이나 된다는 보도도 있었다.[51]

의주 지역 북장로교 교회 설립과정은 〈표 8-5〉와 같다. 교회의 숫자가 어떻게 불어나는지 살펴보기 위해 모두 제시했다. 6장에서 네비우스 방법에 의한 교회 성장 시스템에 대해 설명한 바와 같이 의주군에서도 세포분열식 교회의 분립 발전이 이루어진 것을 여실하게 볼 수 있다. 1909년 당시 의주에는 42개의 교회당이 설립되어 있는 것으로 집계되어 있다. 1909년까지 39개의 교회, 그리고 창립 연혁이 밝혀져 있지 않은 노북교회, 상단교회, 창회라는 예배당을 합하면,[52] 7장 〈표 7-10〉의 42개와 꼭 맞는다. 일본 측 조사와 교단 측 자료가 일치한다.

기독교의 특징은 교회와 함께 교육사업을 벌였다는 점이다. 처음에는 교회학교와 매일학교를 운영했다. 교회학교는 아동뿐 아니라 성인도 포함되었으며, 평일에는 아동·청소년을 대상으로 매일학교를 열었다. 7장 〈표 7-11〉에 보면 1909년 의주의 기독교학교 수는 35개, 학생 수는 남자 1,281명, 여자 102명 등 1,383명으로 집계되어 있다.[53]

1906년 의주의 각 교회에 속한 매일학교 격인 소학교 16곳의 생도 수백 명이 읍내에서 대운동회를 개최한 기사를 보면, 학교사업이 상당히 발전한 것을 볼 수 있다. 이미 16곳에 학교가 설립되어 있었던 것이

〈표 8-5〉 의주군 기독교회

	설립시기	교회명	교인	교회당
1	1897	의주군 읍내교회 (읍교회)	읍인 장유관, 위원년인 김창건 등	
2	1898	의주군 남산교회	조용렴 등, 김환근 인도	사원寺院을 매수하여 교회당으로 기부
3	1900	의주군 창사교회	김석조 등	구창방舊倉房 4간을 매수하여 예배당으로 사용
4	1900	의주군 소곳면 중단교회	장제백 등	7간 가옥 기부
5	1901	의주군 관리교회	김영근, 한정관, 김원유 등	노북회당에서 예배하다가 예배당 신축하여 분립
6	1901	의주군 하북동교회	백한모, 황사성 등	예배당을 신축했다가 위축되어 위화면 상단으로 이전 신축
7	1901	의주군 체마교회	이기수, 길상홍 등	노북교회에서 예배하다가 예배당 신축하여 분립
8	1901	의주군 용산교회	이성삼, 김기반, 장하순, 장덕노 등	남산교회에서 예배하다가 장덕노가로 옮겨 예배할 때 주민에게 핍박당함
9	1903	의주군 산정교회	유상희, 장한수, 전기청 등	남산교회에서 분립하여 성외동 15간 와가를 예배당으로 매입
10	1903	의주군 천마교회	한득룡, 최정옥, 최의선 등	본면 창회倉會에서 예배하다가 초가 4간을 매수하여 본리 하단으로 이전
11	1904	의주군 당후교회	최명준, 한승렬, 백인석 등	노북예배당에 왕래하다가 5간 예배당을 신축하고 분립
12	1905	의주군 서회西會 (邑西교회)	조사 김창건, 장립	의주에서 최초의 당회 조직
13	1905	의주군 운천교회	안승원, 허봉현, 유여대 등	부내 서회西會에서 예배하다가 예배당 4간을 신축하고 분립하고 학교도 창립
14	1905	의주군 미산교회	장유관, 이승청 등	부내 서회에서 예배하다가 초가 4간을 매수하여 분립
15	1905	의주군 영평교회	전연준, 김득념 등	체마교회에서 예배하다가 와가 5간을 신축하고 분립
16	1905	의주군 호암교회	유지 김유현 가족 등	김영순 사저에서 예배하다가 신축
17	1905	의주군 마전교회	최덕홍, 최응신 등	용산교회에서 예배하다가 초가 3간 예배당을 건축하고 분립

18	1906	의주군 화합교회	한응범 등	호암교회에 왕래하다가 예배당을 신축하고 분립
19	1906	의주고군義州古郡 토교교회	양준식, 장유관, 박응무 등	노북교회에 왕래하다가 산정교회로 옮기고 예배당 7간 신축
20	1906	의주군 상목교회	이기형, 문충국, 유치선 등	이기형 사저에서 예배하다가 예배당 7간 신축
21	1906	의주군 청전교회	이현묵, 김윤만 등	부내 서회에서 예배하다가 가옥 4간을 예배당으로 매수
22	1906	의주군 삼화교회	한계봉, 김만곤, 황태일 등	관리교회에 왕래하다가 거리가 멀어 가옥 1좌를 예배당으로 매수
23	1906	의주군 마룡교회	김영선, 양경하 등	김영선 사저에서 예배하다가 4간 가옥을 매수하여 예배당으로 사용
24	1906	의주군 삼하교회	최응하, 최성곤, 김이호 등	가옥을 매수하고 학교를 설립하고 교회를 시작
25	1906	의주군 태산교회	이유정, 조유승, 최세용 등	용산교회에 왕래하다가 거리가 멀어 영신숙사를 예배당으로 교회 분립
26	1907	의주군 읍동교회	김상은, 백용석 등	서교회西敎會가 번창하여 수용 불가하므로 읍동부邑東部에 큰 집을 매수하여 분립
27	1907	의주군 횡산교회	이은하 등	중단교회에 왕래하다가 신자가 많아져 큰 가옥을 매수하여 분립
28	1907	의주군 용상교회	노석태, 노세봉, 김학련 등	남산교회에 왕래하다가 교인 많고 거리 멀어 예배당 신축하고 교회 분립
29	1907	의주군 동상 (하고관)교회	김희진, 최봉상 등	강 건너 노북교회에 왕래하다 예배당 5간을 신축하고 교회 분립
30	1907	의주군 남동교회	김용승, 김영진 등	철산군 이안교회에 왕래하다가 거리가 먼 타군을 벗어나 동네에 예배당 5간을 신축하고 교회분립
31	1907	의주군 추동교회	정상룡, 홍승주 등	사저에서 회집하다가 좁아 예배당 3간을 신축한 후 홍승주의 가옥 및 기지 기부로 예배당 이전

32	1908	의주군 위원면 중단교회	김준건, 김창건, 김이함 등	관리교회 또는 당후교회에 다니던 교인이 예배당 6간 신축하고 교회 분립
33	1908	의주군 남재동교회	조용렴, 조용묵 형제 등	선친이 매수한 남사사원을 기부하여 남산교회가 되어 왕래하다가 예배당을 신축하고 교회 분립
34	1908	의주군 낙원동교회	김창건, 김호건 등	토교교회에 왕래하다가 한예진의 기지 기부로 7간 예배당 신축, 교회 분립
35	1908	의주군 다지도교회	김봉삼, 이인수 등	상단교회에 왕래하다가 예배당 4간을 신축하고 교회 분립
36	1908	의주 주음동교회	조신관 등	노북교회에 왕래하다가 예배당 6간을 신축하고 교회 분립
37	1909	의주군 용운교회	김득길 등	의주읍교회로 왕래하다가 김득길 사저에서 교회와 학당을 설립했다가 초옥 4간을 매수하여 사용
38	1909	의주군 정심교회	이원복, 유천복, 김진구	교회가 부진하여 남산교회로 합병했다가 김진구의 기부 등으로 큰 와가 20간을 매수하여 교회 복립
39	1909	의주군 유초도교회	김보준, 조성식, 장하식, 김병농 등 가족	큰강 건너 산정교회에 왕래하다가 장하식 사저에서 예배하다가 초가 4간 매수하여 교회 분립
40	1910	의주군 대문동교회	김지선, 최영근, 김기완, 김지선	운천교회에 왕래하다가 김기완이 사저를 기부하여 예배당으로 사용하고 교회 분립

* 출처: 차재명 편, 《조선예수교장로회사기》(상), 조선기독교창문사, 1928.
* 비고: '설립시기'는 정식으로 교회가 설립한 시기를 가리킨다.

다. "당일 참예한 객은 본 개시장 감리사와 본 군수며, 경무서 총순, 순검과 본군 향장관리며, 진위대 대장과 연강세무국 인원이며, 보민회와 위생사 인원이며, 일진회원과 또 유지한 신사들이며 또 일본 전보국과 우편국과 헌병대관인이 일제히 하였고", "폐회하고 헤어지는 길에 나라와 예수교 학교를 위하여 만세를 부르고 학도가를 부르며 남녀학도가 일제히 군대 행보법으로 돌아왔다"고 한다.[54] 통감부의 일본 관리와 경찰까지 참여한 대운동회였다. 화합적인 분위기의 운동회라고 보도했지만, 예수교 만세를 부르고 학도가를 부르고 군대식으로 행진한 것은 일제 통감부로서는 유쾌하지만은 않았을 것이다. 이후 일본은 이러한 운동회를 "시위적인 연합대운동회"로[55] 간주하여 통제하려 하고, 한국 측에서는 애국심을 고취할 기회로 삼았다.

소학교에 해당하는 매일학교의 확산을 바탕으로 중등학교도 설립되

〈그림 8-4〉 의주 서교회.
*비고: 이 교회 바로 옆 양실학교에서 3·1운동이 시작되었다

었다. 1905년 "의주읍교회의 발기로 여자중등학교를 설립하고 초년 교육은 이상련, 장신포가 시무하였으니, 교명은 양실학원養實學院이라 하니라", 1906년에 "의주읍교회의 장유관, 김기창 등이 발기하여 청년교육을 특면特勉하여 동지학회同志學會를 조성하고, 읍내 학교를 확장하여 남녀 중등부 고등부 심상부를 설치하고, 교명을 양실학원이라 통칭하니라"라는 기록에서,[56] 1905~1906년 남녀 중등학교로서 양실학원이 설립된 사실을 알 수 있다.

'동지학회'란 남자중학교 설립추진회와 같은 모임이다. 1906년에 이르러 의주군 10여 곳에 300~400명의 학생들이 소학교를 다니고 있는데, 중학교가 없어서 진학을 못하는 사정임을 안타깝게 생각하여 기독교 유지 수십 명이 중학회를 조직하여 회원마다 매월 신화 1원씩 연조하여 학교를 설립하고, 서양인 교사를 초빙하기로 했던 것이다. 기독교인이 주도하여 "주의 일군을 배양하는 데" 목표를 두었다.[57] 이렇게 하여 의주 3·1운동의 발화지점이 된 양실학원이 설립되었다.[58]

의주의 천도교 포덕과 성장

7장 〈표 7-10〉에서 보면 1909년 의주 지역 천도교인은 2,197명이고 전교실 및 강습소는 19곳으로, 기독교에 비하면 3분의 1 수준이었다. 평안북도 천도교세 중에서도 정주·초산·구성 등에 뒤져 8위에 그치고 있다. 의주군에는 일진회원과 기독교인이 각각 만 명이나 되고 나머지는 주저 관망하는 실정이라는 1906년의 보도에서 유추하면,[59] 일진회원 중 천도교인으로 들어오지 않은 인원이 많았겠지만 천도교세가 강해질 가능성은 엿보인다.

먼저 의주교구의 연혁을 소개하면 다음과 같다.

- 동학이 청천강에 이른 것은 1899년 1월. 최석련 오명운 안국진 김준흥 김중건 5포 두목이 선구가 되고, 장수헌 홍하청 백인빈 김명후 황하식 최석찬 최홍선 최안국 김득필 등이 중견이 되어 의주를 중심으로 하고 용천 선천 철산 초산 자성 각지에 포덕이 크게 일어나 신도가 수만에 이르렀다.
- 1902년 교회를 확장하기 위해 성금을 출연할 때 안국진 최안국 최여찬 백의정 4인은 전래의 세업을 털어 각기 만여 원을 내다.
- 1904년 4월 혁명당의 혐의로 대접주 최석련 최석륜 양씨가 진위영에 피수되어 형을 받고 천금을 내고 속면하다. 8월 진보회가 조직될 때 신도는 일체 단발할 때 최안국이 지부회장이 되어 4만의 회원이 일제 단발을 행하다. 진위대장 구완희가 300명의 병사로 회를 해산하고 회장 이외 안국진 박도명 최인홍 등을 납치하다. 11월 일진회와 합할 때 중심을 잡은 사람은 김도선 전창진 박용세 차균일 한국정 백인직 김신열 백유목 유효화 등이었다.
- 1905년 9월 의성학교를 열고 유승연 김자일 이흥엽의 성력으로 3~4년간 수천의 청년을 조성하다.
- 1906년 5월 주내면 수성동 양백록 가에 교구를 설치하다.
- 1908년 김득필의 열렬한 활동과 여러 사람의 의연으로 교구를 동문 내 7간의 와가로 이전하다. 12월 10일 교리전문 강습속성과를 설치하다.

- 1909년 2월 최안국 조문철을 중앙총부사범학교에 입학시키다.
- 1910년 4월 10일 사범강습소를 설치하고 15면 22개소의 보통강습소를 세우다.
- 1912년 교구를 신축하니 위치가 아주 높고 건축 모양이 신식이여서 주내 사람들이 우러러보다. 12월부터 1914~5년을 전후하여 최석련 최안국……등이 성사의 탁발을 입어 차례로 봉황각 연성을 마치다.
- 1914년 35대교구 설치할 때 본구가 대교구가 되었다.[60]

차례로 교구장을 역임한 최석련과 최안국이 의주군에서 천도교가 성장하는 데 큰 역할을 했다. 최석련에 대한 또 다른 조사 보고를 살펴보면, 그는 의주군 출신으로 1899년 10월경 형 최석륜과 함께 동학에 입교한 후 수년간 의주·용천·창성·삭주 등지에서 3천여 호에 포덕하여 대접주가 되었다. 1904년 진보회운동에도 가담했고, 1906년 12월 의주대교구장에 임명되었다. 1914년 4월 중앙총부에서 지원한 575원의 자금을 기초로 신의주 교당을 설립하고, 1914년 7월 의주대교구장 겸 의주교구장을 맡았다.[61] 1912년의 보도에 의하면, 의주교구장 최석련은 교구장을 4~5년 담당했는데 교무 처리에 정성을 다하고 포덕을 열심히 하여 믿는 교인이 날로 늘어 성미대금과 월보대금 수납이 수백 교구 중 제일이었다고 한다.[62]

최안국이 교구장을 맡았을 때 의주군 교구실에 대해 소개한 것을 요약해서 살펴보면 다음과 같다.[63] 교우 안국진·오명운·김득필·백문선·양백록·김명후·이명철 등은 1906년 음력 10월 12일에 주내면 수성동 양백록 가에서 교구를 설립하고 안국진이 교구장을 맡았다. 단칸 좁은

방에 협력자는 5~6인에 불과하고 인근 따르는 자가 십수 인에 불과했다. 안국진 구장이 와병하자 오명운이 이어받았다. 실당이 협소하여 김득필이 동문 안의 기와집 7간을 사들였다. 1908년 6월 교구실을 이전하니 지대가 높은 곳에 위치했다. 같은 해 7월 14일 최석련이 교구장을 이어받아 교무 확장을 꾀했다. 1911년 교당을 수선하기 시작하여 1912년 2월 홍하청·윤학율·최신을·이영근 4인으로 교구 신건축을 발의하매 5천 명의 교인이 일치 가결했다. 4월에 도편수 2인을 고빙하여 공사를 시작하여 5월 20일 상량하고 7개월여에 완성했다. 중앙에 성화회당 6간을 두고, 동서에 4간의 온돌방을 두고, 남쪽 내면의 동 4간은 구장실·공선실·강도실, 서 4간은 금융실·접빈실·부인실이었다. 7년 만에 한간의 왜옥矮屋이 14간 거하巨廈요, 십수의 교인이 누만의 신도로 급성

〈그림 8-5〉 천도교 의주군 대교구실.
*출처: 《천도교회 월보》 제52호, 1914년 11월, 사진.

장했다.

의주대교구 산하 16면에는 전교실과 강습소가 배치되었다. 기독교가 [선교기지 – 선교 구역 – 개별교회]의 체계로 되어 있어도 개별 교회의 독자성이 강한 데 반해, 천도교는 대교구 또는 교구 산하에 교세의 크기에 상관없이 행정단위인 면마다 전교실을 배치했다.

각 면의 전교실이 어떻게 설립되었는지 의주군 수진면 용문당의 전교실 건축 내력을 요약해서 살펴보면 다음과 같다.[64] 1909년 전교사 장태경이 자기 사랑에 회당과 강습소를 정하고, 이달에 기둥 한 개씩, 명년에 도리 한 개씩을 구하여 4년 만에 재목을 거의 준비했는데, 장 씨가 세상을 떠나고말았다. 이에 그 부친 장한직이 주동하여 최명규와 함께 원근 교우의 의무심을 고취하여 연조금 100원을 모으고, 김기린·최여덕은 역사를 자담하여 1년 만에 역사를 마쳤다. 중앙에 성화실 3간이고, 북편에 부인실 2간, 서편에 제7강습소 2간을 두었다. 사면에 문창이 통명하고 장식이 찬란하여 사람의 이목을 끌었다 한다. 경비는 300여 원인데, 부족한 것은 이상오가 담당하여 소도 팔고 양식도 팔아 갚고 약간의 채무만 남았다. 모두 빈한한데 정성 한 가지로 성취했다고 전한다.

1916년 교구장 최안국은 의주군에 천도교 7,000교우가 단결하여 중앙에 대교구를 건설하고 산하 16면에 성화회실을 배치할 때, "실내가 좁아 받아들이기 어려운 불편이 없지 않아 혹 교우의 희사를 수납하여 집을 사서 수선도 하고, 혹 신자가 사제私第를 기부하여 증축 수리도 하여 일면 2~3개의 성화회실을 두지 않은 곳이 없다"고 자랑했다. 특히 교세가 약한 5개 면에서 전교실을 건축한 교인의 성력을 치하하며, 그

연혁을 자세히 기재해놓았다.[65]

　의주의 천도교 학교 수는 1909년 현재 기독교에 크게 뒤져 3개에 그치고, 학생은 남학생 48명으로 집계되어 있다. 학교 외에 강습소를 통해 종교 교육과 계몽 활동을 펼쳤다. 1911년 종래 동명을 사용하던 강습소 이름을 일련번호를 붙이는 것으로 변경했다. 의주군 교구 강습소를 제1강습소로 시작하여, 광성면 유초동(2), 고군면 남창동(3), 위원면 동문동(4), 고군면 동상동(5), 관리면 은산동(6), 수진면 용문동(7), 광성면 서당동(8), 위원면 서문동(9), 위원면 서하동(10)으로 10개 강습소가 있었다.[66] 기독교의 학교 수에 비해 훨씬 적고, 더구나 이것은 교리강습소로서 교리 외에 한글과 상식을 교육하는 데 그쳐 일반 교육에는 취약했다.

　교구와 전교실, 강습소 모두 의주군으로부터 일련번호를 시작했다. 의주가 한반도의 제일 위쪽에 있어서였는지 알 수 없으나 모든 일의 시작에 의주군이 있었다. 그 위상에 걸맞게 처음에는 기독교에 뒤졌으나 포덕이 급속도로 확장되어 기독교와 경쟁했다.

　천도교와 기독교가 의주군에서 어떻게 접촉하고 경쟁했는지 확인할 수 있는 자료는 미흡한데, 위화면에서 천도교와 기독교가 경쟁한 모습이 단편적으로 보인다.

　천도교에 입속한 교인이 사오백 명이 되는데 이 교인들이 열심으로 사람을 인도하여 그 교로 들어가는 사람이 많은지라. 그러함으로 이곳에 교회가 선 지는 비록 오륙년이로되 믿는 사람이 불과 이십여 명이라.……작년 가을부터 이 섬 중에서 믿는 형제들이 많이 들어왔는데, 지금은 매주일에 모이는 형제가 남녀 합하여 거진 백 명이나 되옵는데, 특히 감사할 것은 몇 해 전부터 다른 교에 입참하였던 형제 육칠인이 지금 다시 열심으로 수를 믿는데, 이전에 갈음길로 가서 공연이 헛것을 구하던 일을 원통이 여기고 마음을 돌이켜 구주 앞으로 바로 나아온 것을 감사하오며……⁶⁷

의주군 위화면은 강 가운데에 있는 섬으로 토지가 비옥하고 800호의 주민이 살고 있고 중국과 교역이 활발한 곳이었다. 이곳을 천도교가 장악해왔는데 기독교가 들어가 교세를 확장하면서 천도교인까지 개종시키고 있다는 것이다. 기독교와 천도교가 경쟁하고 있는 단면을 보여준다.

의주의 3·1운동

의주에서는 3월 1일 의주읍 시위 이후 4월 4일까지 44회의 시위가 일어난 것으로 조사 집계되었다. 3월 1일 일찍이 시위가 시작되었지만 3월 중순에는 주춤하다가 3월 말 4월 초에 다시 불타오르고 4월 4일을 마지막으로 끝났다. 44회의 시위운동은 기왕의 연구에 잘 정리되어 있으므로⁶⁸ 여기서는 종교계와 관련된 운동만을 소개하기로 한다.⁶⁹

의주의 3·1운동은 의주 동東교회의 목사 유여대劉如大가 2월 10일 선천의 평양노회에서 기독교의 독립운동 계획을 논의하면서 준비하기 시작했다. 민족대표 33인 중의 한 사람인 김병조는 다음과 같이 회고했다.

의주는 유여대·김병조·김승만·장덕노 4인이 음력 정월 10일 평북노회 축하차로 선천에 가서 양전백가에서 10여 동지로 더불어 국사의 광복을 함께 논의한 후 의주 일경의 일은 4인이 분담하고 돌아와 김병조·김승만은 비밀기관의 간부가 되고 유여대는 시위운동의 회장이 되어 운천동에서 태극기와 선언서를 준비하여 50여 교회와 사회 각 단체에 통고문을 비밀리에 전달하여 2월 29일 밤에 군내 양실학원에 회의하고 이튿날 경성의 전보가 도착하였거늘 즉시 이원익·김창수·안석응 3인으로 선언서를 도·군청 및 경무국·헌병대에 전달하고 시민에게도 나누어준 후 하오 1시에 2천여 민중이 학슬봉 아래에 회집······.[70]

기독교 측의 준비가 사전에 주도면밀하게 비밀리에 진행된 모습을 보여준다. 유여대 목사의 교회만이 아니라 의주 일대 각 교회에 선언서를 전달하여 시위운동을 예고하고 준비하도록 한 점이 운동의 조직성을 보여주는 대목이다.

유여대는 민족대표 33인에도 서명했으나 의주의 운동을 주도하기 위해 상경하지 않았다. 유여대의 진술에 의하면, 2월 17일경 의주면 서부동 하숙집에서 의주의 기독교계 사립학교 양실학교의 교사인 정명채·김두칠을 만나 독립선언을 계획했다. 2월 27일 정주교회 영수로부터 독립선언은 3월 1일에 경성과 각 지방에서 발표하므로 다음 날 도착할 독립선언서를 의주에서도 낭독하라는 전갈을 받았다. 2월 28일 양실학교에서 정명채·김두칠·안석응 등 20여 명은 독립선언서가 도착하지 않으므로 등사판으로 2·8 독립선언서로 보이는 선언서 200매를 제작했다. 그리고 각 관청과 주민들에게 배포하도록 조치했다.[71]

3월 1일 오후 2시 의주면 의주 읍내의 서교회 부근에 유여대 등 기독교 지도자와 양실학교 교사 및 학생, 그리고 주민 700~800명이 모여 독립선언식을 시행했다. 대형 태극기를 세우고 소형 태극기를 나누어주었다. 찬미가를 부른 뒤 중국 안동현 김병농 목사가 기도하고 유여대 목사가 개회사를 했다. 자체적으로 준비한 2·8독립선언서를 낭독하려 하는데, 마침 서울에서 전국 방방곡곡에 배포된 독립선언서가 도착하여 이를 낭독했다. 그리고 북하동교회 영수 황대벽과 송장면 창원교회 조사 김이순이 독립 연설을 행했다. 그리고 현재까지 가사가 알려져 있는 독립창가를 합창하고, 마지막으로 조선독립만세를 외쳤다. 이후 양실학교 학생들은 태극기를 앞세우고 시위행진을 시작했다. 주민도 참여하여 시위대는 2천여 명에 이르렀다.[72] 독립창가의 내용은 다음과 같다.

반도 강산아 너와 나와 함께 독립만세를 환영하자.
충의를 다해 흘린 피는 우리 반도가 독립의 준비이다.
4천년 이래 다스려온 우리 강산을 누가 강탈하고
누가 우리 마음을 변하게 할 수 있으랴.
만국평화회의에서의 민족자결주의는 하늘의 명령이다.
자유와 평등은 현재의 주의인데 누가 우리 권리를 침해할소냐.[73]

독립창가에는 독립만세, 충의, 4천년 우리 강산과 정신, 만국평화회의의 민족자결주의, 자유와 평등, 우리 권리 등 민족의 역사와 정신에 대한 자부심, 독립의 간절한 희원 등이 담겨 있다. 특별히 기독교 정신을 앞세우고 있지는 않다.

독립선언서를 전달한 사람은 누군지 알 수 없으나 서울에서 독립선언서 2천 매를 받아 전달한 사람이 천도교 선천 교구실의 김상열이라고 하니, 그를 통해 의주까지 독립선언서가 도착되었을 가능성이 높다. 천도교 측이 기독교 측에 독립선언서를 전달하고 기독교 측에서 각각 산하 교회에 전달하는 방식이었다.[74]

이후 의주 일대에서 기독교인들이 벌인 시위의 양상은 다음과 같다. 3월 2일 오후 1,200여 명이 교회당 근처에서 시위를 벌였다. 4일에는 비현면 체마동에서 기독교 조사 최명준이 만세시위를 주도했다. 양실학교 학생들도 개별적으로 시위를 벌였다. 6일에는 양실학교 학생들이 읍내에서 시위를 벌였다. 오전 10시경 약 200명의 학생들이 산으로 올라가 대형 태극기를 설치하고 독립만세를 불렀고, 300여 명의 학생들은 학교 운동장에서 이에 호응하여 만세를 불렀다. 학생들은 시가행진에도 나섰다. 3월 10일에는 위원면 정심동 기독교회당에서 교인 50여 명이 모여 백마역 앞으로 나가 시위를 벌였다. 3월 15일에는 가산면 도령동에서 최혁호의 주도로 수백 명이 교회당에 집결하여 만세를 부르고 거리를 행진했다.

한편 천도교에서는 최석련·최동오·최안국 등이 3월 1일 서울로부터 온 독립선언서를 입수한 뒤 의주 읍내와 강변 7읍에 전달하여 독립선언과 시위를 고무했다고 한다. 3월 2일 의주 남문 밖에서 최동오·최안국 등이 시위를 주도했다. 주민들은 태극기를 들고 만세를 불렀다. 3월 27일에는 천도교인들이 철시한 읍내 상인들과 합세하여 약 3천 명의 군중이 만세를 부르고 시위를 벌였다. 28일에는 월화면 천도교인 수백 명이 만세운동을 벌였다.[75]

기독교인과 천도교인의 연합시위는 일본 헌병대가 1919년 4월 말 작성한 자료에 의하면, 3월 1일 의주군 의주 1,200명, 의주군 의주면 350명, 3월 2일 의주군 비현면 체마동 1,000명, 3월 7일 의수군 옥상면 435명, 3월 13일 의주군 광평면 230명, 3월 15일 의주군 광평면 1,400명, 3월 17일 의주군 고성면 태산동 200명, 3월 23일 의주군 비현면 체마동 200명, 3월 25일 의주군 월화면 취봉리 600명, 3월 27일 의주군 의주면 3,000명, 3월 28일 의주군 주내면 원화동 구룡포 400명, 의주군 가산면 300명, 3월 29일 의주군 주내면 구룡포 80명, 의주군 송장면 800명, 3월 30일 신의주부 300명, 의주군 고령삭면 500명, 의주군 수진면 700명, 4월 1일 의주군 위화면 상단동 200명, 4월 2일 의주군 수진면 2,000명, 4월 4일 의주군 구룡포 70명, 의주군 월화면 취봉리 200명, 의주군 위화면 상단동 100명, 의주군 광성면 서당동 200명 등으로 나타난다.[76] 그러나 이것은 통계일 뿐 구체적인 실상을 알기는 어렵다. 천도교와 기독교가 연합시위를 벌인 것인지 같은 지역의 각각 다른 시위를 합계한 것인지 단정하기 어렵다.

의주에서는 기독교세가 강했기 때문에 기독교가 앞장서 독립선언서를 낭독하고 시위운동을 펼쳤다. 처음에는 기독교학교의 교사와 학생들이 주도적으로 활동했다. 면 단위에서도 기독교인의 참여가 두드러진다. 기독교와 천도교는 각각 시위운동을 계획하고 실천했으며, 기독교가 선도적일 뿐 아니라 양적 질적으로 주도적인 편이었다. 기독교와 천도교의 연대 양상은 일부 지역에서 나타났지만 조직적으로 이루어지지는 못했다. 독립선언서가 서울로부터 천도교 측과 기독교 측에 각각 전달되어 면 단위로 확산되면서 각각 시위운동이 진행된 것으로 볼 수 있다. 기독교 측에서는 독자적으로 선언서를 만들었다가 서울에서 온 독립선언서로 통일했으므로 서울과의 연결이 원활했다고 보기는 어렵다. 교회나 동·면 단위로나마 조직적으로 시위운동을 벌인 점, 그것이 들불처럼 번져나갔다는 점, 그사이에 독립선언서의 전달과 같은 소통이 이루어졌다는 점 등이 기독교와 천도교의 의주 3·1운동 연대의 실상이었다.

경계 지역 선천-정주의 3·1운동과 연대

선천의 기독교 우세

북장로교는 평양과 의주를 잇는 중간 지점에 있는 선천을 또 다른 선교기지로 주목했다.[77] 처음에는 의주에 선교기지를 두고자 했는데 휘트모어 선교사가 여행하면서 선천을 더 적합한 곳으로 확신했다.[78] 당시 철로가 놓여 있지 않았지만 사행로를 따라 개설된 도로 상에서 볼 때 선천은 평양과 의주의 중간에 가깝고 평북에서도 중간 지점이기 때문이었다. 기차가 들어온 것은 1905년 4월이었다. 마펫과 휘트모어의 동의로 선천을 선교기지로 선정했다. 1897년 휘트모어가 선천에 부지를 구하고, 1901년 의사인 샤록스A. M. Sharricks 가족이 선천으로 이주하면서 선천에 선교기지가 열렸다. 선천의 선교기지는 1902년 담당 구역을 방사선 형태로 7개의 순회 구역으로 나누었다. 선천군과 구성군에 해당되는 중앙 순회 구역에는 5개 집단이 있는데 양전백 장로가 조사로서 일하며 봉급을 받았다. 의주군에는 두 개의 순회 구역이 배정되었는데 모두 휘트모어가 담당했다.[79] 양전백은 최초의 조사 장로로서 목사 안수를 받은 후 1908년 여름 휘트모어의 동사同事 목사가 되었고, 3·1운동 민족대표로도 참여했다.

1906년 정월 선천읍 회당에서 목사·장로·조사·교인들이 모여 사경회를 개최했다. 1,100리 떨어진 자성에서 어른 아이 수삼 인이 참석하는 등 열의가 넘쳤다. 각처 교인들이 날연보한 것이 1,160일, 전도장 1,500장, 돈 연보는 125냥이었다.[80] 날연보란 교회 봉사 및 선교를 위해 본인의 시간을 헌금으로 바치는 것을 의미한다. 날연보는 1905년 선천에서 최초로 시작되어 전국으로 확산되었다.[81]

1906년 선천교회의 교인 총수는 세례인 364인, 원입인 320여 명, 함께 예배하는 사람은 7세 이상 1,100여 명이 되었다. 예배당이 심히 좁아 수년 전부터 새 예배당 지을 생각으로 모은 돈이 3만여 냥이지만 부족했다. 윤4월 25일 주초를 놓을 예식에 남녀 교인과 수천 명이 모여 구경했다. 주춧돌 밑에는 건축 연혁, 천여 명 신도의 성명록, 신구약과 찬성시, 대한국 각종 화폐와 태극기, 운산에서 사망한 미국인 선교사의 사진을 넣었다. 부족한 건축기금을 마련하기 위해 교인들이 연보를 했는데, "아끼고 사랑하던 각색 패물, 은지환을 다투어 팔아내며 여러 형제 시계들도 시세 좇아 떨어지오. 은전 백전 모든 재물 모아놓고 통계하니 은지환은 21쌍, 각색 패물 열두 가지, 시계 합수 열한 개오 이날 연보한 수효는 오천삼백여 냥"이었다.[82]

7장 〈표 7−10〉·〈표 7−11〉에서 보면 1909년 선천의 기독교회는 16곳에[83] 교인 4,111명, 학교는 17곳에 580명이었다. 정주는 기독교 7곳에 교인 730명이고, 학생 수는 7곳에 143명이다. 정주는 선천에 크게 미치지 못하는 교세다. 일제시기에 곽산이 정주에 포함되었으므로 이를 함해서 1909년 싱황을 유추하면 정주의 기독교는 11곳에 1,773명이 되고, 학생 수는 16곳에 365명이 되어 숫자상으로는 조금 늘어나지만 역시 선천에는 미치지 못한다.

선천에서는 기독교 교육사업이 특히 활발했다. 1906년 의주와 함께 선천에서도 중등학교 건립운동이 시작되었다. 휘트모어와 양전백이 주도하여 중등학교를 세웠다. 옛 교회 건물에 50명이 출석하여 개교했다. 선천의 남자중등학교는 처음 휘트모어가 책임을 맡았다. 1909년 재학생이 70명이고, 9명이 처음 졸업했다. 이 학교가 선천의 남자중등학교, 즉 신성信聖학교다. 이 신성학교 학생과 교사들이 105인사건과 3·1운동에서 주도적인 역할을 맡았다. 많은 기독교인 가족이 교회학교 때문에 선천으로 이사할 정도였다. 1907년 한 해 동안 500개가 넘는 보통학교와 야학이 열렸고, 1908년 133개의 교회학교에 3,500명의 학생이 등록했다. 평양보다 학교 수는 더 많았다.[84]

정주의 기독교 교육은 선천에 비해 미흡하지만 3·1운동의 기독교 지도자 이승훈이 세운 오산학교가 그곳에 있었다.[85] 선교사가 세운 미션스쿨과는 달리 신앙 교육을 하면서도 민족 교육에 초점을 두었다.

105인사건에서 기소당한 123명 중 선천 출신이 46명으로 가장 많고, 정주도 34명이나 되어 그다음이었다. 신성학교와 오산학교의 교직원들도 다수 포함되었다. 이들이 기독교 3·1운동의 자원이었다.

정주의 천도교 우세

선천에는 기독교의 선교기지가 설립되어 이를 중심으로 평안북도 일대에서 선교 활동이 활발했지만, 1911~1912년 105인사건에서 선천의 기독교 지도자, 신성학교의 교사와 학생들이 다수 체포되면서 위축되었다. 그 공백을 뚫고 천도교의 교세가 확장되었다.

> 평안북도 선천군에는 우리 교인의 수효가 일반 인민의 절반 이상을 점령한지라. 가위 집마다 천도교인들이오 수도범절이며 교무 이행하기를 모두 자기 집일 보듯 함으로 선천군 십일면에 면마다 전교실 열한 곳을 작만하되 큰 면에는 두 집을 마련하여 전교실이 십이처니 그 경비를 교인들의 자비로 하여 혹 새로 건축하기도 하고 혹 사기도 하였고 또 면면 촌촌이 강습소를 설시하여 교리를 강습하는데 그중 사오처는 백여 명씩 소불하 사오십 명의 학도를 양성하는데 그 경비도 또한 그곳 교우들의 열성으로 자담하고 기타 월보 구람하는 등사도 날로 증가하니 골마다 선천 같으면 포덕천하 광제창생의 목적을 불일 내에 달하겠다더라.[86]

선천군의 주민 절반이 천도교인이라니 과장일 것 같지만 크게 성장한 모습을 자랑한 것은 분명하다. 11개 면에 12개의 전교실을 열고 면촌마다 교리강습소를 두어 40~100여 명의 학도들이 교육을 받았다. 기독교 선교기지가 있는 곳에서 천도교가 크게 성장했던 것이다. 7장 〈표 7-10〉에서 보면 1909년 선천의 기독교는 16곳에 4,111명이지만, 천도교는 교구실 7곳에 110명에 불과했었다. 기독교가 압도적으로 많앉으나 105인사건 이후 천도교의 성장이 눈부신 것을 알 수 있다.

여세를 몰아 1914년 선천군 교구·철산군 교구를 거느린 선천군 대교구가 설치된 후 대교구 건축을 시작했다. 독지가와 교인들로부터 의연을 받았다. 1918년까지 수년간에 걸쳐 건축에 온 힘을 쏟은 기사는《천도교회 월보》에 자세하다.[87]

천도교의 경우 선천의 배후에는 정주가 있었다. 천도교는 오히려 정주를 중심으로 성장한 뒤 기독교 선교기지가 있는 선천으로 확장해나갔다. 선천과 정주의 중간에 있는 곽산이 1914년 행정 구역 개편으로 정주에 포함되었다. 기독교에서 선천을 의주와 평양의 중간으로 본 것처럼, 천도교에서는 선천 옆의 정주를 그런 위치로 보았다. "정주는 관서 연로의 중심이다. 경의 간 4분의 3이고 평의 간 2분의 1에 위치한다. 연산의 교와 임해의 통은 실로 지방도회라 할 만하다."[88] 정주에는 철도역이 6개소나 있어 교통이 편리했다. 바닷가에 면하여 해산물이 풍부하고 넓고 기름진 평야를 끼고 있어 평안북도의 곡창지대였다.[89]

홍경래의 최후 거점이기도 한 정주에는 1892년부터 동학이 전파되어 1899년에는 3,000여 호에 이르렀다 한다. 1906년 72교구제가 되었을 때 정주는 제9대교구로서 이겸수가 교구장을 맡았다. 각 면 12개소에 성화실을 설치했다. 이후 홍기억이 교구장을 맡았고, 그 대리에 김진팔이 임명되었다. 교구실은 여러 곳으로 이전해 다니다가 1911년 4월 3일 두목 김진팔의 발기와 교구장 최석일의 찬성으로 교구실을 새로 건축하기로 결의했다. 20간의 건물을 완성하니 협착하여 궁졸하던 교인의 마음이 유곡을 나와 교목喬木에 옮긴 느낌이었다 한다. 그런데 그해 6월 25일 폭우와 함께 태풍이 불어 무너지고 말았다.[90]

절망을 딛고 재건을 추진했다. 김진팔·최석일이 박천에서 흘러내려온 목재를 매입했다. 그런데 1912년 8월 한발로 수량이 줄어들어, 재목 운조선을 정주 연안 달천강 하류에서 도저히 육지로 끌어올릴 수 없었다. 천사께 간절히 기도를 올리니, 홀연히 큰 비가 내려 4시간 만에 강의 물이 증가하므로 재목을 겨우 수십 명의 인부가 하루 만에 목적지로 운반할 수 있었다. 천사의 도우심을 입었다고 믿었다. 또 1913년 4월 6일 밤 큰 불이 일어 화마가 신건물 뒤에까지 미쳤는데 홀연히 풍세가 일변하여 화염이 교당의 반대 방향으로 향했다. "정주 교우는 실로 인사를 다하고 천명을 기다린 자들"이라고 칭찬을 받았다.[91]

7장 〈표 7-10〉·〈표 7-11〉에서 볼 때 정주는 기독교 7곳에 730명이고, 학생 수는 7곳에 143명이다. 반면 천도교는 19곳에 4,700명이고, 학생 수는 286명이다. 천도교의 교세가 기독교보다 훨씬 세다. 평안북도의 천도교 교세는 정주가 가장 세서 교인 수가 1위이고, 초산·구성이 뒤를 이었다. 천도교는 산간 지역에서 교세가 강했는데 철도연선에 접한 곳으로는 정주가 중심지 구실을 했다. 1914년 37개 대교구제로 바뀔 때 정주는 그대로 대교구가 되어 산하에 정주교구·곽산교구·가산교구를 두었다.

선천-정주의 3·1운동

선천의 3·1운동은 다음과 같이 진행되었다고 한다.

3월 1일 오전 9시 (선천) 천도교구에서는 한현태·이군오·계연집 씨 등이 서울서 김상열 씨가 독립선언서를 가져온다는 것을 알고 기다리던 중에 오후 1시에 선언서가 노착하자 곧 자전거로 시내에 배포하였는데, 야소교에서는 신성학교 생도 수백 명과 여학생 30여 명이 선언서를 배포하고 태극기를 자전거 앞에 달고 시내를 돌면서 만세 부르기를 동원하였다. 이날 오후 2시 천도교인과 야소교인 수천 명과 일반시민 수천 명이 합쳐서 만세를 부르는 한편 군청 앞에서 독립연설을 하다가 해산을 당하였는데 30여 명이 검거되었다.[92]

선천의 3·1운동은 선천북교회 양전백 목사가 중심이 되어 추진되었다.[93] 105인사건의 동지인 신성학교 교사 홍성익 외에 김지웅 교사, 선천 남교회 김석창 목사 등이 함께 준비했다. 독립선언서가 도착하지 않아 의주에서처럼 김지웅이 학생들에게 2·8독립선언서를 등사하도록 했다. 태극기도 신성학교 학생들이 제작했다. 그런데 위의 인용문과는 달리 2월 28일 밤 감리교 김창준을 통해 이계창이 독립선언서 100매를 가지고 와서 김지웅에게 전달했다고 한다.

3월 1일 신성학교에서 열린 기도회에서 홍성익 교사가 독립운동에 대한 연설을 하고, 정상인 교사가 학생들을 이끌고 만세시위에 나섰다. 조선독립단이라는 깃발과 대형 태극기를 앞세우고 거리를 행진했다. 보성여학교 학생들도 시위대에 합류했다. 학생들은 주민들에게 독립선언서와 태극기를 나누어주었다. 시가지에서 2,000명의 시위대가 모여 독립선언식을 열었다. 김지웅이 독립선언서를 낭독했다. 천도교 선천교구에서도 김상열 교구장이 독립선언서를 배포하고 시위에 나섰다.

기독교 신성학교 교사와 학생이 주도하고, 천도교인과 선천 주민이 참여했던 것이다.

 3월 3일의 만세시위에서는 기독교인과 천도교인이 연대한 모습이 선명하게 드러난다.

삼월 삼일 오후 두시반쯤에 국장요배식을 빙자하고 야소교도는 북교회당에 천도교도는 교구실에 모였다가 두 단체가 합하여 약 일천오백 명의 단체가 되어 각 관청으로 몰리면서 독립만세를 불렀으나 오후 세 시쯤 되어 겨우 이것을 진정하였다.[94]

 3월 1일의 연대시위에 연이어 3월 3일에도 연대시위를 지속해나간 점에 특징이 있다. 평양과 의주의 경우 기독교회와 천도교구당에서 광무황제 봉도식과 독립선언식을 개최한 뒤 시가지에서 만세시위를 벌였는데, 선천은 이와 양상을 달리했다. 3월 1일 시내에서 신성학교 교사와 학생들이 중심이 되어 독립선언식을 먼저 진행하고, 그 뒤에 기독교와 천도교가 연대시위를 벌였다. 천도교에서 독립선언서를 입수하여 배달했지만 그 선전은 기독교 학생들이 앞장섰다. 기독교세가 강세였기 때문이다. 그러나 연대시위의 구체적인 상황은 확인이 안 된다.

 3월 1일의 시위로 일제의 감시와 통제가 엄중했을 터인데, 3월 3일 다시 종교시설을 이용해 결집한 뒤 시내에서 시위를 벌인 것은 평양이나 의주와는 다른 모습이다. 3월 3일 선천 시내에서 천도교인과 기독교인 수천 명이 연대시위를 벌였다. 여기서도 구체적인 연대 방식이나 지도자의 역할은 잘 드러나지 않는다. 선천에서는 기독교 세력이 강고하

고 105인사건과 같은 민족운동에도 적극적이었던 전통이 3·1운동에서도 잘 계승된 것으로 보인다.[95]

한편 선천과 인접한 정주의 경우는 어떠한가?[96] 정주에서는 3월 1일에 만세시위가 일어나지 않았다. 일제 측의 정보 보고에 의하면 움직임이 있었으나 미연에 방지되었다고 한다. 정주에서는 3월 5일 정주읍에서 천도교와 기독교가 연대하여 태극기를 들고 만세를 불렀다.[97] 그러나 그 내용은 정확하게 전해지지 않는다.

정주의 이승훈·이명룡이 민족대표로 서울에서 활동하다가 체포되었으므로 정주의 기독교 3·1운동을 지도할 수 없었다. 여러 번 언급하지만 정주는 원래 선천에 비해 천도교 강세 지역이었다. 정주는 선천과 경계를 이루며 산악지대의 천도교 강세 지역을 배후로 둔 천도교 포덕의 최전선에 있었다. 김진팔·최석일과 같은 강력한 천도교 지도자도 정주에 자리 잡고 있었다.

강력한 천도교 세력을 배경으로 정주에서는 3월 31일 천도교인에 의해 대규모 시위투쟁이 일어났다. 수만 명이 모여 만세시위를 벌였고, 일제 경찰과 헌병의 발포로 28명이 사망하고 99명이 부상을 입었다. 천도교에서는 동학 대접주 출신 김진팔, 정주교구의 최석일 교구장 등이 만세시위운동에 앞장섰다.[98] 선두에서 태극기를 들고 만세를 부르던 최석일 교구장의 오른팔을 기마헌병이 군도로 내리쳤다. 왼팔로 태극기를 들자 이도 내리쳤다. 태극기를 입으로 물고 전진하자 목을 내리쳤다는 전설이 전한다.[99] 같은 날 이승훈이 1907년 설립하여 운영하던 오산학교 교사들과 학생들, 그리고 이승훈이 장로로 있던 용동교회 기독교인들도 정주 용동 오산 지역에서 만세시위를 벌였다. 이들 만세시위에 대한 보복으로 일제는 천도교 정주교구, 오산학교 교사와 기숙사, 용동교회와 이승훈의 가옥을 소각했다.

　선천에서는 기독교의 학교와 교회가 만세시위를 주도하면서 천도교인이 연대하는 방식이었다면, 정주에서는 강력한 천도교세를 배경으로 천도교가 독자적으로 강경하게 시위를 벌였다. 선천과 정주가 서로 교세 확장의 경계선에 위치한 점은 만세시위의 양상에서도 나타났다.

연대의
한계

3·1운동은 전국적이고 거족적인 운동이었지만 조직적 지도력이 형성되지 못해 분산적인 성격을 보였다. 천도교와 기독교에서 민족대표가 나오고 종교조직이 시위운동에 동원되었지만, 일제의 감시를 피해 비밀리에 준비해야 했기 때문에 일사불란한 조직적 지도성은 관철될 수 없었다. 서울에서도 민족대표는 독립선언서 낭독에 그치고, 파고다공원에서 촉발된 서울 지역에서의 시위는 학생과 민중이 참여했지만 비조직적으로 진행되었다.[100]

천도교와 기독교가 주도한 만세시위는 3~4월을 놓고 볼 때 절반을 상회했다. 특히 평안도 지방에서는 종교계가 참여하지 않은 시위운동이 거의 없을 정도였다. 연대시위도 평안도 지방에서 가능했다. 그러나 통계상에서 관찰되는 연대의 양이 연대의 질을 보장하지는 않았다.

천도교와 기독교가 활발하게 전파되었던 평안도 지방은 다른 곳보다 나은 편이었지만 연대의 성격은 제한적이었다. 지방의 천도교인은 중앙의 지휘를 받았다. 독립선언서의 배포는 서울에서부터 조직적으로 이루어졌고, 평양에서는 대교구장회의에서 독립선언서 분배를 논의했다. 천도교는 대교구와 교구, 그리고 전교실로 이어지는 조직체계 속에서 독립선언과 만세시위도 일사불란하게 진행된 특징을 보인다.

반면 선교사가 주도하던 기독교에서는 교단 전체로서 독립선언을 기획한 것이 아니고, 이승훈을 통해 천도교와 인적 네트워크로 연결된 사람들이 참여했다. 또 여러 교파로 나뉘어 있어 전체적으로 통일되지 못한 것은 말할 것도 없고, 교파별로도 통일적으로 추진되지 못했다. 독립선언서는 천도교인이 전달해준 것이 다시 전달되었다. 지역의 개별 교회들 사이에서 소통이 이루어져 교인들을 동원하면서 독립선언식을 진행했다.

두 종교의 연대는 일제의 감시망을 뚫고 독립선언식과 만세시위를 성사시키기 위한 차원에서는 잘 진행되었지만, 지방의 현장에서는 종교 또는 교파가 각각 자기 조직을 동원하여 별도로 진행하는 한계가 있었다. 따라서 만세시위의 현장을 지휘할 조직적 리더십을 기대할 수는 없었다. 다만 천도교가 교구와 전교실 조직을 작동시켰다면, 기독교는 학교의 교사와 학생, 병원의 직원을 동원하는 부분에서 조직성을 발휘했다.[101]

8장에서는 천도교와 기독교의 연대를 지역 차원에서 살펴보고자 평양, 의주, 선천과 정주를 선택했다. 평양은 평안도 지방의 중심지라는 점에서, 의주는 국경도시로서 기독교가 주도하지만 천도교가 적극 포덕에 나서 경쟁지가 되고 있다는 점에서, 그리고 선천과 정주는 기독교세가 강한 선천과 천도교세가 강한 정주가 서로 부딪쳐 경계를 이루고 있는 지역적 특성을 보인다는 점에서 선택했다. 평양에서는 기독교세가 강하여 장로교와 감리교가 교파별로 3·1운동을 준비한 뒤 연합하고 또 천도교, 지역 주민과 힙하여 연대시위의 전형을 보여주었다. 의주에서도 기독교의 주도성이 드러나며 연대시위는 평양만큼 하지 못했다. 105인사건의 주 무대였던 선천에서는 연대시위가 활발했고, 선천의 경계에 있는 정주에서는 천도교의 주도성이 드러났다.

천도교와 기독교의 연대시위가 가장 잘 드러난 평양의 사례를 통해 연대의 한계를 살펴보기로 한다. 기독교의 장로교와 감리교, 그리고 천도교가 평양 시내에서의 만세시위운동에 연대했는데, 그 연대는 구체적으로 어떤 것이었을까?

평양의 경우 고종황제 봉도식과 독립선언식을 준비했던 지도자들이 만세시위운동까지 지휘하지는 못했다. 사전 준비는 치밀했지만 만세시위에 대한 대책은 세우지 못했다. 번하이즐 선교사는 장대현교회 옆 숭덕학교에서 장로교의 독립선언식이 거행될 때의 상황을 기록으로 남겼다. 그의 기록을 통해 당시 독립선언이 만세시위로 옮겨가는 상황을 살펴보기로 한다.[102]

장로교 서문밖교회 정일선 장로의 독립선언서 낭독이 끝나자 주최측의 어떤 사람이 "불법적인 짓을 해서는 안 되고, 모두 주어진 지시를 따를 것이며, 관헌에게 저항하지 말고, 일본인 관리나 민간인들을 해치지 말라고 말하였다"고 한다. 천도교 지도부가 독립선언의 3대 원칙으로 대중화·일원화·비폭력의 원칙을 세웠고 지방의 지도자들은 그런 원칙을 잘 이해하고 있었을 것이다. 관헌에게 저항하지 말고 일본인이나 민간인에게 피해가 가지 않도록 단속한 것은 이 때문이라 보인다.

지시에 따르라고 했는데 얼마만큼 계획적으로 만세시위를 준비했는지 이어지는 증언을 살펴보자.

강규찬 목사가 민족독립에 대한 연설을 끝낼 즈음에, "몇 사람이 태극기를 한아름씩 건물에서 가지고 나와서, 사람들에게 나누어주었다. 커다란 태극기 하나가 연단에 걸리자 군중들은 만세를 부르기 시작했으며, 태극기가 물결쳤다. 그리고서 우리 모두가 대열을 지어서 태극기를 흔들며 "만세", "만세"를 부르며 거리를 행진하자고 그들에게 명령했다"고 한다. 평양 시내로 나가 시위운동을 벌일 것을 주최 측은 계획하고 있었음을 알 수 있다.

그런데 이때 일본인과 조선인으로 구성된 경찰대가 들이닥쳤다. 경찰이 깃발을 모두 수거하려 하자 몇몇 학생들은 저항했지만 지도자들은 넘겨주라고 권유했다. 경찰은 지도자들을 불러 해산을 종용했다. 그러나 군중은 이를 거부하고 버텼다. 30분쯤 뒤에 경찰서장이 참석했던 선교사 마펫에게 해산을 부탁했다. 마펫은 해산하는 것이 지혜로운 일이라고 설득했다. 번하이즐도 군중에게 해산하는 모범을 보이자고 제안한 뒤 현장을 떠났다. 선교사들은 시내 사정이 궁금하여 거리를 향해 떠났는데 군중들이 선교사들의 뒤를 따랐다.

우리들은 떠났고, 군중들은 우리를 뒤따르기 시작했다. 우리는 언덕 위에서 보았던 거리의 광경을 보려고 도시 중심가를 향해 언덕을 내려왔다. 거리는 사람들로 가득차 있었고, 가게 문과 창문은 모두 굳게 닫혀 있었다. 우리가 걸어오는 것을 보고서 사람들은 모두 깃발을 흔들면서 만세를 불렀다. 우리는 즉시 뒤를 둘러보고서 학교 구내에 있던 사람들이 우리 뒤를 따라 왔고 우리가 그 대열에 앞장을 서고 있었다는 것을 알았다. 나는 우리가 만세 행렬을 도시 중심가로 끌고 온 것처럼 보이는 것은 유익하지 않으니 다른 길로 빠져서 사라지는 것이 좋겠다고 제안했다. 그러기로 하고 군중들이 계속해서 우리에게 환호를 보내는 동안에, 우리는 산정현교회를 지나 언덕 위에 올라와서 서문 거리로 나와 집으로 왔다.

선교사들이 우연치 않게 군중의 선두에 서게 되었던 것이다. 선교사들이 평양 시내에서 일어난 만세시위의 주동자로 보였다. 선교사들은 정치적인 문제에 개입하기를 꺼려했지만 이처럼 오해받을 소지도 있었다. 1919년 4월 5일 모우리는 시위 주동자를 숨겨주었다는 혐의로 일본 경찰에 체포되었고, 마펫도 경찰서에 불려가 심문을 받았다. 모우리는 평양법원에서 다른 죄수들처럼 머리에 바구니를 쓰고 재판을 받았다.[103]

장로교 산정현교회 도인권 목사가 평양 만세시위를 회고한 것은 앞에서 살펴보았는데, 지도부의 형성과 관련하여 그는 다음과 같이 증언했다.

운동을 계속하여 진행할 방침으로 선도자들을 택한 바 제1회에 도인권, 제2회에 조만식, 제3회에 김동원 제씨가 결정되었으나 일반대중이 이같이 흥분되니 선도 여부없이 모두가 분발하게 되었다. 나는 조만식 선생과 의논하기를 우리는 여기 있다가 공연히 구속되지 말고 상해로 건너가서 운동을 전개하자고 하여 그날 밤 북문으로 빠져나가 나의 이모가

사는 마을 신물이로 가서 자고 그 다음날 출발했다.[104]

   3·1운동 만세시위를 주도하기 위해 도인권, 조만식, 김동원 세 사람이 순차적으로 선두에서 선도하기로 계획했다는 것이다. 그러나 도인권은 선도하지 않았고 조만식과 함께 망명의 길을 택했다. 독립선언식을 주도한 종교계 인사들이 만세시위에서 주도한 흔적은 잘 드러나지 않는다.[105] 이처럼 만세시위 현장에서 조직적인 지도력은 발휘되지 않았다.

   도시 중심가에서 벌어진 연대 시위운동에서 지도부를 기대한다는 것은 당시 상황으로서는 어려운 일이었다. 따라서 기독교와 천도교의 연대에 의해 3·1운동이 촉발된 의미는 컸으나 그 한계도 분명했다. 그 빈 공간을 민중이라 부를 수 있는 지역 주민, 노동자, 농민들이 차지했다.[106] 19세기 이래, 특히 1894년 동학농민전쟁 이후, 나아가 1903년경 동학의 변혁 세력이 소진된 후 민중이 어떤 경로로 3·1운동에 이르는지는 별도의 검토가 필요하다.

결론

    1860년부터 100여 년은 근대 전환기로서 종교지형에도 격변이 일어난 시기다. 거슬러 올라가 살펴보면 17세기 중반 이후 청에서 들어온 서학은 조선 성리학계에 큰 영향을 미쳤다. 1784년 이승훈이 북경에서 세례를 받은 이후 서학은 학술적·사상적 차원을 벗어나 외래 종교 천주교로 전환했다. 100여 년에 걸쳐 수많은 박해를 이겨낸 후, 1886년 조선과 프랑스의 조약 체결 이후 천주교는 합법적인 공간을 확보하는 데 성공했다.

    민족적·사상적 위기를 느낀 최제우는 유·불·선 등 전통 종교를 융합하는 한편 서학에 대해서는 대결과 모방을 병행하며 1860년 동학을 창도했다. 개항 이후 1885년 기독교가 유입되어 선교에 나서는 한편에서 빠른 속도로 세력을 확장하던 동학은 1894년의 농민전쟁 이후 기세가 꺾였다. 동학교단은 피신생활 속에서 조직의 재건과 포덕의 확장을 꾀한 뒤 1905년 12월 천도교를 창건했다. 한편 1900년경 이후에는 동학에서 유래한 민족종교가 다방면으로 분출하여 외래 종교에 대항함과 동시에 상호 경합했다. 이렇게 조선 성리학이 붕괴하고 아직 근대사상이 정착하지 못한 상황에서 다양성과 유동성을 특징으로 하는 한국 근대의 종교지형이 형성되었다. 그중에서도 1894년 동학농민전쟁부터 1919년 3·1운동까지 25년간이 핵심적인 시기에 해당한다. 이 책의 주제인 동학·천도교와 기독교의 관계는 이러한 종교지형의 변동을 배경으로 하고 있다.

이제 결론적으로 몇 개의 핵심적인 주제를 중심으로 동학·천도교와 기독교의 관계가 지니는 의미를 정리한 뒤, 3·1운동 이후 두 종교의 관계가 어떻게 전개되는지 간략하게 조망해보기로 한다.

첫째, 동학과 기독교가 지닌 신관神觀의 유사성이 소통의 통로를 형성했다. 존스와 매켄지의 사례에서 보듯이 동학과 기독교는 문명이 충돌하는 상황 속에서 신관의 공통성을 통해 소통할 여지를 확보했다. 존스 선교사는 조선에 '하나님'으로 표현되어온 원시적인 일신론이 있다고 보았다. 기독교는 자기의 진정한 신으로 조선의 그 '하나님'을 차용하여 표현했다. 동학은 궁극적 실재를 '천주天主'라는 초월적 실재와 '지기至氣'라는 내재적 실재의 이원적 신관을 지녔지만, 시천주侍天主, 즉 '한울님을 모신다'는 개념에서 기독교의 신이 된 전통적인 '하나님'과 친연성을 보였다. 동학의 교리체계가 어떻든 일반 동학교도들도 '하나님'에서 한울님 개념이 나온 것으로 이해했다.

동학이 천도교를 창건하여 근대종교를 표방하면서 교리와 의례를 서양 종교에서 모방하게 되자 두 종단의 친연성은 더욱 증폭되었다. 그렇지만 양자 사이에는 분명 차이점이 존재했다. 천도교는 지상천국을 찾고 기독교는 내세천국을 추구했다. 이러한 신관의 결정적 차이는 신앙의 차이를 초래하지 않을 수 없다. 그 차이는 3·1운동과 같은 민족운동, 사회개혁운동에서 두 종교가 연대할 때 근본적 한계로 작용했다. 3·1운동 이후 내세종교인 기독교는 사회운동과 일정한 거리를 유지했고, 교정일치敎政一致의 천도교는 사회운동에 매진했지만 그 동력이 떨어지자 종교로서의 소임도 한계를 보였다.

둘째, 동학의 변혁운동은 종교조직을 필요로 했다. 변혁 세력은 정부의 탄압을 피할 뿐 아니라 조직도 보전하기 위해서 종교적 외피를 활용하려 했다. 동학의 남접 세력이 동학의 포접조직을 활용하여 동학농민전쟁을 주도한 데서 그 정점을 볼 수 있다. 그 경험은 서양 종교라도 외피로 삼아 변혁운동을 추구하려 한 영학당英學黨의 사례에서도 작용했다. 영학당은 동학의 남접 손화중포 부하들이 서양 종교 중에 기독교의 외피를 쓰고 동학농민전쟁의 정신을 계승하여 봉기를 꾀한 조직이다. 영학당은 전주 완산칠봉에 선교기지를 개척한 미국 남장로교를 활용했다. 기독교의 종교의식과 신앙태도를 표방하고 선교 방법, 헌금 수입 방법 등을 모방하면서 세력을 확장했다. 그렇지만 종교적 포교가 아니라 변혁운동에 목적이 있었다.

셋째, '동학농민혁명'과 천도교의 3·1운동 계승성 문제다. 이 문제는 머리말에서도 문제 제기를 했고 5장에서도 설명했다. '동학농민혁명'이라 하든 '동학농민전쟁'이라 하든 동학교단의 종교운동과 동학 남접의 변혁운동은 주체와 노선에 차이가 있다. 1894년 가을 제2차 농민전쟁에서는 남·북접이 연합했지만, 남·북접은 노선상 차이가 분명하고 그 이후 서로 선명하게 벌어져 결별했다. 북접 인물 중에는 25년이 지나 천도교가 주도한 3·1운동에 참여한 인물이 소수지만 존재한다. 그렇다고 하여 3·1운동이 북접 교단 중심의 '동학농민혁명'을 계승했다고 단정하면서 남접 세력의 '동학농민전쟁'까지 모두 전유하는 것은 곤란하다. 그 사이에는 1903~1904년 동학여당의 변혁운동이 소진하고, 동학 교단이 문명개화노선으로 전환한 단절이 존재한다. 이 책에서 1부와 2부를 구분한 이유도 이 때문이다.

동학여당의 변혁운동은 소진된 반면, 동학의 북접 교단은 서북 지방에서 포덕에 성공하면서 문명개화노선으로 전환했다. 동학의 변혁 세력이 소진된 공간에서 북접 교단은 1904년 진보회를 조직하여 민회운동이라는 정치운동에 나섰다. 그리고 1905년 12월 천도교를 창건했다. 천도교는 내면적으로 동학의 정통을 계승했지만 근대종교를 표방하면서 동학과의 관련성을 전면에 내세우지 않았다. 특히 동학 남접의 동학농민전쟁과는 완전한 단절을 꾀했다. 3·1운동에서 천도교와 기독교의 연대는 문명개화노선으로 전환한 천도교와 서양의 근대문명을 들여온 기독교가 상호 친연성을 극대화하면서 교세를 확장하고 경쟁한 결과에 기반한 것이다.

소진되어버린 동학여당의 변혁운동과 이념은 각각의 지역에서 다양한 방식으로 민중층에 잠복적으로 계승되었다. 그것이 3·1운동에서 아래로부터 위로 올라오는 민중의 역동성으로 분출했다. 동학의 북접 교단과 남접의 변혁 세력은 동학농민전쟁 이후 다른 경로를 거쳐 3·1운동으로 흘러갔다는 점을 강조한다. 3·1운동에서는 위로부터 아래로 내려가는 지도력이 관철된 것과 동시에 아래에서 위로 올라오는 민중의 역동성이 동시에 작동했음을 고려하지 않으면 안 된다. 동학의 변혁운동이 소진된 이후 민중의 역동성이 어떤 경로로 온축되어 3·1운동에서 발현했는지 추적하는 것은 앞으로의 연구 과제다.

넷째, 천도교는 근내종교를 표방한 뒤 평안도 지방에서 기독교와 치열한 경쟁을 벌였다. 평안도 지방에 대한 관심은 일찍이 기독교 선교사들에게서 먼저 나왔다. 1885년에 입국한 선교사들은 1890년대에 들어가 선교를 위해 지방 조사를 한 결과 평안도 지방을 가장 유망한 곳으로 파악했다. 청일전쟁 이후 기독교는 평안도 지방에서 본격적으로 선교에 나서 큰 성공을 거두었다. 동학농민전쟁의 후유증으로 남쪽 지역에서 교세를 회복하는 일이 거의 어렵게 되자 동학교단도 평안도 지방으로 포덕 중심지를 변경하여 큰 성공을 거두었다. 기독교가 조금 앞섰지만 두 종교는 평안도 지방에서 경쟁하여 모두 대단한 성공을 거두었다.

천도교와 기독교는 교세의 성장을 위해 치열한 경쟁을 벌이는 한편에서 조직·의례·성장 담론에서 상호 접근했다. 천도교는 시일예식, 천도교회당, 성화회실, 교회 건축 남본 등에서 기독교의 그것에 아주 가까이 접근했다. 교리와 신관이 근본적으로 다르지만 유사한 의례와 성장 담론은 대결과 경쟁관계 속에서도 공통분모로 작용했다. 3·1운동에서의 연대는 갑자기 민족독립을 위해 의기투합한 것이 아니라 15년에 걸친 모방과 경쟁 위에서 가능했던 것이다.

다섯째, 동학과 기독교의 대립, 천도교와 기독교의 연대에는 시공간적 특징이 나타난다. 제1부는 서울, 황해도 장연, 전라북도 일원 및 금강 유역 등 서로 연관성이 없는 지점들에서, 즉 동학농민군이 적극적으로 활동하던 한반도 서쪽 연해 지역에서, 동학과 기독교가 조우한 양상을 다양한 방식으로 포착한 것이다. 시간적으로는 1893년부터 1903년경까지 간헐적으로 나타났다. 그러한 시공간 속에서 동학의 남접 세력이 변혁운동을 꾀하면서 기독교와 접촉하고 대립·갈등·소통하는 한편 때로는 경계를 넘어 혼합되었다.

제2부는 평안도 지방이 무대다. 전라도와 충청도에서 일어난 동학농민전쟁이 종결된 이후 동학은 포덕 대상지를 평안도 지방으로 옮겼다. 천도교가 창립된 이후에는 평안도 지방, 그중에서도 평안북도의 교세가 가장 셌다. 기독교도 동학에 앞서 평안도 지방으로 적극 진출했다. 서울에 선교본부가 있었지만 평안도 지방이 선교의 중심지가 되었다. 평안도 지방에서 활발한 성장세를 보이던 천도교와 기독교는 3·1운동에서도 평안도 지방에서 가장 강력한 연대를 형성했다. 신관, 조직, 교리와 의례, 성장 담론에서 대립·소통하던 두 종교는 그러한 경험 위에서 민족 문제를 공통의제로 놓고 3·1운동에서 연대를 완성할 수 있었다.

여섯째, 천도교와 기독교의 3·1운동 연대가 지닌 한계다. 3·1운동에서의 연대는 천도교와 기독교의 대립과 경쟁관계가 축적된 경험 위에서 가능했다. 기독교 지도자 중에는 천도교의 독립선언 연대에 주저하는 이들도 있었다. 결국 민족의 일원으로서 민족적·사회적 의제에 연대하는 데에 동의했지만 종교적 차원의 연대를 수용한 것은 아니었다. 교리적 문제가 아니고 사회적·민족적 문제임에도 불구하고 종교 연대 운동에는 한계가 있었고, 이후에도 줄곧 걸림돌로 작용했다.

또한 천도교는 교주와 참모들이 결정하고 대표자를 내세워 연대를 추진한 반면, 기독교는 종교 전체나 교파의 책임자가 주도한 것이 아니라 105인사건 등 민족운동에 앞장섰던 이승훈의 개인적 네트워크를 통해 연대가 이루어졌다. 선교사의 간섭하에 놓여 있던 기독교로서는 교단 차원에서 접근하는 것이 불가능했다.

천도교와 기독교의 연대는 전국적이고 거족적인 것이었지만 조직적 지도력이 형성되지 못해 분산적인 성격을 보였다. 평안도 지방의 경우 3~4월의 단계에서는 종교계가 앞장서지 않은 만세시위가 없을 정도였다. 연대시위도 많았다. 그러나 연대는 독립선언식을 개최한다든지 만세시위에서 합류한 정도였다. 도화선의 역할에 그쳤다. 독립선언식은 각 종교나 교단 차원에서 진행되었고, 만세시위는 조직적으로 추진되지 않았다. 서울에서 민족대표들이 독립선언식에 치중하고 만세시위는 학생이나 시민들이 주도한 것과 마찬가지였다. 따라서 만세시위의 리더십은 종교 간 연대조직으로 성립되지 못했다. 그 빈 공간을 민중이라 부를 수 있는 지역 주민·노동자·농민들이 차지했다.

이 책의 연구 결과를 몇 가지로 정리해보았는데, 3·1운동 이후 천도교와 기독교의 관계는 어떻게 전개되었을까? 동학·천도교와 기독교의 관계를 추적해온 이 책의 주제 못지않게 흥미로운 부분이며, 앞으로의 연구 과제라고 생각한다. 현재의 연구 상황을 간단히 소개하기로 한다.

천도교인과 기독교인은 3·1운동에서 종교단체로서 민족운동을 선도하고 그 결과 대한민국 임시정부가 수립되는 데 기여했다. 종교인이기 이전에 민족의 일원으로서 국권 회복에 참여한 것은 당연한 일이지만 종교의 입장에서는 큰 피해를 입지 않을 수 없었다. 선언식을 주도하고 만세시위운동에 참여한 종교 지도자들은 체포되어 큰 고초를 겪었다. 독립을 쟁취하지는 못한 반면 민족적 의제를 선도한 대가로 교단이 위태로워졌다. 천도교인과 기독교인 개개인도 수원의 제암리사건에서 보듯이 큰 희생을 당했다. 이런 경험은 3·1운동 이후 천도교와 기독교의 진로에 어떤 영향을 미쳤을까? 크게 교단 내부와 민족·사회로 구분하여 살펴본다.

지상천국 건설을 목표로 한 천도교는 교정일치라는 주의에서 사회개혁에 많은 관심을 가졌다. 천도교의 종교 활동과 사회운동은 밀접한 관계를 유지했다. 자유주의·민족주의·사회주의 등 근대의 여러 사상에 개방적이어서 그에 따라 천도교 내부에서도 이념적으로 우파·중도파·좌파의 노선 분화가 일어났다. 문명개화노선을 이어받아 1920년대 이후 우파의 자치운동에 참여하고 일제 말기에는 친일노선으로 경도된 천도교 신파가 전반적으로 교단을 장악했다. 신파는 천도교청년당, 조선농민사 등을 거느리고 계몽운동과 실력양성운동을 전개했다. 반면 천도교 구파는 우파를 비판하고 일제에 저항하는 민족주의 입장에서 좌파와 연대하거나 좌파 노선으로 경도되기도 했다. 구파는 고려혁명당에 참여하고, 신간회에도 다수 가담했으며, 6·10만세운동에도 참여했다.[1]

해방 후 천도교는 청우당을 조직하여 정치에 참여했다. 북한의 경우 천도교는 처음 민족주의 세력으로서 통일전선의 한 파트너가 되었으나 사회주의혁명의 진전에 따라 변질되거나 청산되었다. 반면 남한에서는 미군정과 이승만 정권의 친기독교 정책 속에서 위축되어갔다. 천도교 청우당은 분단 상황에서 남북에서 민족통일운동, 좌우합작·통일전선에 참여했지만, 모두 남북 정권으로부터 소외되어 몰락했다.[2]

한편 내세신앙인 기독교는 상대적으로 사회 문제에 크게 관심을 갖지 않았다. 식민지에서 정교분리라는 원칙이 작동하여 사회운동에 대한 참여는 배척받는 경우가 많았다. 근대 사조의 영향을 받았지만 교단이나 교파 차원에서 정치노선을 정하지는 않았다. 개인 차원에서 민족운동이나 사회운동에 참여했다. 임시정부에도 다수의 기독교인이 참여하고, 신간회와 근우회에 참여한 기독교인도 많았다. 안창호 계열의 수양동우회와 이승만 계열의 흥업구락부가 활동했으나, 교단적 차원의 조직은 아니었다. 종교에 비판적인 공산주의와는 양립할 수 없었다. 기독교사회주의 정도까지는 나아갔지만 동조자는 적었다. 반대로 신비주의노선이 때에 따라 기세를 높여 교인들을 흔들어놓았다. 전반적으로 우익 자유주의에 경도되었으며, 식민지의 민족현실 문제와는 거리를 둔 개량주의적 계몽운동, 농촌운동, 절제운동을 전개했다.[3]

해방 후에는 미군정이 적산을 교회에 불하해주는 등 적극적인 지원으로 교세가 크게 성장했다. 이승만 정권의 기독교국가 건설의 방향에 힘입어 정부나 관료에 다수의 기독교인이 발탁되고 교회도 크게 성장했다. 북한에서 월남한 기독교인이 가세하여 기독교는 우익적 성향을 강화했다. 그러나 공화제 민주국가에서 기독교국가 건설을 실현할 수 있는 것은 아니었다.[4]

3·1운동 이후 천도교와 기독교의 기본노선은 지방의 구체적인 현장에서는 어떻게 구현되었을까? 이 책에서 중요한 지방으로 다룬 선천의 사례를 통해 어느 정도 실체를 확인할 수 있다.[5]

선천에 북장로교 선교기지가 설치되어 기독교 교회와 학교가 발전한 상황에 대해서는 8장에서 언급한 바 있다. 이곳의 미션스쿨인 신성학교 교사와 학생들이 안창호 계열의 신민회에 가담하여 105인사건에서 주도적인 역할을 맡았다. 기독교 측의 3·1운동도 105인사건의 동지였던 신한청년당의 선우혁이 선천을 방문하여 선천북교회 양전백 목사,

정주의 이승훈과 회합하면서 시작되었다. 이런 경험을 바탕으로 선천의 기독교인은 신간회에도 참여했다. 그러나 전반적으로 선천의 기독교는 안창호의 실력양성 개량주의노선을 추종했으며, 1937년 수양동우회사건 이후 민족운동에서는 물러나게 된다.

한편 천도교의 경우 신파가 천도교 교단과 평안도 지방을 장악했는데, 선천에서는 유독 신·구파가 공존하면서도 구파가 우세한 상황이었다. 구파는 비타협적 민족주의 계열로서 선천의 신간회에 참여하여 기독교와 연대했다. 그러나 신간회 해소 이후 신파의 천도교청우당과 선천군 농민사農民社가 농촌의 천도교인 속에 뿌리내려 개량주의노선이 강화되었다. 일제 말기에는 중앙이나 지방이나 가릴 것 없이 일제의 압제에 눌려 협력하지 않을 수 없는 상황이었다. 기독교나 천도교나 민족운동을 유지할 수 없었다.

그런 상황에서 해방을 맞았다. 북한 지역 전체가 그랬지만 선천에서도 소련군과 공산주의자들이 지방정치를 장악해나가기 시작했다. 신탁통치 문제와 토지개혁을 거치면서 기독교인은 근거를 잃고 대거 월남했다. 선천의 천도교 신파는 천도교청우당을 조직하여 통일전선에 참여했으나 공산주의자들이 권력을 장악하면서 주도권을 상실했다. 지방정치도 남북 분단의 중앙정치에 종속되었던 것이다.

전반적으로 볼 때 동학과 기독교는 기본적으로 갈등·대립의 관계였고, 천도교와 기독교는 경쟁·연대의 관계로서 1919년 3·1운동에서 최고의 연대를 보여주었지만, 이후 부분적으로 신간회에서의 연대 모습 외에 사회적 공통의제를 중심으로 협력, 연대한 전통은 잘 계승되지 못했다고 평가해야 할 것이다. 1970년대 민주화 과정에서 연대의 싹이 다시 돋아나왔지만, 1980년대 이념의 홍수 속에서 1920~1930년대의 데자뷔처럼 대처할 길을 찾지 못하고 이념에 종속되고 말았다. 오늘날 한국사회의 여러 종교는 사회석 의제를 중심으로 소통하면서 같은 시공간 속에서 공존을 모색하기보다는, 시공간을 초월한 종교 내적 논리로 무장하여 상호 타자화함으로써 적대적 병립의 상황에 놓여 있다고 보는 것이 냉정한 평가일 것이다.

주석

1부 동학 세력의 변혁운동과 기독교와의 갈등

1장 동학과 서학의 대립

1 《東經大全》 '論學文', "道稱西道 學稱天主 敎則聖敎 此非知天時 而受天命耶", "道雖天道 學則東學", "曰然則何道以名之 曰天道也 曰與洋道無異者乎 曰洋學如斯而有異 如呪而無實 然而運則一也 道則同也 理則非也". 김철 편저, 《東學精義 - 東經大全 해설》, 동선사, 1989 참조.
2 道-學-敎의 관계는 명확하지 않다. 《동경대전》 '布德文'에는 "學成道德 道則天道 德則天德", '논학문'에는 "道雖天道 學則東學", "道近虛無 學非天主" 등의 표현이 있는데 상호 논리적 관계가 형성되지 않는다. 표영삼은 도는 신념체계, 학은 수행체계라고 했다 (표영삼, 《동학》 1, 통나무, 2004, 106~108쪽).
3 《동경대전》 '논학문'. "吾亦生於東 受於東 道雖天道 學則東學 況地分東西 西何謂東 東何謂西".
4 고건호, 〈개항기 천주교와 동학 - 천도교〉, 《교회사연구》 17, 한국교회사연구소, 2001 참조.
5 조광, 〈19세기 후반 서학과 동학의 상호관계에 관한 연구〉, 《동학학보》 6, 동학학회, 2003 참조.

6 최석우, 〈서학에서 본 동학〉, 《교회사연구》 1, 1977, 119~121쪽.
7 일찍이 김용덕은 동학의 '天'을 만물을 주재하는 최고신인 동시에 사람마다 모시고 있는 내재적인 것으로 보았다(김용덕, 〈동학사상의 독자성과 세계성: 동학과 서학〉, 《한국사시민강좌》 4, 일조각, 1989, 70쪽). 김경재는 범신론과 유일신론을 지양한 범재신론으로 해석했고(김경재, 〈동학과 그리스도교와의 만남〉, 《문화신학담론》, 한국기독교서회, 1997, 249~250, 302~306쪽), 김용해는 지기는 내재적 한울님, 천주는 초월적 인격성을 지닌 것으로 보아 범신론과 유일신론의 혼재를 지적했다(김용해, 〈그리스도교와 천도교의 신관 비교〉, 《동학학보》 6, 2003, 106~107쪽). 천도교 교직자인 표영삼은 최제우의 한울님을 인격적인 분, 유일하신 분, 되어져가는 분, 몸에 모셔져 있는 분의 네 가지 특성을 지닌 것으로 설명했다(앞의 책, 2004, 113쪽). 이길용은 동학의 신관이 내재성과 초월성을 모두 포함하는 것으로 보는 데 반대하여 내재성이란 존재론적인 것이 아니라 수양론적인 것으로서 한울님을 깨닫는 체험이라고 설명했다(이길용, 〈수양론적 시각에서 바라본 동학의 신 이해〉, 《동서 종교의 만남과 그 미래》, 변선환 아키브·동서종교신학연구소 편, 도서출판 모시는사람들, 2007, 240~242쪽). 동학의 신관에 대한 연구는 앞으로도 계속 필요한 실정이다.
8 《동경대전》 '논학문', "西人 言無次第 書無早白 而頓無爲天主之端 只祝自爲身之謨 身無氣化之神 學無天主之敎 有形無迹 如思無呪 道近虛無 學非天主 豈可謂無異者乎".
9 《동경대전》 '논학문', "吾道 無爲而化矣 守其心正其氣 率其性受其敎 化出於自然之中也".
10 《동경대전》 '修德文'에 보면 최제우가 유교의 仁義禮智에 비견하여 守心正氣를 수련의 독창적인 방법으로 제시했음을 밝히고 있다.
11 《동경대전》 '布德文', "至於庚申 傳聞西洋之人以爲天主之意 不取富貴 攻取天下 立其堂行其道 故吾亦有其然豈其然之疑".
12 《동경대전》 '논학문', "夫庚申之年建巳之月 天下紛亂 民心淆薄 莫知所向之地 又有怪違之說 崩騰于世間 西洋之人 道成立德 及其造化 無事不成 攻鬪干戈 無人在前 中國燒滅 豈可無脣亡之患耶".
13 《용담유사》 '권학가'(1862년) (이세권 편저, 《註解 용담유사》, 정민사, 1983, 327쪽). 원래는 한글 가사로서 괄호에 표현한 한자는 추정된 것이다.
14 《日省錄》, 고종 원년(1864) 2월 29일 慶尙監司徐憲淳狀啓.

15 《동경대전》'포덕문', "西洋戰勝攻取 無事不成 而天下盡滅 亦不無脣亡之歎 輔國安民計將安出 惜哉".
16 《용담유사》'권학가'(1862) (이세권, 앞의 책, 325쪽).
17 《일성록》고종 원년 1864년 2월 29일; 《고종실록》 고종 원년(1864) 2월 29일 庚子. 이 때는 '保國安民'으로 표현되어 있는데 동학 경전의 輔國安民과 같은 뜻이다.
18 박맹수, 〈동학의 칼노래와 칼춤에 나타난 반침략적 성격〉, 《윤병석 교수 화갑기념 한국근대사논총》, 지식산업사, 1990 참조.
19 《東學書》'各道東學儒生議送單子'(錦營, 1892년 10월), 《한국민중운동사자료대계》, 여강출판사, 1985, 60~67쪽. 한문을 번역했다.
20 《東學書》各道東學儒生議送單子(完營, 1892년 11월), 《한국민중운동사자료대계》, 71~75쪽.
21 이영호, 《동학과 농민전쟁》, 혜안, 2004, 469~473쪽 참조.
22 이영호, 앞의 책, 제5장 〈1894년 농민전쟁의 지도부와 서장옥〉 참조.
23 배항섭, 《조선 후기 민중운동과 동학농민전쟁의 발발》, 경인문화사, 2002, 159~162쪽.
24 《東學文書》(동학농민전쟁백주년기념사업추진위원회 편, 《동학농민전쟁사료총서》 5, 史芸研究所, 1994, 63~72쪽)에 수록된 유사한 3건 중 날짜가 분명히 기록된 '龍潭 大衛 通告', 66~69쪽 번역. 이 기록은 《日本外交文書》 한국편 5, '東學派全羅監司二建議シ洋倭逐斥スベシト主張ス', 태동문화사, 1981, 457쪽; 《聚語》, 東學亂記錄 상, 국사편찬위원회, 1971, 108~109쪽; '韓國東學黨蜂起一件', '東學上全羅道五十三官', 《동학농민전쟁사료총서》 19, 126~128쪽에도 실려 있는데, 글자의 차착이 조금씩 있다.
25 배항섭, 앞의 책, 2002, 159~162쪽.
26 Spencer J. Palmer, *Korea−American Relations II*, University of California Press, 1963, pp. 313~317.
27 펠릭스 클레르 리델, 유소연 옮김, 《나의 서울 감옥 생활 1878 – 프랑스 선교사 리델의 19세기 조선 체험기》(1901), 살림출판사, 2008.
28 《서울교구 연보》 I, 1878년도 보고서, 한국교회사연구소, 1984, 7쪽; 1900년도 보고, 260~261쪽.
29 교우촌은 박해시대 천주교 신자들의 신앙 공동체였다. 공소는 본당에 소속된 교회의 기초 공동체인데 신부가 정주하지 않고 일 년에 정기적으로 두 차례 방문하여 判

公聖事를 주던 곳이다. 즉 부활대축일 전의 봄 판공성사, 성탄대축일 전의 가을 판공성사. 공소는 보통 신도회장에 의해 운영되었다. 교우촌이 공소는 아니지만 박해시대에는 그곳이 공소 역할을 했다. 김진수, 《천주교 전주교구사》 I, 전주교전주교구, 1998, 473~474, 501~503쪽 참조.

30 장동하, 《개항기 한국사회와 천주교회》, 가톨릭출판사, 2005, 제1부 제1장 〈교회 재건운동과 복음화〉, 제3부 제1장 〈교회 재건운동과 교구장들의 선교정책〉 참조.

31 이원순, 〈한불조약과 종교자유의 문제〉, 《교회사연구》 5, 1987; 노용필, 〈천주교의 신앙자유 획득과 선교자유 확립〉, 《교회사연구》 30, 2008 참조.

32 장동하, 앞의 책, 2005, 제2부 〈주한 프랑스공사관의 종교정책과 천주교회〉 참조.

33 《서울교구 연보》 I, 1891년도 보고서, 103쪽.

34 《서울교구 연보》 I, 1888년도 보고서, 64쪽.

35 최석우, 앞의 논문, 1977, 131쪽.

36 《서울교구 연보》 I, 1892년도 보고서, 115쪽.

37 최석우, 앞의 논문, 1977, 131쪽.

38 《뮈텔 주교 일기》 1, 1893년 1월 4일, 101쪽.

39 최석우는 "서학에 대한 제우의 태도는 점차 모방에서 소극적인 부정으로, 소극적인 부정에서 적극적인 배척으로 격화되어갔고 미침내는 서학 박멸을 외치기에 이르렀다"고 하여(앞의 논문, 1977, 114쪽), 동학이 서학을 대하는 태도의 점진적 적대화 과정을 지적했다.

40 《서울교구 연보》 I, 1893년도 보고서, 125쪽.

41 《프랑스 외무부문서》 3, 《한국근대사자료집성》 13권, 국사편찬위원회, 1889년 2월 28일 콜랭 드 플랑시, '光緖 황제 결혼을 계기로 袁世凱가 개최한 파티 및 정감록에 관한 보고'.

42 《서울교구 연보》 I, 1893년도 보고서, 126쪽.

43 《東學文書》 '東學掛榜', 《동학농민전쟁사료총서》 5, 76~85쪽. "西學入道之人 生於東 長於東 食國君之土 襲先王之法 而投名遠裔 存心絶域 致役於洋酋 是何心哉 甚惜可歎 猛省歸本 無至噬臍事". 이 책에 비슷한 내용의 격문 세 건이 있다.

44 《東學文書》 '傳令草', 《동학농민전쟁사료총서》 5, 86~94쪽. "聖敎人行悖禁斷事 ○○後有

所令飭於各面是如乎 藉托行悖之禁斷 非至愛憎○○間 而無知小民輩 有自外恐動以致圭角是加
喻 這間有無○曾折 至於彼我不相孚之場是如可 今因外衙門知委 而相和好另立約條後 玆以傳令
以此○遵 無或違越滋事之地爲㫆 前矣傳令 還收○○向事 甲午 正月 初八日.

1. 敎民爲來捉 平民勿打敎民 執留則告官以後事 告官 先捉平民之罪次

1. 平民爲來捉 敎民亦勿打平民 而執留事 告官以後事 告官 先捉之罪次

1. 作○之時 互相讓路 一爲朝鮮人相敬之禮 勿爲生梗之弊次

1. 敎民亦我之赤子 平民之陵虐侮蔑欺滿之弊 以別禁斷次

[45] 당시 전라도 천주교 본당의 설립 사정을 살펴보면, 1889년 전주본당과 금구의 배재본당, 1891년 고산의 되재본당이 설립되었고, 동학농민전쟁이 끝난 뒤 1897년 여산의 나바위본당, 1900년 진안의 어은동본당, 1903년 정읍의 신성리본당이 설립되었다. 전주본당은 보두네 신부가 부임한 후 예전 천주교인 처형지였던 전주 남문 밖, 구례 영주인 집을 매입하여 그 순교지에 건축한 성당이며, 이곳에 후일 전동성당이 건축되었다. 금구의 배재본당은 베르모렐Vermorel 신부가 시작했는데 농민전쟁 당시 죠조 신부가 담당했고 후에 장소를 옮겨 수류본당이 되었다. 고산의 되재본당은 우도Oudot 신부가 시작한 뒤 비에모Villemot 신부가 담당했다. 이렇게 하여 동학농민전쟁 당시 금구 배재본당의 죠조 신부는 전라도의 남쪽과 서쪽 지방, 전주본당의 보두네 신부는 전주를 중심으로 전라도 동쪽 지역, 되재 본당의 비에모 신부는 고산과 북쪽 지방을 사목구역으로 나누어 담당했다. 신부가 정주한 고산·전주·금구 등 세 본당의 위치는 전라도 전체를 놓고 보면 내륙의 교통로상에 위치하면서 상호 가까운 거리에 있었다. 그중 금구는 농민전쟁의 진원지에 가장 가까웠다. 김진소, 앞의 책, 1998, 420~473쪽 참조.

[46] 《서울교구 연보》I, 1894년도 보고서, 160쪽;《파리외방전교회 신부 서한집》, 한국교회사연구소 역, 천주교대전교구, 1994, 35~36, 58~59, 85~88쪽.

[47] 김진소, 앞의 책, 1998, 545~558쪽.

[48] 박찬식,《한국근대 천주교회와 향촌사회》, 한국교회사연구소, 2007, 69쪽.

[49] 최석우, 앞의 논문, 1977, 134~137쪽.

[50] 《서울교구 연보》I, 1895년도 보고서, 174~175쪽.

[51] 《서울교구 연보》I, 1896년도 보고서, 186쪽.

⁵² 김진소, 앞의 책, 1977, 559~560쪽에서 재인용.

⁵³ 이영호, 〈충청남도 서남부 지역의 동학여당과 서양종교〉, 《역사와 담론》 88, 호서사학회, 2018 참조.

2장 동학 세력의 반기독교 격문

1   표영삼, 《동학(2) – 해월의 고난 역정》, 통나무, 2005, 252~279쪽.

2   金允植, 《續陰晴史》癸巳(1893) 2월 24일, 국사편찬위원회, 1960, 257쪽.

3   《舊韓國外交文書》美案 1, No.1071 고종 30년(1893) 2월 18일, '奇包學堂門前耶蘇敎排斥榜文貼付에 관한 건', 718~719쪽. 《일본외교문서》한국편 5, 태동문화사, 1981, '榜 東學黨朝鮮人ラ曉ス', 455쪽; 《韓國東學黨蜂起一件》, 《동학농민전쟁사료총서》19, 사운연구소, 1996, '榜 東學黨朝鮮人ラ曉ス'(68~69쪽), '榜'(94~96쪽); 《東學文書》, 《동학농민전쟁사료총서》5, 1994, 58~59쪽에도 동일한 내용이 있다.

4   기포드Daniel Lyman Gifford(奇普, 1861~1900)는 1888년 양력 10월 27일 조선으로 건너와 1900년 4월 10일 지방에서 전도하던 중 이질에 걸려 39세의 나이로 세상을 떠나 서울 양화진의 선교사 묘역에 묻힌 인물이다.

5   경신사편찬위원회, 《경신사(1885~1991)》, 경신고등학교, 1991, 147~165쪽. 기포드는 "외국인 거주지인 정동에 위치한 현재의 예수교학당Yasu Kyo Hak–tang, Jesus Doctrine School은 영국의 유명한 고아원을 모델로 1886년 봄 언더우드 박사에 의해 설립되었다.……1890년 언더우드 박사가 일시 미국으로 돌아가자 그 운영은 마펫 씨의 감독 하에 현저하게 변화했다.……그 학교의 성격은 고아원에서 남자 기숙 매일학교로 변했다. 1893년에는 학교 운영이 현재의 교장인 밀러 목사에게 넘어갔다"고 설명했다(Daniel L. Gifford, Every-Day Life in Korea, Fleming H. Revell Company, Chicago: New York: Toronto, 1898, Chap.10 "Education in the Capital", p.188).

6   Daniel L. Gifford, Ibid., 1898, Chap.10 "Education in the Capital", pp.188~189. 또 Daniel L. Gifford, "Education in the Capital of Korea", The Korean Repository, 1896년 7월; "Education in the Capital of Korea", The Gospel in All Lands, New York, 1896년 10월, pp. 455~458 참조.

7   기포드학당의 부지는 1895년 손탁Antoinette Sontag에게 넘어가 1902년 손탁 호텔이 건축되고, 1917년 이화학당에 넘겨져 기숙사 프라이홀로 새로 건축된다. 김원모, 〈미스 손탁과 손탁 호텔〉, 《향토서울》 56, 서울특별시사편찬위원회, 1996; 김정동, 《고종황제가 사랑한 정동 덕수궁》, 발언, 2004, 162쪽; 이순우, 《손탁 호텔》, 하늘재, 2012, 143~180쪽 참조.

8   《구한국외교문서》 美案 1, No.1072 고종 30년(1893) 2월 19일, '美人趙元時家에 貼付된 牧師退去榜文의 犯人逮捕要求', 719~720쪽. 기포드학당에 붙은 격문과 마찬가지로 《일본외교문서》 한국편 5, '榜 東學黨ノ耶蘇敎竝外國人ヲ攻擊スル揭示', 454~455쪽; 《韓國東學黨蜂起一件》, 《동학농민전쟁사료총서》 19, '榜 東學黨ノ耶蘇敎幷ニ外國人ヲ攻擊スル揭示'(67~68쪽), '宣敎師洋人某ノ門ニ粘付セシ書'(129~130쪽); 《동학문서》, 《동학농민전쟁사료총서》 5, 60~62쪽에도 같은 내용이 있다.

9   존스George Heber Jones(趙元時, 1867~1919)는 1888년 조선에 건너와 1889년부터 5년 동안 배재학당 교사, The Korea Repository(1892~1899)의 편집진, 1892년 찬미가 간행, 1892년 인천 영화학당 설립, 1893년 이후 인천 내리교회를 중심으로 한 제물포 지방 선교책임자 등의 역할을 담당했다. 그는 한국의 역사와 문화에 대해 관심이 많아 많은 글을 남겼다. 한선현, 〈초기 한국선교사 George Heber Jones(조원시)에 관한 연구〉, 《성결교회와 신학》 2, 서울신학대학교 성결교회역사연구소, 1998; 이덕주, 〈존스의 저술 활동과 신학 사상〉, 《선교사와 한국교회 인물연구》, 한국기독교역사연구소, 2018 참조.

10   Daniel L. Gifford, Every-Day Life in Korea, pp.191~192.

11   George H. Jones, "Christian Education in Korea", The Gospel in All Lands, December, 1896, p.561.

12   George H. Jones, "Christian Education in Korea", 1896, pp. 559, 562.

13   박맹수, 〈교조신원운동〉, 《개벽의 꿈, 동아시아를 깨우다》, 모시는사람들, 2011, 197~201쪽 참조.

14   정창렬, 〈동학교문과 전봉준의 관계 - 교조신원운동과 고부민란을 중심으로〉, 《19세기 한국전통사회의 변모와 민중의식》, 고려대학교 민족문화연구소, 1982; 정창렬, 〈고부민란의 연구(상)〉, 《한국사연구》 48, 한국사연구회, 1985; 박찬승, 〈1892·1893

년 동학교도들의 신원운동과 척왜양운동〉,《1894년 농민전쟁연구》3, 한국역사연구회 편, 역사비평사, 1993; 배항섭,〈1890년대 초반 민중의 동향과 고부민란〉,《1894년 농민전쟁연구》4, 1995; 배항섭,《조선 후기 민중운동과 동학농민전쟁의 발발》, 경인문화사, 2002, 제5장〈척왜양운동과 동학교도·대원군의 舉兵기도〉; 이영호,《동학과 농민전쟁》, 혜안, 2004, 제13장〈동학·농민의 일본인식과 보국안민이념〉참조. 그런데 조경달은 충청도에서 최초로 교조신원운동을 벌인 서병학을 괘서사건을 주도한 인물로 보아 의견을 달리한다. 서병학이 처음에는 광화문 복합상소에 협조하다가 노선을 변경하여 서장옥과 함께 정부 전복 활동을 벌였고, 괘서사건은 그 일환이라는 것이다(조경달 지음, 박맹수 옮김,《이단의 민중반란》, 역사비평사, 2008, 112~123쪽).

[15] 《뮈텔 주교 일기》1, 1893년 3월 24일, 한국교회사연구소, 1986, 120쪽.

[16] 《東學文書》(《동학농민전쟁사료총서》5)에 뮈텔에게 보고된 지방의 여러 격문이 수록되어 있다.

[17] 《뮈텔 주교 일기》1, 1893년 4월 1일(음력 2월 15일).

[18] 《뮈텔 주교 일기》1, 1893년 4월 6일(음력 2월 20일).

[19] 《서울교구 연보》I, 1893년도 보고서, 한국교회사연구소, 1984, 127쪽.

[20] 《구한국외교문서》美案 1, No.1071 고종 30년 2월 18일(1893년 양력 4월 4일), '崇包學堂門前耶蘇敎排斥榜文貼付에 관한 건', 718쪽.

[21] Spencer J. Palmer, *Korean-American Relations*, Vol.II(1887~1895), University of California Press(Berkeley and Los Angeles), 1963, pp. 308~309.

[22] 박찬승, 앞의 논문, 1993, 353쪽 참조.

[23] 《구한국외교문서》美案 1, No.1072 고종 30년 2월 19일(1893년 양력 4월 5일), '美人趙元時家에 貼付된 牧師退去榜文의 犯人逮捕要求', 719쪽.

[24] Spencer J. Palmer, op. cit., 1963, p. 309.

[25] 셔우드 홀, 김동열 옮김,《닥터 홀의 조선 회상》, 좋은 씨앗, 2003, 119쪽.

[26] 이후에도 동학군이 상경하여 소요를 일으킬 것이라는 소문은 한동안 계속되었다.《뮈텔 주교 일기》1, 1893년 5월 11일, 5월 13일, 132~133쪽.

[27] 장석만,〈개항기의 천주교와 근대성〉,《교회사연구》17, 한국교회사연구소, 2001 참조.

[28] 배항섭, 앞의 책, 2002, 80쪽.

29 조경달, 허영란 옮김, 《민중과 유토피아 – 한국근대민중운동사》, 역사비평사, 2009, 47쪽.
30 '弓乙'은 천도의 형상을 가리키는데, 궁은 사람 마음의 형상, 을은 하늘 마음의 형상이라는 견해도 있다(《천도교회 월보》 1912년 1월, 박희택, '弓乙解').
31 《한국동학당봉기일건》, 《동학농민전쟁사료총서》 19, 69·96쪽. 격문의 본문에도 '玉里至文=理致'가 파자로 쓰여 있다.
32 지수걸, 〈국가의 역사독점과 민중기억의 유실 – '우금티 도회'를 제안한다〉, 《역사비평》 110, 역사문제연구소, 2015년 봄, 191쪽.
33 배항섭, 앞의 책, 2002, 132쪽.
34 조경달은 전봉준이 언급한 '경천'의 개념을 동학 정통에 대립하는 이단의 성립 근거로 설정한다. 인격적 천관과 범신론적 천관의 이중적 천관을 가졌던 최제우의 천관을, 최시형이 범신론적 천관으로 확정함으로써 동학의 정통 교리가 확립된 반면, 이단인 전봉준은 '경천'의 개념에서 보듯이 '인격적인 천=상제'에 대한 타력 의뢰의 신앙을 제공함으로써 상제에 의존하는 민중을 변혁 주체로 결집했다고 주장한다(조경달, 박맹수 옮김, 앞의 책, 2008, 제1장 〈원시동학의 탄생〉, 제2장 〈정통과 이단〉). 그렇지만 전봉준의 천관을 확인할 수 있는 근거가 이 한 마디밖에 없어 천관을 중심으로 모든 변혁운동의 성격을 규정하는 것은 위험하다고 생각한다.
35 《신인간》 1997년 1월호에 실린 천도교 교령 김재중의 신년 휘호는 "守心正氣 敬天愛人"이었다.
36 《東學文書》, 《동학농민전쟁사료총서》 5, 47~57쪽; 이영호, 〈선운사 석불비결사건과 정감록〉, 《동학학보》 40, 동학학회, 2016.
37 Daniel L. Gifford, *Every-Day Life in Korea*, pp.43~44(심현녀 옮김, 《조선의 풍속과 선교》, 한국기독교역사연구소, 1995, 31쪽). 이 시기에 대한 서술의 일부를 살펴보면 다음과 같다. "한반도 남쪽에서 지방 관리들의 지나친 폭정에 항거하는 반란이 일어나자 조선의 국왕은 중국에 지원병을 요청했다. 중국이 이홍장 휘하의 지원병을 보내자 일본은 분개하면서 이것은 천진조약에 위배된다고 했다. 일본군은 '조선의 독립'을 강력하게 외치며 중국군을 조선에서 몰아내기 위해 한반도에 상륙했다. 그들은 수도 서울을 수호하는 2개의 커다란 요새지를 점령했다. 이 전쟁에서의 주요한 사건

은, 영국기를 단 중국상선 코쉥Kowshing호의 침몰, 아산만과 평양에서의 전투, 압록강 입구에서의 해전, 중국의 요새지 여순항과 위해위항의 점령 등이다. 청일전쟁을 승리로 이끈 일본은 조선 왕궁으로 몰려 들어가 혁신적인 개혁을 난행하고 자신들의 개혁에 동조하는 조선인 관리들을 정부 요직에 임명했다. 조선에 주재하고 있는 다른 나라의 외교관들은 이와 같은 개혁을 인정하지 않았지만 일본에 의한 조선의 개혁은 완벽하고 훌륭했다. 일본군대는 당연한 듯이 친구의 나라 조선 땅으로 행진해 들어와 현 정부를 무너뜨리며 개혁을 단행하고 있었다."

38 미이미교 년화회,《찬미가》, 'Preface', 1895.
39 이영호,〈랜디스Eli Barr Landis의 의료 활동과 '한국학' 연구〉,《한국학연구》44, 인하대학교 한국학연구소, 2017 참조.
40 George H. Jones, "The Japanese Invasion", *The Korean Reposiory*, 1892년 1월, 3~7월, 10월.
41 William M. Junkin, "The Tong Hak", *The Korean Reposiory*, 1895년 2월; William J. Mckenzie, "Seven Months among the Tong Haks", 1895년 6월; George H. Jones, "Rev. WM. J. Mckenzie, A Memoir", 1895년 8월; 편집자, "Confession of a Tong Hak Chief", 1898년 6월; 유영렬·윤정란,《19세기 말 서양선교사와 한국사회 - The Korean Repository를 중심으로》, 경인문화사, 2004 참조.
42 목정균,〈동학운동의 구심력과 원심작용 - 동학교단의 커뮤니케이션을 중심으로〉,《동학사상과 동학혁명》, 청아출판사, 1984, 221~223쪽 참조.
43 George H. Jones, *The Korea Mission of the Methodist Episcopal Church*, The Board of Foreign Missions of the Methodist Episcopal Church, New York, 1910, p. 20.
44 John Ross, *History of Corea, Ancient and Modern*, London, 1879(홍경숙 옮김,《존 로스의 한국사》, 살림, 2010, 554쪽).
45 옥성득,〈개신교 전래기의 신 명칭 용어 논쟁 - 구역 성경번역기(1893~1911)을 중심으로〉,《기독교사상》1993년 10월호, 대한기독교서회; 류대영·옥성득·이만열,《대한성서공회사》II, 대한성서공회, 1994, 104~111쪽; 안성호,〈19세기 중반 중국어 대표자역본 반역에서 발생한 '용어논쟁'이 초기 한글성서 번역에 미친 영향(1843~1911)〉,《한국기독교와 역사》30, 2009 참조.
46 이병길 편저,《중국의 개신교 첫 선교사, 로버트 모리슨》, 한국기독교역사연구소, 1994

참조.

47 Daniel L. Gifford, *Every-Day Life in Korea*, pp. 133~134.
48 Daniel L. Gifford, *Every-Day Life in Korea*, pp. 151~152.
49 Daniel L. Gifford, *Every-Day Life in Korea*, Chpt.6 "Ancestral Worship as Practiced in Korea", pp. 88~90(심현녀 옮김, 앞의 책, 1995, 61~63쪽); "Ancestral Worship as Practiced in Korea", *The Korean Repository*, 1892년 6월.
50 옥성득, 앞의 논문, 1993, 212쪽.
51 Elmer M. Cable, "The Rev. Geo. Heber Jones", *The Koera Methodist*, 제1권 11호 1905년 9월 10일; 노불, 〈조지 헤버 존쓰 박사의 별세하심〉, 《신학세계》 제4권 제5호, 1919년 9월, 60~61쪽.
52 George H. Jones, "The Religious Development of Korea", *The Gospel in All Lands*, New York, September 1891, p. 415.
53 George H. Jones, *The Korea Mission of the Methodist Episcopal Church*, p. 14.
54 George H. Jones, *Korea: The Land, People, and Customs*, Cincinnati: Jennings and Graham, 1907, p. 64.
55 George H. Jones, *The Rise of the Church in Korea*, 1917(옥성득 편역, 《한국교회형성사》, 홍성사, 2013, 제5장 〈기독교와 한국 토착종교의 접촉점〉 참조).
56 George H. Jones, *The Korea Mission of the Methodist Episcopal Church*, pp. 16~17.
57 George H. Jones, 옥성득 편역, 《한국교회형성사》, 2013, 90쪽. 한편 언더우드는 처음에는 하나님의 용어를 토속신의 개념이라 하여 배척했지만, 나중에는 고구려에서 'the great and only One'이라는 의미의 'Hananim'을 숭배했다는 사실을 발견했다고 하면서, 유일신으로서의 하나님 개념을 수용하게 된다(Lillias H. Underwood, *Underwood of Korea*, Fleming H. Revell Company, New York, 1918, p. 126).
58 George H. Jones, "Studies in Korea : Korean Etymology", *The Korean Repository* 1892년 11월, pp. 332~333.
59 한국 역사 속에서 '하느님' 개념의 변천에 대해서는 김경탁, 〈한국 원시종교사(2)-하느님 관념 발달사〉, 《한국문화사대계》 10, 종교·철학사, 고려대학교 민족문화연구소, 1970 참조.

3장 매켄지 선교사와 황해도 동학군

2 "Seven Months Among The Tong Haks," *The Korean Repository*, June 1895, The Trilingual Press, Seoul, Korea, 1895, vol.II, pp.207~208. 내용을 소개하면 다음과 같다.

1. 동학의 목적은 무엇인가? 동학에 가담한 민중은 외국인 및 그 종교와의 접촉을 통해 자유liberty와 같은 개념을 수용하고, 관리와 그 부하들의 탐욕과 실정에 더이상 복종하지 않으려 한다. 조선왕조는 500년 동안만 지탱할 것이라는 - 이미 끝났다 - 오래된 예언을 실현하려는 열망이 아주 강했다. 어떤 다른 목적을 위해서도 일어나지 않았던 수많은 농민들을 생각하면 그들이 약탈한 것은 놀랄 만큼 미미한 것이었다.

2. 동학운동은 복음의 전파에 어떤 영향을 미칠 것인가? 물론 그 대답은 추측에 그칠 수밖에 없다. 그들 민중은 어리석은 정령 숭배를 배워왔지만, 이제 하나님God만 예배해야 할 필요성을 인식하고 있다. 그런데 하나님에 대한 개념과 그 예배는 로마가톨릭교와 불교가 결합된 것을 따르고 있다. 그들은 신의 은혜를 얻기 위해 금욕, 목욕재계, 제사를 자유롭게 수행했다. 그리고 교도들에게 '심령의 치유', 즉 회개를 요구했다. 그들은 이제 하나님을 예배하는 진정한 길은 무엇인가라고 묻고 있다. 그들은 자기들보다 우리가 하나님Him에 대해 더 많은 것을 안다는 것을 깨닫고 있다. 탐구하려는 정신은 모든 곳에 널리 퍼져 있다. 동학교도들은 지식의 부족으로 말미암아 자기들이 실패했다고 느끼고 있다. 무엇보다도 고통과 근심 때문에 이 가난한 조선인들이 하나님에게 손을 내밀고 있는 상황이다.

2 유영식, 〈'동학농민군과 더불어 7개월'이라는 글을 기고한 익명의 저자에 관한 연구〉,《한 알의 밀이 떨어져 죽으면》, 대한예수교장로회총회교육부, 1985, 부록 2; 박용옥,《김마리아: 나는 대한의 독립과 결혼하였다》, 홍성사, 2003, 45~54쪽. 매켄지의 일기 1895년 5월 10일 자에, 아펜젤러 선교사로부터 동학에 관한 글을 *The Korean Repositry*에 기고해달라는 요청을 받았다는 기록도 있다.

3 매켄지는 일기를 개략적으로 쓰지 않고 만난 사람들에 대해 깊은 관심을 가지고 기록했다. 특히 조선 선교를 위해 떠날 때부터 2년 동안은 중요한 사항을 빠짐없이 기록했다. 매켄지의 약혼자 루이스 매컬리의 언니인 엘리자베스 매컬리는 일찍이 매켄지의 일기를 기본 줄기로 삼고, 편지, 캐나다 잡지에 기고된 글, 그리고 캐나다

동료들의 추모 글 등을 망라하여 자료를 충실히 반영한 전기를 집필했다. Elizabeth A. McCully, *A Corn of Wheat or The Life of Rev. W.J. McKenzie of Korea*, Toronto: The Westminster Co., Limited, 1903(유영식 역, 《케이프 브레튼에서 소래까지 – 윌리암 존 매켄지 선교사의 생애와 황해도 선교기》, 대한기독교서회, 2002).

4 Elizabeth A. McCully and E. J. O. Fraser, *Our Share in Korea*, Toronto: Board of Foreign Missions, United Church of Canada, 1931; John McNab, *They Went Forth*, Toronto Ontario: McClelland and Stewart Ltd., 1933; William Scott, *Canadians in Korea: Brief Historical Sketch of Canadian Mission Work in Korea*, Toronto: United Church of Canada, 1975(연규홍 역, 《한국에 온 캐나다인들》, 한국기독교장로회출판사, 2009); Young Sik Yoo, *Earlier Canadian Missionaries in Korea: A Study in History 1888~1895*, Ontario: Wsetward Graphics, 1987.

5 Young-sik Yoo, *The Impact of Canadian Missionaries in Korea: A Historical Survey of Early Canadian Mission Work, 1888~1898*, Ph. D. dissertation, Centre for the Study of Relision, University of Toronto, 1996. 매켄지의 전기를 바탕으로 소래마을의 동학농민전쟁을 재구성한 김희영의 연구(《어느 서양인의 눈에 비친 소래마을의 동학농민전쟁》, 《동학연구》 28, 한국동학학회, 2010)도 참고할 수 있다.

6 황해도 동학농민군의 봉기에 대해서는 다음의 논문을 통해 윤곽이 파악되어 있다. 한우근, 〈동학농민군의 봉기와 전투 – 강원·황해도의 경우〉, 《한국사론》 4, 서울대학교 국사학과, 1978; 이영호, 〈갑오농민전쟁 이후 동학농민의 동향과 민족운동〉, 《역사와 현실》 3, 한국역사연구회, 1990(《동학과 농민전쟁》, 혜안, 2004 수록); 정은경, 〈황해도·강원도지역의 농민전쟁〉, 《1894년 농민전쟁연구 4 – 농민전쟁의 전개과정》, 한국역사연구회 편, 역사비평사, 1995; 송찬섭, 〈황해도지방의 농민전쟁의 전개와 성격〉, 《동학농민혁명의 지역적 전개와 사회변동》, 동학농민혁명기념사업회 지음, 새길, 1995; 강효숙, 〈황해·평안도의 제2차 동학농민전쟁〉, 《한국근현대사연구》 47, 한국근현대사학회, 2008; 강효숙, 〈청일전쟁기 일본군의 조선병참부 – 황해·평안도 지역을 중심으로〉, 《한국근현대사연구》 51, 2009; 이영호, 〈황해도 동학군의 해주성 점령〉, 《동학학보》 44, 동학학회, 2017.

7 김구(배경식 풀고 보탬), 《올바르게 풀어쓴 백범일지》, 너머북스, 2008, 67~75쪽.

8 領木彰, 〈黃海道東學黨征討略記〉, 《동학농민전쟁사료총서》 12, 사운연구소, 1996(《동학

9 매켄지의 일기에는 양력으로 기록되어 있으므로 '양력(음력)'의 방식으로 표기하기로 한다.
10 鄭顯奭,〈甲午海營匪擾顚末〉,《동학농민전쟁사료총서》12, 1894년 9월, 271쪽.
11 鈴木彰, 앞의 글,《동학농민전쟁사료총서》12, 341~342쪽.
12 김춘희가 감사라고 한 것은 착오이다. 김춘희는 김홍집의 조카로 갑오정권이 성립되자 황해감사로 임명받았지만 곧바로 1894년 8월 1일 정현석으로 교체되었다.
13 《舊韓國外交文書》日案 3, 1894년 11월 30일(11월 5일: 11월 4일의 잘못임) '동학당의 해주 내습 상황의 轉報', 164~165쪽.
14 여기서 '지난달 25일'이란 음력으로 10월 25일을 말하고 양력으로 환산하면 11월 22일이 된다.
15 해주성 점령사건은 그동안 크게 주목되지 못했지만 전라도 동학군이 전주성을 점령한 사건 못지않게 주목해야할 사건이다. 황해도 동학군 지도자 성재식은 전라도의 김개남과 똑같이 효수된 뒤 그 수급이 출신 지방에 조리돌림당했다. 양자를 동급으로 취급할 정도로 서울의 지근거리에 있는 해주성 점령사건은 정부에 큰 충격을 주었던 것이다. 이러한 사실은 동학군 진압을 위해 특설된 양호도순무영의《甲午軍政實記》(1894년 음력 9월 22일~12월 27일)를 통해 자세히 밝혀졌다.《갑오군정실기》,《동학농민혁명신국역총서》6·7·8, 동학농민혁명기념재단, 2016; 이영호, 앞의 논문, 2017 참조.
16 鈴木彰, 앞의 글,《동학농민혁명국역총서》4, 505~506쪽; 정현석, 앞의 글,《동학농민혁명국역총서》4, 537~538쪽.
17 《올바르게 풀어쓴 백범일지》, 76~78쪽.
18 《갑오군정실기》, 1894년 11월 28일 황해감사 정현석의 첩보, 12월 4일 황해감사 정현석의 첩보.
19 《케이프 브레튼에서 소래까지》, 140~141쪽. 1899년 소래마을에는 60여 세대, 280여 명이 거주했다고 하는데(《케이프 브레튼에서 소래까지》, 204쪽), 동학에 가담한 남자 장정이 40여 명이라 하면 가족구성원을 3~4명으로 가정할 때 절반에 가까운 세대가 가담한 것으로 추정된다.

20 (William J. McKenzie), "Seven Months Among The Tong Haks," *The Korean Repository*, June 1895, p. 202.

21 鈴木彰, 앞의 글, 《동학농민혁명국역총서》 4, 508~510쪽.

22 매켄지의 생애와 선교 활동은 Elizabeth A. McCully, 유영식 역, 《케이프 브레튼에서 소래까지》; John McNab, "A Christ-like Ambassador: Rev. W. J. McKenzie, B.D.," *They Went Forth*, 1933; Young Sik Yoo, *op. cit.*, 1987; Young-sik Yoo, *op. cit.*, 1996, "Chapter Nine. William J. McKenzie: Bridging Two Religions and Two Nations" 참조.

23 그 책은 1887년 캐나다에서 열린 세계학생선교대회(World Student Missionary Coference)에서 얻게 된 것으로 조선에 관한 것이었다[Martha Huntley, 차종순 역, 《한국 개신교 초기의 선교와 교회 성장》, 목양사, 1985, 228쪽; 윌리엄 스코트, 연규홍 역, 《한국에 온 캐나다인들》, 54~55, 79쪽].

24 《케이프 브레튼에서 소래까지》, 31쪽.

25 언더우드 부인은 매켄지에게 소래마을로 가도록 조언한 것은 남편인 언더우드Horace G. Underwood라고 증언했다. 소래마을은 서상륜의 요청에 의해 일찍부터 언더우드가 방문하여 세례를 베푸는 등 황해도 선교의 중심지였다. Lillias H. Underwood, *Fifteen Years among the Top-Knots or Life in Korea*, American Tract Society, Boston, 1904(신복룡·최수근 역주, 《상투의 나라》, 집문당, 1999, 157~167쪽).

26 소래마을에 대한 설명은 김대인, 《숨겨진 한국교회사》, 한들, 1995 참조.

27 김대인, 앞의 책, 1995, 44~47쪽.

28 《그리스도신문》 1901년 9월 19일 '서 선생 상륜의 경력'; 서경조, 〈徐景祚의 信道와 傳道와 松川敎會設立歷史〉, 《神學指南》 1925년 10월호, 조선예수교장로회신학교.

29 Lillias H. Underwood, 신복룡·최수근 역주, 《상투의 나라》, 60쪽; Horace G. Underwood, *The Call of Korea*, Fleming H. Revell Company, 1908(이광린 역, 《한국 개신교 수용사》, 일조각, 1989, 88~90쪽); Lillias H. Underwood, *Underwood of Korea*, Fleming H. Revell Company, 1918(이만열 옮김, 《언더우드》, 기독교문사, 1990, 72~73쪽). 언더우드가 소래마을을 방문한 시기와 세례를 베푼 상황에 대한 설명은 책마다 상이하다.

30 서경조, 앞의 글, 《신학지남》 1925년 10월호.

31 대표적으로 광산 김씨 김성첨金聖瞻 집안을 보면 그는 중앙의 고위직을 지내다 낙향

한 양반가문으로 소래의 대표적 유지였다. 차남 윤오는 서경조와 매켄지의 영향을 받아 기독교로 개종한 뒤 소래교회의 집사를 맡았고, 서경조·언더우드를 도와 황해도 일대 선교에 적극 헌신했다. 천주교인과의 충돌사건인 해서교안海西敎案에서 천주교에 맞서 싸웠고, 김구·안창호·이동휘 등과 교분이 있었다. 4남 필순은 세브란스병원 의사로 활동했다. 딸 구례는 서경조의 아들 서병호의 부인, 순애는 김규식의 부인, 필례는 최영욱의 부인이 되었다. 장남의 딸인 손녀 김마리아는 소래학교·정신여학교를 졸업한 뒤 일본 유학할 때 2·8독립운동에 참여하고, 대한민국애국부인회를 조직하여 독립운동에 투신했다. 박용옥, 앞의 책, 2003, 57쪽 참조.

32   이광린, 《올리버 알 에비슨의 생애》, 연세대학교출판부, 1992, 138쪽; Oliver R. Avison, 황용수·장의식 편역, 《구한말 40여 년의 풍경》, 대구대학교출판부, 2006, 300쪽.

33   Martha Huntley, 차종순 역, 앞의 책, 227~228쪽.

34   서경조, 앞의 글, 《신학지남》 1925년 10월호, 96~97쪽. 현대어로 수정했다.

35   12월 1일부터 5일까지의 상황은 《케이프 브레튼에서 소래까지》, 143~148쪽 참조.

36   《케이프 브레튼에서 소래까지》, 130~131쪽. 영국의 유니온잭은 잉글랜드의 성 조지 십자, 스코틀랜드의 성 앤드루 십자, 아일랜드의 성 패트릭 십자를 합해 만들어졌다. 성 조지기는 흰바탕에 붉은 십자다. 매켄지의 조부가 스코틀랜드에서 캐나다로 이주하여 노바스코시아(뉴우 스코틀랜드의 뜻)주에 살았는데, 왜 스코틀랜드기를 사용하지 않고 잉글랜드의 성 조지기를 강조했는지 의문이지만 영국을 상징하는 것임에는 틀림이 없다. 이 깃발을 세운 것은 외국인 선교사의 위치를 당당하게 알려 동학군의 보국안민輔國安民 깃발에 상대하려는 뜻이었을 것으로 판단해 본다. 옥성득은 기독교에서 십자기를 세운 과정과 의미를 자세히 분석했는데, 무속과 정감록의 영향을 받은 것으로 1907년 대부흥운동을 거치며 사라진다고 설명했다(옥성득, 〈구세주: 정감록 예언과 십자가 파자 풀이〉, 《한국 기독교 형성사》, 새물결플러스, 2020).

37   《케이프 브레튼에서 소래까지》, 152~153쪽.

38   《케이프 브레튼에서 소래까지》, 153~168쪽.

39   《케이프 브레튼에서 소래까지》, 170쪽.

40   《케이프 브레튼에서 소래까지》, 165쪽.

41   서경조, 앞의 글, 《신학지남》 1925년 10월호, 99쪽; 《케이프 브레튼에서 소래까지》,

195쪽.
42 《케이프 브레튼에서 소래까지》, 206쪽.
43 《케이프 브레튼에서 소래까지》, 67, 193, 209쪽.
44 소래마을 뒤편에 매켄지의 묘가 조성되었다. 묘비의 전면에는 "김목ᄉ비金牧師碑" "William John McKenzie, Born in Canada 1861. Died in Korea, 1895. He being died yet speaketh"(《케이프 브레튼에서 소래까지》, 210쪽)라고 되어 있다. 후면에는 "1893년에 매캔시 목사가 카나다로부터 여기 내주할 새 동포는 외인을 살해하려고 하고 교인은 몇이 안 되는 때라 폭양에 열심 전도러니 열병에 정신없이 棄世하매 一同이 애석하여 다 주를 믿는지라 주의 말씀에 밀알 하나이 땅에 떨어져 죽으면 열매가 많다 함이 옳도다. 송천교회는 조선의 처음 열매요 목사의 몸은 여기서 자도다. 이창직 명"이라고 되어 있다 한다(오문환, 《사적탐방 교회순례기》, 도마스 목사 순교기념 전도회, 1955, 등사본, 16~17쪽).
45 《케이프 브레튼에서 소래까지》, 70~71쪽.
46 《케이프 브레튼에서 소래까지》, 128~129쪽.
47 《케이프 브레튼에서 소래까지》, 128쪽.
48 《케이프 브레튼에서 소래까지》, 62~64쪽.
49 《케이프 브레튼에서 소래까지》, 104~105, 181쪽.
50 Lillias H. Underwood, 신복룡·최수근 역주, 《상투의 나라》, 157쪽; 《케이프 브레튼에서 소래까지》, 127, 206쪽.
51 《케이프 브레튼에서 소래까지》, 137쪽.
52 《케이프 브레튼에서 소래까지》, 140~141쪽. 번호는 필자가 붙인 것이다.
53 《케이프 브레튼에서 소래까지》, 150쪽.
54 《케이프 브레튼에서 소래까지》, 195쪽. 몬트리올에서 발행되는 *Weekly Witness*, 1895년 12월 17일 기사다.
55 《케이프 브레튼에서 소래까지》, 129쪽.
56 《케이프 브레튼에서 소래까지》, 129쪽.
57 《케이프 브레튼에서 소래까지》, 123~126쪽.
58 이덕주, 〈한글성서 번역에 관한 연구〉, 《한국기독교와 민족운동》, 이만열 외 7인 지

음, 보성, 1986, 129쪽.
59 《케이프 브레튼에서 소래까지》, 105, 124~125쪽.
60 서상륜·경조 형제는 소래마을에 정착할 때부터 한글 성경을 가지고 갔고, 수래마을에서 한국말을 배운 게일은 거기서 이창직을 만나 성서·천로역정·한양자전 등을 함께 번역 편찬했다(이만열, 《한국기독교문화운동사》, 대한기독교출판사, 1987, 109~110쪽). 이창직은 매켄지 묘비를 쓴 사람이다. 소래마을에는 기독교 선교에 사용할 한글 성서와 서적들이 풍부했다.
61 《케이프 브레튼에서 소래까지》, 157쪽.
62 서경조, 앞의 글, 《신학지남》 1925년 10월호, 96~97쪽. 현대어로 바꾸었다.
63 신일철, 〈동학과 전통사상〉, 《동학과 전통사상》, 동학학회 편저, 모시는사람들, 2004, 20쪽; 이길용, 〈수양론적 시각에서 바라본 동학의 신이해〉, 《동서 종교의 만남과 그 미래》, 변선환 아키브·동서종교신학연구소 편, 모시는사람들, 2007, 240쪽.
64 이덕주, 〈존스의 저술 활동과 신학 사상〉, 《선교사와 한국교회 인물연구》, 한국기독교역사연구소, 2018, 37~41쪽; Don Baker, *Korean Spirituality*, University of Hawai'i Press, 2008, pp. 70~81.
65 《케이프 브레튼에서 소래까지》, 165, 183쪽.
66 《케이프 브레튼에서 소래까지》, 144쪽.
67 외래 종교의 경우 어떤 절대자를 경배하는지는 수용자에게 매우 중요하다. 여기 재미있는 일화가 있다. 천주교 최초로 동아시아 선교에 나섰던 프란치스코 하비에르는 1549년 그를 안내한 안지로를 따라 일본 가고시마, 북규슈의 히라도, 야마구치 등지에서 선교했다. 그는 영주와 가신들, 그리고 불교 승려들로부터도 환영을 받았다. 그런데 그것은 오해였다. 안지로가 천주교의 신을 다이니치大日로 번역했기 때문이다. 다이니치는 진언다라니종이 근본 부처로 삼고 있는 大日如來에 다름 아니었던 것이다. 다이니치를 믿으라고 외쳐 불교 승려들의 환영을 받던 하비에르는 절대로 다이니치를 믿지 말라고 외치지 않을 수 없었다(김상근, 《프란치스코 하비에르》, 홍성사, 2010, 272~277쪽). 동학과 기독교는 비슷하게 하늘에서 유래한 신의 이름을 사용하여 오해의 여지가 없지 않았다.
68 《케이프 브레튼에서 소래까지》, 146~147쪽.

69 《케이프 브레튼에서 소래까지》, 151쪽.

70 《케이프 브레튼에서 소래까지》, 155쪽.

71 《케이프 브레튼에서 소래까지》, 172, 187쪽. 랜디스는 조선 및 동아시아의 종교와 민간신앙에 관심이 많았다. 이영호, 〈랜디스Eli Barr Landis의 의료 활동과 '한국학' 연구〉, 《한국학연구》 44, 인하대학교 한국학연구소, 2017 참조.

72 《케이프 브레튼에서 소래까지》, 122~127쪽.

73 《케이프 브레튼에서 소래까지》, 143~145쪽.

74 《케이프 브레튼에서 소래까지》, 133쪽.

75 《케이프 브레튼에서 소래까지》, 238쪽.

76 George H. Jones, *The Korea Mission of the Methodist Episcopal Church*, The Board of Foreign Missions of the Methodist Episcopal Church, New York, 1910, p. 20.

77 鈴木彰, 〈黃海道東學黨征討略記〉, 《동학농민혁명국역총서》 4, 512~513쪽.

78 이영호, 《동학과 농민전쟁》, 제9장 〈농민전쟁 이후 동학농민의 동향과 민족운동〉 참조.

79 《올바르게 풀어쓴 백범일지》, 79~89쪽; 〈報告書〉(규장각도서 26048) 金昌洙 供案. 안태훈의 아들 안중근은 한국을 식민지화한 이토 히로부미伊藤博文를 1909년 하얼빈역에서 사살했다.

80 《司法稟報》 갑, 1896년 3월 23일 해주부 장연군수의 보고, 3월 31일 해주부 참서관의 보고.

81 서경조, 앞의 글, 《신학지남》 1925년 10월호, 100~101쪽.

4장 영학당의 결성과 기독교

1 영학당의 봉기에 대해서는 이영호, 《동학과 농민전쟁》, 혜안, 2004, 제10장 〈대한제국시기 영학당운동의 성격〉 참조.

2 《독립신문》 1899년 6월 19일 잡보, '비도모양'.

3 《皇城新聞》 1899년 6월 22일 別報, '南擾의 顚末'; 〈韓國各地暴動雜件〉, 《동학농민전쟁사료총서》 21, 사운연구소, 1996, 358쪽; 《日新》, 1899년 5월 15일, 국사편찬위원회,

1983, 216쪽. 한문 원문을 번역하면서 따옴표를 넣었다.
4   《司法稟報》甲, 1899년 7월 全羅北道井邑古阜所捉匪類供案, '崔永斗 供招'.
5   《사법품보》갑, 1899년 7월 全羅北道井邑古阜所捉匪類供案.
6   《사법품보》갑, 1899년 1월 11일 英學罪人金台書取招記.
7   《全羅南道高敞郡附足亂黨口招同類姓名居住并錄成冊》, 1899년 6월.
8   배항섭, 〈제1차 동학농민전쟁 시기 농민군의 진격로와 활동 양상〉, 《동학연구》 11, 한국동학학회, 2002 참조.
9   다음의 여러 자료에서 추출한 것이다. 《全羅南道高敞郡附足亂黨口招同類姓名居住并錄成冊》, 1899년 6월; 《全羅南道高敞郡捉得亂黨姓名罪目并錄成冊》, 1899년 6월; 《興德郡亂民取招查案》; 《사법품보》갑, 1899년 7월 15일 전라남도재판소판사의 의정부찬정법부대신에 대한 보고서; 《사법품보》갑, 1899년 1월 11일 英學罪人金台書取招記; 《사법품보》갑, 1899년 6월 30일 전라남도재판소판사의 의정부찬정법부대신에 대한 보고서; 《사법품보》갑, 1899년 6월 29일 全羅南道警務署在囚罪人金台書供招案; 《사법품보》갑, 1899년 9월 일 지방대압래비류죄인공안; 《사법품보》갑, 1899년 7월 12일 전라북도재판소판사의 법부대신에 대한 제15호 질품서; 《사법품보》을, 1899년 6월 10일 전라남도관찰사의 의정부찬정법부대신에 대한 보고서; 《사법품보》갑, 1899년 7월 全羅北道井邑古阜所捉匪類供案.
10 《사법품보》갑, 1899년 7월 全羅北道井邑古阜所捉匪類供案.
11 신용하, 《동학과 갑오농민전쟁 연구》, 일조각, 1993, 75쪽. 원래는 서울 출신으로서 정치변혁운동에 가담하였다가 홍 씨가 많이 사는 고창으로 내려온 것으로 추정되기도 한다(이이화, 《발굴 동학농민전쟁 인물열전》, 한겨레신문사, 1994, 162~169쪽).
12 《牒報》(규장각도서 26300), 법부 편, 1895; 손태도, 〈동학농민혁명과 광대집단의 활동 – 홍낙관·홍계관을 중심으로〉, 《역사민속학》 53, 역사민속학회, 2017.
13 《東學亂記錄》하, 〈이규태왕복서 병 묘지명〉, 1894년 12월 11일 初更 隊官李圭植上書, 국사편찬위원회, 1971, 467~468쪽; 黃玹, 《梧下記聞》 3筆, 1895년 1월, 72쪽.
14 《동학관련판결문집》 제15호 판결선고서 원본, 1895년 3월(피고 洪樂寬 46세), 정부기록보존소, 1994. 여기에는 홍낙관이 농업을 하는 평민으로 기록되어 있다.
15 오지영, 《東學史》, 영창서관, 1940, 113쪽(《동학사상자료집 2》, 아세아문화사, 1978, 469쪽).

16 《全羅南道高敞郡捉得亂黨姓名罪目幷錄成冊》, 1899년 6월.

17 《天道敎會史草稿》(《동학사상자료집 1》, 아세아문화사, 1978, 477쪽).

18 〈金洛喆歷史〉, 《동학농민전쟁사료총서》 7, 사운연구소, 1996, 275~276쪽. 국한문 원문을 현대어로 옮겼다.

19 손화중의 시신은 결국 찾지 못해 혼장魂葬을 지냈고, 그 손자는 아직도 시신을 수습하지 못한 것을 죄송하게 생각하고 있다. 이이화, 앞의 책, 1994, 66~73쪽.

20 《사법품보》갑, 1899년 6월 30일 전라남도재판소판사의 법부대신에 대한 보고서.

21 앞의 보고서.

22 《사법품보》갑, 1899년 2월 5일 전라남도재판소판사의 법부대신에 대한 보고서 및 1899년 1월 11일 英學罪人金台書取招記;《사법품보》갑, 1899년 6월 30일 전라남도재판소판사의 법부대신에 대한 보고서 및 1899년 6월 29일 全羅南道警務署在囚罪人金台書供招案.

23 조광환, 〈무술·기해 농민봉기의 전개과정과 역사적 의의〉, 《기해 농민봉기에 대한 재조명》, 2019년 5월 30일 기해농민봉기 120주년 기념학술대회, 정읍시, 20쪽.

24 《사법품보》갑, 1899년 1월 11일 英學罪人金台書取招記.

25 사창은 현재 장성군 삼계면 사창리이며, 남계는 영광군 군서면 남계리로 영광읍에서 서쪽 방면에 있다. 김태서가 살던 영광군 삼남면 이문리는 장성군 삼서면 보생리로 사창리에서 멀지 않은 곳에 있다. 김태서의 원래 고향인 함평군과도 인접한 곳이다. '경시'에서 입교인이 모이라고 한 '이문'은 당시 김태서가 살던 곳이었다. 김태서의 활동 반경이 주로 영광·장성의 일정한 범위에 걸쳐 있던 것을 알 수 있다.

26 《사법품보》갑, 1899년 1월 11일 英學罪人金台書取招記.

27 천주교의 경우 본당에 소속된 공소에는 신부가 정주하지 않고 일 년에 정기적으로 두 차례 방문하여 판공성사判公聖事를 주었다. 부활대축일 전의 봄 판공성사, 성탄대축일 전의 가을 판공성사 등 두 차례다(김진소,《천주교 전주교구사》I, 천주교전주교구, 1998, 473~474쪽). 김태서의 봄·가을 두 차례 예배는 마치 천주교 공소의 판공성사를 연상시킨다. 그렇다고 영학이 천주교와 연관된다는 것은 아니고 여러 서양 종교의 의례와 행동을 모방한 측면이 있는 것으로 볼 수 있다.

28 《사법품보》갑, 1899년 1월 11일 英學罪人金台書取招記.

29 《사법품보》갑, 1899년 6월 29일 全羅南道警務署在囚罪人金台書供招案.

30 《사법품보》갑, 1899년 6월 29일 全羅南道警務署在囚罪人金台書供招案.

31 1639년 이래 네덜란드 동인도회사 상인만이 일본 나가사키 데지마에서 교역했는데 그들이 가져온 서양 문명을 일본에서는 난학蘭學이라 불렀다. 개항 이후에는 영어를 바탕으로 한 영·미의 문명을 적극적으로 수용하게 되는데 이를 영학英學이라 했다. 일본의 영학과 전라도의 영학은 관계가 없어 보이지만, 기독교 등 서양 종교의 외피를 쓰면서 영학이라 자칭했다면 그 서양 종교가 영어권에서 배출된 점을 고려하여 그 이름의 유래를 유추해볼 수도 있다.

32 《사법품보》갑, 1899년 7월 15일 비류죄인공초기.

33 《텬로지귀天路指歸》, 경성동예수교회당간인, 1895, 2쪽. 저자는 인도와 미얀마에서 선교 활동을 한 미국 선교사 A. Judson(1788~1850)이다. 전주에서 선교 활동을 했던 레이놀즈는 순회전도용 책자로 《천도소원》, 《장원양우상론》 등과 함께 《천로지귀》를 활용했다(옥성득, 《한국 기독교 형성사》, 새물결플러스, 2020, 559쪽).

34 《상예진리》, 그리스도셩셔, 1891, 1~2쪽.

35 《사법품보》갑, 1899년 7월 全羅北道井邑古阜所捉匪類供案.

36 《뮈텔 주교 일기》1, 한국교회사연구소, 1986, 1893년 2월 20일, 112쪽.

37 《사법품보》을, 1902년 6월 27일 전라북도 재판소판사의 법부대신에 대한 보고서.

38 이만열, 〈권서에 관한 연구〉, 《동방학지》65, 연세대학교 국학연구원, 1990(《한국기독교와 민족의식》, 지식산업사, 1991 수록) 참조.

39 Anabel Major Nisbet, *Day in and Day out in Korea*, 미국 남장로교 출판위원회, 버지니아 주 리치몬드, 1919(서의필 역, 〈한국에서의 나날〉, 《호남교회춘추》1996년 5월 봄호, 호남교회춘추사, 80~81쪽).

40 류대영, 〈미국 남장로교 선교사 테이트L. B. Tate 가족의 한국선교〉, 《한국기독교와 역사》37, 한국기독교역사연구소, 2012, 18쪽.

41 Lewis B. Tate, "Three Weeks in the Country", *The Missionary* 1903년 7월(류대영, 앞의 논문, 2012, 19쪽 재인용).

42 Anabel Major Nisbet,1919 (서의필 역, 〈한국에서의 나날〉, 《호남교회춘추》1995년 5월 봄호, 82쪽).

43 조경달은 전봉준의 남접을, 최시형의 정통 교리인 범천론적 신관에서 탈피하여 인격신적 상제신앙을 지닌 이단이라고 규정했다. 남접 계열의 영학도 동학 정통과는 구분되는 일신교적 성격의 교리를 지녔을 것이고 그래서 기독교에 공명할 수 있었을 것으로 보았다(조경달 지음, 박맹수 옮김, 《이단의 민중반란》, 역사비평사, 2008, 393~394쪽). 그러나 남접 계열의 동학농민이 일신론을 신봉하기 때문에 영학을 구성했다고 볼 수 있는 증거는 찾을 수 없다.

44 金允植, 《續陰晴史》, 1899년 6월 24일, 국사편찬위원회, 1960, 510쪽.

45 《황성신문》 1900년 2월 21일 잡보, '慶南東徒'.

46 《황성신문》 1899년 6월 5일 논설; 1899년 6월 22일 별보, '南擾의 顚末'.

47 《사법품보》 갑, 1899년 7월 15일 비류죄인공초기.

48 《사법품보》 갑, 1899년 6월 30일 전라남도재판소판사의 의정부찬정법부대신에 대한 보고서.

49 한국기독교사연구회 편, 《한국기독교의 역사》 1, 기독교문사, 1989, 185~192쪽; 이현종, 〈구한말 서구계 종교의 포교 상황〉, 《이대사원》 9, 이대사학회, 1970, 21쪽.

50 《황성신문》 1900년 3월 1일 잡보, '敎會致函'. 현대어로 약간 고쳤다.

51 류대영·옥성득·이만열, 《성서공회사》 I, 대한성서공회, 1993, 255, 464쪽.

52 남장로교의 호남 및 전주 선교 활동에 대해서는 고근 역, 《마티 잉골드 일기》, '1898년 2월 1일 편지'(64~69쪽), '잉골드의 기고문'(285~294쪽), 예수병원, 2018; William D. Reynolds, "Mr. Tate as a pioneer", *The Korea Mission Field*, 1929년 10월호, pp. 207~209; 주명준, 〈천주교와 개신교의 전라도 선교 비교〉, 《전주사학》 6, 전주대학교 역사문화연구소, 1998; 주명준, 〈전주의 기독교 선교〉 1·2, 《호남교회춘추》, 1998년 11월 가을호, 1899년 5월 봄호; 류대영, 앞의 논문, 2012; 한남대학교 교목실 엮음, 《미국 남장로교 선교사 열전》, 동연, 2016; 송현강, 《미국 남장로교의 한국선교》, 한국기독교역사연구소, 2018 참조.

53 조지 톰슨 브라운, 천사무엘·김균태·오승재 옮김, 《한국선교 이야기》, 동연, 2010, 210쪽 참조.

54 L. B. Tate, "The Opening of Chunju Station"(주명준, 〈전주의 기독교 선교 1〉, 《호남교회춘추》, 1998년 11월 가을호, 109~110쪽). 그리고 Anabel Major Nisbet, 서의필 역, 〈한국

에서의 나날〉,《호남교회춘추》1994년 5월 창간호, 74쪽 참조.

55   Anabel Major Nisbet, 서의필 역, 〈한국에서의 나날〉,《호남교회춘추》1994년 5월 창간호, 76쪽.

56   백낙준,《한국개신교사》, 연세대학교출판부, 1973, 175쪽.

57   이덕주,《전주 비빔밥과 성자 이야기》, 진흥, 2007, 22, 24~25쪽; 류대영, 앞의 논문, 2012, 20쪽.

58   류대영, 앞의 논문, 2012, 16쪽.

59   전주역사박물관,《지도로 찾아가는 도시의 역사》, 2004, 252~256, 262~263, 284쪽.

60   이욱, 〈대한제국기 황실의 존숭과 조경단 건립〉,《근대한국 종교문화의 재구성》II, 한국학중앙연구원 출판부, 2006 157~160쪽.

61   《群山領事館分館報告書》, 1902년 8월 14일 군산분관주임의 외무대신에 대한 보고, '당관 관할내 일반상황 보고', 일본 국립공문서관 아세아역사자료센터 소장.

62   Anabel Major Nisbet, 서의필 역, 〈한국에서의 나날〉,《호남교회춘추》1994년 11월 가을호, 82쪽; 주명준, 〈전주의 기독교 선교〉1,《호남교회춘추》1998년 11월 가을호, 118쪽; 이덕주, 앞의 책, 2007, 27, 31, 40쪽.

63   《전라남북선교역사》, 1917년 11월 4일 전라선교 25주년 기념('전라도 선교 25년사',《호남교회춘추》1994년 5월 창간호, 47~49쪽).

64   Anabel Major Nisbet, 서의필 역, 〈한국에서의 나날〉,《호남교회춘추》1995년 5월 봄호, 92쪽.

65   Daniel L. Gifford, *Every-Day Life in Korea*, New York, 1898(심현녀 옮김,《조선의 풍속과 선교》, 한국기독교역사연구소, 1995, 107쪽).

66   주명준, 〈전주 동남북 지방의 기독교 선교 – 맥커첸 선교사를 중심으로〉,《호남교회춘추》1998년 5월 봄호, 121쪽; 류대영, 앞의 논문, 2012, 21쪽.

67   주명준, 〈정읍 지역의 기독교 전래〉,《호남교회춘추》1997년 5월 봄호; 김수진,《호남기독교 100년사 – 전북편》, 쿰란출판사, 1998, 268~273쪽; 배귀득, 〈1910년대 최중진의 자유교회와 그 주변〉,《종교와 식민지 근대》, 윤해동·이소마에 준이치 엮음, 책과함께, 2013.

68   *Annual Report 1898*, "Korea Mission", Executive Committee of Foreign Missions of the

Presbyterian Church in the United States(Southern), p. 61.
69 《독립신문》 1896년 9월 24일 잡보, '군챵잇는 정컨씨가 신문샤에 편지 ᄒ엿ᄂ대'. 현대어로 고쳤다.
70 《독립신문》 1896년 9월 19일 잡보, '고산 정재훈이가 신문사에 편지하였는데'.
71 William M. Junkin, "The Tong Hak", *The Korean Repository*, 1895년 2월호.
72 김진소, 앞의 책, 1998, 571쪽에서 재인용. 이 문건의 출처는 밝혀져 있지 않다.
73 《사법품보》 갑, 1897년 5월 22일 전라북도 관찰사의 법부대신에 대한 質稟書.
74 《그리스도신문》 2권 9호, 1898년 12월 8일 잡보, '칭교협잡'.
75 동학여당의 러시아 정교회 투탁사건에 대해서는 이만열, 〈한말 러시아 정교의 전파와 그 교폐敎弊문제〉, 《숙명여대논문집》 26, 숙명여자대학교, 1987; 이용호, 〈충청남도 서남부 지역의 동학여당과 서양종교〉, 《역사와 담론》 88, 호서사학회, 2018 참조.

2부 근대종교 천도교와 기독교의 경쟁과 연대

5장 천도교의 창건과 기독교 모델

1 이영호, 《동학과 농민전쟁》, 2004, 혜안, 410~411쪽.
2 《群山領事館分館報告書》, 1902년 8월 14일 군산분관주임의 외무대신에 대한 보고, '當館管轄內一般狀況報告', 일본 국립공문서관 아시아역사자료센터 소장.
3 19세에 전봉준 부대의 소접주가 되어 동학농민전쟁에도 참여했던 백낙규白洛奎라는 인물을 예로 들 수 있다. 그는 이후 농민전쟁 이후 익산 황등 동련마을로 피신하여 신분을 감추고 장돌뱅이로 생활하며 정착했다. 술꾼과 싸움꾼으로 살던 중, 나중에 세브란스 학장이 된 남장로교 한국인 조사 오긍선의 설교를 듣고 기독교인이 되었다. 1900년에 익산 최초의 교회를 세우고 이후 교육 계몽운동에 종사했다(전영철, 《믿음, 그 위대한 유산을 찾아서 1》, 선교햇불, 2013). 백낙규는 남접의 동학교도가 기독교로 개종한 사례가 되겠다. 또 1902년 당시의 장로교 신문을 보면, 경기 남방 "여러 고을은 이왕에 동학과 의병의 난을 지내어 인심이 흉패하여 의지할 데가 없던 백성이 많더

니, 그곳에 교회를 처음 설시하여서는 세상 권리를 얻으려고 의세자와 협잡지인이 많이 들어와 교회 일이 잘 되기 어렵더니, 금년에 당하여서는 이런 거짓 교인들이 스스로 나가기도 하고 목사가 출교시키기도 한 고로, 그 남은 교인들이 신실히 믿어가매 교회 일이 잘 되어 간다"(《그리스도신문》 제6권 제21호, 1902년 5월 22일 교회통신, '경기 남방')라고 하여, 교회에 소위 '거짓 교인'이 거의 사라졌다고 한다.

4 이영호, 앞의 책, 2004, 317~319쪽.

5 오병무, 〈동학의 교단 분열과 한국 신흥종교〉, 《신종교연구》 2, 한국신종교학회, 2000 참조.

6 《駐韓日本公使館記錄》 제22권, 12.馬釜木群往來, (1)동학당 정황 조사에 관한 순사 복명서 진달의 건, 1904년 6월 6일 在群山分館主任 橫田三郎의 주한특명전권공사 林權助에 대한 보고.

7 프랑스 목사 밑의 예수교 신자는 천주교를 말하는지 기독교를 말하는지 불분명하지만, 4장에서 1897~1899년 영학당을 논의할 때 그것은 미국 남장로교 선교사 소속의 기독교인일 것으로 추정했었다. 위의 보고서는 "그리스도교 신자는 거의 당(동학당-필자주)에 가담하고 있는 것 같으며, 거괴의 이름과 인원 수는 죽어도 말하지 않는다"고도 언급했는데, 이것도 영학당과 관련된 지나간 이야기일 것으로 추정한다.

8 명첩의 내용은 "龍潭淵源 劍岳布德 北接法大道立革命傳授/ 氏名(血判) 生年月日 住所/ 布德 天下廣濟蒼生 輔國安民之大道"로 되어 있다. 북접 교단에서 발급한 명첩의 한 예를 살펴보면, "龍潭淵源 劍岳布德 北接大道主張奉命傳授/ 李錫華 奉受 完山后人 辛酉生/ 布德天下廣濟蒼生 保國安民之大道/ 庚子 正月日"이다(《東學書》 '入道證書', 《한국민중운동사자료대계》, 여강출판사, 1985, 349쪽). 그런데 조경달은 그들이 예수교 신자를 운운하거나 주의주장에 유일신적 천관이 나타난다고 하여, 남접과는 또 다른, 예수교와 연결된 이단 계보라고 보았다(조경달, 박맹수 옮김, 《이단의 민중반란》, 역사비평사, 2008, 418~420쪽). 그렇지만 그렇게 보기는 어렵다. 이들은 명백히 북접 교단 소속으로 후에 진보회를 조직하는 동학교도들이다.

9 전라도 일대에서 전개된 진보회의 활동에 대해서는 형문태, 〈1904~5년대 동학운동에 대한 일고찰-일진회·진보회를 중심으로〉, 《사학논지》 4·5합집, 한양대학교 사학과, 1977; 이용창, 《동학·천도교단의 민회설립운동과 정치세력화 연구(1896~1906)》, 중앙

대학교 사학과 박사학위논문, 2004, 124~134쪽 참조. 필자는 동학 남접의 변혁세력이 한계에 부딪쳐 소진하게 된 시점과 그 지점에서 북접 교단의 진보회가 이를 대체하게 된다는 점에 초점을 두고 재검토한다.

10 《주한일본공사관기록》 제22권, 12. 馬釜木群往來, (3)진보회의 건에 관한 具報, 1904년 10월 21일 在金溝群山分館主任 橫田三郎의 특명전권공사 林權助에 대한 보고.

11 《대한매일신보》 1904년 10월 13일 잡보 '전북진보회', 10월 14일 잡보 '함열동학'.

12 《대한매일신보》 1904년 10월 14일 잡보 '충남진보회', 10월 14일 잡보 '사방쟁기', 10월 26일 잡보 '참모부조회'.

13 《황성신문》 1904년 9월 13일 잡보, '東學起包';《대한매일신보》 1904년 9월 14일 잡보, '동학통문' 및 '동학광고문'. 박남수는 손병희가 도통을 이어받은 후 차도주에 추가한 춘암 박인호朴寅浩일 것으로 추정된다고 한다(조규태, 〈일제의 한국강점과 동학계열의 변화〉, 《한국사연구》 114, 한국사연구회, 2001, 193쪽).

14 《주한일본공사관기록》 제22권, 12. 馬釜木群往來, (2)進步會員이라 부르는 韓民 집합 건에 관한 구보, 1904년 10월 15일 在全州群山分館主任 橫田三郎의 특명전권공사 林權助에 대한 보고.

15 《대한매일신보》 1904년 10월 21일 잡보, '착괴산당';《황성신문》 1904년 10월 20일 잡보, '礪倅査報'.

16 《대한매일신보》 1904년 12월 29일 잡보, '전주회민'.

17 《대한매일신보》 1905년 1월 5일 잡보, '회민상경'.

18 노용필, 〈정용근의 인물과 저작물〉, 〈정용근의 생애와 동학사상〉, 《동학사와 집강소 연구》, 국학자료원, 2001.

19 보은집회 당시부터 김방서는 금구 대접주, 장경화는 옥구 대접주로 북접 교단에 속해 있었다. 吳知泳, 《東學史》, 永昌書館, 1940, 84, 136쪽(《동학사상자료집》 2, 아세아문화사, 1978, 440, 492쪽).

20 《동학사》, 137쪽(《동학사상자료집》 2, 493쪽).

21 《宗挧院史附東學史》, 《동학농민혁명신국역총서》 1, 동학농민혁명기념재단, 2015; 이병규, 〈남원 지역 토착 동학농민군의 활동 – 김홍기와 유태홍을 중심으로〉, 《동학학보》 33, 동학학회, 2014; 성주현, 〈동학농민군 유태홍과 3·1운동〉, 《동학농민혁명과

3·1운동〉, 동학농민혁명기념재단, 3·1운동 100주년 기념 학술대회, 2019. 9. 25.

[22] 정을경, 〈동학농민군 이병춘의 생애와 독립운동〉, 《동학학보》 53, 2019 참조.

[23] 《동학사》, 111, 129, 171쪽(《동학사상자료집》 2, 467, 485, 527쪽); 이용창, 앞의 논문, 2004, 121, 131쪽.

[24] 《동학사》, 111, 171쪽(《동학사상자료집》 2, 467, 527쪽).

[25] 이이화, 〈오지영《동학사》의 내용검토〉, 《민족문화》 12, 민족문화추진회, 1989; 노용필, 〈오지영의 인물과 저작물〉(1989), 〈오지영의 생애와 그의 저술〉(1992), 《《동학사》와 집강소 연구》, 국학자료원, 2001; 김태웅, 〈1920·30년대 吳知泳의 활동과 《東學史》 간행〉, 《역사연구》 2, 역사학연구소, 1993 참조.

[26] 《동학사》, 139쪽(《동학사상자료집》 2, 495쪽).

[27] 정용근, 《學明德尊》, 《동학접주 鄭容根 全集》 상, 아세아문화사, 1990, 173쪽.

[28] 조규태, 〈《동학사》의 동학농민운동 이후 동학교단의 동향과 분화에 대한 서술〉, 《동학학보》 37, 동학학회, 2015.

[29] 성주현, 〈동학혁명 참여자의 혁명 이후 활동(1900~1919)〉, 《문명연지》 14, 한국문명학회. 2005.

[30] 유바다, 〈동학농민혁명의 3·1운동으로의 계승〉, 《전북사학》 56, 전북사학회, 2019.

[31] 홍동현, 〈1900~1910년대 동학교단 세력의 '동학란'에 대한 인식과 교단사 편찬〉, 《한국민족운동사연구》 76, 한국민족운동사학회, 2013 참조.

[32] 《帝國新聞》 1905년 12월 1일 광고.

[33] 《天道敎志》 제1편 世譜, 최기영·박맹수 편, 《한말 천도교자료집》 1, 국학자료원, 1997, 20~21쪽. 원래의 한문을 번역했다.

[34] 《천약종정天約宗正》, 《한말 천도교자료집》 1, 301쪽.

[35] 《본교역사》는 오상준이 국한문본 《本敎歷史》(1910~1914), 이종일이 국문본 《본교력ᄉ》(1911~1915)를 1910년 8월 창간된 《천도교회 월보》에 연재하여 천도교인들에게 역사의 정통을 선전 교육한 책이다. 한문본은 《동학농민전쟁사료총서》 27, 사운연구소, 1996, 국문본은 최기영·박맹수 편, 《한말 천도교자료집》 2, 국학자료원, 1997에 수록되어 있다.

[36] 《천도교회 월보》 38호, 1913년 9월, 〈본교력ᄉ〉(《한말천도교자료집》 2, 239쪽).

37 홍동현, 《한말·일제시기 문명론과 '동학란' 인식》, 연세대학교 사학과 박사학위논문, 2018, 112~116쪽; 《천도교회사초고》(1920), 천도교 청년교리강연부, 《동학사상자료집》 1; 《천도교서》(1920), 《동학농민전쟁사료총서》 28.

38 김정인, 〈《동학사》의 편찬 경위〉, 《한국사연구》 170, 한국사연구회, 2015; 김정인, 〈천도교 계파의 동학사 인식 - 오지영의 《동학사》와 이돈화의 《천도교 창건사》를 중심으로〉, 《한국사상사학》 56, 한국사상사학회, 2017.

39 동학의 북접 교단에서 볼 때 남접의 동학농민전쟁은 사문난적 이단의 민요였으며, 이런 점을 부각하여 趙景達은 《異端の民衆反亂》(岩波書店, 1998)이라는 제목의 책을 썼다.

40 김태웅, 앞의 논문, 1993; 왕현종, 〈해방 이후 《동학사》의 비판적 수용과 농민전쟁연구〉, 《역사교육》 133, 역사교육연구회, 2015; 배항섭, 《《동학사》의 제1차 동학농민전쟁 전개과정에 대한 서술 내용 분석》, 《한국사연구》 170, 2015.

41 서북 지방 동학교세의 확장에 대해서는 조규태, 〈구한말 평안도 지방의 동학; 교세의 신장과 성격에 대한 검토를 중심으로〉, 《동아연구》 21, 서강대학교 동아연구소, 1990 참조. 이영호, 〈갑오농민전쟁 이후 동학농민의 동향과 민족운동〉, 《역사와 현실》 3, 한국역사연구회, 1990, 194~195쪽의 내용을 많이 활용했다.

42 《東學書》, 1900년 1월 12일 '敬通平安道中', 321쪽.

43 《東學書》, '敬通淸北僉道儒侍經席'(1899년 10월) 및 '敬通平安道大接主洪基兆奉分付謹通'(1899년 11월), 307~310쪽.

44 조규태, 〈游菴 홍기조〉, 《신인간》 제570호, 1998년 2월호, 80~85쪽.

45 평안도 대접주로는 洪基兆, 洪基億의 이름을 나란히 쓰기도 하고(《東學書》, 1900년 6월 '敬通'), 두 사람을 '南北道大接主'라고 지적하기도 했다(《非章訓學存案》 제4책, 1901년 2월 3일 關西察邊使司令官의 훈령 중 영변접주 康成鐸의 진술).

46 《東學書》, 1900년 1월 19일 '敬通淸北首接主李貞漸各該邑接主'; 《천도교회 월보》 170호, 1924년 11월, '천도교태천종리원', 33~34쪽.

47 《천도교회 월보》 제84호, 1917년 7월, 박사직, '追悼李龍星君', 37~38쪽.

48 《사법품보》을, 1901년 2월 17일 평안북도재판소판사의 보고서; 《非章訓學存案》 제2책, 1901년 3월 21일 평안북도재판소 판사의 보고서 및 강성택·강병업·박종근의 공초.

49 이돈화, 《천도교창건사》, 천도교중앙종리원, 1933, 제3편, 25쪽. 강성택에 대한 일화

는 《천도교회사초고》(《동학사상자료집》1, 498~499쪽)에 자세하다.

50 당시 편의장은 신택우·이종구·김낙철·홍병기·이상옥(이만식) 등 5명이었다. 《김낙철역사》, 동학농민혁명 참여자 명예회복 심의위원회, 《동학농민혁명국역총서》 5, 2009, 198쪽.

51 《東學書》, 동학경통문 및 《사법품보》을, 1901년 2월 17일 평안북도재판소 판사의 보고서 참조.

52 《주한일본공사관기록》 제22권, 11.鎭平義元城往來, (3)평안도 강서 증산 함종 방면에 일어난 진보회의 현황, 1904년 10월 25일 진남포 부영사의 특명전권공사 林權助에 대한 보고, 부속서 4, 1904년 8월 5일 '진보회 조직통고문'에 의하면 회장은 이용구, 부회장은 권종덕이고 8월 그믐날 개회할 것이라고 했다. 8월 그믐날 각 군에 진보회를 설립한다는 것이다. 부속서 5의 1, 1904년 9월 '회원수칙 광고문(강서)'에 의하면 주의는 보국안민이고, 일본에 군사상 방해를 하거나 외국 종교의 주교主敎를 훼손하지 말 것을 강조했다.

53 평안도의 진보회 활동에 대해서는 이용창, 앞의 논문, 2004, 140~149쪽 참조.

54 《황성신문》 1904년 9월 13일 잡보, '東學起包'; 《대한매일신보》 1904년 9월 14일 잡보, '동학통문'.

55 《대한매일신보》 1904년 9월 20일 잡보, '서로동도'.

56 《대한매일신보》 1904년 9월 28일 잡보, '순천군보'. '일진회'는 '진보회'를 잘못 칭한 것으로 보인다.

57 《대한매일신보》 1904년 10월 21일 잡보, '평찰우보'.

58 《주한일본공사관기록》 제22권, 11.鎭平義元城往來, (3)평안도 강서 증산 함종 방면에 일어난 진보회의 현황, 1904년 10월 25일 진남포 부영사의 특명전권공사 林權助에 대한 보고, 부속서 2, 1904년 10월 16일 해산고시문.

59 《대한매일신보》 1904년 10월 24일 잡보, '평북회도'.

60 《대한매일신보》 1904년 11월 23일 잡보, '평양진보회'.

61 《대한매일신보》 1905년 1월 6일 잡보, '자행자지'.

62 이돈화, 《천도교창건사》; 최기영, 〈한말 동학의 천도교로의 개편에 관한 검토〉, 《한국학보》 76, 일지사, 1994; 조규태, 앞의 논문, 2001; 김정인, 〈손병희의 문명개화노선과

3·1운동〉,《한국독립운동사연구》19, 독립기념관 한국독립운동사연구소, 2002 참조.

63 《주한일본공사관기록》제21권, 7.陸海軍往復附一進會, (34)일진회 현황에 관한 조사보고, 1904년 11월 22일 조선주차군사령관 落合豊三郞의 특명전권공사 林權助에 대한 보고; 형문태, 앞의 논문, 1977; 이용창, 앞의 논문, 2004, 115쪽.

64 1920년대 천도교단에서 혁신파가 분립해 나갈 때 오지영을 비롯한 전라북도의 교인들이 주축이 되었고, 이후 신파와 구파가 분립될 때에도 신파는 서북 지방을 주축으로 한 반면 구파는 기호 지방을 주축으로 하여 기반의 차이가 나타났는데, 동학농민전쟁 이후 서북 지방의 교세 확장과 전북의 조직 재건을 배경으로 한 것이다. 김정인, 앞의 논문, 2017 참조.

65 그런데 일본군의 진보회원 조사와 일제시기에 나온 동학·천도교인 통계에 차이가 있다. 7장에서 검토될 것이다.

66 《대한매일신보》1905년 12월 1일 광고;《제국신문》1905년 12월 1일 광고.

67 《천도교창건사》, 제3편, 53쪽.

68 손병희는 1905년 12월 1일 일본신문에 '大告 天道敎 出顯'이라는 광고문을 게시하여, "道卽天道 學卽東學이니 즉 古之東學이 今之天道敎'라 하고 이어서《宗旨는 人乃天이요 綱領은 性身雙全 敎政一致요 目的은 保國安民 布德天下 廣濟蒼生 地上天國建設이요 倫理는 事人如天이요 修行道德은 誠敬(信)이라'고 상세히 게재하였다"라고 조기주는 주장했다 (趙基周 編著,《東學의 原流》, 천도교중앙총부 출판부, 1979, 230쪽). 고건호는 이 구절을 천도교 '개신'의 핵심적인 교리로 평가했다(《한말 신종교의 문명론: 동학·천도교를 중심으로》, 서울대학교 종교학과 박사학위논문, 2002, 103~104, 108쪽). 그렇지만 아직까지 그 원문이 일본 신문 어디에 있는지 확인되지 않았다.

69 《그리스도신문》1897년 9월 9일 교회통신.《천도소원》은 중국선교사 윌리암 마틴 William A. Martin이 닝보寧波 장로교회의 지식인들에게 강연했던 것을 1854년 출판한 것으로 중국에서 가장 널리 읽힌 책이다. 유교의 도덕과 기독교의 윤리가 조화될 수 있다고 하여 유학자에게 큰 영향을 끼쳤다(옥성득,《한국 기독교 형성사》, 새물결플러스, 2020, 569~575쪽).

70 《동학사》, 201쪽(동학사상자료집 2, 557쪽).

71 옥성득은 기독교 예배당 양식의 변화과정을 소개했는데(옥성득, 〈예배당: 근대성과 토

72 최기영, 〈한말 천도교와 梁漢默-그 활동과 사상을 중심으로〉, 《역사학보》 147, 역사학회, 1995; 최기영·박맹수 편, 《한말 천도교자료집》 1, 국학자료원, 1997. 양한묵 이후 교리의 근대화는 이돈화에 의해 긴 시간에 걸쳐 진행된다. 허수, 《이돈화 연구》, 역사비평사, 2011 참조.

73 이동초 편저, 《천도교종령존안》, 모시는사람들, 2005.

74 《천덕송》, 1907, 《한말 천도교자료집》 2.

75 《천도교문》(《한말 천도교자료집》 1, 336쪽)에 나오는 "하늘의 사랑하신 품"이라는 표현, 《교우자성》(《한말 천도교자료집》 1, 321쪽)에 나오는 "우리 교는 널리 사랑하기를 주장하는데 그 이치를 궁구하면 사랑하는 이치 두 가지가 있나니 한 가지는 육신관계로 사랑함이오 한 가지는 성령性靈 관계로 사랑함이라"에서 볼 수 있다.

76 옥성득, 앞의 책, 2020, 601~604쪽 참조.

77 《천도교종령존안》, 종령 제16호, 1906년 3월 4일, 36~37쪽.

78 《신인간》 제566호, 1997년 10월호, 표영삼, 〈한울님 관념과 호칭〉, 10~13쪽. '한울님'은 1860년의 용담가에서 처음 사용했고, '천주'는 1861년 4월 지은 주문 '지기금지원위대강 시천주조화정 영세불망만사지'에서 처음 나온다.

79 《천도교회 월보》 제2권 제6호, 1911년 11월 언문부, 조창덕, '천당지옥을 내 마음에서 구함', 64~67쪽.

80 《천도교회 월보》 제63호, 1915년 10월 언문부, 박희택, '김준일씨의 역사', 20~22쪽.

81 《천도교종령존안》, 종령 제15호, 1907년 7월 13일, 122쪽.

82 《천도교종령존안》, 종령 제105호, 1914년 3월 25일, 200쪽.

83 의례의 변화 또는 근대화에 대해서는 김정인, 〈천도교의 3·1운동 前史〉, 《한국민족운동사연구》 22, 한국민족운동사학회, 1999, 92~102쪽; 고건호, 《한말 신종교의 문명론: 동학·천도교를 중심으로》, 서울대학교 종교학과 박사학위논문, 2002, 57~65쪽; Carl Young, "Embracing Modernity: Organization and ritual reform in Ch'ŏndogyo, 1905~1910", *Asian Studies Review*, 29-1, Routledge, 2005, pp.54~56; 고병철, 〈천도교 의례의 변용과 특성: 시일식을 중심으로〉, 《종교교육학연구》 24, 한국종교교육학회, 2007; 최종성, 《동학의 테오프락시: 초기 동학 및 후기 동학의 사상과 의례》, 민속원,

2009, 188~197쪽 참조.
84 최종성, 앞의 책, 2009, 113쪽.
85 《천도교종령존안》, 종령 제16호 1906년 3월 4일, '치성하는 격식', 37쪽.
86 조현범, 〈근대 한국종교문화의 형성과 시간의 재구획〉, 《근대성의 형성과 종교지형의 변동》I, 한국학중앙연구원, 2005.
87 성화회에 대한 최초 규정은 《천도교대헌》, 1906, 《한말 천도교자료집》 2, 46~47쪽 참조.
88 《만세보》 1907년 2월 7일 잡보, '청회연설'.
89 천도교가 기독교의 예배양식을 모델로 하여 활용한 양상을 참고로 제시한다. 1898년 감리교에서 주일 예배를 일정하게 하기 위해 신문에 게재한 예배예식은 다음과 같다 (《대한크리스도인회보》 1898년 1월 12일, '예배예식'). [풍류소리, 찬미, 사도신경, 기도와 주기도문, 성가, 구약, 영광경, 신약, 헌금과 광고, 찬미, 전도, 기도, 찬미, 사도축문]의 순이다. '영광경'은 찬송이고, '전도'는 설교를 말한다. 오늘날의 천도교 시일예식으로 2016년 5월 15일 천도교 서울교구의 '시일회보'에 실린 시일식순을 살펴보면 다음과 같다. [개식, 청수봉전, 심고, 주문 3회 병송, 경전 봉독(몽중노소문답가 1~5절), 천덕송 합창(제5장 몽중노소문답가 1-4절), 설교, 천덕송 합창(송가 영부의 노래 1~2절), 심고, 폐식, 주문 21회 합송 및 경전 합독]의 순이다. 헌금은 별도의 순서 없이 입구에 헌금함을 놓는 것으로 대신했다. 100여 년 변화해오면서 기독교의 예식과 더욱 유사해졌다. 기독교의 경우 예배의 4가지 요소로 찬양·기도·성경낭독·설교를 들고 있는데, 천도교에서도 이런 요소를 비슷하게 수용했다.
90 《천도교종령존안》, 종령 제4호 1906년 2월 7일, 18쪽.
91 《천도교종령존안》, 종령 제9호 1906년 2월 20일, 24~25쪽; 종령 제34호 1906년 7월 27일, 87쪽; 종령 50호 1906년 10월 20일, 97쪽.
92 《천도교종령존안》, 종령 제39호 1909년 11월 3일, 154쪽; 종령 62호 1910년 9월 3일, 165~166쪽.
93 옥성득은 한국 기독교가 무교-선교-불교-유교로 발전되어온 한국인의 종교성을 토대로, 북미 선교사와 중국 개신교의 영향을 받아 한국의 근대 '신종교新宗敎'로 창조되었다고 주장한다. 토착화 과정에 수용과 배제의 원칙이 작동했는데, 전통 종교에

서 수용된 예로, 새벽 기도·통성 기도·날연보 등을 지적했다. 1905년 평양 사경회에서 시작된 '새벽 기도'는 도교의 칠성신 새벽 기도나 부녀자의 새벽 조왕신 기도에 기원을 두고 있다고 본다. '통성 기도'는 불교 및 도교의 독송 또는 주문의 영향을 받았을 것으로 추측했다. 1904년 선천 사경회에서 시작된 '날연보'는 두레와 유사한 것으로 보았다(옥성득, 앞의 책, 2020 참조). 기독교를 한국 근대의 '신종교'로 간주한 점이 주목되는데, 동학-천도교야말로 신종교였다. 천도교에서 동학의 의례를 근대화할 때 표준이 되었던 기독교가 이미 수용과 배제의 방식으로 전통 종교의 요소를 일부 수용하고 있었다고 할 때, 천도교와의 상호 침투도 얼마든지 가능한 일이었다.

94 Carl Young, 앞의 논문, 2005, p.56. 칼 영은 민간신앙적 요소는 제거되고, 유교적 전통은 계승되었다고 보았다.

6장 천도교와 기독교의 경쟁

1 《천도교회 월보》제131호, 1921년 7월, 蓮史, '연원문답', 61쪽.
2 《천도교회 월보》제128호, 1921년 3월, 源菴, '연원문제', 36쪽.
3 표영삼, 〈섬포 조직과 남북접의 실상〉, 《한국학논집》 25, 한양대학교 한국학연구소, 1994; 표영삼, 〈접·포 조직과 남·북접의 실상〉, 《신인간》 제540~541호, 1995년 6~7월호; 성북촌, 〈중앙총부 조직 변천에 관한 고찰〉, 《신인간》 제567~568호, 1997년 11~12월호.
4 이돈화, 《천도교창건사》, 천도교중앙종리원, 1933, 제2편 74~75쪽.
5 이만식李萬植은 이전 동학농민전쟁 때에는 '이상옥'이라는 이름을 사용했고, 이후 진보회를 창립할 때 '이용구'라고 했다.
6 《非章訓學存案》제2책, 1901년 2월 17일 평안북도관찰사의 보고서; 《司法稟報》 乙, 1901년 3월 23일 황해도재판소 판사의 보고.
7 《東學書》, '입도축문식', 《한국민중운동사자료대계》, 여강출판사, 1985, 362~368쪽.
8 《東學書》, 1900년 1월 '敬通于西關胞中'(義菴), 1900년 1월 12일 '敬通平安道中'(北接誠道主松菴), 1900년 1월 19일 '敬通淸北首接主李貞漸各該邑接主'(북접성도주 송암), 1900년 2월

'敬通'(巡接主 孫秉欽 李萬植), 318~322, 344~346쪽.
9 이동초,《천도교 민족운동의 새로운 이해》, 모시는사람들, 2010, 77~80쪽.
10 《천도교창건사》, 제3편, 21~22쪽
11 이동초 편저,《천도교회종령존안》, 종령 제3호 1906년 2월 3일, 모시는사람들, 2005, 17쪽;《천도교회 월보》제2권 제4호, 1911년 9월, 이종일, '연원의 관계', 55쪽.
12 고건호,《한말 신종교의 문명론: 동학·천도교를 중심으로》, 서울대학교 종교학과 박사학위논문, 2002, 51~57쪽 참조.
13 《천도교대헌》, 1906, 최기영·박맹수 편,《한말 천도교자료집》2, 국학자료원, 1997;《천도교 창건사》, 제3편, 54~55쪽;《천도교회사 초고》,《동학사상자료집》1, 아세아문화사, 1978, 514쪽.
14 오지영,《동학사》, 영창서관, 1940, 206쪽(《동학사상자료집》2, 아세아문화사, 1978, 562쪽). "소위 연원의 계통이라는 것을 다 각기 찾을 자가 없어지고 다만 남아 있는 것이 2~3인에 지나지 못하게 되었음으로 하여 모두가 본 연원의 계통이라는 것은 잃어버리고 의암포가 아니면 구암포로 들어가고 말았던 것이다."
15 《동학사》, 205쪽(《동학사상자료집》2, 561쪽).
16 김정인,〈1910년대《천도교회 월보》를 통해서 본 민중의 삶〉,《한국문화》30, 서울대학교 규장각한국학연구원, 2002, 314~315쪽.
17 《천도교대헌》, 1911.
18 《천도교창건사》제3편, 70쪽.
19 1890년 조선의 북장로교 선교사들은 중국 선교사 네비우스John L. Nevius를 서울에 초청하여 2주 동안 중국 선교 경험을 바탕으로 고안된 새로운 선교 방법을 전수받았다. 북장로교 선교사들은 이를 전폭적으로 수용하여 평안도 지방의 선교에 적용했고, 20년 동안 상당한 성과를 거둔 것으로 평가되고 있다. 백낙준,《한국개신교사》, 연세대학교 출판부, 1973, 237~239, 303~311쪽.
20 Charles A. Clark, *The Nevius Plan for Mission Work*, The Christian Literature Society, Seoul, Korea, 1937(곽안련, 박용규·김춘섭 옮김,《한국교회와 네비우스 선교정책》, 대한기독교서회, 1994, 24~25쪽).
21 Harry A. Rhodes, *History of the Korea Mission Presbyterian Church U.S.A.* Vol I (1884~1934)(최

재건 옮김,《미국 북장로교 한국 선교회사(1884~1934)》, 연세대학교 출판부, 2009, 246쪽).
22 곽안련 지음, 박용규·김춘섭 옮김,《한국교회와 네비우스 선교정책》, 33, 102~103, 152~154쪽.
23 이덕주,《나라의 독립 교회의 독립》, 기독교문사, 1988, 105~108쪽.
24 곽안련, 앞의 책, 15, 57, 323쪽.
25 《신학 월보》제3권 제12호, 1903년 12월, '평양류동교회소식'.
26 조선혜,《노블 부인의 선교생활 연구》, 감리교신학대학교 박사학위논문, 2012, 50~52쪽.
27 곽안련, 앞의 책, 33, 138쪽.
28 곽안련, 앞의 책, 53, 151쪽.
29 곽안련, 앞의 책, 134~136쪽.
30 곽안련, 앞의 책, 32쪽.
31 곽안련, 앞의 책, 100~112쪽.
32 곽안련, 앞의 책, 35~36, 106, 139, 146~147, 260쪽.
33 베네딕트 앤더슨, 윤형숙 옮김,《상상의 공동체》, 나남, 2002 참조.
34 《예수교신보》제6호, 1908년 1월 29일, 교회봉신, '조산남문밖 지교회'.
35 《그리스도회보》1912년 4월 30일 교중휘문, '태천교회의 과거와 현재'.
36 《천도교회 월보》제63호, 1915년 10월 언문부, 이종일, '포덕광제의 뜻 해석', 4쪽.
37 《천도교회 월보》제45호, 1914년 4월, 지방소식, '趙氏熱誠', 24쪽.
38 《천도교회 월보》제36호, 1913년 7월, 지방소문, 희천, 18~19쪽.
39 《천도교회 월보》제114호, 1920년 2월, 최인홍, '이찬화씨에 대하여', 87쪽.
40 《천도교회 월보》제39호, 1913년 10월, 지방소식, '元慈山교구실', 22쪽.
41 《천도교회 월보》제139호, 1922년 3월, 何心子, '弓乙村'(1), 94~97쪽; 제140호, 1922년 4월, '弓乙村'(2), 88~91쪽.
42 《천도교회 월보》제141호, 1922년 5월, 何心子, "弓乙村'(3), 80쪽.
43 《그리스도신문》제10권 15호, 1906년 4월 12일 교회통신, '평양래신'.
44 《예수교회보》제2권 제40호, 1911년 10월 3일, '마귀의 세력이 주를 막지 못함'.

45 《그리스도신문》 제10권 13호, 1906년 3월 29일 교회통신, '평양동면 장천래신'(김택조).
46 앞과 같음. 날연보는 1905년 선천 선교기지에서 시작되어 전국으로 확산되었다(이덕주,《한국 토착교회 형성사 연구》, 한국기독교역사연구소, 2000, 154~155쪽).
47 《예수교회보》 제2권 제7호, 1911년 2월 14일, '강동교회 왕성'.
48 《예수교회보》 제2권 제26호, 1911년 6월 27일, '며느리의 믿음이 시부를 감화시킴'.
49 《예수교회보》 제2권 제40호, 1911년 10월 3일, '마귀의 세력이 주를 막지 못함'.
50 《예수교회보》 제2권 제40호, 1911년 10월 3일, '주의 일군이 많이 남'.
51 《예수교회보》 제2권 제44호, 1911년 10월 31일, "신중리교회의 부흥".
52 《천도교회 월보》 제42호, 1914년 1월, 지방소식 – '황주'.
53 《천도교회 월보》 제36호, 1913년 7월, 지방소문 – '황주'.

7장 천도교와 기독교의 교세 비교

1 村山智順,《朝鮮の類似宗敎》, 朝鮮總督府, 1935(최길성·장상언 공역,《조선의 유사종교》, 계명대학교출판부, 1991, 400~401쪽).
2 《조선의 유사종교》, 383~384쪽.
3 《조선의 유사종교》, 621~624쪽.
4 이만열, 〈한말 기독교인의 민족의식 형성과정〉,《한국사론》1, 서울대학교 국사학과, 1973(《한국기독교와 민족운동》, 보성, 1986, 14~17쪽) 참조. 그리고 김승태, 〈무단통치기 조선총독부의 한국 종교계의 동향〉,《한국기독교와 역사》47, 한국기독교역사연구소, 2017, 41~42쪽; 이덕주, 〈3·1과 기독교 – 준비단계에서 이루어진 종교연대를 중심으로〉,《한국기독교와 역사》47, 2017, 119쪽 참조.
5 감리교에서 발행된《신학월보》에는 '회우', '학습인', '입교인'을 다음과 같이 설명한다. '회우'는 "교회 도리를 알지 못하는 사람이 멀리 하나님의 빛을 보고 흠선하여 새 길을 찾자고 교회에 들어와 교회 다니기를 청원하며 예수를 믿으려고 하는 사람"으로, 세 주일 출석 후 회우록에 등재하고 6개월 동안 변함이 없으면 삭제한다. '학습인'은 "자기의 죄를 깨달으며 회개하고 믿음으로써 하나님의 진노하심을 면하여 교회에

들고자 하는 사람이면 가히 학습인으로 받을 것"이라고 했다. '세례인'은 "학습인 중에서 온전히 회개하여 죄 사유함을 얻고 성신의 감화하심으로 새로 난 사람이 있으면 마땅히 세례를 받을지니라"라고 했나. '입교인'은 "교회에 권리를 마땅한 사람에게 수는 것이니 교회에 온전한 계제라.……세례 받은 학습인이 교회에서 만단 법과 장정과 규칙을 배워 알고 교인의 권리를 쓸 만한 재주가 있어야 마땅히 입교 할지니라"라고 했다.《신학월보》제2권 7호, 1902년 7월, '교회 조직하는 법', 222~226쪽.

6 통감부 학부에서 조사한 자료를 살펴보면《통감부문서》제8권, 8.기독교상황, (1)북한 지방에 있어서의 기독교학교 시찰 복명, 1908년 12월 5일 학부서기관 隈本繁吉의 俵 학부차관에 대한 보고), 평안남북도와 황해도를 합한 1908년 북장로교 교인 수는 73,844명, 1907년 북감리교는 23,455명으로,〈표 7-4〉의 통계와 큰 차이가 있다. 교회당이나 부속학교, 학생, 선교사 등의 통계에서도 차이가 있다. 이렇게 일본 헌병대의 조사와 통감부 학부의 조사에도 차이가 나기 때문에 어떤 한 가지 통계를 절대화하는 것은 위험하다.

7 《駐韓日本公使館記錄》제26권, 11.雜纂, (10)平壤지방 정세시찰보고서 제출 건, 1907년 4월 15일 內田良平이 統監 伊藤侯爵에게 보낸 보고.

8 《천도교회 월보》제1권 7호, 1911년 3월 중앙총부휘보, '신포덕의 槪算', 56쪽; 제1권 8호, 1911년 4월 중앙총부휘보, '신포덕의 개산 續, 50쪽.

9 《半島時論》제2권 제1호, 1918년 1월, 백대진, '天道·侍天 兩敎의 내부를 해부하여 공평을 促함(3)'.

10 村山智順, 최길성·장상언 공역,《조선의 유사종교》, 1991, 55쪽.

11 領木彰,〈黃海道東學黨征討略記〉,《동학농민혁명국역총서》4, 동학농민혁명참여자명예회복심의위원회, 2008, 512~513쪽.

12 《통감부문서》제6권, 1.헌병대기밀보고, (650)한국의 기독교 현황 시찰결과 보고, 1909년 9월 2일 憲機 제1707호.

13 朴殷植,《韓國獨立運動之血史》上, 上海 維新社, 1920, 58쪽.

14 《통감부문서》제8권, 8.기독교상황, (44)外敎세력에 관한 평안북도 내무부장 보고서, 1909년 10월 7일 地收제968호.

15 《통감부문서》제6권, 1.헌병대기밀보고, (650)한국의 기독교 현황 시찰결과 보고,

1909년 9월 2일 憲機 제1707호.

16 참고로 천주교의 교세를 살펴보면, 신자 수가 3만 명을 넘어서는 것은 1897년부터이며 1903년에 6만 명을 넘고 1909년에 7만 명을 넘어선다. 이와 비교해보면, 〈표 7-3〉에서 일본 헌병대가 1909년 천주교인 수를 2만 5,893명으로 추산한 것은 지나치게 과소평가한 것이다. 서울·경기·충청·전라도에서 천주교인 수가 많게 나온다. 천주교인의 통계는 신입 교우들을 배제하고 성인 영세자 이상을 중심으로 하므로 다른 종교에 비해 신자 수 추계가 저평가되었다고 볼 수 있다. 그런 점을 감안해도 1910년대 천주교의 교세는 천도교 및 기독교의 기세와 비교할 때 답보 상태에 머물러 있다. 1911년 대구대목구와 서울대목구가 구분되는데, 1919년 현재 서울대목구 신자 수는 5만 8,945명에 불과했다. 장동하, 《개항기 한국사회와 천주교회》, 가톨릭출판사, 2005, 102쪽; 《서울교구 연보》 II, 한국교회사연구소, 1987 참조.

17 《그리스도신문》 1902년 1월 30일 교회통신, '평양(마목사)', 33쪽.

18 《주한일본공사관기록》 제26권, 11.雜纂, (10)平壤지방 정세시찰보고서 제출 건, 1907년 4월 15일 內田良平의 統監 伊藤 侯爵에 대한 보고.

19 《통감부문서》 제8권, 8. 기독교상황, (1)북한 지방에 있어서의 기독교학교 시찰 복명, 1908년 12월 5일 학부서기관 隈本繁吉의 俀 학부차관에 대한 보고.

20 백낙준, 《한국개신교사》, 연세대학교출판부, 1973, 191~193, 284~288쪽; Harry A. Rhodes, *History of the Korea Mission Presbyterian Church U.S.A.* Vol I (1884~1934) (최재건 옮김, 《미국 북장로교 한국 선교회사(1884~1934)》, 연세대학교 출판부, 2009, 103쪽).

21 백낙준, 앞의 책, 1973, 284~288쪽; Charles D. Stokes, 장지철·김홍수 옮김, 《미국감리교회의 한국선교 역사 1885~1930》, 한국기독교역사연구소, 2010 참조.

22 《통감부문서》 제8권, 8.기독교상황, (1)북한 지방에 있어서의 기독교학교 시찰 복명, 1908년 12월 5일 학부서기관 隈本繁吉의 俀 학부차관에 대한 보고.

23 Charles D. Stokes, 장지철·김홍수 옮김, 앞의 책, 2010, 84, 116~119, 163~164쪽.

24 《조선의 유사종교》, 437쪽.

25 조규태, 〈구한말 평안도 지방의 동학 – 교세의 신장과 성격에 대한 검토를 중심으로〉, 《동아연구》 21, 서강대학교 동아연구소, 1990, 80쪽.

26 희천군에 천도교인이 한 명도 없는 것으로 집계되었지만 반드시 그런 것은 아니다.

희천군에는 1895년 동학이 전파된 후 1902년에는 크게 발전되어 5천여 호에 이르는 대성황을 이루었지만, 1904년에 3천여 호가 줄어들고 1906년 시천교로 들어가 남은 교도가 30어 호에 불과했다는 진단이 있다(《천도교회 월보》 제158호, 1923년 11월, '희천군종리원 연혁 급 신축 상황', 50쪽). 동학·천도교는 정치와 교단 분립에 연루되어 지역별로 이러한 교세의 부침 현상이 적지 않았을 것으로 추측된다. 일정 시점의 통계를 고정불변으로 인식하거나 일방적인 증가 또는 감소세로만 파악해서는 안 된다.

27 《천도교회 월보》 제149호, 1923년 2월, 43쪽.
28 《통감부문서》 제8권, 8.기독교상황, (1)북한 지방에 있어서의 기독교학교 시찰 복명, 1908년 12월 5일 학부서기관 隈本繁吉의 俵 학부차관에 대한 보고.

8장 천도교와 기독교의 3·1운동 연대

1 《統監府文書》 제10권, 10.憲兵隊機密文書 四 , (24)기독교와 천도교의 관계, 1909년 5월 18일 憲機제1020호.
2 정병준, 〈중국 관내 신한청년당과 3·1운동〉,《한국독립운동사연구》 65, 독립기념관 한국독립운동사연구소, 2019 참조.
3 조규태, 〈3·1운동과 천도교-계획과 전개에 나타난 천도교의 역할을 중심으로〉,《유관순 연구》창간호, 천안대학교 유관순연구소, 2002 참조.
4 105인사건은 장로교 3·1운동과 밀전한 관련이 있다. 윤경로,《105인사건과 신민회 연구》, 일지사, 1990; 개정증보판, 한성대학교출판부, 2012 참조.
5 김형석, 〈한국 기독교와 3·1운동-서북 지방의 기독교 민족운동과의 관계를 중심으로〉,《한국기독교와 민족운동》, 이만열 외 7인 지음, 보성, 1986; 이덕주, 〈3·1운동과 기독교-준비단계에서 이루어진 종교연대를 중심으로〉,《한국기독교와 역사》 47, 한국기독교역사연구소, 2017 참조.
6 조규태, 앞의 논문, 2002; 이덕주, 앞의 논문, 2017; 김정인, 〈1919년 3월 1일 만세시위, 연대의 힘〉,《역사교육》 147, 역사교육연구회, 2018; 박찬승,《1919-대한민국의 첫 번째 봄》, 다산초당, 2019 참조.

7 장동민, 〈3·1운동 시 기독교와 천도교 연합과 그 사상적 배경〉, 《교회사학》 7-1, 한국기독교회사학회, 2008; 한규무, 〈기독교와 천도교의 3·1운동 협력에 대한 평가와 오늘의 의미〉, 《기독교사상》 2014년 3월호, 대한기독교서회; 이덕주, 앞의 논문, 2017; 김정인, 앞의 논문, 2018; 허영란, 〈삼일운동의 네트워크와 조직, 다원적 연대〉, 《사학연구》 132, 한국사학회, 2018; 이덕주, 〈3·1운동 기독교 민족대표 16인에 대하여〉, 《한국기독교와 역사》 50, 2019.

8 李炳憲 編著, 《三一運動秘史》, 時事時報社, 1959, 최린 선생 취조서, 581쪽.

9 이병헌, 앞의 책, 1959, 최린 선생 취조서, 589쪽.

10 이병헌, 앞의 책, 1959, 이승훈 선생 취조서, 349쪽.

11 이병헌, 앞의 책, 1959, 박희도 선생 취조서, 434쪽.

12 이병헌, 앞의 책, 1959, 이명룡 선생 취조서, 326쪽.

13 이병헌, 앞의 책, 1959, 정춘수 선생 취조서, 550~551쪽.

14 이병헌, 앞의 책, 1959, 신석구 선생 취조서, 491쪽.

15 이병헌, 앞의 책, 1959, 신석구 선생 취조서, 494쪽.

16 이병헌, 앞의 책, 1959, 박희도 선생 취조서, 434쪽.

17 이병헌, 앞의 책, 1959, 정춘수 선생 취조서, 554쪽.

18 이병헌, 앞의 책, 1959, 정춘수 선생 취조서, 555쪽.

19 김형석, 앞의 논문, 353~354쪽; 이덕주, 앞의 논문, 2017, 141~142쪽.

20 1919년 3·1운동 초기의 311개 시위 중에서 천도교인이 주도한 것은 66개 지역, 기독교인이 주도한 것은 78개 지역, 천도교인과 기독교인이 연대시위한 것은 42개 지역이었다는 지적이 있다. 이만열, 〈3·1운동과 한국 기독교〉, 《한국기독교와 민족의식》, 지식산업사, 1991, 349쪽.

21 〈표 8-2〉를 보면 경기도에서도 천도교와 기독교가 주도한 시위가 많고 연대한 경우도 다수 나타난다. 유명한 수원 제암리 학살사건도 천도교 및 기독교가 연루된 사건이었다. 여기서는 평안도 지방에 집중하고, 경기도 등 남부 지역의 사례는 다루지 못했다.

22 동아일보사 편저, 《3·1운동 50주년기념논집》, 동아일보사, 1969.

23 한국역사연구회·역사문제연구소 편, 《3·1민족해방운동 연구》, 청년사, 1989.

24 이정은, 《3·1독립운동의 지방시위에 관한 연구》, 국학자료원, 2009.

25 《역사와 현실》 74, 한국역사연구회, 2009, '특집: 3·1운동, 기억과 기념', 2009; 권보드래, 《3월 1일의 밤》, 돌베개, 2019; 한국역사연구회 3·1운동 100주년기획위원회 엮음, 《3·1운동 100년》, 전 5권, 휴머니스트, 2019.

26 정용욱, 〈3·1운동사 연구의 최근 동향과 방향성〉, 《역사와 현실》 110, 한국역사연구회, 2018 참조.

27 《한국기독교와 역사》 47, '특집: 3·1만세운동과 종교계', 2017; 한국기독교역사연구소 엮음, 《3·1운동과 기독교 민족대표 16인》, 한국기독교역사연구소, 2018; 동학농민혁명기념재단, 《동학농민혁명과 3·1운동》, 3·1운동 100주년기념 학술대회, 2019.9.25.

28 김형석, 앞의 논문; 김진봉, 〈관서 지방의 3·1운동〉, 《최영희선생 화갑기념 논총 한국사학논총》, 탐구당, 1987; 이윤상, 〈평안도지방의 3·1운동〉, 《3·1민족해방운동 연구》, 청년사, 1989; 김정인·이정은, 《국내 3·1운동 Ⅰ-중부·북부》, 독립기념관 한국독립운동사연구소, 2009; 기타 군 단위 사례 연구 참조.

29 김정인, 앞의 논문, 2018 참조.

30 이덕주, 《나라의 독립 교회의 독립》, 기독교문사, 1988 참조.

31 Harry A. Rhodes, *History of the Korea Mission Presbyterian Church U.S.A.* Vol I (1884~1934)(최재건 옮김, 《미국 북장로교 한국 선교회사(1884~1934)》, 연세대학교 출판부, 2009, 154쪽).

32 Harry A. Rhodes, 최재건 옮김, 앞의 책, 155쪽.

33 북감리교의 평안도 지방 선교에 대해서는 Charles D. Stokes, *History of Methodist Missions in Korea, 1885~1930*, 예일대학교 박사학위논문, 1947(장지철·김흥수 옮김, 《미국 감리교회의 한국선교 역사 1885~1930》, 한국기독교역사연구소, 2010); 김진형, 《초기 한국 감리교회 북한교회사 1887~1910》, 기독교대한감리회 서부연회·한민족통일선교회, 1997 참조.

34 이덕주, 《남산재 사람들》, 그물, 2015 참조.

35 김진형, 앞의 책, 1997, 124~127쪽.

36 《대한매일신보》 1904년 9월 10일 잡보, '동학쟁개'.

37 《대한매일신보》 1904년 10월 21일 잡보, '평찰우보'.

38 《대한매일신보》1904년 11월 23일 잡보, '평양진보회'.
39 이돈화,《천도교창건사》, 천도교중앙종리원, 1933, 제3편, 45쪽.
40 《주한일본공사관기록》제21권, 7. 陸海軍往復附一進會, (34)일진회 현황에 관한 조사보고, 1904년 11월 22일 한국주차군사령관 落合豊三郎의 특명전권공사 林權助에 대한 보고.
41 《천도교회 월보》제2권 제10호, 1912년 3월, 교중회보, '평양', 67쪽.
42 평양의 3·1운동은 김형석, 앞의 논문; 김진봉, 앞의 논문, 1987; 이윤상, 앞의 논문, 1989; 황민호, 〈《매일신보》에 나타난 평양 지역의 3·1운동과 기독교계의 동향〉,《숭실사학》31, 숭실사학회, 2005; 김정인·이정은, 앞의 책, 2009 참조.
43 김승태, 〈북한 지역의 선구적 독립선언과 만세시위 - 의주, 평양, 원산, 함흥을 중심으로〉,《3·1운동의 역사적 의의와 지역적 전개》, 한국사연구회 편, 경인문화사, 2019, 96~99쪽 참조.
44 고성은,《신홍식의 생애와 민족 목회활동 연구》, 삼원서원, 2012, 166~177쪽; 고성은, 〈민족목회자 동오 신홍식〉,《3·1운동과 기독교 민족대표 16인》, 2019, 158~160쪽; 서울역사박물관,《경성과 평양의 3·1운동》, 2018, 183~184쪽 참조.
45 김승태, 앞의 논문, 2019, 103쪽에서 재인용.
46 《매일신보》1919년 3월 7일, 각지 소요사건 - 평안남도 평양, '경찰서에 돌질'. 현대어로 일부 수정했다.
47 김정인, 앞의 논문, 2018, 397쪽.
48 《大正八年 騷擾事件ニ關スル道長官報告綴》7책의 2(국사편찬위원회 DB), 1919년 3월 2일 평안남도장관의 조선총독에 대한 평남기밀 제118호 보고, '朝鮮人ノ不穩行動ニ關スル件'.
49 평양의 장로교, 감리교, 천도교 시설의 위치에 대해서는 좀 더 고증이 필요하다. 조선혜,《노블 부인의 선교생활 연구》, 감리교신학대학교 박사학위논문, 2012, 116~122쪽. 서울역사박물관,《서울과 평양의 3·1운동》, 3·1운동 100주년 기념 특별전, 2019, 117~118쪽; 옥성득,《한국 기독교 형성사》, 새물결플러스, 2020, 641쪽 참조.
50 Harry A. Rhodes, 최재건 옮김, 앞의 책, 2009, 195~217쪽.
51 《그리스도신문》1906년 8월 9일 교회통신, '의주양시래신'.

52 노북교회는 5·11·19·36번, 상단교회는 35번, 倉會(倉敎會)는 10번 등 다른 교회 설립 과정에 등장하여 존재가 확인된다. 뒤의 〈그림 8-6〉에서 점으로 표시된 의주 관내의 자립교회 숫자를 세어보면 39개가 된다.

53 의주의 교회에 부설된 학교의 상황에 대해서는 다음의 기사를 참조할 수 있다.《그리스도신문》1906년 8월 9일 교회통신, 이치원, '의주 양시래신'; 1906년 8월 30일 교회통신, '의주 양시교회 래신'.

54 《그리스도신문》1906년 8월 2일 교회통신, '의주래신'.

55 俵孫一,〈선교사에 대한 의견서〉(김승태 편역,《일제강점기 종교정책사 자료집》, 한국기독교역사연구소, 1996, 27쪽).

56 차재명 편,《조선예수교장로회사기》(상), 조선기독교창문사, 1928, 176~177쪽.

57 《그리스도신문》1906년 1월 18일 교회통신, 김창건, '의주래신'.

58 양실학원으로 추정되는 중학교의 설립과정에 관한 기사는 다음과 같다.《그리스도신문》1906년 4월 5일 교회통신, 유준근, '의주 위화면 래신'; 1906년 3월 29일 교회통신, 김창건, '의주래신'; 1906년 6월 21일 교회통신, 서기생 박영운, '의주중학회'.

59 《대한매일신보》1906년 4월 11일 잡보, '의주신사회'.

60 《천도교회 월보》제161호, 1924년 2월 '전도교의주종리원', 27~31쪽; 제176호, 1925년 5월 '전도교의수송리원(補記)', 38쪽.

61 《신인간》제587호, 1999년 7월호, 조규태, '계암 최석련', 82~87쪽.

62 《천도교회 월보》제2권 제9호, 1912년 2월 지방경황, '兩區長勤勞', 72쪽.

63 《천도교회 월보》제68호 1916년 3월 雜組, 최안국, '義州郡各面傳敎室新建記', 35~37쪽.

64 《천도교회 월보》제39호, 1913년 10월 지방소식, '의주수진면용문동', 21쪽.

65 《천도교회 월보》제68호, 1916년 3월 雜組, 최안국, '義州郡各面傳敎室新建記', 26쪽.

66 《천도교회 월보》제1권 제10호, 1911년 5월 學事, '강습소 명칭 개정', 54~55쪽.

67 《그리스도신문》1906년 4월 5일 교회통신, 유준근, '의주 위화면 래신'.

68 이용철,〈평안북도 의주 지역의 3·1운동〉,《한국독립운동사연구》61, 2018, 65~66쪽, 〈표 1〉의주 지역 3·1운동 상황.

69 이용철, 앞의 논문, 2018; 김승태,〈의주에서의 3·1운동과 유여대 목사〉,《기독교사상》2018년 7월호; 김정인, 앞의 논문, 2018 참조.

70 김병조,《한국독립운동사략(상)》, 상해: 선민사, 1922(김형석 편저,《일재 김병조의 민족운동》, 남강문화재단출판부, 1993, 233~234쪽); 김승태, 앞의 글, 2018, 111쪽.

71 이병헌, 앞의 책, 1959, '유여대선생 취조서', 276~277쪽.

72 김승태, 앞의 글, 2018, 108~110쪽; 김정인, 앞의 논문, 2018, 406~408쪽.

73 독립운동사편찬위원회,《독립운동사자료집》5, 1972, '안석응 등 7명의 판결문', 1919년 8월 14일, 877~878쪽.

74 이용철, 앞의 논문, 2018, 54~55쪽.

75 이용철, 앞의 논문, 2018, 55~61쪽.

76 《한국민족운동사료(3·1운동편)》1, '조선소요사건 일람표' 평안북도지부, 421~429쪽.

77 선천의 기독교 성장에 대해서는 옥성득, 〈선천 기독교의 성장과 부흥〉,《다시 쓰는 초대 한국교회사》, 새물결플러스, 2016 참조.

78 선천을 중심으로 한 휘트모어의 선교 활동에 대해서는 김명배,《위대모와 평북 기독교》, 숭실대학교 출판국, 2017; 김명배, 〈휘트모어의 선천 선교사역과 평북 지역 기독교 확장에 관한 연구〉,《선교와 신학》44, 장로회신학대학교 세계선교연구원, 2018 참조.

79 Harry A. Rhodes, 최재건 옮김, 앞의 책, 195~217쪽.

80 《그리스도신문》1906년 3월 8일 교회통신, 양장로전백, '선천래신'.

81 이덕주,《한국 토착교회 형성사 연구》, 한국기독교역사연구소, 2000, 154~155쪽.

82 《그리스도신문》1906년 8월 16일 교회통신, 안준, '선천래신'.

83 선천 시찰에 속한 16곳의 교회에 대한 연혁은 김명배, 앞의 책, 2017, 84~88쪽 참조.

84 Harry A. Rhodes, 최재건 옮김, 앞의 책, 195~214쪽; 김명배, 앞의 책, 2017, 153~164쪽.

85 엄영식, 〈오산학교에 대하여〉,《남강 이승훈과 민족운동》, 남강문화재단 편, 남강문화재단출판부, 1988; 조현욱, 〈오산학교와 서북학회정주지회〉,《문명연지》3-1, 한국문명학회, 2002 참조.

86 《천도교회 월보》제2권 제10호 1912년 3월, '지방교황', 71쪽.

87 《천도교회 월보》제61호(1915년 8월, '선천군교구의 수해와 첨덕의 특거'), 제62호(1915년 9월, '선천군대교구개건'), 제88호(1917년 11월, '선구의 준공재즉'), 제90호(1918년 1월, '선구의 희소식) 등.

88 《천도교회 월보》 제44호, 1914년 3월, 이돈화, '정주군교구실실기', 4쪽.
89 《신인간》 제366호, 1979년 4월호, 박창건, '정주교구사(상)', 72쪽.
90 《신인간》 제366호, 1979년 4월호, 박창건, '정주교구사(상)', 72~74쪽.
91 《천도교회 월보》 제44호, 1914년 3월, 이돈화, '정주군교구실실기', 6~8쪽.
92 이병헌, 앞의 책, 1959, 966쪽.
93 선천의 3·1운동에 대해서는 김정인, 앞의 논문, 2018, 402~404쪽 참조.
94 《매일신보》 1919년 3월 7일, 각지 소요사건-평안북도 선천, '교당집회금지'.
95 선천에서는 1920년 9월 기독교인들이 연루된 선천경찰서 폭파사건이 일어났다. 송재원, 〈3·1운동 이후 일제의 서북지방 기독교 통제와 '선천사건'〉, 《한국기독교와 역사》 33, 2010 참조.
96 정주 지역 3·1운동은 3월 1일에서 4월 5일까지 18회 일어난 것으로 정리되어 있다. 이용철, 〈평안북도 정주 지역의 3·1운동〉, 《역사와 담론》 86, 호서사학회, 2018, 225~226쪽.
97 이용철, 〈평안북도 정주 지역의 3·1운동〉, 2018, 216~217쪽.
98 이용철, 〈평안북도 정주 지역의 3·1운동〉, 2018 참조.
99 《천도교약사》, 천도교중앙총부 교서편찬위원회, 2006, 187~188쪽. 정주와 유사하게 천도교의 세력이 강했던 평남 맹산, 황해도 수안, 경기도 수원, 함남 단천에서도 만세시위 과정에서 천도교인의 희생이 컸다.
100 박찬승, 〈3·1운동기 서울의 독립선언과 만세시위의 재구성-3월 1일과 5일을 중심으로〉, 《한국독립운동사연구》 65, 2019; 이태진, 〈3·1만세운동의 경성(서울) 학생시위 실황〉, 《3·1독립만세운동과 식민지배체제》, 이태진·사사가와 노리카쓰 공편, 지식산업사, 2019 참조.
101 천도교와 기독교의 연대는 평안도 지방에서 가장 활발하고 다른 지방에서는 미흡했는데, 호남 지역의 몇몇 사례에서도 천도교는 교단의 조직이 작동한 반면 기독교는 교단이나 노회·지방회가 동원되지 못하고 교회 차원이나 개인이 활동했다. 역시 학교와 병원의 교사·학생·직원 등이 참여한 특징을 보였다. 한규무, 〈호남 지역 3·1운동과 종교계〉, 《역사학연구》 73, 호남사학회, 2019, 87~88쪽.
102 김승태 편역, 《3·1독립운동과 기독교》 III, 영문선교사 자료편, 한국기독교역사연구

[103] 마티 윌콕스 노블, 이주익 편역,《삼일운동, 그날의 기록》, 기독교대한감리회 서울연회본부, 탁사, 2001, 70쪽; 김승태 편역, 앞의 책, 2019, 81~86쪽.
[104] 김승태, 앞의 논문, 2019, 103쪽에서 재인용.
[105] 서울역사박물관,《경성과 평양의 3·1운동》, 187~189쪽.
[106] 3·1운동의 지방사례에서 민중의 다양한 역동성이 드러나는 사례로 허영란,〈삼일운동의 네트워크와 조직, 다원적 연대〉,《사학연구》132, 한국사학회, 2018; 허영란,〈만세시위의 다원적 의미와 지속되는 지역공동체 – 안성군 3·1운동의 새로운 이해〉,《역사와 현실》113, 2019 참조.

결론

[1] 조규태,《천도교의 민족운동 연구》, 선인, 2006; 김정인,《천도교 근대 민족운동 연구》, 한울, 2009 참조.
[2] 천도교중앙총부 교서편찬위원회,《천도교약사》, 천도교중앙총부출판부, 2006; 정용서,〈북조선 천도교청우당의 정치노선과 활동(1945~1948)〉,《한국사연구》125, 한국사연구회, 2004; 정용서,〈해방 후 천도교청우당의 정치운동〉,《한국사연구》165, 2014 참조.
[3] 한규무,《일제하 한국기독교 농촌운동 1925~1937》, 한국기독교역사연구소, 1997; 장규식,《일제하 한국기독교민족주의 연구》, 혜안, 2001 참조.
[4] 한국기독교역사학회 편,《한국기독교의 역사》(개정판), II, 기독교문사, 2012; 한국기독교역사학회 편,《한국기독교의 역사》III, '해방 이후 20세기 말까지', 한국기독교역사연구소, 2009; 류대영,《한 권으로 읽는 한국기독교의 역사》, 한국기독교역사연구소, 2018 참조.
[5] 김성보,〈지방사례를 통해 본 해방 후 북한사회의 결등과 변동: 평안북도 선천군〉,《동방학지》125, 연세대학교 국학연구원, 2004; 한규무,〈1930년대 평북 선천의 교육·산업과 기독교〉,《이화사학연구》38, 이화사학연구소, 2009 참조.

찾아보기

강성택 200
검가 30, 217
검무 30, 217
경천애인 78, 125
계룡산 77, 79
고부 138, 152, 172, 173
공주 32, 53
교구제 219
교정일치 212
구파 197
궁을기 77, 245
궁을촌 77, 245, 246
권서인 107, 158, 163, 232
기도 214, 215, 217
기포드 52, 56, 59, 80, 86~8, 100, 117, 118

기포드학당 54, 56, 69, 71, 73, 75, 76, 79
김구 97
김낙철 144
김문행 181~83
김봉년 191
김봉득 191
김연국 145, 198, 206, 221, 222, 224
김유영 221, 222
김윤식 74, 161
김진팔 342
김창수 97, 131
김태서 147, 149, 150, 152, 154, 156~59, 173, 177
날연보 216, 248, 335
남산현교회 307, 310, 311, 314

남장로교 164, 166~68, 175
남접 138, 160, 183, 185, 188, 192, 193, 195
남학당 135
네비우스 227, 233~35, 238
《동경대전》 23, 26, 28, 29, 31, 111, 124, 210
《동학사》 79, 192, 197
동학여당 103, 149, 183, 184, 198
러시아 정교회 177, 183
로스 84, 107, 316
마펫 56, 106, 232, 273, 307, 311, 316, 334, 347, 348
《만세보》 210, 216, 289
말목장터 152, 172, 173
매서인 158, 159
매캔지 96, 101, 104, 117, 118
무위이화 27
뮈텔 38~42, 46, 67, 69, 71, 157
민회운동 184, 201
배재학당 62, 64, 70, 73
105인사건 263, 292, 294, 310, 336, 337, 342
백낙희 131
번하이즐 311, 346, 347
보국안민 29, 30, 33, 136~38
보은집회 34, 53
《본교역사》 196, 197

본처전도인 236
북접 교단 186, 188, 189, 192, 195, 197
산정현교회 312, 348
삼례 33, 34, 53
상제 84~9, 91, 174
서경조 107, 110, 111, 116, 122, 123, 126, 132
서병학 32
서상륜 107, 316
서장옥 32, 33, 183
서정만 183, 184
서정옥 195
선교기지 233, 273, 334
선우혁 291, 310
선천 230, 237, 291, 294, 273, 283, 293, 303, 304, 334
성 조지 기 112
성공회 162
성미 214, 216
성미제 242
성화회 209, 214, 215, 241
세례인 266
소래 107, 108, 100
소래교회 111, 113, 114, 128, 132
손병희 183, 186, 189, 194, 198, 205, 206, 208, 221, 222, 224, 289, 291, 292
손천민 35, 52

찾아보기

손화중포 144, 145
수심정기 27
숭덕학교 311, 346
시일 209, 214
시천교 206
신성학교 336
신파 197
아펜젤러 62, 95
양규태 177, 183
양실학원 322
양전백 291, 294, 334, 336, 340
양한묵 210
언더우드 56, 87, 89, 107, 108, 117
연원-연비제 219, 220, 223
영수 236
예수교 155
5관 214, 217, 249
오지영 79, 191, 193, 197, 207, 220, 223
《용담유사》 28, 29, 81
원입인 260, 266
원직 223, 225
유급 조사 228, 232, 236
유사종교 253, 254
유여대 294, 328, 330
유일신 175, 212
유태홍 190
의주 273, 283, 284, 294, 303, 304, 316
이만식 201

이병춘 187, 190
이승훈 291~94, 342, 345
이용구 201, 206, 270
이정점 200
이필제 31
이화삼 136
인내천 212
일신론 84, 91, 92, 130
일진회 188
입교인 260, 266
장대현교회 232, 305, 310, 314, 346
장연 96, 98, 100
전교실 209, 241~43, 245, 326
전봉준 33, 34, 78, 195
전주 완산칠봉 154, 159, 166~68, 173
전킨 164, 169, 170, 173, 174
《정감록》 42, 67, 76~79, 184
정용근 189, 190
정주 304, 336, 342
조사 59, 81, 164, 172, 229, 231, 233
존스 52, 59, 62, 65, 70, 71, 73~5, 80, 81, 83, 84, 89, 90, 117, 121, 130
주문 214, 215, 217, 249
주일성수 246
주직 223, 225
지기 26, 27, 91, 124, 211, 214
지상천국 212, 213
진보회 186~88, 192, 202, 203, 270, 308

척왜양 53
천덕송 211, 213
《천도교 창건사》 197, 205
천도교대헌 223, 224
《천도교회 월보》 213, 242, 264, 339
천도교회당 209
《천도소원》 206
천사 244
천사문답 213
천주 25~7, 84, 85, 86, 89, 91, 124, 211, 214
청수 214, 215, 217
최린 293
최석련 324, 331
최석일 342
최시형 31, 33, 35, 92, 144, 188, 198, 221, 222
최안국 324, 326, 331
최익서 137, 139, 142, 145, 150, 170
최제우 23~6, 29, 31, 53, 77, 92, 174, 188, 195, 205,
최중진 170, 172
테이트 159, 163~65, 170, 172~74,
평양 203, 230, 232, 237, 246, 248, 272, 273, 276, 277, 284, 291, 294, 303, 304, 307, 310
포접 220, 223
포접제 31

하나님 85~92, 125, 127, 212, 242, 244
학습인 260, 266
한석진 232, 316
한울님 25, 27, 91, 92, 125, 212, 242
해주성 98, 99, 101, 113
현지 사역인 228, 233~36
홍계관 143, 145
홍기억 199
홍기조 199, 200
홍낙관 142
휘트모어 316, 334, 336

동학·천도교와 기독교의 갈등과 연대, 1893~1919

2020년 7월 19일 초판 1쇄 인쇄
2020년 7월 22일 초판 1쇄 발행

글쓴이	이영호
펴낸이	박혜숙
디자인	김정연
펴낸곳	도서출판 푸른역사

 우) 03044 서울시 종로구 자하문로8길 13
 전화: 02)720-8921(편집부) 02)720-8920(영업부)
 팩스: 02)720-9887
 전자우편: 2013history@naver.com
 등록: 1997년 2월 14일 제13-483호

ⓒ 이영호, 2020

ISBN 979-11-5612-170-1 93900

· 잘못 만들어진 책은 교환해드립니다.